BREVE DICCIONARIO DE LA BIBLIA

BIBLIOTECA HERDER
SECCIÓN DE SAGRADA ESCRITURA
Volumen 169

BREVE DICCIONARIO DE LA BIBLIA

por HERBERT HAAG

BARCELONA
EDITORIAL HERDER
1985

HERBERT HAAG

BREVE DICCIONARIO
DE LA BIBLIA

BARCELONA
EDITORIAL HERDER
1985

Versión castellana de XAVIER MOLL, de la obra de
HERBERT HAAG, *Biblisches Wörterbuch*,
Verlag Herder KG, Friburgo de Brisgovia

Tercera edición 1985

© *Verlag Herder KG Freiburg im Breisgau*
© *Editorial Herder S. A.*, *Provenza 388, Barcelona (España) 1976*

ISBN 84-254-0623-4 rústica
ISBN 84-254-0624-2 tela

ES PROPIEDAD   DEPÓSITO LEGAL: B. 33.178-1985   PRINTED IN SPAIN

GRAFESA - Nápoles, 249 - 08013 Barcelona

PRÓLOGO

Este *Breve Diccionario de la Biblia* nació sobre la base del gran *Diccionario de la Biblia* cuya edición alemana dirigí (editorial Beziger, Einsiedeln ²1968; edición castellana, Herder, Barcelona ⁵1970). Los términos se escogieron de acuerdo con lo que exige cualquier pequeño diccionario enciclopédico. Para mayor información, bibliografía y conceptos específicamente teológicos, remitase al gran *Diccionario de la Biblia*.

Es cierto que el presente manual sería impensable sin el *Diccionario de la Biblia*, del cual toma abundante material, no obstante es éste algo más que una simple edición reducida de un diccionario mayor. Cada artículo fue revisado y formulado de nuevo y muchos de ellos escritos otra vez, en parte por mí mismo, otros por mi ayudante MEINRAD LIMBECK (Última cena, Apóstol, Diácono, Matrimonio, Evangelio de Juan, Cartas de Juan, Jesús, Evangelio de Lucas, Evangelio de Marcos, Apocalipsis, Cartas pastorales, Pablo, Qumrán, Doce) por WINFRIED ELLIGER (Atenas, Griego bíblico, Helenismo), por PETER WELTEN (imágenes de los dioses) y por THOMAS THOMPSON (Excavaciones, Fortificaciones, Jericó, Nuzu, Jerusalén I y II, Palestina II).

KATHARINA ELLIGER llevó el peso principal del trabajo. Ella esbozó el contenido y lenguaje de la mayor parte de los artículos, intervino corrigiendo y rehaciendo los originales y se hizo responsable de todo el trabajo de redacción. Desde que el trabajo en las universidades se ha vuelto tan arduo, me hubiese sido imposible sin tal ayuda emprender esta tarea suplementaria. Debo agradecer a INGEBORG BURKARD el que haya confeccionado la lista de los términos, a DIRK KINET por su colaboración en diversos menesteres, a TONI ZIMMERMANN por haber revisado las citas bíblicas, a KARL THEODOR CLEMENS por haber ayudado en la corrección de pruebas. La Württembergische Bibelanstalt puso amistosamente a nuestra disposición los dos mapas de Palestina.

Es deseo del autor que esta pequeña obra de consulta sea de utilidad para párrocos, maestros y amigos de la Biblia en su lectura de los sagrados textos y en la predicación de la palabra.

HERBERT HAAG

ÍNDICE

Prólogo	v
Abreviaturas y siglas	VII
Cuerpo de artículos	1/2
Cuadros sincrónicos	647/648
Índice de figuras	655/656

ABREVIATURAS Y SIGLAS

1. Libros del Antiguo Testamento

Gén	Génesis	Am	Amós
Éx	Éxodo	Abd	Abdías
Lev	Levítico	Jon	Jonás
Núm	Números	Miq	Miqueas
Dt	Deuteronomio	Nah	Nahum
Jos	Josué	Hab	Habacuc
Jue	Jueces	Sof	Sofonías
Rut	Rut	Ag	Ageo
1Sam	1 Samuel	Zac	Zacarías
2Sam	2 Samuel	Mal	Malaquías
1Re	1 Reyes		
2Re	2 Reyes		
1Par	1 Paralipómenos (o 1Crónicas)		
2Par	2 Paralipómenos (o 2Crónicas)		
Esd	Esdras		
Neh	Nehemías		
Tob	Tobías		
Jdt	Judit		
Est	Ester		
1Mac	1 Macabeos		
2Mac	2 Macabeos		
Job	Job		
Sal	Salmo(s)		
Prov	Proverbios		
Ecl	Eclesiastés		
Cant	Cantar		
Sab	Sabiduría		
Eclo	Eclesiástico		
Is	Isaías		
Jer	Jeremías		
Lam	Lamentaciones		
Bar	Baruc		
Ez	Ezequiel		
Dan	Daniel		
Os	Oseas		
Jl	Joel		

2. Libros del Nuevo Testamento

Mt	Mateo
Mc	Marcos
Lc	Lucas
Jn	Juan
Act	Actos
Rom	Romanos
1Cor	1 Corintios
2Cor	2 Corintios
Gál	Gálatas
Ef	Efesios
Flp	Filipenses
Col	Colosenses
1Tes	1 Tesalonicenses
2Tes	2 Tesalonicenses
1Tim	1 Timoteo
2Tim	2 Timoteo
Tit	Tito
Flm	Filemón
Heb	Hebreos
Sant	Santiago
1Pe	1 Pedro
2Pe	2 Pedro
1Jn	1 Juan
2Jn	2 Juan
3Jn	3 Juan
Jds	Judas
Ap	Apocalipsis

Abreviaturas y siglas

3. *Libros apócrifos*

Hen	Henok
Jub	Libro de los Jubileos
SalSl	Salmos de Salomón
TestXII	Testamento de los doce patriarcas

4. *Otras abreviaturas*

a.C.	antes de Cristo
akk.	akkadio
árab.	árabe
aram.	arameo
asir.	asirio
AT	Antiguo Testamento
babil.	babilonio
ca	hacia *(circa)*
cap.	capítulo
cf.	confer
D	fuente deuteronomista
d.C.	después de Cristo
din.	dinastía
E	fuente elohista
egip.	egipcio
fig.	figura (ilustración)
FlJos.	Flavio Josefo
Ant.	Antiquitates
B.J.	Bellum Judaicum
gr.	griego
hebr.	hebreo
J	fuente yahvista
jud.	judío
lat.	latino
LXX	versión de los Setenta
NT	Nuevo Testamento
P	fuente sacerdotal
PA	mapa de Palestina en el AT
par	y lugares paralelos
p. e.	por ejemplo
PN	mapa de Palestina en el NT
rom.	romano
s ss	siguiente, siguientes
s.	siglo
ug.	ugarítico
v vv	versículo, versículos
Vg	Vulgata
→	véase

5. *Obras*

ANEP	J.B. PRITCHARD, *The Ancient Near East in Pictures* (Princeton ²1965).
AOT	H. GRESSMANN, *Altorientalische Text zum AT* (Berlín/Leipzig ²1926).
KAI	H. DONNER - W. RÖLLIG, *Kanaanäische und aramäische Inschriften* (Wiesbaden 1962-1964).
RIEßLER	P. RIEßLER, *Altjüdisches Schrifttum außerhalb der Bibel* (Augsburgo 1928, reimpresión Heildelberg, 1966).
ÜP	M. NOTH, *Überlieferungsgeschichte des Pentateuch* (Stuttgart ³1966).

A

Aarón (significado desconocido). El nombre aparece casi exclusivamente en los relatos más tardíos de la literatura pentateuca y sacerdotal. Las pocas afirmaciones más antiguas que poseemos nos dicen que Aarón fue hermano de → Miryam (Éx 15,20) y el primero entre los → ancianos (17,10.12; 18,12; 24,14), en ocasiones, rival de Moisés (32: manda construir un becerro de oro; Núm 12,1-15: junto con Miryam se subleva contra Moisés). La tradición más tardía le convierte en «boca» (Éx 4,16) y «profeta» (7-1) de Moisés, finalmente, su hermano mayor (6,20) y taumaturgo (7,10. 19, etc.); pero, sobre todo, él es el → epónimo de los «hijos de Aarón» (clases sacerdotales → sacerdote) y primer → sumo sacerdote. Hay que afirmar con Noth (ÜP 198) que «el material recibido no basta para aclarar el origen y la historia de esta figura de la tradición».

Abbá (aram.: padre), en el NT, tratamiento dado a Dios que expresa una relación muy íntima entre Dios y sus hijos (en boca de Jesús: Mc 14,36; en boca de los cristianos: Rom 8,15; Gál 4,6).

Abdías (hebr.: servidor de Yahveh).
I. El más importante portador de este nombre es el quinto de los profetas menores. No sabemos nada sobre su persona. A él se atribuye
II. *libro de Abdías,* una colección de oráculos proféticos contra → Edom. Acaban con la perspectiva del día de Yahveh que será destrucción de todos los pueblos enemigos y principio del tiempo de la salvación para Israel. Se propone como época de la composición del librito el s. VIII o el s. V a.C., respectivamente, según si se considera que su ocasión histórica fue la rebelión de Edom en tiempos del rey Yoram de Judá (2Re 8,20-22) o la incursión de Edom después de la destrucción de Jerusalén (cf. Sal 137,7; Lam 4,21s).

Abeja → Miel.

Abel, nombre de persona y de localidad en el AT.
1) Abel (hebr.: aliento, caducidad), según Gén 4,2-8, segundo hijo de Adán y de Eva. Fue el primer pastor y ofreció a Dios sacrificios de animales, que le fueron aceptados con agrado. A causa de la envidia, Abel fue muerto por su hermano → Caín, agricultor. Como la → agricultura no se ejerció hasta el mesolítico, el relato no puede enlazarse cronológicamente con el referente a la caída en el primer pecado. La narración pretende ilustrar más bien la propagación del pecado en el mundo sobre la base de la antítesis historicocultural entre pastores nómadas y agricultores sedentarios. Según la antigua concepción hebr., la clase más avanzada de la civilización se opone al nomadismo como mala. — En el NT, Abel es el prototipo del mártir (Mt 23,35 par) que, a causa de su fe y justicia, es odiado

Abel

(Heb 11,4; 1Jn 3,12) y tipo de Cristo (Heb 12,24).
2) Abel (hebr.: corriente de agua, torrente), elemento que entra en la composición de varios topónimos. La más importante de estas localidades es Abel-Bet-Maaká, ciudad del norte de Palestina. Yoab la sitió porque Sebá, sublevado contra David, se había refugiado en ella (2Sam 20,14-22); Ben-Hadad la devastó (1Re 15,20) y Tiglat-Piléser III, en tiempo de Péqaj, la incorporó a su imperio (2Re 15,29). Hoy es una aldea árabe de Israel, llamada *ābil*, situada 2 km al sur de Metulla. Mapa PA D2.

Abías → Abiyyá.

Abiatar → Ebyatar.

Abigail (significado incierto), la bella y prudente esposa de Nabal, de Carmelo, en el sur de Judá. Cuando David se disgustó con el avaro Nabal, con afabilidad, ella consiguió apaciguarle. Después de la muerte de Nabal, David la tomó en su harén. El relato 1Sam 25 es una perla del arte narratorio hebreo.

Abihú (hebr.: él [Dios] es padre), como Nadab, → epónimo de una clase sacerdotal (→ sacerdote) que no consiguió imponerse. La tradición tardía explica este hecho alegando que los dos hermanos murieron sin hijos a causa de cierto pecado ritual (Lev 10,1-5; Núm 3,2-4).

Abilene, la región donde estaba Abila, al noroeste de Damasco. Abilene formaba parte de → Iturea y fue desmembrada en el 34 a.C. En el 37 d.C., Abilene pasó a poder de Agripa I; entre 44 y 53 fue gobernada por procuradores romanos, y en 53 fue regalada a Agripa II, y después de su muerte, quedó incorporada a la provincia romana de Siria. → Lisanias; cf. fig. 12.

Abimélek (hebr.: Padre es (el dios) Malku).
1) Abimélek, rey de la ciudad cananea, Guerar (Gén 20; 21,22-33; 26), llamado también, anacrónicamente, «rey de los filisteos» (26,1.8), representa al lascivo ciudadano que codicia las bellas mujeres beduinas, en el tema de la amenaza para la supuesta esposa: Gén 20 (Sara; E) y 26,7-11 (Rebeca; J).
2) Abimélek, hijo de → Yerubbaal (Jue 9,1) y de una sikemita (8,31). A causa de una identificación tardía de → Gedeón con Yerubbaal (6,32; 7,1; 8,29), Abimélek es presentado también como hijo de Gedeón (8,31). Por breve tiempo, supo erigirse en rey de → Sikem y reprimir una sublevación de los sikemitas, pero fracasó al intentar extender sus dominios (Jue 9). La narración parece reflejar luchas por el poder entre los elementos cananeos e israelitas de Sikem en el s. XII a.C. (?). El episodio no debe interpretarse como primer paso hacia la implantación de la monarquía en Israel.

Abiram (hebr.: el padre [Dios] es magnífico), hijo de Eliab, de la tribu de Rubén, que, con su hermano Datán, se sublevó contra el caudillaje de Moisés. En un juicio de Dios, fueron ambos tragados por la tierra (Núm 16; 26,9s, etc.). La antigua narración yahvista nos ha llegado sólo mezclada con la historia de Qóraj de fuente sacerdotal. Desconocemos las rivalidades históricas que en el relato se reflejan.

Abirón → Abiram.

Abisag (significado incierto), muchacha excepcionalmente hermosa, procedente de → Sunem, que cuidaba al anciano David (1Re 1,3.15). Tras la muerte de David, → Adoniyyá la tomó por esposa. Como Adoniyyá, según la mentalidad de entonces, había adquirido con dicho matrimonio un derecho al trono (cf. 2Sam 16,21s), Salomón mandó que fuera ajusticiado (1Re 2, 13-25). Algunos comentaristas pretenden identificar Cant 7,1 con Abišag.

Abisay (significado incierto), nieto de → Isay, hermano de Asael, sobrino de David (1Par 2,16) y su fiel compañero de batalla contra los filisteos, Saúl y Abner. Tomó parte en el asesinato de Abner, por cuyo motivo David le maldijo (2Sam 3,28-30), pero más tarde aparece nuevamente como oficial del ejército de David 20,6).

Abiyyá (hebr.: Yahveh es padre). 1) Segundo rey de Judá (910-908), hijo de Roboam y de Maaká: 1Re 15,1-8; 2Par 13. El rey contemporáneo de Israel era Yeroboam I. Según 1Re 15,3 Abiyyá «se entregó a todos los pecados que había cometido su padre»; en cambio, el juicio de Par es más favorable. En el transcurso de las interminables reyertas fronterizas, entre Judá e Israel según Par, Abiyyá conquistó Bet-El, Yesaná y Efrón. Fue sucesor suyo su hijo (¿o hermano?) → Asá.
2) Hijo del rey Yeroboam I de Israel cuya temprana muerte fue predicha por el profeta → Ajiyyá (1Re 14,1-18).

Ablución → Baño; Puro.

Abner (hebr.: el Padre (Dios) es antorcha), hijo de Ner, de la tribu de Benjamín, sobrino (1Sam 14,50s), general (17,55) y compañero de armas de Saúl contra David (26,5ss).

Más tarde se pasó al bando de David y fue asesinado (→ venganza de la sangre) por su rival → Yoab. David le dedicó una bella lamentación (2Sam 3,33s).

Abraham (forma dialectal de 'abrām, de origen semítico oriental; significado discutido; tal vez equivalente a → Abiram. Gén 17,5 explica la etimología popular (padre de muchos pueblos) como cambio de nombre.

I. Abraham es el primero de los → patriarcas (Gén 12-25). Bajo el tema «migraciones», en su figura se compendian leyendas locales y de santuarios referentes, en su origen, a distintas personas, tal vez, también otras narraciones independientes (12,1-4.6.8s; 13,1.17s; 18,1). El hilo conductor es la promesa de Dios: Abraham poseerá el país de Canaán y por cierto en toda la extensión del gran reino davídico (15, 18). Mientras Jacob es considerado como padre del pueblo de Israel, Abraham encarna las relaciones de Israel con los pueblos vecinos: arameos, moabitas, ammonitas e ismaelitas (11,28-30: 16,11-14; 19,37s; 22,20-24). El fondo histórico de las narraciones sobre Abraham, lo forma la época entre los siglos X y VIII, esto es, entre la inmigración de los arameos y la redacción de la fuente E. Los intentos de integrar Abraham en la historia del s. II (→ Amrafel) no convencen, y, en especial, el origen de las tradiciones sobre Abraham apenas permite que se haga alguna afirmación segura. Cada uno de los temas de las narraciones de los patriarcas se repite en los mitos populares del antiguo oriente y es en relación con ellos como deben estudiarse.

II. La tradición tardía idealiza la figura de Abraham. La fragmentaria fuente E lo pinta como profeta (20,7), P lo presenta como prínci-

Abraham

pe de Dios (23,6). Is le llama padre de Israel 51,2) y amigo de Dios (41,8). En el NT, Abraham es modelo de piedad (Mt 8,11; Lc 16,22-31); y de fe (Rom 4; Gál 3,6-9; Heb 11,8-19; Sant 2,21-24). Sin embargo, Jesús tiene que afrontar la arrogancia judía que veía en la descendencia carnal de Abraham la garantía de la salvación (Mt 3,9), y Pablo afirma que la filiación espiritual de Abraham rebasa las fronteras del judaísmo (Rom 4,9-12; 9,6-8; Gál 3,6-29).

III. Bajo el nombre de Abraham, circulan varios escritos apócrifos:

1) El apocalipsis de Abraham, escrito judío del s. I d.C., condena la idolatría de su padre Téraj y, en una visión, obtiene conocimiento del futuro de Israel.

2) El testamento de Abraham, leyenda judía de fecha desconocida, que narra cómo Abraham se resiste a morir.

3) El Génesis apócrifo de → Qumrán contiene algunos → midrašim que amplían Gén 12-15.

Abiú → Abihú.

Absalom (hebr.: el Padre (Dios) es prosperidad), tercer hijo de David, famoso por su hermosura. Para vengar la honra de su hermana → Tamar, violada por su hermanastro Amnón, mandó asesinarlo, pero tuvo que huir de David. Años más tarde, reconciliado con su padre, gestionó con intrigas y conspiraciones su subida al trono y se hizo proclamar rey en Hebrón. David, que tuvo que huir, consiguió reorganizar su ejército en la Jordania oriental y derrotar a Absalom en el bosque de Efraím. A pesar de la orden de David, Absalom fue muerto por → Yoab y enterrado como un criminal en un hoyo en el bosque (2Sam 13,1-19,9).

Absalón → Absalom.

Acab → Ajab.

Acad, acadio → Akkad.

Acarón → Eqrón.

Acaya, desde el 27 a.C., provincia romana en Grecia, administrada por un procónsul (Act 18,12). Capital, → Corinto. Pablo visitó Acaya en su segundo y tercer viaje misional. Con ocasión de la colecta (2Cor 9,2; cf. 1Tes 1,7s), la cita como ejemplo digno de elogio.

Acaz → Ajaz.

Acazías → Ajazyá.

Aceite → Olivo.

Ácimos, tortas de pan delgadas y sin levadura que se amasaban cuando surgía un compromiso imprevisto (Gén 18,6; 19,3), en tiempo de la cosecha (Jos 5,11; Rut 2,14), para el sacrificio (Éx 23,18; Lev 2,4.11 etc.), como panes de la proposición y durante los siete días de la fiesta de los ácimos (Éx 12,15-20; 23, 15; Dt 16,1-8). Éx 23,15 nombra la fiesta de los ácimos como primera de las tres fiestas principales en las que todo israelita debía comparecer ante Yahveh (cf. Éx 34, 23; Dt 16,16). Esta fiesta, así como las otras dos (fiestas de la cosecha y fiesta de la recolección) pertenecía seguramente al período de fiestas agrícolas y es probable que en su origen fuera una fiesta de primicias de la cosecha de cebada. Los israelitas la adoptaron de los cananeos y más tarde le dieron un sentido histórico y la combinaron con la fiesta de → pascua. Los panes usados en el culto tenían que ser sin levadura, pues la fermentación se consideraba descomposición. En sentido figurado, la levadura significa influencia corruptora (Mt 16,6.12

par) o los vicios del paganismo (1Cor 5,7s).

Adán (hebr.: hombre) es en hebreo un concepto colectivo. Esta palabra, que en el AT sale unas 510 veces, significa, con muy pocas excepciones, «hombre», entendido como género y en los dos sexos, es decir, los hombres, simplemente (cf. Gén 1,26s). En dependencia de la composición del relato del → paraíso, Adán se entendió, en Gén 2-4, como individuo masculino y aparece en 4,25-5,5 (genealogía) como nombre propio del primer hombre. Esto está del todo de acuerdo con la costumbre hebrea de tipificar un grupo colectivo en su → epónimo y por tanto de ahí no se puede pretender sacar un argumento bíblico en favor de la doctrina del monogenismo. Para los antiguos orientales, el nombre representa la persona y es expresión de su esencia. De aquí que la coincidencia verbal entre hombre ('ādām) y tierra ('adāmāh) indica la relación esencial que es lo que la biblia quiere afirmar: por origen (2,7) y destinación (3,19.23), el hombre está ordenado a la tierra que es su natural espacio vital y a la que debe trabajar (2,5; 3,17; cf. 1,28s).

Sólo en los libros más tardíos del AT, cuando la narración del paraíso ya estaba fijada en el lugar que tiene ahora, se alude a Adán como persona individual (p.e. Tob 8,6; Sab 10,1). Además, Adán fue objeto de piadosa curiosidad lo que acarreó una serie de escritos apócrifos y una propia teología rabínica sobre Adán, cuya tendencia consiste en disculparle del primer pecado en perjuicio de Eva.

En el NT, Adán sale sobre todo en la doctrina paulina de la universalidad de la gracia (Rom 5,12-21) y de la resurrección (1Cor 15,21s. 45-49). En la tipología Adán-Cristo, Pablo usa elementos de la teología rabínica que se mantienen en la línea del AT. En la visión profética de la salvación futura, descrita como restablecimiento del reino davídico y como nueva liberación de Egipto, trae el Mesías los rasgos de un nuevo David y de un nuevo Moisés. Así también, a la esperanza de una nueva creación y de un retorno a la edad paradisíaca corresponde un nuevo Adán.

Adonías → Adoniyyá.

Adoniyyá (hebr.: Yahveh es señor), hijo de David y de Jagguit que nació en Hebrón (2Sam 3,4; 1Par 3,2). Como era el mayor de los hijos supervivientes de David, intentó, a espaldas de su padre que ya envejecía y con la ayuda del general Yoab y del sacerdote Ebyatar, apoderarse del trono. El partido de oposición (Natán, Sadoq, Bat-Šeba) apresuró su intervención y logró que David entronizara inmediatamente a Salomón. Adoniyyá se refugió junto al altar (como → asilo) y fue respetado por Salomón (1Re 1,5-53). Pero cuando, más tarde, intentó casarse con → Abišag, Salomón mandó que Benayá le matara (2,13-25).

Adoración → Culto.

Adullam (hebr.: lugar cerrado), ciudad estado cananea en la → Šefelá, asignada a Judá y de población mixta (Jos 12,15; 15,35; Gén 38,1-20). En Adullam David se escondió huyendo de Saúl, Roboam fortificó la ciudad, y, después del destierro muchos judíos se establecieron en ella. Mapa PA A2.

Afeites, mezcla de antimonio negro tostado o desmenuzado, con la que se pintaban las pestañas y las cejas con la ayuda de un lápiz. Se-

Afeites

guramente en su origen servía de protección de los ojos contra el fuerte sol (2Re 9,30; Jer 4,30; Job 42,14; Ez 23,40). Sab 13,14 menciona un cosmético para las mejillas. Vasijas y cucharas para afeites están justificados de muchas formas en arqueología. Fig. 1.

Ágape. La palabra griega *agape* es en la época postapostólica un término técnico para designar la cena fraternal que debía servir a la unidad de los creyentes y a la ayuda de los pobres. Desde fines del s. II, el uso de ágape en este sentido es seguro. Probablemente, la celebración eucarística era precedida por una comida normal (cf. 1Cor 11,17-22.33s; Act 2,42.46) que poco a poco se revistió de carácter litúrgico y adquirió una designación propia (ágape). A causa de abusos, el ágape fue muy pronto suprimido.

Agar → Hagar.

Ageo. I. Ageo (hebr.: nacido en día festivo), profeta menor postexílico, exhortó a los judíos a que reconstruyeran el templo (Esd 5,1 6,14) y es autor del libro profético que lleva su nombre.
II. LIBRO DE AGEO. 1) *Contenido.* Cinco discursos proféticos fechados en el segundo año del gobierno de Darío I (520 a.C.). *a)* 1,1-15 dirige sus ataques contra la indolencia de los judíos en la reconstrucción del templo y da noticia de haberse emprendido nuevamente los trabajos de construcción. *b)* 2,1-9 consuela a los constructores anunciándoles la magnificencia del nuevo templo. *c)* 2,10-14: parábola sobre la impureza legal del pueblo. *d)* 2,15-19 promete la bendición de Yahveh. *e)* 2,20-23 promesa para el gobernador Zerubbabel.
2) *Época.* El libro debió ser escrito muy poco después de los acontecimientos que refiere (520 a.C.). En general, se tiene por auténtico.

Ágrafa, frases o sentencias de Jesús, no transmitidas por los evangelios canónicos, sino por los demás escritos del NT (p. e. Act 20,35) y sobre todo por otras fuentes (padres de la Iglesia, fragmentos de papiros). La mayoría de los ágrafa no resisten a una crítica seria.

Agricultura. La extraordinaria antigüedad de la vida sedentaria (→ ciudad) en Palestina guarda relación con su agricultura. Ya en el mesolítico (10 000-8000 a.C.), cereales silvestres eran alimento básico que posibilita grandes aglomeraciones de población. Entre los años 8000 y 7000, se puede fijar, sobre todo en → Jericó, el paso de la cultura de caza y recolección al cultivo de alimentos. Durante el calcolítico (4000-3000), los habitantes de *tell abu maṭar,* cerca de → Beer-Šeba vivían de la agricultura. Numerosos graneros atestiguan que en el bronce antiguo (3000-2200), en Jericó y → Arad, dominaba una floreciente agricultura. → Bet-Šemeš fue durante la monarquía centro comercial de aceite y vino.

Trigo, vino y aceite se consideran los productos clásicos de la agricultura (Dt 7,13, etc.). El calendario de → Guézer señala el transcurso del trabajo agrícola. Con la toma del país, los israelitas pasaron del nomadismo a la agricultura, lo que trajo consigo profundos cambios políticos, sociales y religiosos (→ fiesta).

Agripa, nombre de dos reyes judíos.
1) Agripa I (Marco Julio Agripa Herodes, en el NT llamado Herodes), nacido en 10-9 a.C.: Bernice, Mariamne, Drusila, Agripa (2). Des-

pués de haber gobernado dos → tetrarquías en tiempo del césar Calígula, en el año 41, el césar Claudio le nombró rey de las regiones de Judea y Samaría, que desde el año 4 d.C. habían sido administradas por procuradores romanos, de modo que fue rey de toda Palestina hasta su muerte (44). Con una escrupulosa observancia de la ortodoxia judía, quiso cohonestar las ligerezas de su vida pasada. Así se comprenden sus medidas contra los cristianos (Act 12,1-3: ejecución de Santiago el mayor; 12,4-7: encarcelamiento de Pedro). Se esforzó por conseguir una mayor independencia de Roma, no obstante adoptó de ésta los espectáculos de gladiadores y el teatro (Act 12).

2) Agripa II (Marco Julio Agripa Herodes II), hijo del anterior, nacido hacia el 27 d.C. en Roma, fue nombrado rey de Calcis en el templo de Jerusalén, y en el 53, rey de la tetrarquía de Filipo y de Lisanias. Durante su reinado se acabó la construcción del → templo de Herodes (62-64). Durante la guerra judía (66-70), se mantuvo fiel a Roma. Como recompensa, Vespasiano le ensanchó sus dominios. Su vida privada era escandalosa (incesto con su hermana Bernice). Agripa se menciona en el proceso de Pablo ante el gobernador Festo (Act 25,13-26,32). Murió hacia el 93 ó hacia el año 100; su territorio fue incorporado a la provincia de Siria.

Agua. El agua está en primera línea entre las cosas necesarias para la vida (Eclo 29,21; 39,26). En los lugares donde faltaban las fuentes, el agua de las lluvias se recogía en cisternas para el tiempo de sequía. Las cisternas se cavaban en la roca (Dt 6,10-12; Neh 9,25) y se impermeabilizaban (Jer 2,13); tenían un orificio estrecho y eran anchas en su interior. No sólo se cavaban en los poblados, sino también en el campo para tener agua para el ganado (2Par 26,10). Las cisternas vacías servían de escondrijo (1Sam 13,6), de prisión (Jer 38,6-13) o de almacén de víveres durante la guerra (41,8). Además había pozos que suministraban agua subterránea. Para evitar que una ciudad en tiempo de sitio se viera privada del agua de los pozos (que generalmente estaban en las llanuras), se practicaban galerías que llegaban hasta la fuente. Estos sistemas de suministración de aguas se han descubierto por excavaciones sobre todo en (→) Jasor (el más impresionante), Guibón, Meguiddó y Taanak (cf. también → Siloé). Finalmente, el agua de las lluvias se recogía también en piscinas y estanques (2Sam 2,13; 1Re 22,38; Cant 7,5). El ir a buscar agua era trabajo de las mujeres (Gén 24, 11.15; 1Sam 9,11; Jn 4,7). El agua era la bebida normal. Se mezclaba con vinagre (Rut 2,14) o con vino (2Mac 15,39). En el terreno sagrado, el agua se usaba para las abluciones rituales. Los testimonios más antiguos de ello son Gén 35, 2 y Éx 19,10. Más tarde, los ritos de ablución se volvieron cada vez más complicados (Mt 15,2; Mc 7,3s). El lavatorio de los pies, originariamente de uso profano, adquirió un sentido religioso en la última cena (Jn 13, 1-17). La fuerza regeneradora y purificadora del agua dio origen a un rico simbolismo: se llama «fuente de la vida» a la boca del justo (Prov 10,11), a la sabiduría (16,22) y doctrina (13,14); Yahveh (Jer 2,13; 17, 13) y Jesús (Jn 7,37-39; 4,10.13s) se llaman «fuente de agua viva». Las bendiciones divinas y los bienes mesiánicos aparecen bajo la imagen de aguas desbordantes (Is 11, 9; 32,2. 20 etc.). El deseo de Dios es sed y morirse de sed (Sal 63,2; 143,6).

Ai

Ai → Ay.

Ajab (hebr.: tal vez «hermano del padre», es decir, semejante a él; probablemente nombre no israelita).
1) Ajab, séptimo rey de Israel (871-852), hijo de Omrí. Su historia: 1Re 16,29-22,40. Si se exceptúa la guerra contra los arameos al final de su reinado, éste fue feliz y tranquilo y convirtió Israel en una gran potencia. Con hábil política familiar, consolidó Ajab la amistad con Judá y Fenicia, lo que reportó prosperidad económica para el país. Son testigos de ello, los edificios que se han podido excavar en → Samaría, p. e., el palacio de Omrí (1Re 22, 39: el palacio de marfil) y las ciudades que fortificó, entre otras (→) Meguiddó y Jericó. El hecho de que los libros de los reyes le juzguen tan duramente se debe a su tolerancia religiosa: permitió que su esposa fenicia, → Izébel, practicara el culto a → Baal y asintió a su odio contra los profetas. Al parecer, Ajab permaneció fiel a Yahveh, consultó a los profetas (entre otros Miká hijo de Yimlá), accedió a que Elías actuara contra el culto a Baal y lamentó el asesinato de Nebot que Izébel había maquinado. Fue sepultado en Samaría.
2) Ajab, falso profeta entre los israelitas en Babilonia, anatematizado por Jeremías (29,21ss).

Ajaz (hebr.: probablemente forma abreviada de Yoajaz: Yahveh ha tomado [de la mano]), duodécimo rey de Judá (741-725); su historia: 2Re 16,1-20; 2Par 28,1-27, Is 7. Ajaz fue duramente hostigado por los sirios e israelitas, aliados entre sí, porque no quiso unirse a su coalición dirigida contra los asirios (guerra sirio-afraimita). Sin atender a la profecía de Isaías, sacrificó su propio hijo a → Molok y pagó la ayuda de Tiglat-Piléser III con parte de los tesoros del templo y del palacio. Ajaz es juzgado desfavorablemente por los libros de los reyes, porque este rey, tal vez para ganar la benevolencia asiria, se entregó al → culto en los lugares altos y al de los ídolos, e introdujo innovaciones en el templo y en el palacio (reloj de sol). 2Par 28,24 afirma incluso que Ajaz mandó cerrar el templo de Jerusalén. No fue enterrado con sus padres (2Re 16,20), sino en la ciudad (28,27). Su sucesor, → Ezequías.

Ajazyá (hebr.: → Ajaz).
1) Ajazyá, sexto rey de Judá (845). Su historia: 2Re 8,25ss; 2Par 22,1ss. Luchó contra Jazael de Damasco y fue muerto al huir de Yehú después de que éste diera su golpe de estado. Fue enterrado en Jerusalén. Su tolerante política religiosa le mereció un juicio desfavorable en Paralipómenos.
2) Ajazyá, octavo rey de Israel (852-851). Su historia: 1Re 22,52-2Re 1,18. Su proyecto de consultar a → Baal-Zebub en la ciudad filistea de Eqrón, estando en una situación grave, fracasó por la oposición de → Elías. Tenía una flota en Esyón-Gueber (1Re 22,50; 2Par 20, 35-37).

Ajiqar, canciller de los reyes asirios (→) Senaquerib y Asarhaddón. Cayó en desgracia por las intrigas de su hijo (adoptivo?) y sucesor Nadín, pero fue rehabilitado por su → sabiduría. Es protagonista de un relato muy difundido en la literatura antigua.

Ajiram (hebr.: el hermano [Dios] es excelso), rey de → Biblos (s. XIII o X a.C.), conocido por su sarcófago (AOT 440) descubierto en Biblos en 1923, en cuya inscripción hallamos por primera vez el → alfabeto fenicio linear desarrollado del todo.

Ajiyyá (hebr.: Yahveh es hermano), profeta natural de → Siló. Durante el reinado de Salomón, vaticinó, mediante actos simbólicos y oráculos divinos, la división del reino y el dominio de Yeroboam sobre las diez tribus del norte de Israel (1Re 11,29-39; 12,15). Siendo ya anciano y ciego, fue solicitado a pronunciar un oráculo y anunció la muerte prematura del hijo del rey, Abiyyá y la ruina de toda la raza de Yeroboam (14,1-18; 15,29s).

Akkad, akkadio.
I. En el país de Sinear, pertenece en el AT, al territorio de soberanía de Nimrod (Gén 10,10; designa la ciudad nortebabilónica de Agadé). En el uso lingüístico babilónico, Akkad significa:
1) La ciudad nortebabilónica de Akkad (en sumerio Agadé), probablemente cerca de la actual *abu ḥabba* (Sippar).
2) Imperio fundado por Sargón I hacia 2350 a.C. a partir de la ciudad de Akkad. Los akkadios, primeros semitas que dominaron Mesopotamia unos 200 años, según las listas reales, ejercieron gran influencia incluso cultural.
3) La región septentrional de Babilonia, con las ciudades de Akkad, Sippar, Babilonia, Barsippa, entre otras. Fig. 7.
II. El akkadio, lengua que pertenece al grupo semítico oriental. Bajo el influjo de la población primitiva de Mesopotamia, que hablaba el → Sumerio y del cual adoptó también su → Escritura cuneiforme, el akkadio se desarrolló con relativa independencia comparado con las otras lenguas semíticas del grupo occidental y meridional (→ Semitas); de ahí que ofrezca considerables diferencias fonéticas y léxicas. Se distinguen dos dialectos: el asirio en el norte y el babilonio en el sur. Como los documentos mejor conocidos eran las inscripciones reales asirias, primeramente se llamó asirio a este lenguaje. Durante largos años, fue el akkadio la lengua diplomática internacional (El → Amarna).

Akkó, ciudad cananea en el Mediterráneo, el mejor → puerto natural de Palestina, importante cruce de caminos y centro comercial. Akkó es ya mencionado en las cartas de → Amarna. Akkó no fue nunca posesión israelita (Jue 1,31), aunque Jos 19,30 la asigna a Aser. Posteriormente, la ciudad se llamó Ptolemaida por el nombre del rey → Ptolomeo II (285-247). Desde la decadencia de Tiro y de Sidón (s. IV a.C.; → Fenicia), la importancia de Akkó fue en aumento. En el año 219, la conquistaron los → Seléucidas (1Mac 10,51-66; 11,20-27); ciudad helenística con fuertes tendencias antijudías (5,15). En el 47 a.C. fue incluida en la provincia romana de Siria. También Pablo la visitó (Act 21,7). El nombre pervive en la localidad árabe de *'akka*, hoy ciudad israelí. Mapa PA/PN B3.

Akzib (hebr.: [lugar del] arroyo mentiroso [es decir, seco]).
1) Ciudad cananea del Mediterráneo, atacada en vano por los israelitas (Jue 1,31) y, sin embargo, asignada a Aser (Jos 19,29). Floreció entre los s. X-VI a.C. y al final de la época helenista fue destruida completamente. Hoy aldea árabe *ez-zīb*, 15 km al norte de Akkó (ruinas). Mapa PA B2.
2) Akzib en Judá (Jos 15,44), a menudo identificada con Kezib (Gén 38,5) y Coceba (1Par 4,22).

Alabastro

Alabastro (vaso de), en Mc 14,3 par Lc 7,37, designa, siguiendo el uso del griego, cualquier vaso de ungüento, sin asas, de cualquier material que sea. En la época grecorromana eran usuales pequeños frascos de vidrio, que, para abrirlos, había que romper por el cuello. No se menciona en AT; todos los objetos de alabastro hallados en Palestina son importaciones de Egipto o de artesanía local según modelos egipcios y proceden en su mayoría del tiempo preisraelita.

Alalaj, la actual *tell atšana,* al nordeste de *anṭāqya* (Antioquía), fue excavada por L. Woolley de 1937 hasta 1949. La ciudad fue destruida hacia 1187 a.C. por «los pueblos del mar» y nunca más habitada. Las tablillas de barro encontradas proceden en su mayoría del s. XVIII y XV. Unas cien tablillas quedan todavía por publicar. Dichas tablillas contienen sobre todo pactos políticos, causas judiciales, contratos privados, actas de donación, partidas de matrimonio, cartas, rúbricas de sacrificios, listas de personas, listas sobre objetos de uso, textos lexicográficos, registros redactados en hurrita, textos literarios en sumeriokkadio y un texto mántico hittita.

De dichas tablillas se deduce que Alalaj obtuvo su importancia de gran alcance no antes de la mitad del tiempo babilónico. Las relaciones de la ciudad con el Asia Menor oriental deben atribuirse seguramente a su población hurrita e indogermánicos. Es de esperar que futuras excavaciones en *tell atšana* nos den una imagen más completa de la importancia de la ciudad.

Alcimo (hebr.: quiera Dios elevar), jefe del partido progriego en Judá, nombrado → Sumo sacerdote en 161 a.C. por → Demetrio I y reconocido como tal por los judíos gracias a sus promesas tranquilizadoras, pero combatido por Judas Macabeo (1Mac 7,5-25). Murió de apoplejía cuando se hallaba ocupado en derribar el muro del atrio interior del templo (9,54-57).

Alejandría. La más importante: Alejandría en el delta del Nilo, fundada por Alejandro Magno en 332/31, centro de comercio de oriente con occidente, residencia de los → Ptolomeos, sede de la ciencia helenística y judaica (→ bibliotecas; traducción griega del AT [carta de → Aristeas; versión de los Setenta], libro de la → Sabiduría, varios → apócrifos), con población mixta (según Filón, un millón de judíos). Patria de Apolo (Act 18,24). Pablo utilizó barcos de Alejandría (Act 27, 6; 28,11-13). Los alejandrinos que disputaron con Esteban (Act 6,9) eran habitantes de Alejandría que habían emigrado a Jerusalén a causa de las persecuciones de los judíos en Alejandría. Fig. 14.

Alejandrino (códice) → Manuscritos bíblicos.

Alejandro (gr.: defensor de los hombres).

1) Alejandro Magno (356-323). En el AT, se cita su nombre sólo en 1Mac 1,1-9 y 6,2, pero en varias visiones de Daniel se alude también a él (p. e. 2,32c.39b; 8,5-8; 11,3s). Como muchos judíos se alistaron a su ejército, fomentó la → diáspora.

2) Alejandro Balas, rey de Siria (150-145), solicitó el apoyo de Yonatán Macabeo. Éste obtuvo en recompensa la dignidad de sumo sacerdote y el reconocimiento de su soberanía, pero no pudo evitar la victoria definitiva de Demetrio, el enemigo de Alejandro (1Mac 10,1-11, 19).

3) Alejandro, hijo de Simón de Cirene, hermano de Rufo (Mc 15,21).
4) Alejandro, → sumo sacerdote, ante el cual comparecieron Pedro y Juan (Act 4,6).
5) Alejandro de Éfeso, desempeñó un papel preponderante en el motín promovido por el platero Demetrio (Act 19,33s).
6) Alejandro, un cristiano renegado (1Tim 1,20).
7) Alejandro el herrero, adversario de Pablo (2Tim 4,14).

Aleluya (hebr.: load a Yah [= Yahveh]; → Hallel), antigua exclamación litúrgica, originariamente pronunciada por el cantor o por el sacerdote y repetida por el pueblo (alternando [?]), especialmente en los salmos aleluyáticos (111s al principio. 104s 115-117 al final; 106 113 135 146-150 al principio y al final) y en Tob 13,18. En el NT (Ap 19,1-6), el aleluya es el canto de alabanza por el advenimiento del reino de Dios.

Alfabeto. El alfabeto es en principio la reproducción de cada sonido de una lengua mediante determinados signos escritos. La antigua tradición atribuye con razón a los → fenicios la invención del alfabeto. De ellos,

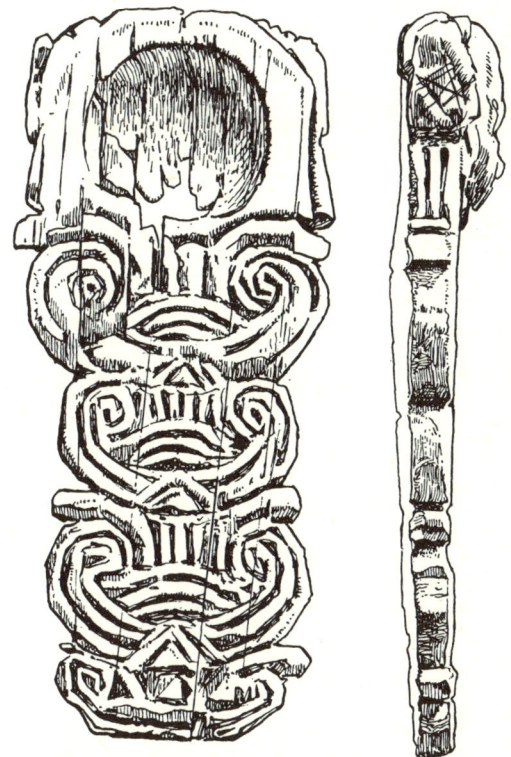

Fig. 1. Cucharas de marfil para maquillar, con huecos para el preparado del ungüento (edad del hierro, 13,5 cm de largo, palmeras y rostro de mujer)

Alfabeto

ya en el s. IX, lo tomaron los griegos y arameos. Los griegos añadieron los signos para las vocales que faltan en el alfabeto semítico. Las inscripciones fenicias más antiguas redactadas en escritura alfabética deben proceder de la mitad del segundo milenio a.C. (→ Ajiram). Algo más reciente es la → Escritura cuneiforme de → Ugarit que no es otra cosa que una adaptación del principio alfabético fenicio a la escritura cuneiforme. La forma de las letras del alfabeto linear, de las cuales los israelitas se sirvieron (→ Hebreo; Lakíš; Siloé), se tomó bien de los → jeroglíficos egipcios o acaso fue inventada *ad hoc*.

Alhajas, a ser posible de oro y plata con piedras preciosas, se apreciaban mucho por mujeres y hombres israelitas. Se llevaban brazaletes, anillos en los dedos, orejas y nariz, hebillas, collares (en parte con amuleto), broches y sellos. Is 3,16-24 ofrece un catálogo de alhajas. Fig. 1.

Alianza. I. EL CONCEPTO DE ALIANZA (hebr.: *b'rīt*) significa la realidad social y jurídica de un contrato, tanto el acto de contratar como su resultado. Las más de las veces se contrataba por medio de → Juramento (Gén 21,23s; Dt 29,11; Jos 9,15; 1Sam 20,42). Se invocaba a la divinidad como garante de la alianza. La relación de alianza (*ḥesed*) exigía fidelidad y la violación de la alianza era sacrilegio contra la divinidad y comportaba las maldiciones pronunciadas en el momento del contrato. Importante material de comparación con la alianza en el AT lo ofrece el antiguo mundo oriental, sobre todo los contratos de soberanía de los grandes reyes hittitas.
II. El AT conoce contratos entre particulares y entre grupos (p. e. entre el rey y el pueblo) y contratos con los reyes vecinos. Pero ocupa un puesto central la alianza de Dios con Israel. La alianza ata Israel a Yahveh de forma personal y jurídica y excluye otros cultos.

1) *La alianza sinaítica* (Éx 19-24; 32-34) es el constitutivo de la religión de Israel. En ella Yahveh, sobre la base de la gracia con que había tratado con anterioridad a Israel, propone la exigencia fundamental del culto. exclusivo de Yahveh. En la fórmula de la alianza («tú serás mi pueblo y yo seré tu Dios») se incluyen todas las obligaciones particulares de culto y de moral. Estas obligaciones se desarrollan a lo largo del tiempo con la incorporación de nuevo material jurídico hasta llegar a la amplitud de la → Ley del Pentateuco.

2) El → *Deuteronomio* y la literatura deuteronomista desarrollaron una auténtica teología de la alianza. Por la elección histórica, Israel queda constituido pueblo de Dios, al cual Yahveh puede comunicar su voluntad en cada caso, cosa que hizo fundamentalmente en Horeb por medio de Moisés. El tema de la obra histórica deuteronomista es precisamente la pérdida de la gracia de la salvación a causa de la reiterada violación de la alianza por parte de Israel.

3) Para los *profetas* del tiempo del destierro, la alianza antigua del Sinaí está completamente abolida, pero prevén para el futuro una nueva alianza con Dios que va a superar en mucho a la antigua. En esta teología del futuro, la palabra alianza pierde su sentido estrictamente jurídico y se convierte en cifra tipológica.

4) Una separación distinta de la idea de contrato, es decir, sin miras hacia el futuro, acaece en la teología de la alianza de los *escri-*

tos sacerdotales. El fallo por parte del hombre no puede anular la alianza, puesto que ésta se funda sólo en la gracia de Dios. Dios ha determinado un sistema minucioso de instituciones de expiación para mantener al hombre en la alianza.

5) La idea de la alianza tiene una significación particular para *la comunidad de Qumrán.* A su entender, la promesa profética de la nueva alianza se transmite por medio del maestro de la justicia y se realiza' en la propia comunidad. A diferencia de la alianza del Sinaí, la nueva alianza no vale para todo el pueblo, sino sólo para los que se incorporan a la comunidad de Qumrán.

III. Según el MENSAJE DEL NT, Dios ha pactado en Cristo la nueva alianza con los hombres prometida por los profetas y con ello ha anulado definitivamente la alianza sinaítica, mientras que la nueva alianza es escatológica y por ello insuperable. En los relatos de la última → Cena, las palabras sobre el cáliz testimonian la fundación de la nueva alianza. Pablo se llama a sí mismo «servidor de la nueva alianza» (2Cor 3,6): por medio de su servicio entre los paganos, lleva a cumplimiento las promesas de los profetas. En la justificación de Abraham sin la ley, sólo por la fe, Pablo ve una anticipación de la justificación en Cristo (Gál 3,15-25). La alianza (διαθήκη) es la idea central de Heb. La correspondencia tipológica de la antigua y nueva alianza se describe con categorías culturales y contribuye al desarrollo de la cristología.

→ Libro de la alianza.

Altar. 1) *Concepto.* En general, altar es un lugar para los sacrificios. También puede ser un monumento conmemorativo de alguna especial experiencia religiosa. Los altares marcan las peregrinaciones de los patriarcas: Gén 12,8; 13,4; 26,25; 33, 20. Por medio del altar, Dios se pone en comunicación con su pueblo; por este motivo se trató lograr que sólo existiera un altar, como fuente e imagen de la unidad de Israel (2Par 32,12). En el NT, el altar pierde importancia porque desde ahora la unión con Dios se realiza en la unión con Cristo (el altar en Heb 13,10 representa probablemente a Cristo). Raras veces en el AT, el altar se conceptúa como mesa; ocasionalmente, esto se hace para contrastar con los altares de los paganos donde los dioses comen (cf. Is 65,11). En cambio, el cristianismo insiste en caracterizar el altar como mesa: la celebración eucarística es la cena del Señor (1Cor 11,20).

2) *Clases.* A diferencia de sus vecinos, los israelitas sólo excepcionalmente usaron una roca errática o piedra de sacrificio como altar (Jue 6,20; 13,19; 1Sam 6,14; 14,33). Éx 20,24s prescribe un amontonamiento de tierra o un montón de piedras sin debastar, es decir, piedras no talladas (cf. en → Arad el único altar israelita que se ha investigado desde un punto de vista arqueológico). El altar era sin gradas y, como se ha podido comprobar repetidas veces en arqueología, tenía cuatro cuernos, uno en cada esquina (1Re 1,50s; 2,28s), que simbolizaban el poder divino. El asirse a ellos aseguraba la protección de la divinidad. En el → día de la expiación eran rociados con → sangre (Lev 8,15; 16,18).

Amaleq, amalequitas, tribu nómada o agrupación de tribus nómadas; según Gén 36,12, subdivisión de los → edomitas. Se hallaban establecidos en el desierto entre el Sinaí y el suroeste de Palestina. Los amalequitas vivían en constante lucha con los israelitas. La primera batalla fue junto a Refidim (Éx 17,8-13). Tuvieron nuevas luchas en tiempos de los jueces (→ Gedeón). Fueron derrotados por Saúl; su rey Agag fue ejecutado por Samuel (1Sam 15). En tiempos de David, hubo incursiones y saqueos por ambas partes (1Sam 27,8; 30,1s). Después de esto, no se los vuelve a mencionar. Probablemente fueron absorbidos por las tribus vecinas. Las palabras de → Balaam (Núm 24,20) confirman su aniquilación. Fig. 16.

Amarna. I. EL AMARNA *(tell el-'amārna)*, en la ribera derecha del Nilo medio, es el nombre de las ruinas de la residencia del rey egipcio Amenofis IV (1364-1347). Para contrarrestar el influjo de Amón, el poderoso dios imperial, y fomentar el culto exclusivo del dios Atón (el dios solar), Amenofis trasladó su residencia de → Tebas a una nueva ciudad, a la que llamó Ajatatón (montaña de luz de Atón). Después de la muerte de este faraón, la nueva religión decayó y Ajatatón quedó olvidada. En las ruinas del palacio real, se encontró, en 1887, el archivo de Amenofis III y Amenofis IV, integrado sobre todo por cartas: la correspondencia (en lengua akkadia, en escritura → cuneiforme, sobre tabletas de arcilla) de los reyes del Asia anterior y de los pequeños príncipes de ciudades sirias y palestinenses con los faraones, así como también nueve copias de cartas, dirigidas por los dos faraones indicados a los reyes de Babilonia y Arzawa y a vasallos de Canaán y Siria. Más de la mitad de estos textos se encuentra en los museos de Berlín (la mejor edición colectiva es la de J.A. KNUDTZON, *Die El-Amarna-Tafeln*, Leipzig 1907-15, reimpresión Aalen 1964; 2 vols.). En el curso de los últimos cuatro decenios, se descubrieron once cartas más. En total conocemos hoy 379 textos. Fig. 14.

II. Las CARTAS DE EL AMARNA constituyen una fuente de inapreciable valor para el conocimiento de la historia, de la geografía, de la cultura y de las lenguas del Asia anterior, especialmente de Canaán, en el siglo XV-XIV a.C. En primer lugar, nos revelan que el → Akkadio era la lengua diplomática internacional. De las glosas cananeas al texto akkadio de las cartas se infiere que los israelitas no trajeron la lengua hebrea al conquistar Canaán, sino que la encontraron en el país y la adoptaron; posteriormente, los hallazgos de → Ugarit confirmaron este hecho. Las cartas de El Amarna nos revelan también la situación política y étnica de Canaán. El país se hallaba dividido en un sinnúmero de minúsculos reinos (entre otros, se citan: Biblos, Beirut, Sidón, Tiro, Akkó, Ascalón, Magguiddó, Guézer, Lakiš, Jerusalén), cuyos jefes se hacían llamar reyes (cf. Jos passim) y se hallaban en constantes intrigas mutuas. Comisarios y oficiales egipcios ejercían control sobre estos pequeños príncipes vasallos. Los cananeos no consiguieron sacudir el yugo egipcio, como tampoco obtener ayuda contra las incursiones de los → hittitas (y de los → jabiru).

Amasías → Amasyá.

Amasyá (hebr.: Yahveh ha sostenido [protegiendo sobre sus brazos]).
1) Amasyá, noveno rey de Judá (801-773), 2Re 14,1-22; 2Par 25,1-28. Derrotó a los edomitas que habían cerrado la ruta hacia el puerto Esyón-Guéber, conquistó la fortaleza de Sela y fortificó → Elat. Fue de-

rrotado por el rey israelita Yoás en Bet-Šemēš. Aun cuando Amasyá era personalmente muy benigno e incluso alabado en el libro de los Reyes por su religiosidad (al contrario Par), fue asesinado por unos conspiradores en Lakíš.

2) Amasyá. → Sacerdote de Bet-El, que acusó al profeta → Amós de alta traición ante el rey Yeroboam II, y lo expulsó del templo y del país. Como consecuencia, Amós le vaticinó una serie de calamidades (Am 7,10-17).

Amat → Jamat.

Amatista → Piedras preciosas.

Amén (hebr.: palabra que ha pasado sin modificación al griego y al latín: así sea, en efecto).

1) *En el AT* sirve para expresar asentimiento (1Re 1,36; Jer 11,5), imprecación (Núm 5,22; Dt 27,15-26, etc.) y confirmación (Tob 8,8; Jer 28,6). En este último sentido, se usa como fórmula de alabanza a Dios (generalmente repetido dos veces), sobre todo al final de una doxología o de una oración (1Par 16,36 y al fin de los libros primero y cuarto de los Salmos).

2) *En el NT* se usa como aclamación en la liturgia (1Cor 14,16; Ap 5,14), al final de las oraciones y doxologías (p.e.: Rom 1,25; 9,5; 11,36), no en el sentido de confirmación, sino de súplica para que se cumplan las promesas. Jesús es el único que comienza sus palabras con Amén («en verdad») como garantía de su verdad.

Ammón, ammonitas (hebr., tal vez: pequeño tío), tribu aramea, establecida en el s. XII, en la región del curso superior del Yabboq. La capital era → Rabbá. El relato popular de Gén 19,30-38 hace descender a los ammonitas de cierto Ben-Ammí y, a través de éste, de Lot; reconoce, por consiguiente, su origen arameo. Los choques bélicos con Israel comienzan ya en la época de los jueces (→ Yefté), luego bajo Saúl (1Sam 11,1-11) y David (2Sam 10,1-11,1; 12,26-31). Aun cuando David fue coronado rey en Rabbá, no se sabe en qué medida los ammonitas dependían del reino davídico. Luego (a partir de la mitad del s. IX a.C.) cayó Ammón en poder de los asirios y les pagaba tributo (Tiglat-Piléser III, Asarhaddón, Assurbanipal). Era un estado vasallo dependiente con dinastía propia. En la época neobabilónica, Ammón acosó a Yoyaquim (2Re 24,2). El rey ammonita Baalís, pagó a Ismael para que asesinara a Gueldalyá (Jer 40, 14; 41,1s). Después de la caída de Babilonia, Ammón pasó a poder de los persas y, más tarde, de los griegos (1Mac 5,1-3 habla de choques guerreros de los ammonitas con Judas Macabeo). Desde el 64 a.C. perteneció al dominio romano.

Los profetas dirigieron frecuentes oráculos contra Ammón: Am 1,13-15; Sof 2,8-11; Jer 9,25; 49,1-6; Ez 21,33-37; 25,1-7. Su dios nacional era → Moloc, a quien Salomón erigió un santuario (→ Culto en los lugares altos, 1Re 11,7). Aparte de unos pocos sellos, de Ammón no poseemos ningún documento escrito. Mapa PA D5/E6.

Amorreos, nombre que designa en el AT, con sentido no del todo preciso, la población preisraelita de Palestina.

Fuentes egipcias mencionan ya este tipo semita desde principios del tercer milenio a.C. En el s. XXIII, aparecen en los textos cuneiformes akkadios con el nombre de Amurru (tribu nómada). Consiguieron dominar casi todos los territorios culti-

Amorreos

vados de Mesopotamia. En → Babilonia, Sumu-abu fundó la primera dinastía babilónica de los amorreos (1830 a.C.), a la que perteneció → Hammurabi.

Un segundo poderoso imperio amorreo se había formado en la ribera occidental del Éufrates medio. También se encuentran estados amorreos en occidente, por ejemplo, (→) Alalaj, Qatna y Alepo; en la Palestina preisraelita, el imperio del rey amorreo Sijón (Núm 21,21-35) y las ciudades amorreas (Jerusalén, Hebrón, Lakíš, Debir, etc.). En el Négueb, los amorreos junto con los cananeos y otros pueblos constituían la población preisraelita (Gén 14,7). Es cuestión todavía discutida la relación que guardan entre sí las denominaciones bíblicas amorreos y cananeos. El juicio peyorativo de los relatos bíblicos sobre los amorreos obedece seguramente sólo a motivos religiosos. Los amorreos adoraban a un dios, llamado Amurru cuyo culto llegó incluso hasta Babilonia. Es también problemático el origen de la lengua amorrea.

Amós (hebr.: Yahveh ha sostenido).
I. AMÓS, el tercero de los llamados profetas menores, de Teqoa, no quiere pasar por profeta, sino que insiste en afirmar que su profesión es ser vaquerizo y cultivador de higos de sicómoros (Am 1,1; 7,14). Vivió durante el reinado de Yeroboam II de Israel (783-743). En el libro de Amós, se entrevé un período de exaltación nacionalista y de bienestar, de lo que se puede deducir que Amós empezó a profetizar hacia el 760-50, después de las victorias israelitas sobre los amorreos. Se ignora por qué, siendo habitante de Judá, se trasladó al reino del norte, Israel. Aparece en el santuario de Bet-El (7,10-17) y en Samaría (3,9-12); 4,1-3; 6,1-7). → Amasyá le expulsó del templo y de Israel. Amós es un maestro de la forma literaria; sus visiones son concisas y plásticas, y sus amenazas están formuladas en un lenguaje expresivo y tajante.

II. AMÓS (LIBRO DE). (A) *Contenido.*
1) Oráculos contra los pueblos, como también contra Judá e Israel 1,3-2,16).
2) Cuatro oráculos contra Israel, que comienzan con «oíd la palabra» (3,1-5,6; 8,4-14).
3) Tres amenazas contra Israel, que comienzan por «¡Ay!» (5,7-6-14).
4) Cinco relatos de visiones (7, 1-9,4). Su conexión literaria se interrumpe por un relato en tercera persona (encuentro del profeta con Amasyá en Bet-El: 7,10-17) y por el mencionado oráculo de amenaza (8,4-14).
5) Un himno (9,5s del cual forman también parte, probablemente, 4,13 y 5,8s).
6) Un oráculo contra Israel (9, 7-10).
7) Una promesa (9,11-15).

(B) *Época de composición.* La autenticidad de las visiones y de la mayor parte de los oráculos es indiscutible. Un redactor las enlazó con el relato en tercera persona, que no es de Amós. Hay dudas sobre la autenticidad de los oráculos contra Tiro (por motivos históricos) y contra Judá (por motivos estilísticos), del himno y de la promesa. La redacción definitiva sería posterior al destierro.

(C) *Teología.* Después de la victoria contra los arameos, aumentó el bienestar, aparecieron diferencias sociales y creció el formulismo religioso. Amós se dirige contra el culto superficial y clama por el derecho y la justicia. Al faltar contra el derecho, Israel prepara su propia ruina. El «Día de Yahveh», que aparece aquí por primera vez, será terrible. Sólo el «resto de José» (5,15; cf. 9,11s; aquí también aparece «resto» por primera vez [en el caso de que sea auténtico] en su sentido de historia de salvación) obtendrá la gracia.

Amrafel, rey de Sinear, combatió y venció con sus aliados a los refaítas, zuzitas, emitas, joritas, amalequitas y a los reyes de la → Pentápolis (Gén 14,1-12). Los aliados pretendían quizás dominar las grandes vías comerciales entre Siria y Arabia. La identificación segura de Amrafel no es posible. Algunos lo han identificado con el rey babilónico →Hammurabi, con un akkadio llamado Amur-pi-el o Amû-pi-il, que en las cartas de → Mari es presentado como rey de Qaṭna. Esto nos situaría a principios del s. XVII a.C. Pero aparte la inseguridad de estas opiniones, Amrafel no nos sirve para fijar la fecha de → Abraham, pues la asociación de Abraham con esta campaña militar de los reyes del este es ciertamente secundaria.

Amuleto → Alhajas.

Ana (hebr.: compasión), Madre de Samuel (1Sam 1), conocida por su cántico (2,1-10), salmo perteneciente al género de los → himnos y que sirvió de modelo para el *magníficat*.

Ananías (forma griega del nombre hebreo Hananya: Yahveh se ha compadecido), nombre personal muy frecuente.
1) En Tob 5,13, el ángel Rafael se presenta como «Azaryá, hijo del gran Ananías». Esta indicación se ha de entender simbólicamente.
2) Ananías, un cristiano de Jerusalén, que con su esposa Safira, expió con la muerte su pecado contra el Espíritu Santo (Act 5,1-11).

3) Ananías, un joven de la comunidad cristiana de Damasco, que impuso las manos a Saulo y le comunicó de parte del Señor su elección (Act 9,10-19; 22,12-16).
4) Ananías, → sumo sacerdote que hacia el 47-59 desempeñó un papel en el proceso contra Pablo ante el → sanedrín (Act 23,2-5) y le acusó ante Félix (24,1-9). Fue asesinado por los → zelotas como amigo de los romanos, al principio de la guerra judía (septiembre del 66).

Anatema. La palabra hebrea para anatema (*ḥērem*) significa lo segregado, lo separado del uso profano. El AT conoce tres especies de anatema:
1) Por *voto*, con el que Yahveh consagra irrevocablemente personas, animales o cosas que son de su agrado (Lev 27,28s).
2) Como *teocrática pena capital* contra particulares (Éx 22,19; Lev 27,29) o contra ciudades enteras (Dt 13,13-19), principalmente a causa de la idolatría. Así se intentaba hacer inofensiva la fuerza peligrosa que se atribuía al que se había vuelto impuro por idolatría. Más tarde, la misma posesión de ídolos se consideraba *ḥērem* (Dt 7,26), pero la pena capital se substituyó por la confiscación de bienes (Esd 10,8).
3) Como *medida militar* (Núm 21,1; Jos 6; Jue 1,17; 1Sam 15): Para obtener la ayuda de Yahveh, se le consagraba el botín, es decir, se mataba a los vencidos y se destruían los bienes conquistados, renunciando así al propio enriquecimiento (Jos 7,1). Después del tiempo de Saúl, el concepto pierde su significado religioso y la palabra se usa en el sentido de destruir, aniquilar (Is 34,2.5; Jer 25,9, etc.). Dt 7,1-5; 20,16-18 y los pasajes deuteronómicos de Jos (6,18.21.26; 10,28ss; 11,11ss) entienden de nuevo anate-

Anatema

ma en sentido religioso: genocidio como medio para conservar la pura religión.

4) En el judaísmo se practicó el anatema sinagogal, excomunión transitoria de la vida de comunidad (Esd 10,8). Igualmente en → Qumrán (1QS VI, 24 — VII, 25).

Anatot (hebr.: lugar de [la diosa ugarítica] Anat), localidad entre Mikmás y Jerusalén (Is 10,29-32), residencia de la familia sacerdotal de Ebyatar (1Re 2,26, etc.) y del profeta Jeremías (Jer 1,1; 32,7-9). Hoy se llama 'anāta, al noroeste de Jerusalén. Mapa PA A1.

Anciano. I. EN EL JUDAÍSMO. Anciano designa originariamente al jefe de una tribu o familia al cual corresponde administrar la justicia y asumir la dirección de la guerra (Éx 18,13-26). Después de la conquista de Canaán, cuando el lugar de residencia fue determinando más y más la vida comunitaria, los ancianos se convirtieron en una especie de nobleza del pueblo (Dt 19,12; Jos 9,11; Jue 8,14; 1Re 21,8, etc.; → Jueces de Israel) con atribuciones administrativas y judiciales. La institución de la monarquía disminuyó la autoridad de los ancianos, sin embargo siguieron conservando un poder considerable (p.e. 1Re 20,7-9). Después del destierro, los ancianos (junto con los jefes) formaban el consejo local (Esd 10,8.14). Más tarde, fueron admitidos en el consejo supremo junto con los príncipes de los sacerdotes y los escribas (Mt 27,41; Mc 11,27; Lc 22,66).

II. EN EL CRISTIANISMO. 1) Los ancianos forman el colegio presidencial de las comunidades locales (Antioquía: Act 11,30; Éfeso: 20,17; Jerusalén: 21,18, etc.).

2) En 2Jn y 3Jn, «el anciano» es una designación del propio autor.

3) Los 24 ancianos del apocalipsis son una especie de senado celeste que tienen entre otras funciones la de ejercer el sacerdocio (7,13ss; 11,16ss, etc.). Sobre su número y significado sólo se pueden hacer conjeturas.

Andrés (gr.: el varonil), de Betsaida (Jn 1,44), hermano de Simón, residente en Cafarnaúm, pescador, fue con su hermano uno de los primeros discípulos de Jesús (Mc 1,16-18 par; Act 1,13). Antes había sido discípulo de Juan Bautista (Jn 1,35-42). Tres veces se le destaca especialmente: Mc 13,3; Jn 6,8 (multiplicación de los panes) y 12,22. En el NT, no se le nombra más. Según una antigua tradición, predicó en el sur de Rusia y en los Balcanes y fue crucificado en Patrás (Grecia). Se le atribuyen los apócrifos *Los actos de Andrés* (y de Matías).

Animal. 1) La Biblia ignora un sistema zoológico exacto. El uso cambiante de los términos populares hace muchas veces imposible la identificación de cada uno de los animales. No obstante se pueden distinguir los cuatro grupos siguientes: animales acuáticos (los mayores: cocodrilo, hipopótamo; los menores: peces), aves, reptiles (p.e., serpientes, lagartos, caracoles, ranas, gusanos, ratones) y los animales del campo (animales salvajes y domésticos, ganado mayor y menor). En el terreno religioso se distingue entre animales → puros e impuros (división exacta en Lev 11,1-47; Dt 14, 3-20), ya fuera por motivos higiénicos (buitres de carroña), ya fuera porque algunos de ellos (las serpientes, p.e.) se relacionaban con los demonios.

2) El animal es la criatura que más se parece al hombre. Como el hombre, el animal fue también

creado por Dios (Gén 1,20-25) y se le asemeja (2,18-20). Por otra parte, el hombre puede disponer sobre los animales, que le sirven de alimento (9,3; Neh 5,18; Dt 14,3-20) o de animal para el sacrificio (p.e., oveja, cabra, buey, paloma). Según la idea bíblica, el hombre se dedicó a la cría de animales ya desde los principios más remotos (Gén 4,2.20); se usaba el caballo y el buey como animal de tiro para el arado o para el carro; los animales de cabalgadura eran camello, caballo, asno y mula. El hombre vivía de los productos de los animales (carne, leche, mantequilla, lana y piel), usaba el estiércol como combustible y muchas de sus vísceras interiores (hiel, corazón y riñones de los pescados; → Tobías) como medicina. También se juega con las aves (Job 40,24) y se observa su vuelo (Jer 8,7), pero también se dispone de una legislación severa de protección de los animales incluso bajo pena de muerte (Éx 21, 28ss; 22,9ss). Dios se sirve de los animales como medio de corrección (Éx 7ss; 1Re 13,18-28); en ocasiones, los animales se convierten en símbolos de las fuerzas contrarias a Dios (Gén 3; Dan 7; Ap 13; 16). Los animales caracterizan determinados tipos de hombres (gacela) o sirven como nombre cariñoso (paloma: Cant 2,14). Muchos nombres de persona son nombres de animales (p.e., Raquel = oveja madre; Leá o Lía = vaca salvaje o serpiente; Débora = abeja).

Antiguo Testamento → Canon (II).

Antilíbano → Hermón.

Antíoco (gr.: el firme), nombre de reyes de la dinastía de los → seléucidas. En el AT, se mencionan:

1) Antíoco IV Epífanes (175-164), hijo de Antíoco III el Grande. Se apoderó del trono después del asesinato de su predecesor y hermano (Dan 11,21). Los historiadores suelen dar un juicio negativo acerca de su carácter: se le describe despótico, excéntrico, arbitrario y cruel. Tres circunstancias determinaron su vida: la influencia romana, su fascinación por la cultura y la religión griegas (→ Helenismo) y su mentalidad oriental respecto a la divinización del rey. El juicio negativo de los judíos depende de su política religiosa. Al principio, Antíoco fue favorecido en Jerusalén (→ Alcimo) por el partido que tendía hacia la helenización y en el 175 fue recibido solemnemente por el sumo sacerdote. Después de ser vencido por los romanos en Egipto (167 a.C.), aceleró la helenización, saqueó el tesoro del templo, profanó el templo, violó el sábado, prohibió la circuncisión, etc. Al pretender introducir el culto a Júpiter Olímpico (1Mac 1,57.62), se alzaron los → Macabeos. 1Mac 1,11-6,16; 2Mac 4,7-9,29; Dan 7,8-11 (undécimo → Cuerno de la cuarta bestia), 8,9-14 (cuerno pequeño del carnero), 11,21-45. Murió en una campaña contra los partos.

2) Antíoco V Éupator (164-162), hijo, menor de edad, del precedente. Dominado por su tutor Lisias, fue asesinado junto con éste. Lisias había pactado la paz con Judas Macabeo (1Mac 6,17-7,4; 2Mac 10,9-14,2), por la cual los judíos gozaron de libertad religiosa.

3) Antíoco VI Dionisos reinó bajo la tutoría de Diodoto Trifón en 145 como antirrey de Demetrio II. Más tarde fue asesinado por su tutor.

4) Antíoco VII Sidetes (139/38-129), intentó, mediante muestras de favor (ratificación de antiguos privilegios), el apoyo de Judas Macabeo en su lucha contra Trifón. Pero, cuando hubo vencido a Trifón, adoptó una actitud hostil a los judíos (1Mac 15-16).

Antioquía

Antioquía. En la Biblia, se mencionan dos ciudades bajo este nombre.
1) Antioquía de Siria, emplazada a orillas del bajo Orontes, fundada en el 300 a.C. por Seleuco I Nicátor, rica plaza comercial, foco de la cultura helenística (→ Helenismo), residencia de los → seléucidas, desde el 64 a.C. capital de la provincia romana de Siria. La población se componía de sirios, griegos y judíos. Los judíos eran en su mayoría ricos y religiosos activistas (cf. Act 6,5). Cristianos procedentes de Palestina, Chipre y Cirene, que a consecuencia de una persecución se habían refugiado en Antioquía, formaban una comunidad paganojudía cuyos componentes recibieron por primera vez el nombre de cristianos (11,19-26). Visitada por Bernabé y Pablo, Antioquía fue punto de partida y de retorno de los dos primeros viajes misionales. La comunidad de Antioquía dio motivo al → Concilio apostólico. A partir del s. III, se desarrolló en Antioquía una famosa escuela exegética (Juan Crisóstomo, Teodoro de Mopsuesta, etc.). Hoy se llama *anṭāqya* y está situada en la parte más meridional de Turquía.

2) Antioquía de Pisidia, ciudad fronteriza junto al Meandro, colonia romana desde tiempos de Augusto. En el primer viaje misional, Pablo y Bernabé visitaron su comunidad judía, pero sin éxito duradero (13,50f). La comunidad cristiana se componía sobre todo de gentiles (14,21).

Antipas (gr.: retrato del padre).
1) Herodes Antipas, hijo menor de → Herodes el Grande y a menudo confundido con él. Nació hacia el 22 a.C. Tuvo que contentarse con el gobierno de Galilea y Perea y con el título de → Tetrarca (Lc 3,1; Mc 6,14 le llama rey, denominación popular). Antipas estaba casado con una hija del rey de Arabia Aretas IV, pero luego vivió con Herodías, esposa de su hermanastro Herodes → Filipo (5) (Mc 6,17 par). Esto ocasionó una guerra con Aretas, en la que Antipas ocupó pasajeramente la fortaleza de → Maqueronte.

Antipas era astuto (cf. Lc 13,31s), ambicioso y amigo del fausto, pero también, judío ortodoxo (23,7). Intercedió ante Pilato en favor de los judíos. Llevó a cabo la fortificación o reconstrucción de la ciudad de Séforis, Livias y Tiberíades. Hizo apresar y ejecutar a Juan Bautista en Maqueronte (Mc 6,17-29 par). No es seguro que quisiera también matar a Jesús (Lc 13,31-33). En el proceso contra Jesús, mostró gran interés por él, pero luego mandó ridiculizarlo (23,8-12). En el año 39, se le hizo sospechoso ante el emperador Calígula y le desterró a Lyón. Se ignora la fecha de su muerte.
2) Antipas, mártir cristiano, ejecutado en Pérgamo (Ap 2,13).

Antipater → Antípatro.

Antípatro (gr.: retrato del padre).
1) Antípatro, junto con Numenio, fue enviado a Roma por Yonatán Macabeo, para renovar el tratado de paz concluido por los romanos con Judas (1Mac 12,1-4.16). También estableció relaciones amistosas con Esparta (12,5-23).
2) Antípatro, padre de → Herodes el Grande.

Antonia, torre de Jerusalén, al norte del templo, citada por primera vez en Neh 2,8; 7,2. Más tarde fue restaurada por Herodes el Grande, que la llamó Antonia, en honor de Antonio, su protector (Ant. 15,8,15, etc.). Desde la torre, una guardia romana vigilaba constantemente la explanada del templo (Act 21,31-37, etc.). En la guerra judía, los insurrectos se hicieron fuertes en la torre Antonia (66 d.C.), pero fue conquistada y desmantelada por Tito (70 d.C.). Desde el s. XII, una tradición sin fundamento sitúa en ella el → pretorio de Pilato. Fig. 38.

Año nuevo. Como se demuestra por los nombres de los meses, los antiguos israelitas adoptaron el año agrario de los cananeos. Según el → calendario de Guézer, éste empezaba con la recolección. Pero la fiesta de la recolección (Éx 23,16) no tenía un día fijo, sino que se celebraba cuando la cosecha ya estaba recogida, durante el séptimo mes (tišrí). Cuando Yoyaquim (608-598) por presión de los babilonios introdujo en Judá el calendario babilónico, el comienzo del año se trasladó de otoño a primavera, como ya se había practicado antes en el reino del norte por influencia asiria. Los textos más antiguos que ya cuentan el comienzo del año en primavera son Jer 36,9. 22 y 2Re 25,8 (cf. la ley sobre la → pascua, Éx 12,2; el calendario festivo, Lev 23; Núm 28s; Ez 45,18-25). A pesar del cambio de calendario, se mantuvo la fiesta de año nuevo en otoño como fiesta de culto (cf. Lev 23,24; Núm 29,1): la fiesta de la consagración del templo (2Par 5, 3.13) y la de la renovación de la alianza (Neh 8,2) se celebraban en el primero de tišrí. Seguramente el cómputo de otoño se adoptó de nuevo por los seléucidas que introdujeron en sus dominios el uso de empezar el año en otoño. De todas formas, en Qumrán y en el judaísmo rabínico, el primero de tišrí se tiene por día de año nuevo (la mišná conoce incluso cuatro principios del año). Por el AT no se puede demostrar con evidencia una fiesta fija de año nuevo. La gran fiesta de otoño (→ Fiesta de los tabernáculos) marcaba ciertamente el comienzo del año, pero no se celebraba como fiesta de año nuevo. De todas formas, en el judaísmo, la fiesta de año nuevo se consideró luego una de las fiestas principales del año. → Sumer.

Apocalipsis

Apocalipsis. «La revelación concedida por Dios a Jesucristo» (1,1) contenida en este libro es dirigida por el vidente Juan en primer término a las iglesias amenazadas del Asia Menor para consolarlas y fortalecerlas por medio de una interpretación de la historia que las amenaza.

I. DISPOSICIÓN. 1,1-20: prólogo y visión vocacional del vidente. 2,1-3, 22: cartas a las siete comunidades del Asia Menor. 4,1-5,14: la visión de Dios y del Cordero. 6,1-8,1: la manifestación del plan divino. 8,2-11,19: la visión de las siete trompetas. 12,1-14,5: el ataque de los poderes satánicos contra el pueblo de Dios. 14,6-20: el juicio venidero. 15,1-16,21: la visión de las siete copas. 17,1-19,20: el juicio contra Babilonia. 19,11-22,5: venida victoriosa de Cristo y consumación. 22, 6-21: la certificación del vidente y nueva promesa de la venida de Cristo.

II. CONTENIDO. Así como en la literatura apocalíptica del judaísmo pone en el futuro el hecho decisivo de Dios (→ Apocalíptico [género literario]), Ap, en cambio, considera como hecho decisivo que la salvación de Dios está en la muerte y resurrección de Jesucristo (cap. 12; cf. 1,18; 5,5.9-14).

Cristo por medio del hecho salvador del amor (12,10) ganó, como «el Cordero», el dominio sobre la historia (5,6.9s.12), por esto mismo, también el creyente, como seguidor del cordero, puede persistir en la historia (14,1-5; cf. 7,13s y 12,11).

Apocalipsis

La consecuencia de la lucha que Satanás, con creciente rabia, dirige contra Dios y su imperio (12,9.12-18; 13), lucha que de antemano ya está decidida, es que sobre la tierra ya no hay neutralidad posible, sólo existen los «siervos de nuestro Dios» (7,3) y los «habitantes de la tierra» (13,8). Si bien es inimaginable para el vidente del Ap que el mundo, algún día, se conforme con la existencia de los creyentes (11,7-10; 13, 14-17), sin embargo, no deja lugar a dudas de que, no por ello, está permitido al creyente el convertirse en enemigo de los habitantes de la tierra. Los creyentes son «sacerdotes de Dios» (1,6; 5,10; 20,6) y «primicias para Dios y el Cordero» (14,4) que, con paciencia (1,9; 2,2.19; 3,10; 13, 10; 14,12), dan testimonio en este tiempo de su fe en la victoria de Dios. Al mismo tiempo, los creyentes confirman de esta manera que, a pesar de todas las visiones de desgracias que invitan a volver atrás (cf. 9,20s; 14,7; 16,9.11), un «evangelio eterno» (14,6s) es proclamado sobre este mundo. Los distintos himnos del Ap son la respuesta inteligente de la Iglesia al gobierno judicial de Dios, cuyo único fin es la salvación de la creación (cf. 1,6s; 5,13; 11,17s; 12,10ss). La inadvertencia de esta realidad es el error de todas las comunidades que se sirven del Ap como amenaza y confusión entre los hombres.

III. CARÁCTER. 1) La *forma* del Ap se asemeja mucho al género literario apocalíptico. El Ap habla en figuras, imágenes y símbolos, donde, a veces, un mismo símbolo representa distintas personas o cosas, o, al contrario, distintos símbolos representan una misma persona o cosa. Las tres series de siete sellos (6), siete trompetas (8,11) y siete copas (15-16), así como el uso constante de ciertos medios estilísticos, como el de la anticipación, de la antítesis y del simbolismo numérico (cf. 1,12. 16; 3,1; 5,3.6; 8,2, etc.) hacen concluir que el libro es homogéneo y que fue planeado de antemano.

2) *Fuentes.* Aunque el Ap nunca cita expresamente el AT, está, sin embargo, fuertemente influenciado por él en su pensamiento, figuras y vocabulario, sobre todo, por Ez, Zac, Jl, Dan. Por otra parte, Ap es un trabajo personal; con frecuencia el autor se apoya en experiencias propias (1,19; 4,1; 5,1, etc.). Los datos del AT son elaborados con mucha independencia. Si hay que decir que se muestran representaciones mitológicas o astrológicas, éstas, no obstante, pierden su sentido original y sirven sólo para dar expresión a los pensamientos propios del Ap.

IV. ORIGEN. 1) El *Autor* se llama a sí mismo Juan (1,1.9; 22,8), él es profeta (1,1-20; 22,9) y está en Patmos (1,9) a causa de su testimonio cristiano. La tradición identifica a este Juan con el apóstol y autor del cuarto Evangelio. Después de la unanimidad de los tiempos primeros (Justino, Fragmento muratoriano, Ireneo, Tertuliano, Orígenes), se dudó del orígen apostólico del escrito, sobre todo, por el abuso que de él hicieron los milenaristas. Por ello, Ap falta en el canon de muchos escritores eclesiásticos orientales. Más tarde, la Iglesia oriental se adhirió también a la latina. La cuestión de si el autor de Ap es el mismo del de los otros escritos juaneos está, todavía hoy, sin resolver. Junto a algunas coincidencias que llaman la atención (Cristo como palabra de Dios: Jn 1,1-14; 1Jn 1,1; Ap 19,13 o como cordero de Dios: Jn 1,29; Ap 5,6, etc.) estas diferencias graves (sobre todo de orden gramatical y estilístico, así como en el concepto de la escatología).

2) La *fecha de composición* es

igualmente difícil de fijar, pues la mayoría de las alusiones a hechos históricos son demasiado imprecisas. El mejor punto de arranque lo ofrecen las cartas a las iglesias del Asia Menor, cuyo entusiasmo religioso del principio ya hacía tiempo que se había resfriado en la época del Ap; también muchas persecuciones deben pertenecer al pasado y se esperan otras nuevas (cap. 13). Esto concuerda menos con el tiempo de Nerón (13,8.18) que con los últimos años del gobierno de Domiciano (94,96), en cuyo tiempo, incluso la tradición (Ireneo, Eusebio, Jerónimo) sitúa el tiempo de composición del Ap.

V. EXPLICACIÓN. Como quiera que el punto de vista del Ap es teológico, no sería justa una explicación exclusivamente histórica, según la cual, el Ap representaría en forma de vaticinio la historia del s. I. Si es cierto que ocurren de vez en cuando reminiscencias de hechos históricos concretos o de personas (Imperio romano, Roma, emperadores romanos), éstos deben entenderse a la vez como símbolos de una realidad más profunda. Pero tampoco puede sostenerse la explicación exclusivamente historicoeclesiástica (Joaquín de Fiore, Bossuet, Holzhauser) que cree descubrir en el Ap las distintas fases de la historia de la Iglesia. El Ap es más bien una interpretación de *toda* la historia a la luz de la revelación cristiana (cf. II).

Apocalíptico (género literario) (del griego: descubrir, revelar). Es un género literario producido por un movimiento del pensamiento judío, muy en boga desde el s. II. a.C. hasta finales del s. I d.C. Diversos elementos de la tradición israelita (profetismo, literatura sapiencial) coinciden en este género literario.

Apócrifos

Las condiciones de opresión en que vivieron los judíos, en particular bajo → Antíoco IV Epífanes, fortalecieron la esperanza en el cumplimiento de las promesas que Dios había hecho a su pueblo escogido. Esto explica la tendencia de dichos escritos hacia el futuro: la redención de Israel como culminación de la historia. Con frecuencia, se caracteriza por su extravagante fantasía que trabaja con imágenes primitivas, símbolos, mitos sobre la creación y especulaciones numéricas. Es ley de este género literario que el conocimiento se reciba a través de visiones. Los escritos apocalípticos son seudónimos: se atribuyen a Adán, Abraham, Moisés, etc. Es difícil determinar de qué círculos procede esta literatura, como también los elementos extrabíblicos que influyen en ella (astrología babilónica, mitología griega). De todas formas, la literatura apocalíptica, que se refleja en los apocalipsis apócrifos (sobre todo 1Hen, AsMo, 4Esd, Bar [sir.]) representan un importante lazo de unión entre el AT y el NT. Dos apocalipsis obtuvieron valor canónico (→) Dan y Ap.

Apócrifos (del gr.: escondido, secreto), en la terminología católica actual, son ciertos escritos judíos y protocristianos que nunca llegaron a ser considerados canónicos (la teología protestante los llama «seudoepígrafos»). Los apócrifos muestran en parte cierta semejanza con los libros canónicos y en parte han sido transmitidos con el nombre de un escritor inspirado. Los hallazgos de → Qumrán y de *nag 'ḥammādi* han aumentado considerablemente su número.

I. LOS APÓCRIFOS DEL AT (s. II a.C. hasta s. I d.C.).

1) *Apócrifos históricos:* en gran parte de carácter legendario, pero

Apócrifos

reveladores de las ideas del autor y de la época. Algunos títulos: *Libro de los Jubileos, Asunción de Isaías, Apocalipsis de Moisés, Epístola de → Aristeas, Prólogo del Eclesiástico, José y Asenet*, 3Esd, 3Mc.

2) *Apócrifos didácticos*: en parte influidos por las ideas morales del AT. Algunos títulos: *Testamento de los doce patriarcas,* Sal 151, *Salmos de Salomón,* 4Mc.

3) *Apócrifos apocalípticos*: testimonios del género literario → apocalíptico judío y de la escatología. Algunos títulos: *1 Libro de Henok,* 4Esd, *Baruc sirio, Testamento de Abraham, escritos Sibilinos.*

II. LOS APÓCRIFOS DEL NT (a partir del s. II d.C.).

1) Los *evangelios apócrifos* pretenden rellenar las lagunas de los evangelios canónicos; sus concepciones teológicas delatan su procedencia gnóstica. Algunos títulos: *Evangelio de los Hebreos, de los Egipcios, de los Ebionitas, Protoevangelio de Santiago, Evangelio de Tomás.*

2) Los *hechos apócrifos* narran con abundancia de detalles los milagros y viajes de los apóstoles, a menudo con tendencias heréticas. Algunos títulos: *Hechos de Pedro, de Pablo, de Andrés, de Juan, de Bernabé.*

3) Las *epístolas apócrifas* fueron escritas, en parte, para acreditar supuestos privilegios de determinadas iglesias, en parte, para sustituir algunas epístolas de san Pablo, hoy perdidas. Algunos títulos: *Epístola a los laodiceos, a los alejandrinos, de los corintios y a los corintios.*

4) Los *apocalipsis apócrifos* presentan visiones que vaticinan un porvenir mejor. Algunos títulos: *Apocalipsis de Pedro, de Pablo, de Juan, de María.*

Apolo (forma abreviada de Apolonio), judío culto de Alejandría (Act 18,24-19,1; → Helenismo). Llegó de Éfeso a Corinto y consiguió, de entre los miembros de la comunidad cristiana, un grupo de seguidores propios, que se hallaban en cierta oposición con los cristianos «paulinos» (1Cor 1,12; 3,4-6.22; 4,6). Pablo parece haberle juzgado críticamente (3,10-15). Act 18,24-28 le presenta incorporado más estrechamente a la línea apostólica (enseñanza recibida de Áquila y Priscila). Muchos le consideran autor de Heb.

Apóstol. 1) Con esta palabra, se puede designar: a «los → doce» (Mc 6,30; Mt 10,2; Lc 6,13; Gál 1,17), a los enviados de Dios (Act 13,3s), a los enviados de la Iglesia (Act 14,4; 2Cor 8,23; Flp 2,25), a los mensajeros acreditados (Jn 13,16), a los misioneros (Rom 16,7; 1Cor 12,28; Ap 2,2) e incluso a Cristo mismo (Heb 3,1).

2) En las cartas de san Pablo, el testimonio más antiguo del NT, es «apóstol de Jesucristo», *a)* el que es testigo del Resucitado y, *b)* ha recibido el encargo del Señor para la predicación misionera, con el fin de suscitar la fe a través del anuncio del Evangelio y de reunir la comunidad de los creyentes (Gál 1, 15-17; 1Cor 9,1s; 15,7-11; 2Cor 10, 13-16). De esta manera, se combina el concepto de misionero con el concepto de apóstol. Pablo opone el «seudoapóstol» a los verdaderos apóstoles (2Cor 11,13), esto es, el que se presenta como apóstol sin haber recibido encargo de Cristo.

3) La relación de los «doce» con los apóstoles: las listas de los nombres de los «doce» manifiestan ciertas vacilaciones (Mc 3,16-19; Mt 10, 2-4; Lc 6,13-16; Act 1,13). En Mc 3,14, los «doce» no se denominan todavía apóstoles; en Mc 6,30 parece que no se trata todavía de un título duradero. Sólo en Lc 6,13 se dice

que Jesús mismo denominó apóstoles a los «doce». Llama la atención el hecho de que precisamente en los textos más antiguos del NT también otros fuera de los «doce» se denominen apóstoles (Rom 16,7; 1Cor 9,5s), mientras que del grupo de los «doce», sólo de Pedro se sabe históricamente que tuvo una actividad misionera. Es evidente que el título de apóstol sirvió primero para designar indistintamente a los misioneros y a los jefes de las comunidades; y más tarde, poco a poco, se restringió para designar a los «doce» (y a Pablo).

Aqueménidas → Ciro.

Aquías → Ajiyyá.

Áquila (lat.: el norteño?).
1) Áquila, judío del Ponto, que con su mujer Priscila, con motivo de la persecución de los judíos bajo el reinado de Claudio, emigró de Roma a Corinto. Los dos eran cristianos de primera hora. Pablo se hospedó en su casa durante el segundo viaje misionero (Act 18,2s). En Éfeso, convirtieron a → Apolo (18,18-26) y más tarde regresaron a Roma (Rom 16,3-5).
2) → Versiones de la Biblia (I. 1,b).

Arabia, árabes, denominación muy extendida para los nómadas del desierto siroarábigo. Quizás este nombre esté emparentado con el de los jaribu (→ Hebreos).
En Neh y Par, la denominación árabe designa a los habitantes (edomitas) de la provincia persa de Arabia. Para las tribus de la actual península de Arabia, el AT usa los nombres particulares de ismaelitas, yoqtanitas, queturitas, etc. Listas de tribus árabes: Gén 10,26-29; 25,1-4. 12-16.

De la provincia persa de Arabia, se formó más tarde el reino de los → nabateos, cuyos habitantes son llamados árabes, en el NT (Act 2,11). Para Pablo, Arabia significa todavía el desierto colindante con la zona cultivada de Palestina (Gál 1,17; 4,25).

La lengua árabe no se convirtió en lengua literaria hasta después de pasada la época del antiguo oriente, pero es de un valor extraordinario su estudio porque ha conservado en gran parte su primitivo carácter semítico, tanto en la fonética como en la morfología. → Versiones de la Biblia (I.5).

Arad (hebr.: duro [suelo]).
1) Núm 21,1; 33,40 menciona a un rey cananeo de Arad, en el desierto meridional de Judá. Jue 1,16 nombra Arad a propósito de la toma del país (los quenitas). Se sitúa en el actual *tell el-milḥ,* 12 km. al suroeste de *tel'arād.* Mapa PA C8.
2) Excavaciones israelitas investigan desde 1962 el llamado *tel'arād* en el Négueb nordeste. Se ha descubierto una ciudad subterránea, asombrosamente grande (10 ha) del calcolítico y bronce antiguo. Los hallazgos dan a entender comercio con Egipto y contactos con la cultura de Mesopotamia, datos de gran interés para fijar la fecha del bronce antiguo en Palestina. Entre el 2700 hasta el s. XI a.C., Arad fue un lugar habitado que luego se convirtió en guarnición real. La ciudad fue muchas veces destruida y reedificada hasta hacia el año 700, en que fue definitivamente destruida, se supone que bajo Yosías. La cantidad de → *óstraka'* bien conservadas (desde el s. IX) prometen nueva información sobre el desarrollo de la escritura del hebreo antiguo. En Arad, se pudo investigar por primera vez, desde un punto de vista arqueológi-

co, un → templo (s. x-vii) que puede servir de analogía para el templo de Salomón en Jerusalén. Arad nos proporciona una importante información sobre los medios culturales de Judá antes del exilio.

Arameos. La *historia* primitiva de los arameos se halla todavía envuelta en la oscuridad. Según Am 9,7, eran oriundos de Quir (NE de Arabia?). Hacia el año 2000 a.c. aparece en el espacio cultural de Mesopotamia, un elemento étnico cuyos nombres de personas son semíticos occidentales; son probablemente las primeras manifestaciones de un grupo étnico que más tarde aparece en Palestina bajo el nombre de arameos. Dt 26,5 da a entender que los israelitas son de origen arameo (cf. la denominación → Labán «el arameo» Gén 25,20, etc.). En este sentido habla el AT de Aram-Naharaim (Aram de los dos ríos), entre los cursos superiores del Tigris y del Éufrates. Fig. 4.

Los arameos no llegaron a formar pequeños estados hasta principios del primer milenio. El AT menciona los siguientes:

1) Los arameos *de Sobá*, entre el Antilíbano y el desierto sirio-arábigo. Es conocido su rey Hadadézer, a quien David venció (2Sam 2,3-8).

2) Los arameos *de Bet-Rejob* (2 Sam 10,6), estado minúsculo al nordeste del territorio de los amonitas.

3) Los arameos *de Maaká* (2Sam 10,6; Jos 13,11), entre los extremos meridionales del Líbano y del Antilíbano. La ciudad → Abel-Bet-Maaká fue muy pronto posesión israelita (2Sam 20,14-22), pero más tarde fue conquistada por Ben-Hadad e incorporada a Asiria por Tiglat-Piléser III.

4) Los arameos de *Guesur*, vecinos de los arameos de Maaká (cf. 2Sam 3,3; 13,37s; 15,8).

5) Los arameos de → Damasco, pasajeramente sometidos por David (2Sam 8,5). Rezón-ben-Elyadá, rey de Damasco, adoptó en tiempos de Salomón una postura hostil a los israelitas (1Re 11,23-25); aparece como caudillo de las guerras de la independencia aramea. Bajo Ben-Hadad, Damasco se convirtió en la potencia principal de Siria. Ya desde hacia el año 800, fue combatida por Asiria, pero la ciudad no fue conquistada hasta Tiglat-Piléser III (734). En cambio, los arameos consiguieron una victoria cultural: el arameo se convirtió en lengua comercial de Asiria. Lo mismo pasó en Babilonia, donde los → caldeos arameizaron el imperio y más tarde lo dominaron políticamente. La difusión de la lengua aramea, entre otros países también en Palestina fue decididamente favorecida por la imposición de la lengua de la cancillería en gran parte del imperio persa. El llamado arameo imperial se halla representado en el AT en Esd 4,8-6,12 y Dan 2,4-7,28. Jesús proclamó su mensaje de salvación en arameo. Sólo la lengua árabe consiguió más tarde suplantar al arameo como lengua internacional.

Ararat, nombre de una región de Armenia, junto al curso medio del Arexes. En Ararat se refugiaron los hijos de Senaquerib después de haber asesinado a su padre (2Re 19,37; Is 37,38). Ararat es el antiguo Urartu, conocido por inscripciones cuneiformes (época de apogeo en los siglos IX-VII a.C.; Jer 51,27), en donde se hablaba una lengua propia no semítica. Más tarde, el nombre de la región pasó a designar una sola montaña (Gén 8,4 donde posó el arca de Noé). Fig. 4.

Árbol. Los árboles solitarios, siempre verdes o corpulentos fueron ve-

Árbol de la vida

Fig. 2. Árbol de la vida con un monstruo frente a él

nerados por los cananeos (→ Ašerá; Baal) y los israelitas siguieron teniéndolos por santos. Bajo los árboles se celebraban reuniones, juicios y asambleas del pueblo (Jue 4,5; 1Sam 14,2; 22,6); sus cercanías sirven de sepultura a personas principales (Gén 35,8; 1Sam 31,13; 1Par 10,12). El AT recuerda entre otros: el terebinto de Sikem (Gén 12,6; 35,4), la encina del santuario de Sikem (Jue 9,6), la encina de los agoreros de Sikem (Jue 9,37), Bet-El (1Re 13,14) y Yabés (1Par 10,12), la palmera de Débora entre Ramá y Bet-El (Jue 4,5). Consideraciones místicas se relacionan con el → árbol de la vida, el árbol de la ciencia del bien y del mal (Gén 2,9.17) y con los cedros, los árboles de Yahveh (Núm 24,6; Sal 104,16). Los árboles son personificados: aplauden con las manos (Is 55,12), saltan de gozo (Sal 96,12), tienen envidia (Ez 31,9), etc. El alto aprecio en que se tenía a los árboles frutales se demuestra por la prohibición de talarlos en tiempo de sitio (Dt 20,19). Se conocía el injerto (Rom 11,17). Los árboles viejos se cortaban para que la raíz produjera nuevos retoños (Job 14,7; cf. Is 11,1).

Árbol de la vida. 1) Nombre genérico de las *representaciones* de árboles con significación cultual, usuales en todo el antiguo oriente. Su imagen botánica primitiva es en general la palmera datilera. Existen representaciones del árbol de la vida con animales frente a él (cabras), o con algún monstruo (esfinge, grifo), o con hombres (adorantes). También se representa el árbol de la vida solo, en ocasiones, diluido en formas ornamentales. Muchas de sus representaciones proceden también de Siria o Palestina y datan del segundo y primer milenio. Fig. 2.
2) El núcleo del mito del árbol de la vida es la idea de que en algún lugar existe un árbol o planta que da la vida eterna al hombre que consigue comer de sus frutos. Con este motivo, la Biblia quiere expresar la esperanza y la promesa de vida eterna para los tiempos de la salvación. En particular Gén 2,9; 3, 22.24, el árbol de la vida se ha de interpretar de acuerdo con el sentido general de la narración del pecado original (→ Paraíso). Del tema del árbol de la vida no se puede deducir una primitiva inmortalidad

Árbol de la vida

del hombre ni algún otro privilegio del llamado «estado original».

Arca, la barca de Noé durante el → diluvio (Gén 6,1-9,19); cesta de papiro en que fue depositado Moisés (Éx 2,3.5). En 1Pe 3,20s, el arca de Noé, medio de salvación a través del agua, es figura del bautismo.

Arca de la alianza, el más importante objeto de culto de los israelitas. Las noticias que poseemos de ella proceden en lo esencial de dos fuentes.

1) En los libros históricos, el arca entra de improviso en escena en dos ocasiones: en el paso del Jordán (Jos 3s) y en la conquista de Jericó (6,6-14). Luego es depositada en el santuario de Siló (1Sam 3,3; 4,4), durante la guerra es llevada al campo de batalla (4,3-10) y tomada por los filisteos (4,11-22), trofeo que les proporciona desgracias. Después de muchos incidentes, es finalmente transportada por David a Jerusalén (2Sam 6,1-5) y, después de acabada la construcción del templo, colocada por Salomón en el recinto interior del santuario (1Re 6,19; 8,1-9). A partir de este momento, puede decirse que el arca desaparece de la tradición. Los pasajes mencionados dan la impresión de que el arca sería una especie de temible enseña de guerra, quizás de origen cananeo, propiedad de la familia sacerdotal de → Elí y que cuando Elí fue suplantado por Sadoq, el arca cayó en el olvido. Sobre su aspecto puede decirse muy poco: podía llevarse a hombros o transportarse en un carro; en el templo, dos → querubines estaban junto a ella.

2) La segunda fuente es la legislación posterior. Según ella el arca era una caja donde Moisés colocó las tablas de la ley (Dt 10,1-5). Estaba cubierta de oro y sobre su tapa había fijadas dos figuras de querubines. A pesar de la descripción exacta que nos da Éx 37,1-9 su reconstrucción es imposible, pues la descripción entraña especulaciones teológicas. Frente a la antigua concepción del arca como enseña sagrada de guerra, la legislación sacerdotal afirma que su función es la de ser lugar de la revelación de Dios.

Arcilla (tabletas) → Escritura cuneiforme.

Archivo → Biblioteca.

Areópago (gr.: colina de Ares = Marte), Act 17,19 nombre de una colina rocosa al noroeste de la acrópolis de Atenas, donde desde tiempos muy antiguos el tribunal se pronunciaba sobre delitos mayores. Más tarde se llamó también así un salón en el mercado de alfarería, donde los miembros del gobierno ateniense celebraban sus sesiones. Las teorías sobre si Pablo pronunció su discurso (Act 17,22-31) en la colina o en el salón del mercado pierden interés, si se interpreta la escena del Areópago como libre composición de Lc con motivos atenienses y helenistas.

Aristeas (carta de), relación de Aristeas (supuesto funcionario del rey Ptolomeo II Filadelfo, 285-247), dirigida a su hermano Filócrates, sobre el origen de la versión griega del → Pentateuco hebreo en → Alejandría (versión de los → Setenta). En ella se narra que Aristeas, a petición del rey, fue a Jerusalén a buscar 72 varones (seis por cada tribu); quienes en la isla Faros, junto a Alejandría, en el plazo de 72 días, emprendieron en común la traducción del Pentateuco que luego fue aprobada por la comunidad judía de Alejandría. La carta es una falsificación del s. II a.C. (otros opinan que del s. I d.C.). Aparte el núcleo histórico sobre el origen de los LXX, la intención de la carta es ensalzar la →Ley judía y demostrar la superioridad de la →Sabiduría judía sobre la cultura griega. Tal vez fuera también un escrito de propaganda en favor de una determinada traducción del Pentateuco dentro de la comunidad alejandrina.

Armas. Normalmente se distingue entre 1) *armas defensivas* y 2) *armas ofensivas.*
1) El escudo formaba parte de la armadura pesada en la lucha cuerpo a cuerpo. Era de madera o de junco tejido, forrado de cuero y untado con aceite (2Sam 1,21; Is 21,5) y a veces reforzado con relieves (Job 15,26). La coraza fue primero privilegio del noble (1Sam 17,38; 1Re 22,34), más tarde formó parte de toda armadura de batalla (p.e. 2Par 26,14). Su nombre («el resplandeciente») hace pensar que sería de metal o de escamas (1Sam 17,5), también se usaba el coleto de cuero (Éx 28,32) y más tarde, la coraza de cadena (1Mac 6,35) o la camisa acorazada. El casco era originariamente una celada de cuero, más tarde de metal (1Sam 17,5; 2Par 26,14).
2) El guerrero de armadura ligera atacaba con la flecha (a veces envenenada, con garfio, o como saeta incendiaria) y el arco (de madera reforzada con nervios o un armazón de asta), además la honda consistente en una tira de cuero o trenza de lana que en la mitad tenía una cazoleta o bolsa de 5-6 cm. de anchura donde se colocaba el proyectil (piedra o bala). El guerrero de armadura pesada luchaba con espada, lanza o puñal. Los carros de guerra se hacían entrar en combate en la llanura hasta que fueron substituidos por la caballería. Para los asedios se usaban mazas, escaleras de asalto y más tarde también torres móviles de asalto. Fig. 24. En el *lenguaje figurado,* las armas desempeñan un papel importante. Yahveh aparece con toda la armadura (Is 42,13), dispara sus flechas contra los impíos (Dt 32,23; Sal 7,14) y se reviste de la armadura de la justicia (Is 59,17). →Querubines guardan el paraíso con una espada de fuego (Gén 3,24). Pablo define su trabajo de misionero como *militia Christi* (2Cor 6,7). Pero también la vida de todo bautizado es una lucha espiritual contra los poderes hostiles a Dios. Su armadura espiritual (Ef 6,10-17) corresponde a las armas del legionario romano del tiempo de Pablo.

Armenia →Versiones de la Biblia.

Arnón, río que desemboca en el mar Muerto. Nace en la meseta del desierto siroarábigo y conduce el agua por un lecho muy profundo. En el AT es frontera entre Moab y el reino →amorreo a Sijón (Núm 21,13.24.26; Dt 2,24.36). Es igualmente frontera sur de la Transjordania colonizada por los israelitas (Jos 12,1s; Jue 11 passim). Mapa PA D7.

Aroer (hebr.: soto de enebros).
1) Ciudad moabítica en el borde septentrional del hondo valle del →Arnón (Dt 2,36 etc.), luego ciudad fronteriza del territorio israelita, punto de partida del censo hecho por David (2Sam 24,5). Cambió con frecuencia de dominadores. Mapa PA D7.
2) Ciudad ammonítica «frente a» Rabbá (Jue 11, 26.33). Se ignora su emplazamiento exacto.
3) En el Néguev, mencionada ya en las tabletas de →Amarna. Conservó relaciones amistosas con David (1Sam 30,28). Mapa PA B8.

Arquelao (gr.: gobernante de pueblos), hijo de Herodes el Grande,

Arquelao

hermano de →Antipas, fue nombrado por el césar Augusto →tetrarca (no rey) de Judea, Samaría e Idumea (4 a.C. - 6 d.C.; Mt 2,22). Fastuoso, cruel y frívolo como su padre. Él mismo nombraba a los →sumos sacerdotes. A ruegos de los judíos, fue desterrado por Augusto a las Galias. Su territorio fue confiado a un procurador romano.

Arqueología →Excavaciones.

Artajerjes →Esdras; Nehemías.

Artesanía. El progreso económico y cultural de Israel a los inicios de su independencia (1Sam 13,19; 2Sam 5;11; 1Re 7,13) le llevó al desarrollo de una artesanía autónoma. Se trabajaba en pequeñas empresas familiares o en los talleres del rey (1Par 4,23). Las condiciones economicogeográficas, como la proximidad de materias primas o medios de pro-

Fig. 3. Estela de Zendsjirli (ANEP 447). Representa al rey Asarhaddón vencedor con dos reyes prisioneros

ducción (agua, materias combustivas, etc.), llevaron a la concentración de trabajadores artesanos del mismo ramo en aldeas o barrios de una ciudad (1Par 4,21; Neh 11, 35; Jer 37;21). Tenemos testimonios de la existencia de gremios de después del exilio (1Par 4,14; Neh 3,8), pero su origen es más antiguo. Jesús (Mc 6,3) y Pablo (1Cor 4,12) hicieron honor a la artesanía con su propio trabajo.

Asá (hebr.: Dios ha creado), tercer rey de Judá (908-868), 1Re 15, 9-24; 2Par 14-16. El redactor del libro de los Reyes celebra su intervención contra la prostitución religiosa en el templo y contra la idolatría. Asá incitó al rey arameo Ben- Hadad I a que atacara contra → Basá, rey de Israel, que amenazaba a Judá. Par informa que erigió fortificaciones y constituyó un ejército permanente, relata su victoria sobre los kusitas y una solemne renovación de la alianza. Bajo el nombre griego de 'Ασάφ, Asá figura en la genealogía de Jesús.

Asalariado o jornalero (Ag 1,6), trabajadores libres que, a diferencia de los → esclavos, se contrataban mediante un salario como pastores o para los trabajos de recolección o vendimia (Dt 15,18; en tiempo de Jesús, hasta por un denario; → Monedas; Mt 20,2). Su suerte se tenía por poco halagüeña (Job 7,1s; Lc 15,17, el → pastor tenía que responder de su ganado: Éx 22,10-13), con frecuencia se manifiestan quejas por la explotación (Eclo 34,22; Jer 22,13 etc.). Sólo la legislación posterior se ocupó de ellos (Dt 24,14s; Lev 19,13).

Asaradón → Asarhaddón.

Asarhaddón (asir.: Asur ha dado un hermano), rey de Asiria (681-668), mencionado en 2Re 19,37 y Is 37,38 como hijo de Senaquerib. Emprendió varias campañas militares contra Egipto y mandó reedificar Babilonia. Asarhaddón llama vasallo suyo a → Manasés, rey de Judá (AOT 357). Fig. 3.

Ascalón → Ašquelón.

Ašdod, ciudad estado anaquita (Jos 11,22), desde el s. XII filistea. Como ciudad filistea es objeto de las amenazas de muchos profetas (Jer, Am, Sof, Zac). Ašdod fue independiente hasta que fue conquistada por Tiglat-Piléser III y Sargón II. Psammético I la conquistó para Egipto y más tarde fue probablemente capital de una provincia persa. Los Macabeos la atacaron repetidas veces y al fin la conquistaron. Por último cayó bajo el dominio romano. Hoy es la árabe *esdūd,* 7 km al sur de la nueva ciudad portuaria israelita Ašdod. Excavaciones desde 1962 bajo la dirección de M. Dothan han dado el resultado de que Ašdod floreció sobre todo por su industria de púrpura. Fig. 31 y 32; mapa PA/PN A6.

Aser (Gén 30,13 lo hace derivar del verbo hebreo: ser feliz). Hijo de Jacob y de Lía. Genealogía en Gén 46,17; Núm 26,44-47; 1Par 7,30-40. Caracterizado en Gén 49,20; Dt 33, 24s. La tribu de Aser estaba establecida al borde occidental de los montes de Galilea, separada de las otras tribus israelitas (Jue 5,17). Bajo Salomón, Aser constituyó, con Bealot, un distrito (1Re 4,16). Sobre su participación en la fiesta de los → ácimos de Ezequías cf. 2Par 30,11. Mapa PA C2/3.

Ašerá. 1) Diosa de la vegetación, pareja femenina de → Baal, cuyo culto era también muy practicado en Judá

Ašerá

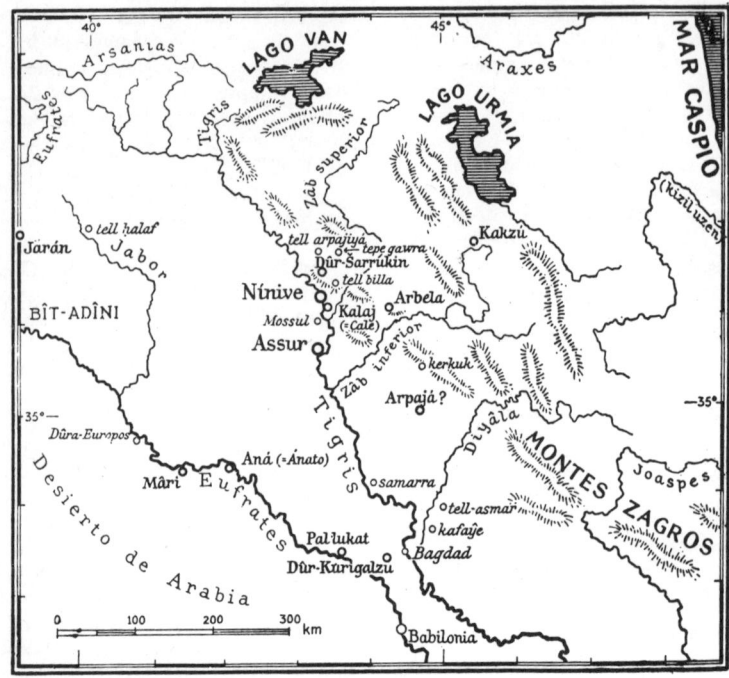

Fig. 4. Asiria

y Israel. Su imagen se adoraba en Jerusalén (1Re 15,13 par, incluso en el templo: 2Re 21,3.7) y en Samaría (2Re 10,26). Tenía sus propios profetas, enseres y residencias, donde las cortesanas tejían vestidos para ella.

2) Árbol o poste junto al altar, objeto de culto (Jue 6,26), símbolo de la diosa Ašerá.

Asedio → Fortificaciones; Guerra.

Asfalto, resina negra. En Canaán había minas de asfalto en los alrededores del mar Muerto y en el valle superior del Jordán (Gén 14,10; Is 34,9; de ahí los nombres de «mar de asfalto» y «pez judía»). El comercio del asfalto pasaba por → Arad.

Los israelitas usaban el asfalto para impermeabilizar (Gén 6,14; Éx 2,3), como argamasa y como insecticida (quemándolo) contra los bichos perjudiciales de la viña. En Babilonia se usaba como argamasa en los edificios de ladrillo (Gén 11,3).

Asiongaber → Esyon-Guéber.

Asiria al norte de Mesopotamia.
I. HISTORIA.
1) *El antiguo imperio asirio.* Ya hacia el año 1900 a.C., Asiria bajo el rey Ilušummá emprendía una guerra de expansión contra el norte de Babilonia. Šanši-Adad I (ca. 1749-1716) anexionó a Asiria el imperio de → Mari y con ello ocasionó el primer apogeo político. Eran im-

portantes las colonias comerciales asirias en Capadocia, cuyo centro era Kaníš (hoy Kültepe), donde se hallaron millares de tabletas con escritura cuneiforme, procedentes de los antiguos comerciantes asirios.
2) *El imperio medio asirio* (ca 1380-1076) tuvo que mantenerse firme largo tiempo contra el Estado de Mitanni, y contra los → hittitas y babilonios. Tukulti-Ninurta I conquistó Babilonia, Tiglat-Piléser I (1115-1076) avanzó hasta el lago Van y hasta el Mediterráneo. Las incursiones de los arameos debilitaron de nuevo el imperio.
3) *El imperio asirio nuevo* (909-612). Adadnirari II emprendió con creciente crueldad (malos tratos a los prisioneros, deportaciones en gran escala) campañas militares contra los babilonios y los arameos. Sus sucesores ensancharon las fronteras al norte y este, y un nuevo sistema de provincias (traslado de la residencia a Kaljú) se intentó organizar un imperio único. Salmanasar III (858-824) fue el primero en atacar a Israel (batalla de Karkar 854) y lo hizo tributario. Tiglat-Piléser III (745-727) reunió bajo su gobierno personal Asiria y Babilonia. Sargón II funda una nueva dinastía que levanta Asiria hasta la cima de su poderío. En 721 Samaría fue conquistada; en 701 Senaquerib sitió sin resultado a Jerusalén, en 689, después de una rebelión, destruyó Babilonia y trasladó la residencia a → Nínive. Asarhaddón (681-668) y Assurbanipal (668-631?) dominaron en un imperio que se extendía hasta Egipto. La caída de Asiria fue rápida. El general babilónico Nabopolassar luchó para conseguir el trono de Babilonia y, junto con el rey medo Ciájares, conquistó Assur (614 a.C.) y Nínive (612 a.C.). Con ello desapareció de la historia el imperio asirio. Su herencia pasa al nuevo imperio babilónico, Fig. 4.

II. CULTURA.
Al igual que los akkadios, los asirios asumieron también la cultura → Sumeria. En los períodos más tardíos sufrieron la influencia babilónica, sin embargo llevaron a cabo también importantes obras originales. Por ejemplo, las leyes del imperio medio asirio, que, a diferencia del código de → Hammurabi, se asemejan más a la cultura → Hurrita, son de singular importancia para el desarrollo de la escritura cuneiforme. Es famoso el estilo monumental del imperio asirio nuevo (los relieves de Nínive y Korsabad). Assurbanipal poseía en su → biblioteca de Nínive de 8000 a 10 000 tablillas de barro con importantes testimonios de la literatura universal (la epopeya de Guilgameš, Enuma eliš, etc.).

Asno, animal de caravana, tradicional entre los semitas seminómadas (Gén 12,16 etc.). Servía como animal de carga (Gén 42,26, etc.), de trabajo (Dt 22,10; Is 30,24) y de cabalgadura (Éx 4,20; Núm 22,22ss) y era apreciado por su precaución sobre todo en terrenos montañosos. El asno no era animal para el sacrificio (Éx 34,20) y su carne no se co-

Fig. 5. Semitas emigrantes a Egipto, con asnos (imperio medio)

Asno

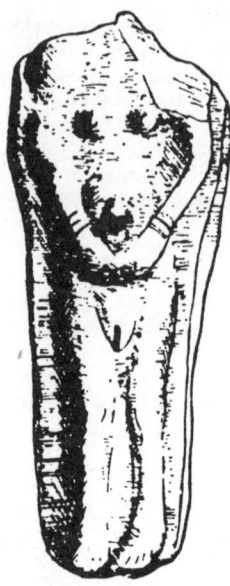

Fig. 6. Figuras de barro de una diosa de la fertilidad, procedentes de tell bētmisrim. Izquierda: bronce tardío (9 cm de alt.); derecha: hierro I (12 cm de alt.)

mía. En los tiempos más antiguos, la posesión de asnos y de bueyes era propio de las personas distinguidas (Jue 10,4); más tarde, cualquier hombre sencillo poseía su asno (Éx 20,17). Para caracterizar al príncipe de la paz, se describe al Mesías montado sobre un asno, pues el asno había sido sustituido por el caballo en el ejercicio de la guerra (Zac 9,9 Mc 11,1-11 par). En el nacimiento de Jesús aparece el asno (como alusión a Is 1,3 y Hab 3,2 [LXX, Vg]) por primera vez en los escritos de los padres de la Iglesia y en la iconografía. Fig. 5.

Ašquelón, ciudad estado cananea, ya mencionada en las fuentes más antiguas (→ Ugarit; Amarna). Fue conquistada por Ramsés II en 1280, hacia 1200 fue filistea y permaneció (a pesar de Jue 1,18) independiente (Jos 13,3 Jue 14,19) hasta que fue conquistada por Tiglat-Piléser III (734). Senaquerib ensanchó el territorio de Ašquelón. Como ciudad filistea es con frecuencia amenazada en los oráculos de los profetas (Jer 25,20; 47,5.7; Am 1,8; Sof 2,7; Zac 9,5). En la época persa, Ašquelón pertenecía a Tiro; en la época helenística, era enemiga de los judíos (1Mac 10,86; 11,60). Desde 104 a.C. fue estado libre. Las excavaciones han descubierto hasta el momento sólo restos romanos. A su lado se halla situada la moderna ciudad israelita Ašquelón. → Aštarté. Mapa PA/PN A6.

Aštarté (hebr.: mujer, la vocalización tendenciosa *'aštōret* en lugar de *'aštart* quiere insinuar la palabra «vergüenza»), diosa semítica de la fertilidad, parecida a la diosa asiriobabilónica Ištar. Sus imágenes, conservadas en gran número, indican que su culto tenía una orientación sexual e iba unido con la prostitución. Era muy venerada en todo el próximo oriente y era también muy popular entre los israelitas. Aštarté era la diosa de las ciudades Aštarot (Gén 14,5, etc.), Sidón (1Re 11,5.33; 2Re 23,13) y Asqalón (1Sam 31,10; cf. también los topónimos cananeos donde Aštarté entra como componente). El AT usa con frecuencia la forma plural aštartés las más de las veces junto con la forma también plural baales (Jue 2,13; 10,6; 1Sam 7,3s etc.), con lo que se indican los numerosos → Ídolos (II. 2). Fig. 6.

Atalía → Atalyá.

Atalyá (hebr.: Yahveh ha manifestado su majestad), reina de Judá (845-840), hija de Ajab (o quizás de Omrí; 2Re 8,18), rey de Israel. Después de la muerte de su esposo Yoram y de su hijo Ajazyá, se apoderó del trono. Hizo matar a toda la familia real (sólo su nieto y sucesor → Yoás se escapó) y, a ejemplo de su madre → Izébel, implantó el culto a Baal. Al sexto año de su reinado, fue depuesta y asesinada en una conspiración tramada por el sacerdote Yoyadá (2Re 11; 2Par 22, 10-23,21).

Atenas Capital de Ática. En el s. VI fue aumentando poco a poco en importancia y después de la guerra de los persas (490-480), bajo Pericles (429) gozó su época de apogeo en política, comercio y cultura. En el período siguiente, la ciudad perdió más y más su importancia política, no obstante, incluso después de la conquista de los romanos (bajo Sila 86 a.C.), Atenas fue un importante centro intelectual con famosas escuelas filosóficas. Pablo visitó Atenas en su segundo viaje misional y en el → Areópago pronunció su famoso discurso (Act 17, 22ss) a los filósofos epicúreos y estoicos, discurso que por otra parte tuvo poco éxito a causa de la diversa mentalidad en lo que se refiere al concepto de Dios y de muerte (el v. 23 alude al altar con la inscripción «a un dios desconocido» que seguramente estaba destinado al culto de alguna religión de misterios). Además del Areópago, Act menciona la sinagoga y el mercado (probablemente el mercado de alfarería), ambos lugares relacionados con la actividad docente de Pablo (17,17). El AT menciona Atenas sólo en 2Mac 9,15.

Augusto (lat.: venerable, noble), desde el año 27 a.C., sobrenombre del primer emperador romano, G. Octavio César (63 a.C.-14 d.C.). Único soberano, después de su victoria en Accio (31), impulsó con gran éxito una política de paz. El entusiasmo de agradecimiento por la *pax augusta* hizo que se le celebrara como «dios» y «redentor» (cf. IV égloga de Virgilio, *carmen saeculare* de Horacio). Augusto fue benévolo con Herodes y con los judíos. Su empadronamiento (Lc 2,1) tenía finalidades administrativas.

Ay (hebr., siempre con el artículo definido: el montón de ruinas), ciudad cananea en las cercanías de Bet-El (Jos 7,2; 12,9). Es casi unánime su identificación con el actual *et-tell* (al este de Bet-El). Según Jos 7s, Josué conquistó la ciudad y la convirtió para siempre en un montón de escombros. Los restos hallados en excavaciones demuestran que Ay fue una de las ciudades mayores y mejor fortificadas de Palestina en el Bronce antiguo. Sin em-

Ay

bargo, en la siguiente edad de hierro, Ay no es más una modesta localidad sin fortificar; de manera que en la época de la conquista de Palestina por los israelitas, hacía cerca de 1000 años que Ay estaba en ruinas. Ello plantea la cuestión del sentido en que se ha de entender el relato de Josué: como no histórico o como tradición local con abundancia de rasgos etiológicos. Mapa PA A1.

Ayyalón (hebr.: [lugar de] los ciervos), nombre de dos ciudades:
1) Ayyalón, ciudad cananea, ya en las cartas de El → Amarna. Fue conquistada por los israelitas en tiempos de Salomón (1Re 4,9). Posteriormente, la tomaron los filisteos (2Par 28,18). Modernamente fue la localidad árabe *yalo,* 3 km al este *'amwās* destruida por los israelís en junio de 1967. Mapa PA A1.
2) Ayyalón, en Zabulón (Jue 12, 12).

Azarías → Azaryá.

Azaryá (hebr.: Yahveh ha ayudado).
1) Décimo rey de Judá, llamado también Uzziyyá (787-736). 2Re 15, 1-7; 2Par 26. Emprendió afortunadas guerras contra los filisteos, árabes, meunitas y ammonitas y fue benemérito por su actividad constructora y por sus cuidados en pro de la agricultura y de la protección del país. 2Par 26,16-21 narra que fue afectado por la → lepra por haber querido asumir el derecho de ofrecer el incienso.
2) Uno de los tres amigos de Daniel, que Nabucodonosor nombró para su servicio real en Babilonia (Dan 1,3-7; 3,12-30). Su nombre babilónico era Abed-Negó. La plegaria que se le atribuye (3,[26-45]) por su forma y contenido no puede ser suya, es más bien una lamentación de origen popular.

Azeca → Azeqá.

Azeqá, ciudad en la Šefelá, mencionada como lugar de refugio en el tiempo preisraelítico (Jos 10.10) y como plaza de los filisteos (1Sam 17, 1). Jos 15,35 la asigna a Judá. Puesto fronterizo del reino de Judá, fue fortificado por Roboam (2Par 11,9). Más tarde, Nabucodonosor la atacó (Jer 34,7) y conquistó (587). A propósito de esto, es mencionada en un → óstraka de → Lakíš. Después del destierro fue repoblada por los judíos (Neh 11,30). Mapa PA B6.

Azote → Flagelación.

Azoto → Ašdod.

B

Baal. En Siria y Palestina se llamaba Baal (es decir señor, propietario) a cada una de las divinidades locales (de árboles sagrados, fuentes, cimas de montañas, rocas, etc.). Esencialmente eran divinidades naturales. En Siria, Baal es el nombre propio del señor del cielo (Baal-Šamem). Éste era el dios del tiempo atmosférico y de la fertilidad. Su animal sagrado era por esto el toro o también la → serpiente y su emblema, el rayo. Su culto estaba muy difundido; varios reyes de Israel lo fomentaron, lo que desató la violenta reacción de los profetas (→ Elías, Os, Jer, Ez). → Ídolo (I. 2).

Baal-Sefón → Éxodo.

Babilonia. 1) *País y pueblo.* Babilonia es el nombre del fértil país aluvial situado en el curso inferior del Eufrates y del Tigris hasta el golfo Pérsico. La fertilidad del suelo se debe a las crecidas periódicas de los dos grandes ríos.

Los babilonios están estrechamente

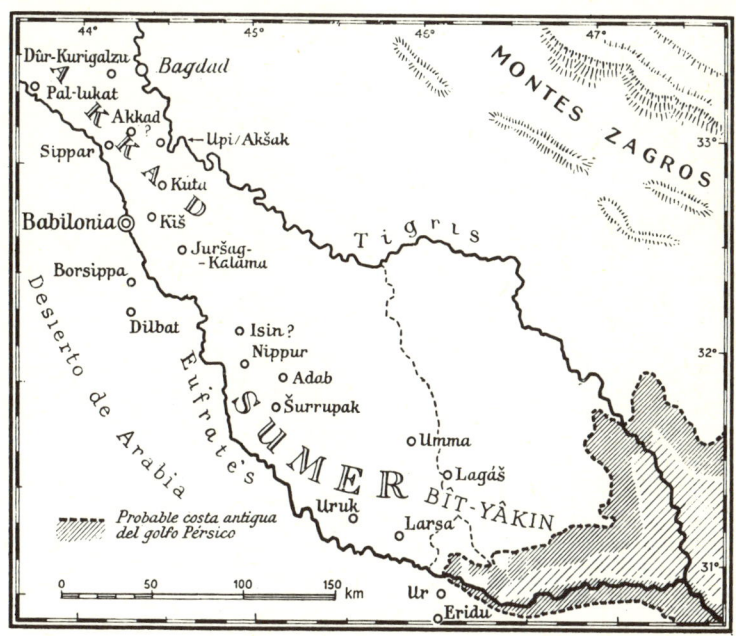

Fig. 7. Babilonia

Babilonia

emparentados con los →asirios y son del todo distintos de los → sumerios, de los cuales tomaron no obstante numerosos elementos culturales.
2) *Historia.* Informan sobre la historia de Babilonia inscripciones reales, listas de reyes, crónicas y documentos privados y también fuentes asirias. La ciudad de Babilonia fue fundada por los sumerios, pero poco a poco se fue independizando de → Ur y alcanzó suma importancia cuando hacia el año 1830 a.C. el →amorreo Sumu-abu fundó el antiguo imperio babilónico (primera dinastía de Babilonia). El sexto rey de esta dinastía fue →Hammurabi (1728-1686), que creó un estado bien estructurado y es conocido ante todo por su obra legislativa (códice de Hammurabi). Hammurabi ensanchó las fronteras del imperio hasta Mari, Assur y Nínive. Una incursión del rey hittita Muršiliš I (hacia 1530) puso fin a esta dinastía. El poder pasó a manos de los kassitas, procedentes del este. Bajo Aššuruballit I (hacia 1364-1328) Asiria se convierte en gran potencia y Babilonia es entretanto un Estado vasallo suyo, que al mismo tiempo es atacado por los elamitas. Con Nabucodonosor I (hacia 1123-1101) consigue Babilonia de nuevo su apogeo. Luego sigue un período de altibajos, en el que la suerte de Babilonia está estrechamente enlazada con la de Asiria. Con Nabopolassar (626) empieza el nuevo imperio babilónico. Éste, aliado con el rey medo Ciájares, conquista Nínive en 612. Bajo Nabucodonosor II (605-562) el imperio alcanza su máximo florecimiento: derrota a Egipto, conquista Jerusalén en 586 y somete toda la costa oriental del Mediterráneo bajo el dominio babilónico. Bajo sus sucesores se produce una rápida decadencia. En 539, → Ciro conquista la ciudad de Babilonia y Babilonia se convierte en provincia del imperio persa. En 127, Babilonia es conquistada por los partos. El nombre Babilonia (akk. *babili* = puerta de Dios) se explica en el AT según una etimología popular que lo relaciona con el verbo hebreo *bālal* = confundir (Gén 11,9). En el NT, Babilonia es el nombre simbólico de Roma (1Pe 5,13 Ap). Fig. 7.

Balaam (hebr.: significado incierto), hijo de Beor de Petor. Primero considerado como visionario pagano, en la tradición posterior aparece como profeta. Fue enviado por Balaq, el rey moabita, para que maldijera Israel, pero se vio forzado a anunciar bendiciones (Núm 22,5-24,25). La mezcla de fuentes deja el acontecimiento en la oscuridad. Otra tradición (Núm 31,8.16; Jos 13,22) presenta Balaam como seductor que induce a la idolatría. De ahí que en 2Pe 2,15s y Ap 2,14 aparece como tipo de hereje. Los oráculos altamente poéticos de Balaam (Núm 23-24) son seguramente muy antiguos, pero contienen añadidos posteriores (p. e. 24,20ss).

Bálsamo, en sentido estricto, es la resina aromática de un arbusto concreto (→ Mirra). En sentido amplio se llama también bálsamo a la resina sacada de los troncos de ciertos árboles, mezclada con trementina y aceite etéreo (Cant 5,1.13; 6,2; 8,14) que se preparaba en valle del Jordán y en →En-Guedí. Regalo de la reina de Sabá a Salomón (1Re 10,2.10 par). Era un valioso objeto de comercio (Ez 27,22) que se usaba para embellecimiento de las mujeres israelitas (Cant 4,10.14.16; Is 3,24) y persas (Est 2,12), como remedio medicinal (Jer 8,22; 46,11; 51,11) y para embalsamar a los muertos (2Par 16,14; cf. Mc 16,1; Lc 23,55; 24,1; Jn 19,40).

Baño. En el oriente, tomar baños es algo evidente. Se toman baños en los ríos (2Re 5,10), en las fuentes (Lev 15,13), sobre el terrado de la casa (2Sam 11,2) o en los jardines (Dan 13,15). Los baños públicos no aparecieron hasta la época romana (Jn 5,2; → Betzatá). Entonces ya se conocían los manantiales de aguas medicinales del mar Muerto, de Tiberíades y de Gadará. Sobre baños rituales o cultuales → Qumrán; Puro.

Barba → Cabello.

Barrabás (arm.: hijo del padre) delincuente o insurrecto. Con ocasión de la fiesta de la pascua, Pilato propuso a los judíos que escogieran entre la liberación de Barrabás o la de Jesús (Mc 15,6-15a par; Jn 18, 39s).

Bartolomé (aram.: hijo de Tolmay), mencionado sólo en las listas de los apóstoles (Mt 10,3 par; Act 1,13) y con frecuencia identificado con → Natanael. En tiempos de san Jerónimo ya se conocía un evangelio apócrifo atribuido a Bartolomé. La relación de dicho apócrifo con otros dos: *Preguntas de Bartolomé* y *Libro de la resurrección de Jesucristo según Bartolomé*, el apóstol, es cuestión todavía no decidida.

Baruc (hebr.: sea él bendito), hijo de Neriyyá, de familia noble, fiel colaborador de Jeremías (Jer 32,12-16; 36,4-32; 43,1-7; 45). En el año 605 le dictó Jeremías los oráculos que había pronunciado. Este → Libro fue leído varias veces por Baruc en el templo. Cuando el rey Yoyaquim quemó el libro, Baruc lo escribió por segunda vez. Jeremías le dedicó una bendición (45,1-5). Después de la destrucción de Jerusalén y del asesinato de Guedalyá, fue deportado con Jeremías a Egipto, donde probablemente murió. El judaísmo tardío le considera autor de varios escritos.

1) El *Libro de Baruc*, escrito deuterocanónico y sólo conservado en su traducción griega. Se compone de tres partes: *a)* introducción narrativa que afirma que el libro ha sido escrito por Baruc en el destierro babilónico y mandado a Jerusalén junto con una colecta (1,1-14), *b)* larga oración penitencial (1,15-3,8) que recuerda a Dan 9, *c)* dos secciones poéticas: una alabanza didáctica de la sabiduría y de la Ley (3,9-4,4) y un canto de consolación y lamentación que en parte coincide con el salmo de Salomón 11,2-7 (4,5-5,9). Todas estas partes fueron escritas seguramente en hebreo; *a)* escrito aparte y probablemente secundario, proviene tal vez de la mitad del s. I d.C., en cambio *b)* y *c)* proceden sin duda del s. II o I a.C.

2) *Apocalipsis siríaco de Baruc*, escrito judío, emparentado con 4Esd, escrito en hebreo o arameo a finales del siglo primero d.C. o principios del segundo. Sólo se conserva completo en su traducción siríaca.

3) *Apocalipsis griego de Baruc*, escrito judío en su forma original, hacia el año 130 d.C. Más tarde fue retocado por cristianos. Se ha conservado en traducción eslava.

Basá (significado desconocido), tercer rey de Israel (906-883), general y sucesor del rey Nadab, a quien asesinó en Guibbetón con toda su familia (1Re 15,27-16,7; 2Par 16, 1-6). El intento de ensanchar sus dominios a expensas de Judá fracasó a causa de la actitud hostil del rey arameo Ben-Hadad I. El profeta Yehú le vaticinó la ruina de su casa porque se había identificado con el cisma religioso de Yeroboam.

Bašán

Bašán (hebr.: la llanura) nombre de la fértil altiplanicie junto al curso alto y medio del Yarmuk (Dt 3,10; Jos 20,8 etc.). Más tarde, el mismo nombre designa también la región montañosa del actual *yōlān* (cf. Jos 21,27). El nombre sobrevivió en la Batanea grecorromana. Bašán era famoso por sus pastos (Jer 50,19; Miq 7,14), por sus grasos ganados (Dt 32,14; Ez 39,18; Am 4,1) y por sus bosques (Is 2, 13; Ez 27,6). Según Dt 3,4 los habitantes primitivos de Bašán eran refaítas. La tradición deuteronómica del rey Og de Bašán (Dt 3,1-11; Núm 21,33-35 etc.) no se puede comprobar históricamente. Después de la división del reino, Bašán perteneció primero al reino del norte y fue objeto de disensiones entre arameos e israelitas (1Re 22,3; 2Re 8,28; 10,33). En el s. II a.C. perteneció a los nabateos y luego fue parte del reino de Herodes el Grande, de Filipo y de Agripa II. Fig. 12. Mapa PA D3-E4.

Bassa → Bašá.

Bat-Šeba (hebr.: la opulenta), esposa del hittita Uriyyá; mientras éste tomaba parte en el sitio de → Rabbá, David la sedujo y mandó a Uriyyá al frente más duro, donde pereció, luego David la tomó por esposa (2Sam 11,1-12,24). Impulsada por el profeta Natán, consiguió que su segundo hijo Salomón fuera corregente y sucesor de David (1Re 1,11-31). Es nombrada en Mt 1,6 en la genealogía de Jesús.

Bebidas. Como en todos los países cálidos, el → *agua* es la bebida más indispensable de la vida. El agua se mezclaba con vinagre (Rut 2,14) o con vino (2Mac 15,39). El agua es lo primero que se ofrece al llegar un huésped o extranjero (→ Hospitalidad). Además, la *leche* de cabra, oveja y vaca es uno de los alimentos más importantes (Eclo 39, 26; Dt 32,14); se conservaba en odres (Jue 4,19) o se hacía con ella leche cuajada y queso. Abundancia de leche era señal de bienestar (Gén 49,12) y una figura de la felicidad mesiánica (Is 55,1; 60,16 etc.) y de la pureza de la doctrina cristiana (1Cor 3,2; Heb 5,12s). → *Vino* es bebida conocida ya en tiempos de los patriarcas (Gén 14,18; 27,25). Eclo 39,26 cuenta el vino entre las necesidades vitales. El vino era una de las provisiones para el viaje (Jue 19,19) y no faltaba nunca en las comidas (1Sam 25,36; Jn 2,1-11). Para darle un gusto más fuerte, se le añadían hierbas aromáticas. Con todo, también se amonesta contra su abuso (Prov 23,31-35; Eclo 18,33); Pablo cuenta incluso la embriaguez entre las obras de la carne (Gál 5,21; 1Cor 6,10) que excluyen del reino de Dios. *Vinagre*, propiamente vino agrio, mezclado con agua, era la bebida del pueblo sencillo, de trabajadores (Rut 2,14) y de soldados, que lo dieron también a Jesús como bebida refrescante (Mc 15,23 par). Se discute todavía si la *cerveza* es mencionada en la Biblia.

Becerro de oro → Toro.

Beelcebú o **Beelcebul** → Beelzebub.

Beelzebub (Beelzebul, Beezebul) etimología y significación inciertas. Quizás haya que equipararlo a Baal-Zebub del AT («señor de las moscas»), divinidad de Eqrón; quizás sea una deformación hecha con intención en las escuelas rabínicas para significar al señor del estiércol, es decir, a Satán, a quien se dirige en último término todo culto idolátrico. Los → fariseos llamaban Beelzebub al príncipe de los espíritus malos

(→ Demonio), con cuya ayuda, según ellos, expulsaba Jesús a los demonios (Mc 3,22 par; cf. Mat 10,25).

Beerot (hebr.: pozo de agua), la ciudad más septentrional de la región de los guibeonitas (Jos 9,17); asignada a Benjamín (18,25; 2Sam 4,2), luego que sus habitantes hubieron huido a Guittáyim (2Sam 4,3). De Beerot procedía Najray, uno de los compañeros de armas de David (23, 37; 1Par 11,39). Acaso 1Mac 9,4 (Berea) se refiere a la misma ciudad. Se discute su emplazamiento. Mapa PA A1.

Beer-Šeba (hebr.: pozo de la abundancia), antiguo santuario cananeo (Gén 21,33) en el Négueb, relacionado con Abraham (21,22-33 22,19), Isaac (26,23-33) y Jacob (28,10; 46, 1-5), que los israelitas utilizaron también como lugar de culto (1Sam 8,2), pero mal visto por Amós (5,5; 8,14). Jos 15,28 lo asigna a Judá, 19,2 a Simeón. En la expresión corriente «de Dan a Beer-Šeba» (1Sam 3,20 etcétera) indica que Beer-Šeba es la ciudad fronteriza meridional de Canaán. Excavaciones cerca de la actual Beer-Šeba han descubierto una población calcolítica (ca. 3500 a.C.) con viviendas en parte subterráneas y → agricultura. Se supone que la Beer-Šeba bíblica estaba a unos cinco km de la actual *tep es-seb'*. En el lugar se llevan a cabo trabajos de excavación israelí desde 1969. Mapa Pa B8.

Belén (hebr.: casa del pan, o casa de la [diosa] Laḥamá).
1) Belén de Judá, ciudad cananea, 7 km al sur de Jerusalén, poblada por el linaje de → Efrat (1Par 2,51; 4,4), y, por ello, llamada también Éfrata (Miq 5,1; Rut 4,11), patria de hombres famosos, p. e., de Boaz (Rut 2,1), de Isay (Rut 4,22) y sobre todo de David (1Sam 17, 12 etc.) y según Miq 5,1-4 patria del futuro dominador de Israel. Roboam la fortificó (2Par 11,6) y repoblada por los judíos después del destierro (Esd 2,21 Neh 7,26). Belén es considerada lugar del nacimiento de Jesús (Mt 2; Lc 2,1-20). Sobre la cueva (Lc 2,7; → Pesebre) ya mencionada por Justino Mártir (160 d.C.), Constantino hizo construir una basílica. Mapa PA A2 PN C6.
2) Belén de Zabulón (Jos 19,15), probablemente patria del juez Ibsán (Jue 12,8-10), entre Nazaret y Haifa.

Benadad → Ben-Hadad.

Ben-Hadad (hebr.: hijo de Hadad = Adad, dios semita), nombre de varios reyes arameos de Damasco.
1) Ben-Hadad I (muerto hacia 875 a.C.), hijo de Tabrimmón (1Re 15,18; 11,23), aliado con → Basá, rey de Israel, contra Judá y con → Asá, rey de Judá, contra Israel (15,16-21; 2 Par 16,1-5).
2) Ben-Hadad II, probablemente hijo y sucesor de (1), luchó hacia 857 contra → Ajab de Israel y sitió Samaría. Después de una segunda incursión contra Israel, fue derrotado en Afeq y dejado en libertad bajo la condición de que devolviera los territorios conquistados y de que permitiera establecer casas comerciales israelitas en Damasco (1Re 20, 1-34). Después de una tercera incursión contra Samaría, Ben-Hadad se retiró ante el rumor de una intervención inminente de los hittitas o de los egipcios (2Re 6,24-7, 16). Fue derrotado por Salmanasar III en Karkar y asesinado entre los años 845 y 841.
3) Ben-Hadad III (hacia 797-773), hijo de Jazael (2Re 13,3.19. 24s), tres veces derrotado por → Yoás (2), rey de Israel. A este Ben-

Ben-Hadad

Hadad es al que seguramente se refieren Jer 49,27 y Am 1,4.

Ben-Hinnom → Hinnom.

Benjamín (hebr.: hijo de mi [mano] diestra, es decir, del sur; otros traducen: hijo de la suerte), → tribu israelita que procede del hijo menor de Jacob y de Raquel (Gén 35,16-19). En los relatos patriarcales, Benjamín es mencionado con frecuencia junto con José (Gén 42,4.36; 43, 14). Las características de la tribu están indicadas en las bendiciones de → Jacob (Gén 49,27: lobo rapaz) y en las bendiciones de → Moisés (Dt 33,12: predilecto de Yahveh). Jue 20,16 llama a los benjaminitas, honderos hábiles. En contra de 2Sam 19,21s, Jos 2-9 supone una participación activa de Benjamín en la conquista. La intervención de Benjamín en la batalla de → Quisón (Jue 5,14) y el núcleo histórico del relato de una guerra de todas las tribus israelitas contra Benjamín (19-21) no está claro. Con Saúl, el primer rey israelita, adquiere Benjamín un papel destacado. Tras la muerte de Isbóset, hijo de Saúl, Benjamín tuvo que someterse a David (2Sam 5,1-5) aunque de mala gana (cf. el odio de Simí: 2Sam 16, 5-14; la rebelión de Seba: 20,1-22). Sobre la posición de Benjamín después de la división del reino, la tradición fluctúa (cf. 1Re 12,20 y 11, 31-36 etc.). Después del destierro los benjaminitas volvieron a Palestina (Esd 1,5; 4,1 etc.). Pablo se precia de ser de la tribu de Benjamín (Rom 11,1; Flp 3,5). Mapa PA C6.

Bernabé (según Act 4,36: hijo de consolación), sobrenombre de un levita, llamado José, oriundo de Chipre, conocido en la primitiva comunidad cristiana por su beneficencia (4,36s). Los apóstoles le mandaron a Antioquía, desde donde emprendió con Pablo el primer viaje misional de apostolado entre los gentiles (Chipre, Cilicia, Licaonia; 13-14). En el Concilio apostólico, los dos se declararon a favor de los deseos de los cristianos procedentes de la gentilidad (15,2-35). Vuelto a Antioquía, siguió la conducta de Pedro y se distanció de comer a la mesa con los cristianos de la gentilidad (Gál 2,13), se separó de Pablo y marchó con Juan → Marcos a Chipre (15,36-39). La llamada Epístola de Bernabé no es auténtica; seguramente se escribió en Alejandría hacia el año 125 d.C.

Bersabee → Beer-Šeba.

Betania (hebr.: casa del pobre o de Ananyá).
1) Aldea en la ladera oriental del monte de los Olivos, en el camino de Jerusalén a Jericó. En el AT Ananyá (Neh 11,32), población benjaminita. Patria de Lázaro, María y Marta (Lc 10,38; Jn 11, 1.18; 12,1), así como de Simón el leproso (Mt 26,6; Mc 14,3), mencionada en el relato de la entrada de Jesús en Jerusalén (Mc 11,1.11 par) y en el de la ascensión de Jesús (Lc 24,50). Hoy el — 'azarīye, denominada así por la supuesta tumba de Lázaro. Mapa PN C6.

2) Localidad transjordánica donde Juan bautizaba (Jn 1,28). El cambio de Orígenes de Betania por Betabara, localidad situada mucho más al sur, tiene poco fundamento.

Bet-Aven (hebr.: casa de la nulidad), deformación deliberada de → Bet-El (Os 4,15; 5,8; 10,5; cf. Am 5,5). Sin embargo, otros pasajes mencionan un lugar llamado Bet-Aven junto a Bet-El (Jos 7,2; 1Sam 13,5, etc.). La opinión más probable es la que supone que el nombre cananeo del santuario de Bet-El fue aplicado a la ciudad cercana de Luz y el santuario recibió el nombre despectivo de Bet-Aven.

Bet-El (hebr.: casa de Dios), después de Jerusalén, es la localidad de Palestina que más se menciona en la Biblia. Está situada a 19 km al nordeste de Jerusalén. Bet-El fue seguramente el nombre de un santuario al dios →El, junto a la ciudad de Luz (Gén 28,19), que más tarde fue aplicado a dicha ciudad. Por una traición, la ciudad cayó en manos de los afraimitas (Jue 1,22-26) y fue temporalmente durante la época de los jueces lugar de residencia del arca de la alianza y en consecuencia santuario nacional (Jue 20, 27; 21,2ss). Al principio de la monarquía, Bet-El es el santuario más popular de peregrinación (1Sam 10, 3) y después de la división del reino, fue el primer santuario del reino del norte (1Re 12,26-33; Am 7,10-13). Los profetas polemizan contra el santuario (1Re 13,1-10; Am, Os) y cambiaron el nombre de Bet-El por el de →Bet-Aven. Después de la conquista del reino del norte por los asirios, un sacerdote de Yahveh se estableció en Bet-El (2Re 17,28). Yosiyyá, rey de Judá, mandó profanar y destruir el santuario (23,4. 15). Después del destierro fue poblado por benjaminitas (Esd 2,28). Se llevaron a cabo excavaciones bajo la dirección de W.F. Albright (1934) y de J.L. Kelso (1954-1957). Lugar poblado desde hacia 2200 a.C. La población de la edad del bronce reciente muestra una imponente muralla y una perfecta técnica en la construcción de casas. En el s. XIII acaba en un siniestro montón de cenizas. Durante la monarquía renace su prosperidad. Los babilonios destruyeron Bet-El hacia el 550 a.C. La ciudad prosperó de nuevo en la época persa y conoció un nuevo florecimiento bajo los griegos. Mapa PA A1; C6.

Betesda → Betzatá.

Betfagué (aram.: lugar de higos), aldea cerca de Jerusalén en el monte de los Olivos (Mt 21,1), de donde tomó Jesús el asno para su entrada en Jerusalén (Mc 11,1 par).

Bet-Horón → Bet-Jorón.

Bet-Jorón (hebr.: casa del [dios] Jorón).
1) Bet-Jorón de Arriba (617m.), ciudad de Efraím en su frontera con Benjamín (Jos 16,5) situada en la loma de una montaña y de gran importancia estratégica (Jos 10,10s; 1Mac 3,16-24: subida de Bet-Jorón).
2) Bet-Jorón de Abajo (399m.), al comienzo de la subida (Jos 16,3; 18,13), a dos km. de (1). Salomón la fortificó (1Re 9,17; 2Par 8,5). Mapa PA A1; B6.

Betorón → Bet-Jorón.

Bet-Rejob → Arameos.

Betsabee → Bat-Šeba.

Betsaida (aram.: lugar de pesca), aldea junto al lago de →-Genesaret (Mc 6,45), Herodes Filipo la elevó al rango de ciudad y la llamó Julia en honor de la hija de Augusto. Se supone que Betsaida estaría emplazada en los terrenos de et-tell, al extremo norte del lago. Betsaida es la patria de Felipe, de Andrés y de Simón (Jn 1,44; 12,21); aquí tuvo lugar la curación del ciego (Mc 8, 22-26). Jesús la maldijo por su incredulidad, junto con (→) Corozaín y Cafarnaúm (Mt 11,21 par). Fig. 20 y Mapa PN D3.

Betsames → Bet-Šemeš.

Bet-Šan

Bet-Šan (hebr.: ¿casa de la diosa de las serpientes *Sahan?*), ciudad cananea muy antigua, mencionada ya en tiempos de Tutmosis III en los textos egipcios y en las cartas de El → Amarna, a causa de su emplazamiento estratégico, en la ruta de Egipto a Damasco. A pesar de Jue 1,27, asignada a Manasés (Jos 17, 11.16; 1Par 7,29). Bajo Saúl, Bet-Šan estaba todavía en poder de los filisteos (1Sam 31,10). Bajo Salomón, formaba parte de un distrito, junto con otras ciudades cananeas (1Re 4,12). Más tarde, Israel dejó de poseerla. En la época helenística, se llamó Escitópolis (2Mac 12,29; → Escitas) y unida a la → Decápolis. Las excavaciones han descubierto vestigios de una población calcolítica e indican influencia egipcia ya en la primera edad del bronce. Hallazgos: templo, estela del dios Mekal (→ Ídolo I.3), un relieve representando un león, massebás, imágenes de Aštarté, casitas de arcilla con imágenes de serpientes, etc. Fig. 12 y Mapa PA PN C4.

Bet-Šemeš (hebr.: casa del sol).

1) Llamada también Ir-Šemeš (Jos 19,41) y (probablemente) Har-Jeres (Jue 1,35), antigua ciudad cananea en la → Šefelá, al oeste de Jerusalén, asignada a Judá (Jos 15,10), pero que difícilmente pudo ser israelita antes de David (Jue 1,33), teatro de la batalla entre Yoás de Israel y Amasyá de Judá (2Re 14,11-14 par). Bajo Ajab fue conquistada pasajeramente por los filisteos (2Par 28, 18). Excavaciones (seis estratos) confirmaron la gran antigüedad de la ciudad, habitada ya desde el bronce antiguo. Mapa PA A2; B6.

2) La ciudad egipcia de On-Heliópolis (Jer 43,13).

Betzatá (hebr.: significado desconocido), doble piscina de Jerusalén junto a la puerta de las ovejas, con cinco pórticos, uno de los cuales dividía la piscina en dos departamentos desiguales y los cuatro restantes la rodeaban. En estos pórticos yacía gran número de enfermos (Jn 5,2-3a) que esperaban ser curados por virtud del agua. El ángel que movía el agua (5,3b-4) es una explicación popular añadida posteriormente para dar razón de la intermitencia con que el agua venía de la fuente. La piscina ha sido descubierta en parte junto a la iglesia de santa Ana. Ya en 1961 se descubrieron al este de los dos estanques bañeras cavadas en la piedra que eran proveídas de agua por una red de pequeños canales. En tiempo de Jesús, todo el complejo debía tener carácter sagrado. Fig. 25.

Biblioteca, instalación conocida ya desde antiguo en el cercano Oriente. Las tablillas de arcilla se conservaban en jarras o cajas de barro y los rollos de papiro en arcas de madera o en jarras. Se distinguen tres tipos de bibliotecas: bibliotecas de templos, de escuelas y reales. Según 2Mac 2,13s, Nehemías y Judas Macabeo fundaron una biblioteca, donde recogieron los escritos de los reyes, de los profetas y de David y los documentos sobre las ofrendas. Probablemente se refiere esto a una biblioteca del templo. Había grandes bibliotecas sobre todo en Egipto (Guizeh y → Amarna), en Mesopotamia (a partir de la tercera dinastía de Ur), en Fenicia (→ Ugarit). El ejemplo clásico de biblioteca del cercano Oriente es la del rey Assurbanipal (668-631?), hallada en Nínive en 1853, con 8000-10 000 tablillas de barro, entre las cuales se halla la epopeya de Guilgameš (→ Diluvio [relato del]) y el relato babilónico de la creación *Enuma eliš*. → Jarán.

Biblos, antigua ciudad fenicia, en la costa mediterránea, entre Trípoli y Beirut. El AT la menciona dos veces bajo el nombre de Guebal (hoy *ŷebēl*): Jos 13,5 y Ez 27,9. Ya en el cuarto milenio era centro comercial y religioso. Los egipcios importaban madera y cobre de Biblos y el →papiro que aquí se preparaba hizo famosa la ciudad. A finales del tercer milenio, Biblos perteneció al gran imperio de la tercera dinastía de Ur. En la época de El Amarna, es conocido por las cartas de →Amarna el rey de Biblos Rib-Addi, y, en el s. XIII (quizás XI ó X), el rey →Ajiram, cuyo sarcófago, descubierto en 1923, lleva la conocida inscripción en letras fenicias (→Alfabeto). En el s. XII se deja sentir la influencia del pueblo de los mares. En el s. VIII, Biblos es conquistado por los asirios y en el año 537, por los persas. Más tarde pasa al dominio de los seléucidas y de los romanos. La importancia de Biblos como centro religioso remonta también al cuarto milenio. Los dioses de Biblos eran conocidos hasta incluso en Egipto, los egipcios por su parte edificaron templos en Biblos y en ella localizaron su mito de Isis/Osiris/Adonis (en tiempo romano el templo de Adonis en Biblos era muy famoso). Excavaciones francesas (desde 1921 con interrupciones) descubrieron una localidad neolítica y calcolítica, varios templos, una parte de la muralla de la ciudad fenicia, sepulturas de reyes e inscripciones. Fig 23.

Blanco → Colores.

Boaz (hebr.: en él está la fuerza).
1) Boaz, acomodado vecino de Belén, hijo de Salmón (Rut 4,21) y de Rajab (Mt 1,5), segundo esposo de →Rut (Rut 2,1-4,13). Rut 4,17. 18-22 pone a Boaz entre la ascendencia del rey David (cf. Mt 1,5).
2) Nombre de una de las dos columnas del templo salomónico (1Re 7,21; 2Par 3,17).

Boda. La boda se celebraba durante varios días consecutivos, normalmente siete (Gén 29,27; Jue 14,12; Tob 11,19) a base de comer, beber, bailar, proponer enigmas (Jue 14, 12), en la alegre y ruidosa compañía de numerosos convidados. El punto culminante era el cortejo de la esposa. Desde la casa de sus padres, la esposa era conducida a casa del esposo velada (Gén 24,65) y adornada (Ap 21,2). El esposo le salía al encuentro (Cant 3,6-11), acompañado de sus huéspedes y amigos (Jue 14,11; Mt 9,15) y adornado con la «corona» que le imponía su madre (Is 61,10; Cant 3,11). En ocasiones se avanzaban en el camino las compañeras de la esposa (Mt 25,1). Hombres y mujeres estaban separados durante la fiesta, como se acostumbra hoy todavía entre los judíos ortodoxos.

Booz → Boaz.

Bosque. El AT menciona el bosque con mucha frecuencia: el bosque de Héret al sur de Judá (1Sam 22, 5), las «montañas de los bosques» en Quiryat-Yearim (Jos 15,10), el bosque de Bet-El (2Sam 2,24), los de la llanura de Sarón y el bosque del Carmelo (Is 35,2), etc. Esto es, la región montañosa de Palestina, en los tiempos bíblicos, estaba muy poblada de bosques, hoy, en cambio, tiene el aspecto de un paisaje calcáreo con escasos restos de bosques. Incluso los bosques del Líbano poblados de pinos, abetos, cedros y cipreses, que eran proverbiales en la antigüedad, hoy se han reducido a un mínimo. La pobreza forestal de hoy tiene su origen en la tala des-

Bosque

considerada que se puede reseguir históricamente hasta tiempos bastante remotos y que ha durado hasta principios del siglo actual. Con la población del país, nació la necesidad de tener leña para quemar (Is 44,15s), así como leña para utensilios (Ez 15,3) y para la edificación. Ya el AT se queja por la explotación de los bosques del Líbano (Is 14,8; Hab 2,17). Los pastos de los bosques, activados desde antiguo, destruían los retoños e impedían la regeneración de los bosques. Finalmente, algunos incendios repetidos (Sal 83,15; Is 9,17; Jer 21,14, etc.) también cooperaron a su extirpación. Hoy se intenta reparar los daños por medio de una repoblación forestal.

Bronce → Metal.

Buey → Ganado (cría de).

C - Ch

Caballo. Es probable que se haya de buscar el origen de la cría de caballos en las tribus indogermánicas del Asia central. Parece que el caballo llegó a Egipto, Siria y Palestina a través de los → hurritas. Los hittitas se habían especializado en particular en la cría de caballos. Los israelitas empezaron a utilizar el caballo desde tiempos de Salomón, el cual lo importó (1Re 10, 28s) y, siguiendo el ejemplo de las grandes potencias, fortificó su ejército con caballería y con sus guarniciones correspondientes (ciudades para carros y jinetes, 1Re 5,6; 9,19; 10,26; las caballerizas descubiertas en Meguiddó son posteriores). Durante mucho tiempo el caballo sólo se usó para la guerra (Job 39,19-25; Zac 6,1-8; Ap 6,1-8). En Zac 1,7-12 se menciona el caballo como cabalgadura de mensajeros. Sólo más tarde se le menciona como propiedad particular para montura o para tiro (Est 6,8ss; Ecl 10,7).

Cabello. Si la calvicie se consideraba afrentosa, el cabello largo y abundante era, por el contrario, un adorno, no sólo para la mujer, sino también para el hombre (Jue 16, 13.19; 2Sam 14,26), el cual llevaba además la barba. La conservación del cabello es imagen de la providencia de Dios (1Sam 14,45; Mt 10,30; Act 27,34). A la mujer le gustaba un cabello abundante y lo cuidaba con esmero (2Re 9,30; Cant 4,1). Pablo reprueba el cabello largo de los hombres como antinatural (1Cor 11, 14). El cabello suelto caracteriza a la pecadora (Lc 7,38.44; Jn 11,2). En tiempo de luto no se cuidaba el cabello (2Sam 19,25), sino que se afeitaba (Job 1,20; Is 15,2) o arrancaba (Esd 9,3). Por motivos religiosos estaban prohibidos a los israelitas ciertos peinados (Lev 19,27; 21,5; Dt 14,1).

Cades → Gadéš.

Cafarnaúm (hebr.: aldea de Najum), 4 km. al oeste de la desembocadura del Jordán en el lago de Genesaret, ciudad fronteriza entre el estado de Filipo y el de Herodes Antipas (Mt 9,9), con guarnición romana (centurión: Mt 8,5-13 par). Lugar de residencia de Simón (3) y de Andrés y teatro de gran parte de la vida pública de Jesús (por lo cual se llama «su ciudad» en Mc 9,1): enseñanza en la sinagoga (Mc 1,21 par), cuestión sobre el tributo del templo (Mt 17,24), curación de un paralítico (Mc 2,1), Mc 9,33; Lc 4, 23, etc. Jesús maldijo la ciudad por su incredulidad (Mt 11,23 par). Fig. 20 y mapa PN D3.

Caifás (significado desconocido), → sumo sacerdote (18-36 d.C.), nombrado por el procurador Valerio Grato (Ant 18,2,2) y depuesto por Vitelio, legado de Siria (Ant 18,4,3). Estaba en funciones en tiempo de Juan Bautista (Lc 3,2). También durante su gobierno tuvo lugar el proceso contra Jesús (Mt 26,3.57; Jn 11,49; 18,13-28), pero no el proceso contra Pedro y Juan de que se habla en Act 4,6.

Caín

Caín (hebr.: herrero [?]), primogénito de Adán y Eva, que, por envidia, asesinó a su hermano → Abel, pues Yahveh aceptaba los sacrificios de éste y despreciaba los de aquél (Gén 4,1-16). Como castigo por su asesinato, Caín tuvo que andar errante toda su vida como un nómada. En la señal por la que Yahveh le protegía contra la → venganza de la sangre, hay que ver algún tatuaje propio de la tribu, como se usa con frecuencia entre los beduinos. La narración quiere dar una explicación del origen, características y costumbres de los quenitas nómadas. Más tarde, la exégesis judía y el NT (Mt 23,35; 1Jn 3,12; Heb 11,4) buscan el motivo de la reprobación de Caín en su maldad o en su incredulidad.

Caldeos, tribus arameoorientales del suroeste de Mesopotamia que, bajo Nabopolassar (626-605), fundaron el nuevo imperio babilónico junto con los babilonios (textos de la última época de los reyes; Dan 1,4). Según Jdt 5,6s, los israelitas proceden de los caldeos (→ Ur: Gén 11,28.31; 15,7; Neh 9,7). Dan 2,4s.10; 4,4; 5,7. 11 llama caldeos a los astrólogos, magos y adivinos, pues la interpre-

Fig. 8. El calendario de Guézer

tación de sueños y la astrología procedían de Babilonia (→ Magia).

Calendario. 1) El calendario, considerado como norma que fija el comienzo del año, es el fundamento de toda cronología. Israel usaba el sistema solar y lunar, por lo que el año contaba doce meses de veintinueve o treinta días, a los que periódicamente se añadía un mes adicional. También se usaba el año solar egipcio (doce meses de treinta días más cinco días adicionales). Ejemplos de dicho calendario se han hallado en Hen, Yub y en los manuscritos de Qumrán. El calendario egipcio era un calendario perpetuo, cuyas fiestas caían siempre en días fijos. El año empezaba en los equinoccios de primavera y de otoño (1 de nisán; 1 de tišrí). El hecho de contar el equinoccio de otoño como principio del año procede de la cultura agrícola, y el del equinoccio de primavera, de la cultura pastoril (→ Año nuevo; Pascua). El mes empezaba con la fiesta de luna nueva (cf. Am 8,5; 2Re 4,23; Is 1,13; Ez 46,3) que se celebraba con especiales sacrificios (Núm 28,11-15), toque de trompetas (Núm 10,10), banquetes (1Sam 20,5.24) y celebraciones litúrgicas (Is 1,13s; 66,23; Ez 46,1.3). La semana de siete días podría tener su origen en el cambio de las fases lunares. Se ha podido comprobar que ya muy pronto se atuvo a un estricto período de siete días de forma que el → sábado (no se puede excluir la posibilidad de que su etimología venga de «siete») poco a poco desplazó el día de luna nueva.

2) El calendario como medio para saber la fecha era poco conocido en Israel. Ocasionalmente se usó una tabla con treinta agujeros donde se metía un punzón que se corría cada día un puesto (s. X-VII). Es famoso el llamado calendario de → Guézer, una tablilla de piedra caliza del s. X que al lado de cada mes indica los trabajos agrícolas correspondientes. Véase la figura 8.

Calvario → Gólgota.

Cam → Noé; Tabla etnográfica.

Cama. El hombre normal dormía en el suelo, sobre su manto (Éx 22,25; Dt 24,12s) o sobre una alfombra (Jue 4,18; 1Sam 19,13, etc.). El uso de la cama fue conocido en Palestina a través de Egipto, primeramente adoptado por la alta sociedad (1Sam 19,13.15; 2Sam 4,7; 11,2; 1Re 1,47, etc.). Era un camastro de madera con piezas metálicas de unión, que de día servía para sentarse o tenderse durante la comida (1Sam 20, 25; Ez 23,41). En Am 3,12; 6,4; Ez 23,41, camas de lujo revestidas de cuero o con adornos de marfil.

Camello, como animal de carga y de cabalgadura, se menciona ya en la época de los patriarcas (p.e., Gén 24,10.61; 37,25). El camello del oriente medio es el llamado árabe, de una sola giba (en Asiria se encuentra también el camello báctrico, de dos gibas). El camello se empleó también para la guerra. Se ha demostrado que el camello domesticado se conocía ya en Mesopotamia desde el tercer milenio. El camello era un animal impuro (Lev 11,4; Dt 14,7), se aprovechaba, sin embargo, su vello y se citaba por su imponente tamaño (Mt 19,24 par; 23,24).

Caná (hebr.: caña), topónimo. 1) Caná de Galilea (Jn 2,1: milagro de la conversión de agua en vino; 4,46: curación del hijo de un funcionario real; 21,2: patria de Natanael). Se discute su emplazamiento. Es probable que haya que identi-

Caná

ficarlo con *ḥirbet qānā,* unos 13 km. al norte de Nazaret. Mapa PN C3.
2) Aldea 23 km. al sur de Tiro, frontera norte de la tribu de Aser (Jos 19,28).
3) Valle entre Efraím y Manasés (Jos 16,8; 17,9), hoy *wādi qānā.* Mapa PA B5.

Canaán, denominación bíblica de la tierra «prometida» conquistada por los israelitas que abarca desde la costa siria hasta la depresión del Jordán. La etimología del nombre es insegura: país bajo; país del sol poniente; tierra de la lana roja de púrpura (akk. *kinaḫḫhu* = gr. φοῖνιξ, → Fenicia); tierra de los mercaderes. Los israelitas usaron la denominación cananeos para significar su población en general (Éx 15,15; Sal 135,11; Sof 1,11), pero también sabían distinguir los distintos grupos étnicos (Éx 3,8.17; 13,5; Jue 3,5).

Candelabro, portalámparas que servía para una mejor iluminación de un local (Mt 5,15). Junto a los candelabros de una lámpara (1Re 7,49; 2Par 4,7), es sobre todo importante el candelabro de siete brazos (Éx 25,31-40; 37,17-24), cuyas lámparas debían arder constantemente ante Yahveh (Éx 27,20s; Lev 24,3s). En el año 70, los romanos lo tomaron como trofeo (arco de Tito). El candelabro era un motivo de decoración preferido: en los suelos de mosaico (sinagoga de Bet Alfa y de Jericó), como fresco (en Dura-Europos), sobre las puertas de las casas y en los sarcófagos.

Canon. I. CONCEPTO. El sentido propio de la palabra griega κανών es el mismo que el de la palabra hebrea *qāneh:* caña; pasando por el sentido de «caña de medir», adquiere el sentido figurado de «medida», «norma» (así en el NT: 2Cor 10,13.16;

Gál 6,16). Desde mediados del s. IV, el conjunto de las Sagradas Escrituras se designa como canon. Una Escritura se llama inspirada cuando es de origen divino; se llama canónica, cuando este origen divino es aceptado y oficialmente reconocido por la Iglesia. En la terminología católica se distingue entre los libros protocanónicos (la pertenencia de dichos libros al canon nunca se puso en duda en la Iglesia) y deuterocanónicos (la inspiración de dichos escritos fue negada durante cierto tiempo o en ciertos lugares). Siete libros del AT (Tob, Jdt, Bar, Sab, Eclo, 1/2Mac) no fueron incluidos en el canon judío hasta finales del s. I d.C. y por ello son tenidos en la Iglesia católica como deuterocanónicos. La terminología protestante entre libros apócrifos (deuterecanónicos para los católicos) y seudoepigráficos (apócrifos para los católicos).

II. EL CANON DEL AT. 1) *El canon judío.* Para designar su Biblia, los judíos usan la palabra artificial *tenak* (formada con la letra inicial de *torāh, nabī' īm, ketūbīm:* ley, profetas y escrituras [restantes]). La Tora (Pentateuco) es considerada como compendio de la revelación divina y posee la suprema autoridad. En los profetas, la tradición judía distingue los «antiguos» (Jos, Jue, Sam y Re) y los «recientes» (Is, Jer, Ez y el libro de los doce profetas). El tercer grupo que lleva el nombre indeterminado de «escrituras» comprende todos los escritos restantes que se añadieron a la Biblia cuando los dos primeros grupos ya estaban fijados. Esta división tripartita se encuentra ya en el prólogo de la traducción griega de Eclo (ca 130 a.C.): ley, profetas y restantes escrituras (de los padres). Esta división se usa también con frecuencia en el NT. Pero también se llama muchas veces «ley» a todo el AT. Ya en el s. IV a.C.

se consideraban Pentateuco y profetas (sin contar Dan que se añadió más tarde) como dos magnitudes armónicas. No sabemos con seguridad cuántos libros abarcaría la traducción judía de los LXX, pues su manuscrito más antiguo procede del s. IV d.C., es decir, es un manuscrito cristiano. Es cierto que los traductores incluyeron en su tarea la traducción de libros no incluidos en el canon oficial judío más reciente. La misma elasticidad que tenía la tradición judía en su concepción del alcance del canon, entre los siglos III-I a.C., se puede observar todavía en el s. I d.C.: algunas citas del NT aluden a libros deuterocanónicos y, al menos una vez, se cita expresamente como profecía a un libro apócrifo (Jds 14: 1Hen). La comunidad de Qumrán usaba también libros deuterocanónicos y parece que incluso equiparaba los libros propios de la comunidad a las Sagradas Escrituras del judaísmo oficial. El sínodo judío de Yabné (90-95 d.C.) fijó finalmente el canon en 24 libros (Gén, Éx, Lev, Núm, Dt, Jos, Jue, Sam, Re, Is, Jer, E_2, 12 profetas, Sal, Job, Prov, Rut, Cant, Ecl, Lam, Est, Dan, Esd/Neh, Par).

2) *El canon cristiano.* A pesar de la oposición de algunos padres de la Iglesia, la Iglesia adoptó como propio el canon ampliado de los LXX, entre los siglos III-V. De todos modos, la tradición de los LXX no es uniforme. Las actuales ediciones manuales de SWETE y RAHLFS contienen no sólo todos los libros deuterocanónicos junto con los suplementos de Dan y Est, sino también 2Esd, 3/4Mac, SalSl y la oración de Manasés. Melitón de Sardes († hacia 190) es el primer padre de la Iglesia que nos transmite una lista del canon que contiene sólo los libros protocanónicos, sin Est. Pero la gran mayoría de los padres griegos y latinos admitieron también los libros deuterocanónicos. Por influencia de Agustín tuvieron lugar en el s. IV las primeras decisiones conciliares. La lista de los libros bíblicos del concilio regional de Hipona (393) y del tercero y cuarto de Cartago (397; 419) fue luego adoptada por el concilio de Trento. Entre los reformadores, Karlstadt fue el primero que abrió la discusión sobre el canon (1520) partiendo de consideraciones puramente históricas. Para Lutero, el criterio de la canonicidad de un libro consiste en su proximidad al mensaje cristiano; por este motivo, excluyó del canon no sólo los libros deuterocanónicos, sino también Est, Par y Ecl. Más tarde hizo una revisión de ello. La Biblia de la Iglesia ortodoxa contiene la católica además de 3Esd y 3Mac.

III. EL CANON DEL NT. La Iglesia primitiva consideraba el AT no sólo como testimonio imprescindible de la revelación llevada a término en Jesucristo, sino que, cuanto más el judaísmo utilizó el AT para combatir la fe cristiana, tanto más la Iglesia pretendió que el AT era su propia Escritura. El uso de los más antiguos escritos cristianos (cartas, evangelios) como lecturas litúrgicas y la transmisión de la autoridad de las palabras de Jesús, de sus apóstoles o de los discípulos directos de éstos poco a poco se fijó en escritos que daban fe de sus palabras y acciones. Ello condujo paulatinamente a considerar estos escritos también como «Sagrada Escritura» equiparada al AT. Hacia mitad del s. II, los cuatro Evangelios gozaban ya de consideración canónica, en cambio las cartas paulinas sólo empezaron a ser citadas como Sagrada Escritura a partir de ca. 180 d.C. Tanto los esfuerzos de Marción por reducir los documentos de la revelación, como también la afluencia de nuevos escritos, hicieron patente la necesidad de asegurar la parádosis apostólica frente a tendencias falsificadoras. Hasta la segunda mitad del s. IV no se consiguió poner fin a la inseguridad reinante. La lista de 27 libros canónicos propuesta por primera vez por Atanasio (367) se impuso muy pronto en occidente y poco a poco también en oriente. El número y alcance de las Escrituras fue definitivamente fijado por un decreto del concilio Tridentino en 1546.

Cantar de los cantares. I. GÉNERO LITERARIO. 1) Según la opinión mejor fundada, el Cantar de los cantares es una colección de *canciones de amor y de bodas*. El redactor final las agrupó en un conjunto donde la repetición obstinada del tema (el anhelo mutuo de los amantes) origina una tensión dramática.

2) Otros exégetas ven en el Cantar de los cantares un *drama* concebido deliberadamente, en el cual se cantan las vivencias de una pastorcita. No obstante no se puede justificar que la obra tenga una línea ascendente o un desenlace final (cf., p.e., 1,2-4.9-17).

3) Otro grupo de comentaristas entiende el Cantar de los cantares como una colección de canciones que cantan las bodas de los dioses orientales de la vegetación (ἱερὸς γάμος) y la leyenda festiva de la antigua fiesta israelítica de los →ácimos que se celebraba en primavera. Pero es poco probable que *canciones paganorreligiosas* fueran a parar al canon judío.

4) Muchos exégetas ven el Cantar de los cantares como una *alegoría* ya intencionada en su origen: hombre y mujer como figura de la relación de Yahveh con Israel. Contra esta opinión se puede alegar que el autor nunca deja entrever esta su intención (a diferencia de otros pasajes del AT como Is 54,4; 62,4; Os 1,2) y que la mayor parte de paralelos bíblicos del Cantar de los cantares que celebran el amor matrimonial y las imágenes tomadas de la esfera sexual nunca se refieren a Yahveh.

II. SIGNIFICADO. La mayor parte de los exégetas católicos reconocen hoy el sentido literal del Cantar de los cantares (elogio y admiración del amor humano) y le asignan además un sentido más profundo: el amor de Yahveh a su pueblo y, a la luz del cumplimiento del NT, el amor de Cristo a la Iglesia. De todas formas, la eficacia religiosa del Cantar de los cantares y su inclusión en el canon se apoya en esta interpretación tipológica.

III. ORIGEN. Con todas las inseguridades de detalle, la lengua con sus aramaísmos (p.e., 1,12; 2,7), parsismos (4,13) y grecismos (3,9) deja pensar en un origen al principio de la época helenística; con todo es probable que algunas de sus canciones sean más antiguas. Hay que excluir que el autor del libro fuera Salomón (1,1).

Canto. Del Israel aficionado al canto, el AT nos ha transmitido, junto con muchos cantos religiosos, muy pocos cantos profanos. Hay que mencionar sobre todo los cantos del trabajo que, según Eclo 38,25, estimulan hombres y animales. Era cosa muy natural cantar durante los trabajos de la cosecha, recolección, trilla y prensar la uva (Jue 9,27; 21,21; Is 9,2; 16,10). Núm 21,17s contiene un canto que se cantaba durante la excavación de una fuente. Una ocasión muy particular para cantar era el desposorio y la boda (Jer 16,9; 25,10; 33,11 y el →Cantar de los cantares fue originalmente una colección de cantos de amor). También estaba muy difundido el canto del guardián, que en sentido figurado indica la función del profeta (Sal 130; Is 21,11s; 52,8s; Hab 2,1-3). El canto de burla tenía en la vida política una función semejante a lo que más tarde fueron los oráculos de amenaza de los profetas (Núm 21,27-30; Is 37,22-29; 44,9-20; 47). En los ritos de entierro, los cantos de lamento tenían una función preeminente (2Sam 1,17; 3,33s; Jer 9,16s). Como los reyes egipcios y mesopotámicos, también los reyes israelitas adoptaron la costumbre de hacer interpretar a cantores y cantoras (2Sam 19,36) cantos reales o de victoria durante las fiestas de la corte (1Sam 18,6s; Sal 45, etc.). El canto de guerra y victoria más antiguo y a la vez más importante es el canto de Débora (Jue 5). El canto religioso se nos ha transmitido en 150 salmos que sin duda se usaron ya muy pronto en la liturgia.

Cárcamis o Carkemis → Karkemiš.

Carmelo (hebr.: jardín de árboles).
1) Ciudad de Judá (Jos 15,55), 11 km al sur del Hebrón. Aquí erigió Saúl un monumento (1Sam 15,12). Fue patria de Nabal (25,2ss) y de Jesray (2Sam 23,35). Mapa PA B-C7.
2) Sierra de 20 km de largo que parte de la actual Haifa en dirección sureste, junto al Mediterráneo (Jer 46,18), frontera sur de Aser (Jos 19,26). Hay vestigios de colonización de la edad de piedra. Ya de muy antiguo se tuvo como monte sagrado. El antiguo culto a Baal revivió en tiempos de Ajab. Elías recuperó el monte para Yahveh (1Re 18,19-46). Eliseo vivió también en el Carmelo (2Re 4,23-25). El Carmelo es celebrado con frecuencia en el AT por su belleza y por sus bosques (Is 35,2; Cant 7,5). Por ello un Carmelo devastado es imagen de miseria y destrucción (Is 33,9; Am 1,2; Nah 1,4). Mapa PA/PN B3.

Cartas católicas

Carta. 1) *En el AT.* Mientras en el restante cercano Oriente, la carta se conoce desde los tiempos más antiguos (cartas cuneiformes de la antigua Babilonia, enorme correspondencia asiriobabilónica y egipcia [→ Amarna]), en el AT no se usa hasta el tiempo de la monarquía: la carta de David a Yoab (2Sam 11,14),. la de Izebel (1Re 21,8), la de Yehú a los ancianos de Samaría (2Re 10,1), las dos cartas de Jeremías (Jer 29,1; Bar 6); además, cartas de recomendación (2Re 5,5), de felicitación (2Re 20,12; Is 39,1) y de amenaza (2Re 19, 14ss). Finalmente, cartas de compra (Jer 32,10) y actas de divorcio (Dt 24,1, etc.). De la época postexílica se conocen las cartas, actas y decretos de Dan y Esd; en la época helenística, las cartas de judíos, príncipes sirios, de romanos y de espartanos (1 y 2Mac).

2) *En el NT.* El estilo epistolar experimentó pocos cambios, en lo esencial conservó la forma primitiva: mención del remitente, destinatario y saludo; carta propiamente dicha; conclusión con saludos y votos de bendición. Las cartas de Pablo están motivadas por situaciones concretas y dirigidas a destinatarios concretos. A pesar de su carácter literario, son cartas en sentido estricto. En cambio las otras cartas del NT (las «cartas católicas» [excepto 2 y 3Jn], Heb y las cartas del Apocalipsis) pertenecen al género literario de cartas fingidas. Esto no significa que se trate de una ficción literaria, sino que el autor se dirige a un público general de lectores.

Cartas católicas, nombre colectivo (desde Apolonio, 197) de siete cartas del NT: Sant, 1/2Pe, 1/2/3Jn y Jds. El sentido del nombre «católico» es inseguro. En general se entiende como distinción de las cartas paulinas. Así como las cartas paulinas

Cartas católicas

dirigen a un determinado grupo y comunidades, las cartas católicas hablan a un círculo más amplio de lectores. Pero este sentido no se puede aplicar a 2 y. 3Jn.

Cartas de la cautividad. Se da este nombre a las epístolas Ef, Col, Flp Flm, porque en ellas Pablo se señala como preso (Ef 3,1; 6,20; Col 4,18; Flp 1,13s; Flm 1,9s, etc.). La opinión general, según la cual estas cartas fueron escritas en Roma (61-63), se apoya en la presencia de Aristarco y de Lucas (Col 4,10.14; Flm 24), en la relativa libertad de que goza Pablo (Ef 6,19s; Flp 1, 12.20) y en la esperanza de una pronta liberación (Flp 1,23ss; Flm 22). Los argumentos en favor de la otra opinión que dice que Pablo habría escrito las cartas de la cautividad en Cesarea (Act 23,35; 24, 27) o en Éfeso, carecen de fundamento suficiente. Una fijación más precisa de la fecha en que fueron escritas estas cartas no es posible; sólo puede decirse que acaso Flm fue escrita algún tiempo más tarde, pues difiere algo de las otras en su tono y contenido.

Cartas pastorales. I. NOMBRE. Las dos cartas a Timoteo (1Tim y 2Tim) y la carta a Tito (Tit) se parecen mucho entre sí por su forma y contenido y forman un grupo aparte con carácter propio muy marcado, no sólo dentro de la colección paulina, sino dentro de todo el conjunto de cartas del NT. Las cartas restantes del NT (excepto Flm) tienen por destinatarios determinadas iglesias locales y están destinadas a ser leídas durante sus reuniones comunitarias, en cambio 1/2Tim y Tit se dirigen a personas concretas que se suponen colaboradores de Pablo y jefes de las comunidades de Éfeso y Creta. Estas cartas, que son como el evangelio interpretado e inculcado de nuevo, contienen instrucciones muy directas y detalladas sobre la lucha de las herejías, sobre la organización de las comunidades e instrucciones concretas de orden pastoral. Por esto se acostumbra, desde el s. XVIII, llamarlas, con acierto, cartas pastorales.

II. CONTENIDO. 1) *1Tim:* después de una fórmula de saludo (1,1s), el autor indica la impugnación de las herejías como tarea especial de Timoteo en Éfeso (1,3-20). En la segunda parte se tratan cuestiones sobre el gobierno de la iglesia (2,1-3,16): instrucciones litúrgicas (2,1-15), obligaciones de los ministros (3,1-16). En la tercera parte, los herejes se caracterizan con más detalle (4,1-11). La cuarta parte contiene instrucciones sobre el desempeño correcto del ministerio (4,12-6,2). Después de una nueva impugnación de los herejes (6,3-19), sigue la última exhortación y saludo final (6,20s).

2) *2Tim:* después del saludo introductorio (1,1s) y de una acción de gracias personal para Timoteo (1,3ss), éste es exhortado en la primera parte (1,6-2,13) a permanecer fiel en el servicio del evangelio. En la segunda parte, el autor da instrucciones de conducta recta frente a los herejes (2,14,4-8). Al final de la carta (4,9-22), el autor describe su situación personal y transmite a Timoteo sus ruegos, encargos, saludos y bendiciones.

3) *Tit:* después de un solemne saludo introductorio (1,1-4), se señalan en la primera parte (1,5-16) las tareas de Tito en Creta. La segunda parte (2,1-3,11) trata de cuestiones de gobierno de la iglesia. El final (3,12-15) contiene encargos y saludos.

III. DESTINATARIOS. 1) *Timoteo,* hijo de padre pagano (gr.) y de una piadosa madre judeocristiana (Act 16, 1), fue convertido a la fe cristiana por Pablo, seguramente en su primer viaje misional (14,6), en Listra y tomado como colaborador en el segundo viaje misional (16,1-3) y circuncidado. A partir de este momento, Timoteo se convierte casi en acompañante permanente del Apóstol. En el segundo viaje misional, Pablo le confió una misión importante para Tesalónica (1Tim 3,2-6). En el tercer viaje misional, recibe Timoteo un encargo difícil y parte de Éfeso hacia Corinto, pasando por Macedonia (1Cor 4,17; 16,10s; Act 19,22). A su regreso de Corinto, se queda con Pablo en Jerusalén (Act 20,4) y le acompaña en su primera prisión a Roma (61-63; Flp 1,1; 2,19; Col 1,1; Flm 1). Pablo hace un elogio de él en Flp 2,19-23. Heb 13,23 da noticia de la prisión de (un cierto) Timoteo.

2) Tito, hijo de padres paganos (Gál 2,3) y probablemente convertido por Pablo (Tit 1,4), era miembro de la comunidad cristiana de Antioquía. Sin haber sido circuncidado, viajó con Pablo y Bernabé a Jerusalén para el concilio apostólico (Gál 2,1-5). A finales del tercer viaje misional fue comisionado de Éfeso a Corinto con la llamada «carta de lágrimas» (2Cor 2,13; 7,6s.13-16; 8,6; 12,17s) y consiguió reducir a la obediencia a la comunidad que Pablo casi tenía por perdida. Desde Macedonia, Pablo lo envió de nuevo a Corinto para llevar a término la colecta que se había hecho allí y entregar a la comunidad la 2Cor (2Cor 8,6.16-23; 12,18).

IV. AUTENTICIDAD. 1) las cartas pastorales se presentan como cartas del apóstol Pablo (1Tim 1,1.3.12-16. 19s; 2Tim 1,1.11s; 3,11; 4,9-18; Tit 1,1.3). Faltan en el códice más antiguo que tenemos de Pablo (principio del s. III), así como en el canon de Marción (hacia el 150). Sólo a finales del s. II se cuentan como cartas paulinas en el → canon del NT. Pero desde principios del s. XIX, exegetas tanto protestantes como católicos han levantado objeciones considerables contra la paternidad paulina de las Cartas pastorales por motivos históricos, teológicos y lingüísticos.

2) Las dificultades históricas.

a) Las cartas pastorales no tienen sitio en la vida de Pablo. Contienen datos de situaciones que no se pueden incorporar en el curso de su vida, según nos es conocido por Act y por las cartas paulinas (cooperación de Pablo con Timoteo y Tito; características esencialmente distintas de la cautividad romana frente a los relatos de Act). Por ello, estas cartas tendrían que haber sido escritas después del 63. Aun cuando es del todo posible que Pablo después de su primera cautividad romana, consiguiera de nuevo la libertad, según Rom 15,19.23 y Act 20,25.28 era casi imposible que, después de su liberación, volviera al oriente, como se presupone en las cartas pastorales (Éfeso, Creta, Troas, Corinto, Mileto).

b) La controversia con los herejes. Dichos herejes son ciertamente miembros de la comunidad cristiana (1Tim 1,4; 2Tim 2,23; Tit 1,14) procedentes del judaísmo (Tit 1,10s) que apelan a su conocimiento (= gnosis) particular (1Tim 6,20). Como faltan alusiones claras a los elementos típicos de los grandes sistemas gnósticos, desarrollados a partir del s. II, se sugiere que dichos herejes fechen a finales del s. I. Por lo demás, el cambio de postura frente a los herejes apenas si se puede explicar por una evolución interna del Apóstol, sino que indica más bien una relación distinta con la doctrina, con la fe y con la Iglesia como institución.

c) La organización eclesiástica, tal como aparece en las cartas pastorales, corresponde a un tiempo

Cartas pastorales

más tardío que el tiempo de Pablo. Las cartas pastorales conocen el ministerio episcopal (Tit 1,5.7; → Obispo), el diaconado (→ Diácono), el oficio de las viudas, tal vez también el diaconado femenino (1Tim 3,11; si no hay que entender las mujeres de los diáconos). El conjunto de estos ministerios forman un colegio (1Tim 4,14). En cambio, desaparecen los carismáticos tan importantes para Pablo (1Cor 12) así como la comunidad. Ésta no puede participar en la elección y encargo de los ministros (cf. al contrario Act 13,1-3), sino que es una comunidad orante y oyente (1Tim 2,8; 4,13.16). La responsabilidad se ha transferido al jefe de la comunidad, cosa muy difícil de admitir en el pensamiento paulino.

3) De mayor importancia son los reparos teológicos que siguen: la conducta ética constituye el centro de las cartas pastorales. La fe ya no significa aceptación creyente de la salvación, sino la sana doctrina (1Tim 1,10; 2Tim 4,3; Tit 1,9). La fe se ha convertido en ortodoxia. En su teología y cristología aparecen nuevos términos técnicos (salvador, epifanía), tomados del culto griego a los gobernantes y de las religiones de misterios. Además se usan antiguas fórmulas tradicionales de fe que acusan una cristología más pálida que la de las restantes cartas paulinas (1Tim 2,5s; 6,13-16; 2Tim 2,8). Se da mucha importancia a la tradición (1Tim 6,20; 2Tim 1, 12.14). Todas estas diferencias indican un cambio fundamental de postura frente a Pablo. La Iglesia empieza a instalarse en el mundo (1Tim 2,2; Tit 2,11; cf. en cambio 1Cor 7,29ss).

4) Los reparos lingüísticos, que se alegan contra la autenticidad de las cartas pastorales, son igualmente de peso. Una serie de palabras y giros propios del Apóstol faltan en las cartas pastorales. En cambio, palabras usadas por Pablo, se emplean aquí con otro sentido, construcción o frecuencia. Al contrario, las cartas pastorales usan palabras y giros que faltan en Pablo. La lengua tiene más contacto con el lenguaje elevado del mundo helenístico y con el de la doctrina sapiencial judeohelenística, algo que no sucede en los otros escritos paulinos. Considerando además que 2Tim, por su extensión y por las circunstancias en que se hallaba Pablo, es imposible que fuera escrita en la prisión por la propia mano de Pablo y que por otra parte no es posible separar esta carta de las otras dos, se deduce que las tres cartas no pueden ser escritas por la propia mano de Pablo.

5) Las cartas pastorales no están, pues, en la misma relación directa con Pablo como, p.e., las grandes cartas paulinas (Rom, 1/2Cor, Gál). Quizás las compuso algún discípulo o secretario del Apóstol, poco antes de su muerte (65/66) y por encargo suyo. Más probable todavía es que algún cristiano del tiempo postpaulino, en la lucha contra la gnosis que empezaba a aparecer y al comienzo de alguna persecución, compuso las cartas pastorales y en su empresa aprovechó en gran escala los escritos que Pablo había dejado. En este caso podría situarse el origen de las cartas pastorales hacia finales del s. I, pues en ellas no hallamos todavía la triple jerarquía (diácono, presbítero, obispo) como es el caso de las cartas de Ignacio de Antioquía († hacia el 117). Como lugar de origen, se propone Macedonia (1Tim 1,3) o Roma (2Tim 1,17).

V. LA IMPORTANCIA de las cartas pastorales está sobre todo en los datos que contienen sobre la organización de las comunidades cristianas en la segunda mitad del s. I. Nos dan una valiosa idea de las comunidades que tenían que luchar para la conservación del depósito de la fe transmitido y para la defensa de la ética cristiana contra el ambiente pagano y que miraban de cumplir sus tareas sociales y caritativas de joven comunidad cristiana. Además nos muestran cómo la generación siguiente a Pablo veía y veneraba al Apóstol de los gentiles, cómo sacaba de su mensaje las normas para la dirección de la comunidad y lucha contra la herejía y la fuerza para salvar a los cristianos en situaciones arriesgadas.

Casa. 1) Por falta de suficientes datos literarios sólo podemos hacernos una idea de la casa israelita, en los tiempos de su vida sedentaria, a base de los resultados de los hallazgos arqueológicos. En la edad del bronce, dominaba un tipo de casa de una sola habitación rectangular y amplia, con una ventana y una puerta. Los cimientos son de piedra y sin labrar, el zócalo de piedras, el muro de adobes sin cocer y el techo plano. Las casas mayores tenían varias habitaciones, a su alrededor un patio abierto y un piso alto (Jue 3,20; 2Sam 19,1; Jer 22,14). En la época última del hierro, la pared tiene pilares, según la costumbre sirofenicia. Sin embargo, en lo esencial, perduró el tipo de casa con patio. Al final de la época helenística, apare-

Cautividad asiriobabilónica

cen columnas, estucado en las paredes y suelos de mosaico. En la época romana se introducen los techos de bóveda.

2) En sentido metafórico, casa significa en el AT y NT, hogar, familia, estirpe (p.e., Gén 7,1). Casa tiene también el sentido más ámplio de zona hasta donde alcanza un dominio (p.e., la casa de la esclavitud = Egipto: Éx 13,3). El santuario o casa de oración es la casa de Dios (Gén 28,17; Mc 2,26; Jn 2, 16s). Este mismo término se usa después, también en sentido metafórico, para designar la comunidad cristiana (1Cor 3,16; 6,19; 1Pe 2,5) e interpreta la palabra casa en sentido pneumático de construcción divina (cf. 2Cor 5,1-10).

Castigo → Derecho y administración judicial.

Cautividad asiriobabilónica. I. En el antiguo oriente era normal la deportación de las clases altas de los pueblos vencidos como medida para debilitar su fuerza nacional, impedir rebeliones, o con objeto de colonizar territorios propios poco poblados. A partir del segundo milenio, se poseen testimonios históricos de dichas deportaciones. Israel sufrió frecuentes deportaciones.
1) *La cautividad asiria.* Después de la guerra entre Péqaj de Israel y

Fig. 9. Asiria. Deportados camino de la cautividad

Cautividad asiriobabilónica

Tiglat-Piléser III de Asiria, los habitantes de las ciudades israelitas conquistadas fueron deportados a Asiria (734; 2Re 15,29). Después de la muerte de Tiglat-Piléser III, el rey Oseas suspendió el pago del tributo y Salmanassar V conquistó Samaría (721) y deportó a muchos israelitas (fuentes asirias indican la cifra de 27 290 deportados a Mesopotamia y Media; 2Re 17,6; 18,11; 1Par 5,6-26). En lugar de estos israelitas se establecieron en Samaría colonos de Kutá, Avvá, Jamat y Sefarváyim (2Re 17,24).

2) *La cautividad babilónica.* Después de la caída de Asiria, muy pronto pasó Palestina a poder del imperio babilónico. El intento del rey Yoyaquim de librarse del dominio extranjero acabó con la conquista de Jerusalén por Nabucodonosor y con la cautividad. Esta deportación afectó a la familia real, a la nobleza, a los empleados, a los soldados y a los artesanos (unos 10 000 israelitas con sus familias), pero no a los sacerdotes (2Re 24,8-17). Jeremías (Jr 29) les aconsejó a que se sometieran y establecieran en Babilonia. Cuando el rey Sidquiyyá trató de conseguir la independencia, Jerusalén fue destruida (586) y aumentado el número de deportados. Sólo los pobres se quedaron en el país. El número de prisioneros se calcula en unos 15 000 hombres con sus familias. Es probable que muchos de ellos se establecieron juntos.

II. El destierro fue considerado por los afectados como un castigo grave. Sentían nostalgia por la ciudad santa y por el templo (Sal 137). Desde un punto de vista jurídico, obtuvieron una posición media entre burguesía babilónica y esclavitud, se dedicaron a la agricultura y ganadería, y más tarde también al comercio. Muchos de ellos llegaron a posiciones elevadas y a la riqueza.

Por ello, después del edicto de → Ciro que permitía el regreso, muchos judíos se quedaron en la → diáspora. Fig. 9.

Cautividad (cartas de la) → Cartas de la cautividad.

Caza. El AT habla relativamente poco de la caza, sin embargo debió ésta desempeñar un papel importante también en Palestina. De Nimrod se dice que era «un gran cazador ante Yahveh» (Gén 10,9); Dt 14,5 refiere todo un catálogo de caza mayor: ciervo, gacela, gamo, cabra montés, antílope, búfalo y gamuza. Isaac quería a Esaú porque era cazador (Gén 25,27; 27,3-40). Al mismo tiempo, la narración de Jacob y Esaú (Gén 27) indica el cambio historicocultural que va de la caza a la agricultura. En general, sólo se cazaba para conseguir alimento: Jue 14,6 (Sansón) menciona la caza como autodefensa y 1Sam 17,34-36 (David), como medio de protección del ganado. Como utensilios de caza se usaban arco y flecha (Gén 27,3), trampas (Sal 9,16; Ez 19,8), redes (Job 51,20), hondas, dardos y lanzas (Jos 41,18-21).

Cedro → Árbol; Líbano.

Cedrón, torrente y valle entre Jerusalén y el monte de los olivos que desemboca en el mar Muerto (Ez 47,8; Jl 4,18; 2Sam 15,23; Zac 14,8). Ya en la época de los reyes se utilizaba el valle como lugar de sepultura; de aquí que los reyes Asá y Ezequías quemaran allí los utensilios del culto pagano (1Re 15,13; 2Re 23,4). Fig. 25.

Celibato → Virginidad.

Celotas → Zelotas.

Cena (última), denominación usual de la comida de despedida celebrada por Jesús en compañía de sus discípulos, la tarde antes de ser detenido y de padecer (Mc 14,17-26; Mt 26,20-30; Lc 22,14-20; 1Cor 11, 23-25). De los textos bíblicos, no se deduce claramente si la última cena fue a la vez la cena de la pascua judía o sólo una comida solemne de despedida que posteriormente, por motivos teológicos o litúrgicos, fue estilizada como cena pascual. Según Mc/Mt/Lc, Jesús celebró la última cena la noche en que los judíos comían la pascua; según Jn (13,1), antes de la fiesta de pascua. Es en extremo inverosímil que Jesús celebrara la pascua de acuerdo con el calendario de la comunidad de → Qumrán, pues, por lo demás, su conducta no da a entender que tuviera afinidad alguna con dicha comunidad.

Sin embargo la impreeisión en torno al carácter externo de la última cena no tiene importancia real por cuanto las palabras de la institución no se refieren a lo característico de la cena pascual judía, sino al pan y al vino, elementos de *toda* comida (festiva). La repartición del pan (y del vino) bendecido significa participación en la bendición pronunciada.

La distribución del pan (partido) y del vino fue una acción profética (cf. 1Re 11,29ss) en la cual lo anunciado por la Palabra se anticipó como acontecimiento. En el pan y vino distribuidos hizo Jesús a sus discípulos partícipes reales de su muerte y justamente así experimentaron y recibieron la bendición de Dios. De esta manera, Jesús hizo entrar a sus discípulos en el reino de Dios que viene (Mc 14,25).

Por este motivo, ya la comunidad cristiana primitiva entendió y celebró sus comidas eucarísticas, la «cena del Señor» (1Cor 11,20), no simplemente como renovación de una cena pascual de Jesús, sino como continuación de las diversas comidas de Jesús con sus discípulos (Act 2, 42.46; 20,7.11).

Las palabras decisivas de la comida eucarística, las llamadas palabras de la consagración, obtienen su sentido y forma a partir de la significación de la muerte de Jesús. Sin embargo, hay que advertir que «cuerpo» y «sangre» no forman una pareja de conceptos de uso corriente (como se da el caso en «carne y sangre»: Mt 16,17; Heb 2,14). En un principio, los dos conceptos no se relacionan mutuamente, sino que cada uno formaba un todo aparte. Las palabras pronunciadas sobre el pan y las pronunciadas sobre el cáliz estaban separadas unas de las otras por todo el espacio de tiempo de la cena (1Cor 11,25; Lc 22,20).

«Cuerpo» no significa, pues, aquí «la carne», sino la persona misma, el «yo».

Las diversas redacciones de las palabras de la consagración reproducen en cada caso el texto litúrgico que era familiar al autor a través de su propia comunidad. 1Cor 11, 23-25 es, desde un punto de vista literario, la redacción más antigua; Mt 26,26-29 es una redacción ampliada de Mc 14,22-25, y Lc 22,19s es el resultado del influjo mutuo de Mc 14,22-24 y de 1Cor 11,23-25.

Nuestro texto usual de las palabras de la consagración está definido por tres ideas:

1) *Esto es mi cuerpo. Esto es mi sangre (derramada) para muchos.* Cuando se habla de sangre (derramada), se piensa en una muerte violenta (cf. Gén 9,5; Jer 51,35). Según el pensamiento judío, la muerte (violenta) aceptada libremente tenía valor de expiación (cf. Is 53,11s), de manera que esta forma de la palabra de la institución quiere afirmar: la muerte violenta de Jesús

Cena

es al mismo tiempo su entrega vicaria y expiatoria a Dios. Los discípulos participan, en este momento, de esta entrega.

2) *Esto es mi sangre de la alianza.* Israel esperaba (desde Jer 31,31ss) una *nueva* alianza. Esta alianza había empezado con Jesús y el pensamiento sugerido por la fórmula era: así como la antigua alianza del Sinaí fue ratificada con la sangre del sacrificio de animales (cf. Éx 24,5-8), así la nueva alianza entra en vigor por la sangre de Jesús. Sin embargo, hay que notar que la → alianza era para Israel una institución de salvación (→ decálogo) otorgada y establecida por Dios. Las palabras de la forma de la institución quieren decir: la nueva alianza es la nueva institución de salvación fundada en la muerte de Jesús, es decir, en la entrega de su vida. El creyente y comulgante entra en esta institución (Lc 22,24-27).

3) *Esto es mi sangre de la alianza que será derramada por muchos en remisión de los pecados.* A lo largo de su historia, Israel había experimentado que el hombre, a pesar de la alianza otorgada por Dios, siempre cae de nuevo en el pecado; por esto, esperaba que en la nueva alianza Dios perdonaría de nuevo los pecados (cf. Jer 31,33s). Este perdón se consiguió por la entrega de Jesús. Por esto, el creyente recibe siempre de nuevo en la cena del Señor el perdón de los pecados que Dios otorgará al final de los tiempos.

El → evangelio de Juan ignora la última cena en el sentido de Mc/Mt/Lc. Seguramente, esto está relacionado con el hecho de que Jn a propósito evita todo lo que en la última cena pudiera parecer que tiene algo que ver con una cena pascual, pues él, como Pablo (1Cor 5,7), ve la tipología de pascua cumplida en Jesús: Jesús es «el cordero de Dios que quita el pecado del mundo» (1,29). El hecho de que al crucificado no se le quebrara ninguna pierna es cumplimiento de la palabra de la Escritura que prohibe que se rompa ningún hueso del cordero pascual (19,36; cf. Éx 12,46). Por esto, Jn ya en 6,51-58 pasa a hablar de la eucaristía. El lavatorio de los pies (13,2-20) situado en el lugar de la última cena es entendido por Jn como signo de la necesidad de la entrega de Jesús a la muerte salvadora en la cruz.

Cenáculo, esta palabra traduce en la Vg los términos griegos ἀνάγαιον (Lc 22,12, cf. Mc 14,15: sala de la última cena) y ὑπερῷον (Act 1,13, lugar de reunión de la comunidad primitiva de Jerusalén). Es evidente que Lc quiso distinguir un lugar del otro. De Mc 14,13-16 no se puede deducir claramente en qué lugar de Jerusalén Jesús celebró la última → cena. Tampoco se puede determinar una tradición fija de la primitiva comunidad cristiana. Sabemos que hacia el año 400, la tarde del jueves antes de pascua, tuvo lugar una solemne celebración eucarística, junto a las rocas del Gólgota; una tradición local de Jerusalén, no antes de la segunda mitad del s. v, afirma que la institución de la eucaristía tuvo lugar en la iglesia de Sión; además y sobre todo se localiza el cenáculo en una gruta en el valle del Cedrón. A partir del s. vii se asienta la localización, popular hasta hoy, sobre una colina al suroeste de Jerusalén y la identificación de la sala de la última cena con el lugar de reunión de la comunidad cristiana pospascual. Desde el s. vii se localiza en el mismo edificio la asunción de María. La actual sala gótica de la última cena es una restauración del s. xiv.

Ceneret → Kinnéret.

Censo. En el antiguo oriente, el censo se practica (p.e., en Ugarit, Mari) para determinar el poder y una jerarquía en los grupos de contribuciones.

1) *En el AT*, tiene distinta significación. Según Núm (1,17-2,34 y 26,1-56), Moisés hizo dos censos, el primero antes de la entrada en el desierto para tener una idea del número de hombres hábiles para la guerra y el segundo antes de la entrada en Canán como condición para el repartimiento del país. En ambas veces, los levitas cuentan a parte. El censo hecho por David (2Sam 24) es valorado como decisión equivocada y se expía con una epidemia: no está permitido a los hombres recontar las bendiciones de Dios, ni corregir la idea de la antigua guerra sagrada por medio de un reclutamiento general. En Esd 2,2-69 y Neh 7,7-67 (cf. también 3Esd 5,7-27), el cronista da las cifras de los cautivos que regresaron.

2) *En el NT*. Los empadronamientos llevados a cabo en el imperio romano entre los pueblos que poseían el derecho de ciudadanía romana para la fijación del censo, se extendieron por Augusto también a las provincias que no tenían dicho derecho. Para ello, los habitantes debían presentarse personalmente ante las autoridades y dar datos personales y de hacienda. Según Lc 2,1-3, el nacimiento de Cristo coincidió con este censo de Augusto. Pero, mientras Lc parece referirse a un censo practicado en el año 6 a.C., según los documentos históricos (Ant. 18,1,1; Act 5,37), el censo practicado en tiempo de Quirinio, gobernador de Siria, no tuvo lugar hasta el año 6 d.C. Es decir, los datos de Lc no se pueden valorar como fecha histórica.

Cerámica. Todos los recipientes de arcilla, como garrafas, jarros, lámparas, cazuelas, bandejas, potes y otros hallazgos de cerámica son importantes, no sólo para la historia de la civilización, sino más todavía para la fijación de fechas de los distintos estratos de las → excavaciones, pues su técnica de producción, material, forma y tratamiento de su superficie son señales claras y distintas que indican su época. Por medio de la comparación con inscripciones, cuya fecha se ha podido fijar, y con objetos de importación, se puede fijar con relativa rapidez una cronología absoluta que permite precisar las distintas épocas de un lugar habitado.

Al principio de la cerámica de Palestina, durante el neolítico (hacia 5000 a.C.), la cerámica se produce a mano, con arcilla basta y se endurece al fuego abierto (más tarde en el horno). En el bronce antiguo (3100-2200) se inventa el torno de alfarero y los recipientes se modelan de forma más variada y bella. En el período de transición hacia el bronce medio (2200-2000/1950), la cerámica es de menor calidad, en general, hecha a mano, con adornos estriados y forma abombada. Durante el bronce medio (1950-1550) aparecen al pie de apoyo, las asas y la pintura, primero con modelos lineales y geométricos y más tarde con representaciones figurativas (sobre todo aves y peces). La cerámica del bronce tardío (1550-1200) está fuertemente influenciada por productos chipriotas y micénicos. La edad del hierro primitivo (1200-900) experimenta un retroceso patente en material, forma y pintura. La misma imagen ofrece la época persa (600-300) y helenística. Ocasionalmente, muestras importadas de Grecia estimulan la industria indígena en ciudades helenizadas de → Palestina.

Cerveza

Cerveza → Bebidas.

César. En el NT se mencionan los siguientes césares o emperadores romanos:
1) → Augusto (30 a.C. - 14 d.C.). Bajo su imperio nació Jesús (Lc 2,1).
2) Tiberio (14-37 d.C.). Bajo su imperio empezaron su actividad pública Juan Bautista (Lc 3,1) y Jesús (Mt 22,17.21 par; Lc 23,2; Jn 19,12.15).
3) Claudio (41-54 d.C.), mencionado en relación con una época de hambre (Act 11,28) y con la expulsión de los judíos de Roma (18,2).
4) Nerón (54-68 d.C.) al cual se refieren: Act 25,10-12 (Pablo) y Flp 4,22 (libertos o esclavos de la corte).

Cesarea, nombre propio de dos ciudades.
1) Cesarea de Palestina o de Estratón, puerto mediterráneo entre Yaffá y Dor, en el camino comercial de Jerusalén (Act 9,30; 18,22; 21,8). Fue edificada por Herodes el Grande, junto a la antigua torre de Estratón, en honor de César Augusto. Después de la muerte de Agripa I (Act 12,20-23), fue sede de procuradores romanos. Sus habitantes eran paganos en su mayor parte. Era la residencia de Felipe (Act 8,40; 21, 8) y de Cornelio, en cuya casa predicó Pedro (10). Pablo estuvo preso en Cesarea y habló allí ante el rey Agripa II (23,23-35; 24,27; 25,1-4. 6.13). Vespasiano fue proclamado emperador en Cesarea (B.J. 4,10,1s). Excavaciones (desde 1956) han descubierto la ciudad de los cruzados, el teatro de Herodes con la única inscripción conocida sobre Poncio → Pilato e instalaciones portuarias. Mapa PN B4.
2) Cesarea de Filipo, antes llamada Panías por su santuario al dios Pan, edificada por Herodes Filipo en el año 2 ó 3 a.c. junto a la fuente del Jordán. Los Evangelios sinópticos sitúan aquí la confesión de Pedro (Mc 8,27-30 par). Bajo Agripa II se llamó por corto tiempo Neronías. Hoy, localidad árabe *bāniyās,* destruida por los israelís en 1967. Fig. 12.

Cineos → Quenitas.

Cineret o **Cinerot** → Kinneret.

Circuncisión. 1) La práctica de la circuncisión la tomaron probablemente los israelitas de los egipcios; los → filisteos (indoeuropeos) la ignoraban (1Sam 14,6; cf. Jer 9,24s; Ez 32,22-32). La antigüedad de esta práctica la indica el uso de una piedra afilada como instrumento para la circuncisión (Éx 4,25; Jos 5,2). En contraste con la *incisio* (simple corte en el prepucio), la *circumcisio*

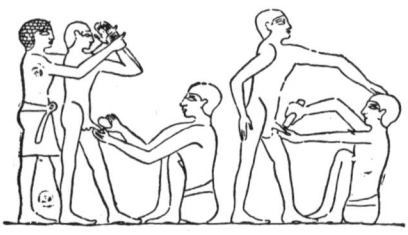

Fig. 10. Relieve egipcio que representa el acto de la circuncisión (imperio antiguo)

consiste en la ablación completa del prepucio. Los motivos médicos o higiénicos no bastan para explicar la práctica de la circuncisión, ella es en último término un rito de iniciación (consagración de la virilidad) y por ello practicado generalmente al llegar la edad de la pubertad. La tradición más antigua no ofrece datos seguros acerca de la primitiva significación de la circuncisión en Israel (Gén 17,23-27; Éx 4,25; Jos 5,2-10); muy pronto señal de la Alianza (Act 7,8), de la pertenencia a Yahveh o a la comunidad israelita del culto (Éx 12,48; Rom 4,11) y signo de distinción frente a los otros pueblos (Jue 14,3; 1Sam 14, 6; 2Sam 1,20 etc.). No existe legislación especial acerca de la circuncisión. Los pasajes influidos por la legislación sacerdotal la prescriben para el día octavo después del nacimiento. En un principio la practicaba el padre de familia. En la época del NT, iba acompañada de la imposición del nombre (Lc 1,59). Fig. 10.

2) «Incircunciso» tiene ya en el AT el sentido metafórico de inservible o inútil (árboles frutales: Lev 19,23; labios: Éx 6,12.30; oídos: Jer 6,10; corazones: Lev 26,41; Jer 9,25). De ahí que se hable del prepucio del corazón (obstinado: Jer 4,4; o de la circuncisión del corazón: Dt 10,16; 30,6; Rom 2,29). Según Pablo, la fe en Cristo reemplaza la circuncisión (Gál 5,6; 6,15; Col 2,11). Su opinión fue adoptada en el → Concilio apostólico (Act 15,1-20; Gál 2,2s; Rom 4,12).

Cirene, colonia griega en la costa mediterránea del norte de África, hoy Barká o Cirenaica, desde 75 a.C. provincia romana. En Cirene vivían muchos judíos (1Mac 15,23; Act 2,10), los cuales tenían en Jerusalén su propia sinagoga (6,9).

Ciudad

Cireneos predicaron en Antioquía el evangelio, incluso a los paganos (11,20).

Ciro (elamita: pastor), fundador del imperio persa, de la familia de los Aqueménidas. Reunió las fuerzas de las tribus persas, venció en 550 al rey de los medos, Astiages, y por su victoria sobre el rey lidio, Creso, se constituyó en soberano de Asia Menor. En 539 conquistó Babilonia. Era inteligente y tolerante y se granjeó la benevolencia de sus súbditos, también la de los judíos. En 529 cayó en la lucha, junto al Yaxartes. En Is 44,28 y 45,1-4, Ciro aparece como «pastor» de Yahveh y como «ungido» (Mesías) en el cual los judíos podrían confiar. En 538 promulgó el famoso decreto que permitió a los desterrados volver a Jerusalén y reconstruir el templo (2Par 36,22s; Esd 1,1-4).

Cisón → Quišón.

Ciudad. El paso de la forma de vida rural a la urbana, que en el próximo oriente tuvo lugar entre los milenios 7 y 3, fue un desarrollo cultural de la humanidad que hizo época. La sociedad rural, dedicada particularmente a la producción de alimentos, se cambia en una sociedad diferenciada de división de trabajo, con nuevos grupos de oficios, como: artesanos, comerciantes, guerreros, empleados, escribanos, sacerdotes, que forman un sistema de graduación según el poder, el prestigio y el derecho, en cuya cumbre está un dominio central de tipo monárquico o aristocrático. La contribución espiritual más importante de comienzos de la cultura urbana fue la invención de la escritura (alfabeto; Hebreo; Jeroglíficos; Escritura cuneiforme). La colina poblada de → Jericó nos ha descubierto una forma

Ciudad

antecedente de la alta cultura urbana (milenio VII-VI). Aparte este ejemplo, en Palestina, sólo a partir de la edad de bronce, la cultura tiene carácter auténticamente urbano. Las ciudades de este período (hacia 3200-1200) están todas sin excepción defendidas por medio de una fuerte muralla. Son estados minúsculos, independientes, con frecuencia rivales entre sí y con un orden social de tipo feudal. El dinasta, residente a lo alto de la acrópolis, domina sobre una población de siervos cuyas pobres viviendas se acurrucan en el angosto círculo de la muralla (Jericó, p. e., medía en el bronce antiguo unos 225 × 80m.). La ciudad, más que lugar de vivienda, era lugar de refugio y de almacén. Para los israelitas, que llegaban de la estepa, la ciudad les fue mucho tiempo algo extraño; se les apareció como sacrílego orgullo humano (Gén 11,1-9) y corrupción (19,1-28). Sus primeros poblados amurallados con atisbos de ciudad eran simplemente aldeas campesinas, en las cuales los → ancianos se hacían cargo del gobierno. Sólo con la formación de Estados se asienta el proceso de urbanización (y de cananeización) en torno a los focos (→) Jerusalén y Samaría (templo, palacio, centros administrativos con una clase superior de empleados reales). El tipo de ciudad de la época helenista, que reproduce el ejemplo de la *polis* griega, representa una novedad: a cada lado de la ancha calle principal, calles en forma de cuadrícula que forman barrios regulares con determinados distritos para establecimientos y edificios oficiales (→ Maresá). Las ciudades romanas (→ Gérasa) se caracterizan por su articulación sobre la base de un eje en forma de cruz y se distinguen por la multiplicidad de edificios públicos monumentales. Las ciudades bajo el dominio romano conservan el *status* autónomo de la época helenística al menos en lo que se refiere a religión, jurisdicción y administración. Magistratura, consejo y asamblea nacional (o sanedrín en Jerusalén) sólo son accesibles a los que poseen el derecho de ciudadanía. De ahí proviene la metáfora de la ciudad de la Jerusalén celestial (Gál 4,25s; Heb 11,10.16; Ap 21,2) en la que los cristianos gozan del derecho de ciudadanía y no tienen necesidad de considerarse más como extranjeros y advenedizos (Ef 2,19; Heb 11,13; 1Pe 2,11). → Fortificaciones.

Cobre → Metal.

Códice. Las hojas sueltas ordenadas y encuadernadas en forma de libro suplantaron el rollo o volumen, a partir del s. II d.C. El hecho de que los cristianos fueran los primeros que utilizaron y tal vez incluso inventaron la forma de códice está relacionado íntimamente con la formación del → canon. A causa de su mayor capacidad, el códice podía reunir más fácilmente varios escritos en un solo → libro.

Código de santidad. Por la frecuencia con que se repite la fórmula: «Sed santos, porque yo, Yahveh, vuestro Dios, soy santo», en Lev 17-26, este complejo se llama código de santidad. En lo que toca a su larga y complicada prehistoria, predomina la opinión de que el código de santidad fue un conjunto independiente de leyes cuya redacción definitiva no tuvo lugar hasta el tiempo de la cautividad o después de ella. Se discute la extensión del código de santidad, pero se está de acuerdo en afirmar que contiene el material más antiguo (como, p. e., el decálogo en Lev 18 y 19). Es también discutido el problema de las coincidencias entre el código de santidad y Ez. Se sugieren dos partes: una posdeuteronómica pero preexílica (el primitivo código de santidad) y una exílica. Como primitivo código de santidad valen las antiguas series de Lev 18-20, que contienen disposiciones parecidas. La fórmula característica de este apartado, «yo soy Yahveh» lo presenta como derecho divino al cual está obligado Israel, como pueblo santo del Dios santo. Durante la cautividad, el primitivo código de santidad fue ampliado con antiguas disposiciones sobre el calendario festivo (Lev 23), disposiciones acerca de la restitución (24,16-22), pasajes parenéticos y el elemento primario del capítulo sobre bendiciones y maldiciones (26). Este desarrollo del código de la santidad, que, con formas históricas se fija entre el Sinaí y la toma del país (cf. 18,2b-4), identifica la situación del destierro con la de la primera toma del país. La fórmula frecuente «yo soy Yahveh, vuestro Dios» muestra un intenso interés en la idea de la alianza, obliga al pueblo a una conducta de acuerdo con ella, pero también subraya la fidelidad de Yahveh. Durante la cautividad o después de ella, el código de santidad fue incluido en P y repetido y refundido desde un punto de vista sacerdotal y ampliado con el cap. 17 y otros.

Código sacerdotal, la más reciente de las cuatro fuentes del → Pentateuco. El código sacerdotal se caracteriza por su estilo árido, por su preferencia por datos, listas y genealogías y por su interés para cuestiones cultuales y jurídicas. El código sacerdotal se extiende desde el relato de la → creación (Gén 1, 1-2,4a) hasta la descripción de la muerte de Moisés (Dt 34; según muchos investigadores, hasta el Libro de Josué: Jos 13-21; → Hexateuco), a través de todo el Pentateuco. Se supone que esta fuente se redactó durante y después de la cautividad, ampliada más tarde con el → Código de santidad (Lev 17-26) y con otros pasajes y que finalmente (en el s. v a.C.) se unió a las otras tres fuentes del Pentateuco (→) yahvista, elohista y Deuteronomio.

Colores. Los colores se obtenían de minerales (minio), plantas (granada) o animales (cochinilla, conchil). → Afeites. Las palabras hebreas que sirven para designar los colores son probablemente nombres de materiales: blanco = «color de leche»; negro = «color de hollín» o «quemado», etc. En el AT se mencionan cuatro colores:

1) Blanco se dice p. e. de la leche (Gén 49,12), dientes, nieve, manchas del leproso (Lev 13 passim), la luna («la blanca»: Is 24, 23; 30,26), personas (→ Labán) y lugares. En sentido simbólico, blanco es el color de la alegría (Ecl 9, 8), de la inocencia (Is 1,18) y de la gloria celeste (Mt 17,2; Mc 16,5; Ap 3,5 etc.).

2) Negro se aplica a corderos (Gén 30), caballos, piel bronceada (Cant 1,5) o piel enferma (Job 30, 30). En sentido metafórico, negro es el color de la desgracia y de la perdición (Zac 6,2.6; Ap 6,5 etc.).

3) Rojo es un plato de lentejas (Gén 25,30), la sangre (2Re 3,22; Is 63,2), las mejillas, piedras preciosas, el color de la piel de personas determinadas (Gén 25,25; 1Sam 16, 12 etc.). En sentido simbólico, rojo es el color de la culpa (Is 1,18).

4) Verde es el color de las plantas; al marchitarse se vuelven descoloridas (Jer 30,6) y amarillentas (una piel enferma: Lev 13, 49).

Colosas

Colosas, ciudad frigia a orillas del Lico, en la gran vía comercial que iba de Sardes a Apamea. En el tiempo del NT, la vecina ciudad de Laodicea había aventajado a Colosas, que antes había tenido mucha consideración por su comercio de lana y tejidos. La comunidad cristiana de Colosas, fundada por Epafras, debía constar sobre todo de paganocristianos.

Colosenses (carta a los), una de las → cartas de la cautividad que impugna una herejía que había penetrado en Colosas y que expresaba en determinadas formas ascéticas, con un exagerado culto a los ángeles, sus aspiraciones por conseguir un conocimiento especulativo. Pablo contrapone a esta doctrina la autoridad absoluta de Cristo sobre el cosmos y sobre los poderes celestiales. Por su participación en la libertad de la ley, crece en el cristiano la exigencia de una nueva vida. La autenticidad de Col se ha puesto en duda por motivos literarios (→ Efesios [carta a los]) y de historia de la religión (vestigios de gnosticismo); pero impugnar su origen paulino no es convincente.

Comercio. El comercio internacional en el Mediterráneo oriental, durante el tiempo del AT, estaba en gran parte en manos de los fenicios. La participación de los israelitas fue muy reducida, pues no poseían ningún puerto de mar y la entrada al golfo de Aqabá (Esyón Guéber, Elat) se la impedían los edomitas. Por eso era mucho más importante el comercio con los mercaderes de tránsito en las grandes vías de caravanas que atravesaban el país (1Re 10,15). Sólo Salomón consiguió por algún tiempo participar en el comercio internacional (1Re 5; 9,10-14.26-28). Fenicia suministraba cereales, madera, aceite, vino, miel; Egipto, adornos, utensilios y tejidos; Arabia, oro, plata, piedras preciosas, marfil, incienso y animales exóticos. Sólo en tiempos de la diáspora (Egipto, Alejandría, Babilonia) floreció de nuevo el comercio israelita. El comercio interior se limitaba a un intercambio de mercancías entre productor y consumidor. El comercio se practicaba en el mercado junto a la puerta de la ciudad (2Re 7,1). Los comerciantes de oficio eran por lo general cananeos, de forma que con frecuencia la palabra cananeo tiene el sentido de comerciante (cf. Is 23,8; Zac 14,21; Prov 31,24; Job 40,30). Se desconocen leyes de comercio, sólo se exige la honradez (Lv 19,35s; Dt 13-16; Prov passim). Fig. 11.

Comida. «Comer pan» (Gén 37,25) significa en el AT la comida ordinaria para distinguirla del banquete de fiestas. En general se comía dos veces al día (Éx 16,8; 1Re 17,6). Se comía en el suelo, alrededor de un plato común (Prov 19,24) en el que se podía mojar el pan que el padre de familia partía junto con la carne (Jn 13,26). La mesa y las sillas no se conocían. Más tarde se introdujo la costumbre grecorromana de apoyarse sobre almohadones para comer (Est 1,6; Am 6,4; Jn 13,23); se apoyaban sobre el codo izquierdo y los pies se sacaban hacia fuera. No se usaba cubierto: la mano y el trozo de pan hacían sus veces. La comida, como prototipo de comunidad, sirve de símbolo de la comunidad con Dios (Éx 24,9-11; Is 25,6; Mt 8,11s par; 22,1-14 par; Lc 22, 16-18.29s). → Cena (última); Ágape; Hospitalidad; Pascua.

Concilio apostólico, asamblea de Pablo y Bernabé, delegados de la comunidad de Antioquía, con la co-

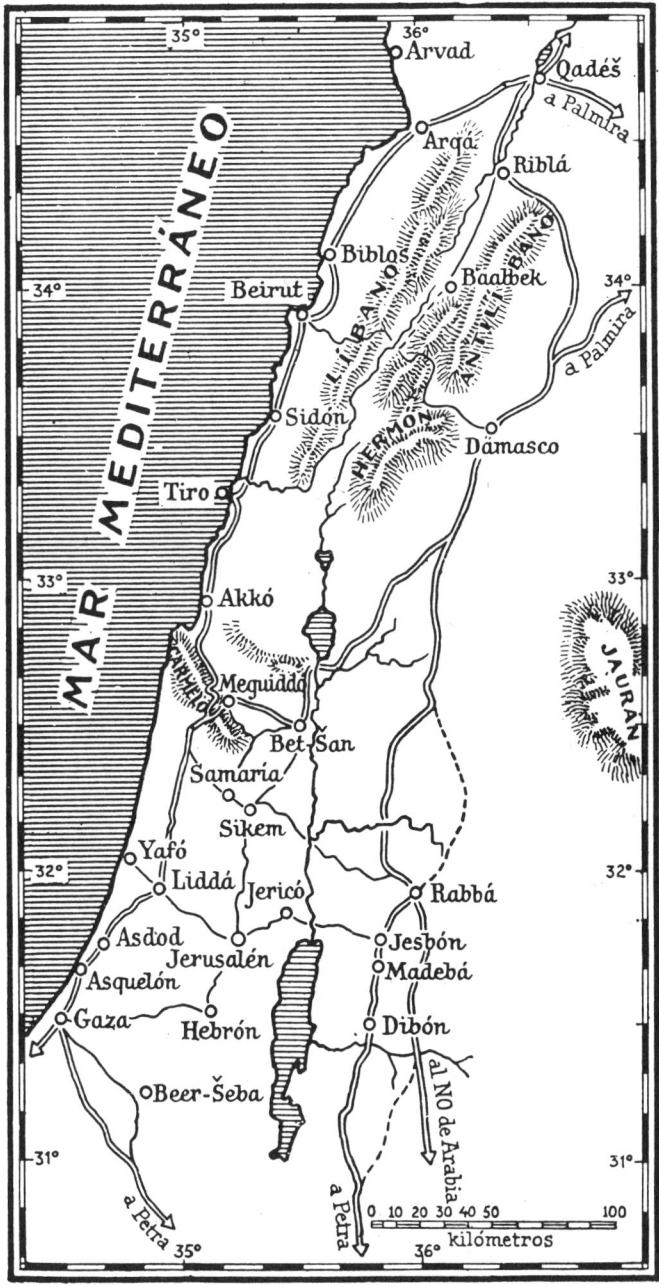

Fig. 11. Antiguas rutas comerciales

Concilio apostólico

munidad de Jerusalén, que tuvo lugar hacia el año 49 d.C. (Act 15,1-29). El tema del Concilio apostólico era decidir si la → Circuncisión era necesaria para la salvación de los paganos bautizados. Pedro se opuso a la demanda de los judeocristianos fanáticos. Santiago propuso cuatro condiciones: abstenerse de carnes inmoladas a los ídolos, de sangre, de animales ahogados y de la fornicación. Este *decreto apostólico aparece* como único requisito impuesto a los cristianos procedentes del paganismo en Antioquía, Siria y Cilicia. El concilio apostólico veló por la universalidad y unidad de la Iglesia y previno el desarrollo de la Iglesia en el sentido de una secta dentro del judaísmo.

Copa. Los nómadas utilizan para beber un odre (Jue 4,19), los campesinos y los nobles y aun el mismo Yahveh (Jer 51,7) beben de una copa. Las copas eran de barro, de piedra, de plata o de oro (1Re 10, 21 etc.), y en la época helenística, también de cristal. 1Re 7,26 menciona su borde en forma de lirio. En el banquete funerario se pasa la copa de la consolación (Jer 16,17), en el sacrificio de acción de gracias, el cáliz de la salud (Sal 116, 13). La expresión «la copa de la ira» (de Yahveh) quizás deba su origen a ideas mitológicas: apurarla hasta las heces significa padecer extraordinarias desgracias. La copa se convierte en imagen del destino determinado por Yahveh (Sal 75,9; Is 51,17-23; Jer 25,15.17; Ez 23,31-34 etc.). En el NT la copa es elemento constitutivo de la celebración de la cena eucarística (Mc 14,23 par; 1Cor 11,25-29), señal del amor al prójimo (Mt 10,42), pero también imagen de la conducta farisaica (Mt 23,25s). En Getsemaní, es imagen plástica del sufrimiento (Mt 26,39.42 par), en Ap 17,4 significa seducción.

Coraza → Armas.

Coré → Qóraj.

Corintios (cartas a los). Sólo se han conservado dos cartas a los Corintios de las cuatro que probablemente Pablo escribió. Sobre las circunstancias históricas y fecha de redacción, → Pablo.

I. LA PRIMERA CARTA es en esencia una respuesta a preguntas y problemas surgidos del contacto con el → helenismo. 1) Los corintios veían en el cristianismo una especie de sistema filosófico que une al hombre con Dios por medio del conocimiento. A ello contrapone Pablo, a propósito, «la necedad de la cruz» que reduce a la nada toda sabiduría humana. 2) El esfuerzo por el conocimiento conduce fácilmente a un ascetismo exagerado o a una conducta laxa. En la comunidad de Corinto había, p. e., pecadores públicos (5,1-13; 6,9-20) y también quienes negaban el matrimonio (cap. 7). Pablo exige consideración ante los débiles y afirma la realidad de la resurrección contra una teoría puramente espiritual (15). 3) El culto helenístico de misterios había influido también en la comunidad de Corinto (emancipación de las mujeres durante la liturgia: 11,2-16; disturbios durante las comidas del ágape que recuerdan el culto de Dioniso: 11,17-34). 4) La pérdida de relaciones sociales fomentaba un particularismo que también se manifestaba en la comunidad. Pablo amonesta contra una extrema formación de grupos (1,11-17; 3,3-9). El orden de la carta corresponde al parecer al orden de las preguntas propuestas: *a)* abusos, partidos, falsa tolerancia, abuso en el recurso a los tribunales, fornicación y libertinaje (cap. 1-6). *b)* Matrimonio y virginidad, la mujer en el culto, don de lenguas, resurrección de los muertos (cap. 7-15). *c)* Avisos personales, entre otros, colecta para Jerusalén (cap. 16). La *autenticidad* y *unidad* no se pone en duda, aparte algunos reparos referidos a 9,1-11,1 (disputa sobre la libertad cristiana).

II. LA SEGUNDA CARTA es en esencia una autodefensa de Pablo contra los ataques de judeocristianos (1,12-7,16). Los capítulos siguientes tratan de la cuestión de la colecta de Jerusalén (8-9) y de la preparación de una tercera visita de Pablo (10,1-13,10). La autenticidad de la carta no se discute. Pasajes poco claros son: 6,14-7,1; la inclusión de la cuestión sobre la colecta (8-9), y el tono agresivo del último pasaje (10,1-13,10), en el cual algunos pretenden ver una parte de una carta perdida. Es posible que distintas cartas o fragmentos estén combinados en ella.

Corinto, ciudad griega situada en el istmo entre el Peloponeso y el Ática, fundada el 1000 a.C. La ciudad vivió un primer período de florecimiento en tiempo de los tiranos (s. VI). En la época helenística fue una ciudad preponderante, hasta que fue destruida en 146 a.C. Sobre las ruinas de la ciudad, César mandó erigir en 44 a.C. la Colonia Laus Julia Corinthiensis, capital de la provincia de Acaya y sede de un procónsul (Act 18,12). Corinto se convirtió en la más importante ciudad portuaria y comercial del territorio griego, pero también fue una ciudad de extremos contrastes sociales (2/3 esclavos, 1/3 ricos). Era famosa por su depravación de costumbres, favorecida por la prostitución sagrada del templo de Afrodita. Al igual que su población (griegos, romanos, orientales, judíos), su vida religiosa era también muy diversa (templo de Melcartes, Isis, Serapis, Zeus, Apolo, Afrodita, Asclepio, Cibeles). Pablo estuvo al menos dos veces en Corinto (Act 18,1-18: 49/50 y Act 20,2: 57 ó 58). Su ejemplo de la pista de carreras (1Cor 9,24) parece tomado de los juegos ístmicos.

Creación (relato de la). Se da este nombre al texto Gén 1,1-2,4a que describe la creación como obra de siete días y que es el principio del llamado código sacerdotal (P) y comienzo de toda la Biblia.

I. ESTRUCTURA. El relato de la creación está enmarcado por un proemio, el estado primitivo caótico (1,1s) y una conclusión, el estado final (2,1-3). Según esto, la creación se ha de entender como transformación del caos en el cosmos. El relato se extiende en el esquema de una semana, de forma que se divide en seis estrofas que acaban con el estribillo «y se hizo de noche y se hizo de día», lo que le da una rigurosa estructura rítmica. No obstante sería inexacto llamar poesía o himno al relato de la creación, pues es todo lo contrario de poético. La enumeración es más bien seca y racional que fantástica, no tiene rastro de inspiración poética. Incluso se evitan con cuidado las imágenes y los antropomorfismos. El relato de la creación debe de tener su origen en un ambiente dominado por intereses dogmáticos y rituales, en el que se acostumbraba diferenciar, definir, clasificar. Este ambiente sólo podía ser el del sacerdocio del templo de Jerusalén. Pero el autor del relato de la creación debió sentirse obligado ante un relato más antiguo en el que se hablaba de un «hacer» de Dios y de una serie de ocho creaciones. Por motivos teoló-

Creación

gicos metió esta obra óctuple en seis días lo que evidentemente le planteó problemas. Además de esto, en pasajes decisivos substituyó el «hacer» (*'āsā*) usado también para significar el obrar humano por el «crear» *(bārā*: 1,21.27; ambos verbos juntos en 2,3) reservado para Dios solo. Pero este obrar de Dios se realiza por su hablar, por su palabra. Para ello el autor, o bien coloca la afirmación «Dios dijo» antes de la afirmación «Dios hizo» o «Dios creó» (vv 6.14.20.24), o bien deja que lo creado proceda de una simple palabra de Dios (vv 3.9.11), de manera que Dios no tiene más que nombrar las cosas y dar el visto bueno. El atribuir toda la creación a la palabra de Dios es la tendencia dominante del autor P.

II. Afirmación teológica. La relación de Dios y el hombre, el tema decisivo de toda la Biblia, se trata con toda su intensidad en el relato de la creación.

1) La afirmación más importante del relato de la creación está en que todo el cosmos se sitúa en relación de creatura respeto a un Dios extramundano. No se puede pasar por alto que esta condición de criatura se afirma en oposición patente contra las criaturas que en el antiguo oriente recibían adoración divina: las estrellas (vv 14-18), los animales (en particular v. 21) y la fertilidad sexual (vv 22.28).

2) El dominio del hombre sobre toda la creación se declara ya con la misma estructura del relato: el hombre como última y a la vez más perfecta criatura de Dios. A ello se añade el encargo expreso de dominar la tierra (vv 28s). De todas formas, el llamado «mandato de cultura» no se puede deducir de este texto.

3) La mujer está desde un principio como compañera del hombre y con sus mismos derechos y con el mismo grado de semejanza con Dios. Además hay que observar que en todo el relato sólo se habla de creación de géneros y no de individuos. Ello vale también para el hombre. Igualmente, el relato calla por completo el modo de la creación del hombre, evidentemente con la plena conciencia de que la teología no es competente en ello. Por esto es falso, desde un punto de vista metódico, querer deducir del relato de la creación cuestiones modernas como evolución, monogenismo, poligenismo.

4) El hecho de haber colocado el relato de la creación al principio de todo el documento de la salvación, hace que la creación aparezca como primera de todas las obras salvadoras de Dios. La obra de Dios se mueve a partir de su comienzo y ligada con la temporalidad (la importancia del tiempo se subraya todavía más con el esquema de la semana) hacia un fin, hacia la consumación de la creación.

Creta. Isla del Mediterráneo.

1) La investigación científica de Creta desde 1900 descubrió una alta cultura marcada por sus relaciones comerciales con las islas del Egeo, con la costa de Siria y sobre todo con Egipto. Se ha dividido la cultura cretense en tres etapas: minoico antiguo (ca 3000-2000), minoico medio (2000-1500) y minoico tardío (1500-1200). Luego desaparecen sus cualidades propias. Su arte prosigue en Grecia, su escritura (jeroglíficos, linear A y B) fue desplazada por la fenicia.

2) No se puede afirmar con seguridad que Creta sea el → Kaftor del AT. En cambio, parece que los «keretas» mencionados en relación estrecha con los → filisteos (Ez 25,16; Sof 2,5) procedían, al menos indi-

rectamente, de Creta. En la época helenística y romana, muchos judíos vivían en Creta (1Mac 15,23; Act 2,11; Tit, 1,10-14). Pablo visitó la isla en su primer viaje romano (Act 27,7-21). Tito fue nombrado obispo de la isla (Tit 1,5). Fig. 19.

Crónicas (libros de las) → Cronista.

Cronista I. AUTOR. El autor desconocido de Par seguramente escribió también parte de Esd y Neh (coincidencia en el estilo, vocabulario, intención teológica). Par se data hacia el año 300 particularmente a causa de su lengua con fuerte influencia aramea. Par presenta la historia de Israel de una forma muy particular. Los tiempos antes de David se resumen en genealogías. En la historia de David, son tomados en particular atención sus trabajos en favor del templo y del culto. El tiempo de los reyes posteriores se mira siempre bajo el aspecto de lo bueno y malo que los reyes hicieron en sentido religioso. Las reformas de Yosafat, Ezequías y Yosías están en primer plano. En Esd y Neh, el cronista relata la restauración del estado teocrático después del destierro y los dos intentos de restauración de Esdras y Nehemías.

Se supone que el autor perteneció al grupo de levitas del personal de culto de Jerusalén, pues muestra un marcado interés por la liturgia y por el templo, y llaman la atención sus simpatías por los levitas a costa de los sacerdotes. Su obra evidencia como exponente del judaísmo, con gran amor para su pueblo y fuerte confianza en el futuro, apoyada en las promesas de Dios.

II. OBRA. A) *Crónicas*. 1) *Título*. Hebr.: dibrē hayāmim (Anales), gr.: *Paraleipómena* (lo que se omitió), san Jerónimo: *Chronica*. En las ediciones actuales de la Biblia el libro se divide en 1Par y 2Par.

2) *Contenido*. Par empieza con el destierro babilónico. Se idealiza el dominio de David sobre todo Israel y ocupa un puesto central su actividad en favor del culto y de la construcción del templo. Después de Salomón, se habla de los reyes de Judá (sobre todo los reformadores del culto, cf. I) y de Israel sólo cuando es necesario para comprender la historia de Judá.

3) *Fuentes*. Par se apoya en sus afirmaciones en distintas fuentes, ninguna de las cuales se ha conservado. El autor conoció ciertamente los libros canónicos (Gén-Jos, Sam-Re). Una comparación señala que el autor usó dichas fuentes y que se separa de ellas sólo cuando ello sirve para patentizar más su intención teológica.

4) *Intención*. El tema de Par es el estado teocrático, su preparación, su fundación bajo David, su ruina y los intentos de reformarlo y restaurarlo. David es el modelo ideal, según David deben comportarse sus sucesores. Par confía en una nueva realización de este ideal, e intenta, a pesar de las circunstancias desfavorables (hacia 300 a.C.), mantener despierta la fe y la confianza en la promesa de Dios (I, 17,11-14).

5) *Historicidad*. La fidelidad histórica fue ya desde antiguo puesta en duda a causa de sus tendencias religiosas y de sus idealizaciones. Hoy se inclinan los comentaristas más bien en reconocer en Par gran autoridad, sobre todo siempre que afirma algo referente a su propia época.

6) *Historia de su influencia*. Como Par representa Israel como una comunidad religiosa cuyo centro es la promesa hecha a David, el libro fue altamente valorado sobre todo por los fariseos, por las sectas de

Cronista

→ Qumrán y por las comunidades judeocristianas (referencias a Par en Mt y Heb).

B) *Esdras* y *Nehemías*, originalmente un solo libro, continuación de Crónicas.

1) *Contenido*. Esd 1-6 relata la restauración de la comunidad judía después del destierro y la reedificación del templo que pudo ser consagrado en la fiesta de pascua de 515. Esd 7-10 narra el regreso de nuevos grupos de exilados. Por encargo del rey persa, Esdras mira por el cumplimiento de las leyes. Neh 1-13 relata las obras de Nehemías, en particular, la reedificación de las murallas de Jerusalén.

2) *Historicidad*. Los documentos persas y las memorias de Esdras y Nehemías contienen datos seguros y representan una fuente importante para el conocimiento del judaísmo postexílico. La dificultad más grave de Esd/Neh es su cronología. No se excluye la posibilidad de que el cronista tomó los documentos en su obra sin tener una idea clara de su sucesión cronológica.

3) *Intención*. El cronista ve en las obras de Esdras y Nehemías la prueba de que Dios ha permanecido fiel a su promesa de restaurar la comunidad judía. La restauración del templo y de la ciudad y el anuncio de la ley son el principio de un nuevo tiempo, lleno de esperanza.

Cruz. 1) La cruz se conoce en las culturas más antiguas (Babilonia, Méjico, Egipto [cruz de assas], Germania [rueda del sol] como signo, símbolo o adorno. La cruz como instrumento de suplicio procede probablemente de Persia (empalamiento) y no se difunde por el oriente medio hasta la época romana. La cruz de Jesús tenía seguramente un palo más corto horizontal (Mt 27,37). El asiento de madera es mencionado sólo por los padres de la Iglesia.

2) En sentido metafórico y teológico la cruz es el compendio de la vida cristiana, que debe realizarse en el seguimiento de Cristo en su pasión y muerte (Mt 10,38; 16,24 etc.), símbolo de la negación de sí mismo (Gál 5,24), ignominia y escándalo (1Cor 1,18; Gál 5,11), camino hacia la mística unión con Cristo (Rom 6,8; Gál 2,20 etc.).

Cuerno. 1) Instrumento musical de viento, hecho de un cuerno retorcido de carnero (Jos 6,5) que primitivamente sólo se utilizó en el culto; más tarde sirvió también para usos profanos.

2) El cuerno de carnero o de toro simbolizaba la fuerza: elevar el cuerno (Sal 75,5s) significa mostrar fuerza y voluntad; levantar el cuerno de otro (1Sam 2,10; Sal 148,14 etcétera) significa prestarle fuerza. Al contrario: quitar el cuerno (Jer 48,25; Sal 75,11) o inclinar el cuerno (Job 16,15).

3) Cuerno del → altar.

Culto. I. Vocabulario. El AT no posee ninguna palabra para indicar culto, sino que usa normalmente el término *šārēt* (servicio) y sobre todo el término '*abōdā* (obra, servicio). Estos términos, procedentes del uso profano, aplicados al terreno religioso, indican toda clase de servicio religioso. Los LXX usan los términos ἔρφον, λατρεία, λειτουργία (término técnico para el servicio sacerdotal en el tabernáculo o en el templo). El NT usa λατρεία para el culto en general; sólo Heb refiere el término concretamente al servicio sacerdotal de ofrecer sacrificios, como también λειτουργία para indicar el servicio litúrgico sacerdotal en el sentido de los LXX. En los escritos de Pablo λειτουργία, tiene el sentido profano de «servicio»; sólo una vez Act 13,2 designa como «liturgia» en el sentido que tendrá más tarde de culto cristiano comunitario. II. EN EL AT. 1) El culto en sentido estricto es ejecutado por los servidores del culto (→ Sacerdote) y en tiempos fijos (→ Fiesta). El culto se considera instituido por Dios y por ello es «servicio santo» de la comunidad, para celebrar la adoración de Dios, aplacar su ira o solicitar su salvación y ayuda. El conjunto del servicio de los sacrificios, así como la fabricación y uso de los utensilios del culto está reglamentado con exactitud.

2) *Desarrollo*. No es posible concretizar históricamente el → sacrificio de los tiempos prehistóricos. Pero ya se narran acciones cúlticas realizadas por los patriarcas. No se puede demostrar si en los tiempos más antiguos perduraban todavía los vestigios de las formas primitivas de culto, ni en qué medida (magia, fiestas lunares, culto a los animales, ritos de fertilidad), lo mismo hay que decir de los objetos de culto (serpiente de bronce, panes de la proposición, arca de la alianza); en todo caso éstos son incorporados en el culto de Yahveh. También muchos preceptos sobre la pureza e impureza ritual (→ Puro) proceden de antiguos tabús. Es seguro que Moisés puso los fundamentos de un culto organizado. A partir de una revelación personal, Moisés ordenó que sólo Yahveh es Dios y por ello único objeto de culto. Antiguos relatos del tiempo de los jueces y de la monarquía, sin embargo, dejan deducir la existencia de costumbres de culto apenas conciliables con la legislación del Pentateuco (sacrificios humanos, ofrecimiento de sacrificios por sacerdotes no levíticos, etc.). Seguramente, después de la toma del país, los sacrificios y fiestas israelitas sufrieron la influencia de los cananeos. Pero en principio se guardó el culto a Yahveh contra otros usos paganos. La postura de los profetas frente al culto era fundamentalmente positiva, su crítica se dirigía únicamente contra un culto exterior sin influencia en la vida moral. Perduraron los lugares de culto esparcidos por todo el país, sin duda a causa de la persistente influencia cananea, a pesar de la nueva ordenación por David y Salomón con la construcción del templo. Cuando se consiguió ligar el culto del sacrificio con el santuario y considerar el suelo pagano como impuro, luego pasó que durante la cautividad, los israelitas se vieron precisados a prescindir de todo culto. Sólo después del regreso se pudo restablecer el culto oficial. Al mismo tiempo se mantuvieron servicios litúrgicos en las → sinagogas, sin sacrificio. La oración, penitencia y limosna se consideraban sucedáneos perfectos del sacrificio. Este desarrollo hace comprender cómo al judaísmo rabínico después de la destrucción de Jerusalén pudo resignarse a la pérdida del culto de sacrificios.

III. EN EL NT. Si bien Jesús no rehusó el sacrificio tradicional, tomó una posición sobre las leyes rituales en la medida en que éstas eran observadas de forma puramente formal y tomóla también contra tales leyes. El amor de Dios sobrepuja la observación del sábado y de los sacrificios (Mt 5,23s; 12,7s; Mc 7, 1-13). Jesús predice la destrucción del templo y con ello el fin del culto (Mc 13,2 par). Con el sacrificio de su muerte, toma sobre sí la función del sacrificio y del sacerdote. Según Pablo, toda la existencia del cristiano es un sacrificio ofrecido al Señor, es decir, un acto de culto continuado. Como corres-

Culto

pondencia a esta cristologización de toda la vida, tenían que realizarse nuevos signos cúlticos y sacramentales con la realización de la nueva alianza (bautismo, penitencia, unción de los enfermos, imposición de manos y, sobre todo, eucaristía). En su forma pudieron tomarse usos de la práctica judía. Finalmente, el culto del NT es menos servicio activo referido a Dios que recibimiento agradecido de sus dones en el sacramento y en la palabra. Por ello las autoridades y superiores de la comunidad no son «liturgos» independientes, sino únicamente «servidores de Cristo y administradores de los misterios de Dios» (1Cor 4,1).

Culto en los lugares altos. Los cananeos adoraban a sus divinidades con preferencia sobre montañas y alturas; los israelitas tomaron posesión de estos lugares de culto que no consistían en templos, sino en (→) altares, Massebás y Ašerás. P.e., Samuel ofreció sacrificios en Ramá (1Sam 9,12), Salomón en Gabaón (1Re 3,4) y Elías en el Carmelo (1Re 18,30). Pero a causa de la incorporación siempre en aumento de costumbres cultuales cananeas (culto a Baal y Aštarté: Jue 6,25; Ez 20,28; hieródulos y ritos de fertilidad), el culto en los lugares altos, poco a poco, fue considerado como culto idolátrico (2Re 23,8; Am 7,9) y fue condenado por los profetas (Is 1,29; Jer 2,20; Ez 6,13; Os 4,13, etc.). El Dt reconoce sólo el templo de Jerusalén como lugar de culto. A pesar de la reforma de → Yosiyyá, sólo el destierro de Babilonia puso fin al culto en los lugares altos.

Cuneiforme → Escritura cuneiforme.

Chipre, isla del Mediterráneo oriental, llamada Elisá hasta 1200 y más tarde *Kypros* (Chipre); en la → tabla etnográfica Gén 10,4 y en 1Par 1,7 se da el nombre de Elisá a un hijo de Yaván (esto es, perteneciente al archipiélago griego). Sus habitantes se llaman → Kitteos (Gén 10,4; 1Par 1,7; Is 23,1.12; Ez 27,6). En el AT, el nombre de *Kypros* sale por primera vez en 2Mac 10,13. Entonces, la isla pertenecía al imperio de los Ptolomeos. En 58 a.C. se convierte en provincia romana (Act 13,4-12). En Chipre vivían también judíos, entre otros, Bernabé (Act 4,36s). El cristianismo se introdujo en Chipre por cristianos huidos de Jerusalén (11.19s), que fueron visitados por Pablo y Bernabé en su primer viaje misional.

D

Dagón (etimología incierta), dios del próximo oriente. Hay constancia de que su culto fue practicado en Mesopotamia, Capadocia, Ugarit y Palestina (en la época preisraelita). Cf. nombre de lugar Bet-Dagón (Jos 15,41; 19,27). En el AT, Dagón es el dios de los filisteos, con un templo en Gaza (Jue 16,23) y en Asdod (1Sam 5,1-5; 1Par 10,10). Es difícil definir el carácter de este dios: a veces venerado como dios de los peces, por razón de una etimología popular; seguramente en un principio, dios del tiempo atmosférico; también traía los rasgos de un dios de los infiernos. Se le representaba medio hombre y medio animal.

Dalila (hebr. rizo ondulado), amante de → Sansón (Jue 16,4-22).

Damasco (hebr. y akk.: lugar bien regado [?]), ciudad muy antigua e importante, situada en una llanura fértil y bien regada (2Re 5,12; Jer 49,24s) y en posición estratégica en medio de las grandes rutas para las caravanas, y por ello mencionada en textos egipcios y asirios, así como en las cartas de → Amarna. A partir de David, su historia se mezcla con la de Israel. Damasco era entonces un poderoso estado → arameo. Sus reyes (p. e. → Ben-Hadad) son mencionados con frecuencia en los textos de la antigua monarquía, y la ciudad lo es también en los textos proféticos (Is 17,1-3; Jer 49, 23-27; Ez 27,18; Am 1,3-5, etc.). Tiglat-Piléser III conquistó Damasco para los asirios, en 734 (2Re 16,9). La ciudad alcanzó su máximo esplendor bajo los persas. Bajo los → seléucidas, desempeñó todavía un papel importante, pero después de ser conquistada por los romanos, fue incluida a la → Decápolis y con ello perdió su autonomía política. En tiempos del apóstol Pablo, muchos judíos vivían en Damasco (cf. Act 9,2-25; 22,5-16; 26,12-20, etc.). La calle «recta», donde Pablo vivió, en casa de Judas (Act 9,11), era una calle residencial que atravesaba la ciudad de este a oeste, hoy es un estrecho callejón de comercios. Fig. 17 y Mapa PA/PN E1.

Damasco (documento de), escrito judío, redactado en hebreo, que procede aproximadamente de principios de nuestra era. Fue descubierto por S. Schechter, en 1896/97, en los manuscritos medievales, en la → Guenizá de El Cairo. El autor y sus discípulos huyeron a «Damasco» (tal vez nombre simbólico de Qumrán) por temor de contraer impurezas legales. Allí fundaron la «comunidad de la nueva alianza». Muy semejantes a este documento son los fragmentos manuscritos de Qumrán. El documento de Damasco trata acerca de la antítesis entre los justos elegidos y los impíos reprobados y ve la historia de Israel a la luz de este contraste. Además contiene una reglamentación legal acerca del juramento, de la declaración de los testigos, de la santificación del sábado, de la pureza ritual, etc. Se encuentra una traducción alemana en Rießler 920-941.

Dan

Dan (hebr.: significado incierto, según la etimología popular de Gén 30,6: hacer justicia).
1) → Tribu israelita, derivada del hijo de Jacob y de Bilhá (Gén 30, 4-6; familia de Raquel). Las características de la tribu se describen en las bendiciones de → Jacob (Gén 49,16-18), en los bendiciones de → Moisés (Dt 33,22) y en el himno de → Débora (Jue 5,17). Dan era una tribu muy pequeña. Su territorio primitivo fue la región entre Sorá y Estaol (Jos 19,40-48; Jue 1,34), al norte de la → Šefelá. Más tarde se instaló en la parte superior de la depresión del Jordán, donde conquistó la ciudad de Lais (Jue 18) y dificultó el comercio entre Fenicia y Damasco (cf. Gén 49,17). Mapa PA A2.
2) Ciudad situada en una de las fuentes del Jordán, antes llamada Lais (Jos 19,47; Jue 18,29). Su antiguo santuario fue reconocido por Roboam I, junto con el de Bet-El, como santuario del reino (1Re 12,29; 2Re 10,29; Am 8,14). La expresión «desde Dan hasta Beer-Šeba» (Jue 20,1; 1Sam 3,20, etc.) indica a Dan como ciudad fronteriza más septentrional de Canaán. Hoy es la localidad árabe *tell el-qâdi*. Excavaciones (1966ss) descubrieron vestigios de una localidad de la época del bronce primitivo y sobre todo las murallas de la época del bronce medio. Mapa PA D2.

Daniel (hebr.: Dios es mi juez), nombre frecuente en el AT.
I. PERSONA. 1) El más importante es Daniel, el héroe del libro Dan (véase II).
2) El Daniel, mencionado en Ez 14,14.20 y 28,3 no es idéntico con (1). El hecho de que sea mencionado junto con Noé y Job declara que se trata de una figura primitiva, conservada en la memoria popular por su sabiduría y justicia. Posiblemente alude Ez a Daniel, figura mitológica, mencionado en un himno épico de → Ugarit: un rey sabio y justo que protege a viudas y huérfanos.

II. LIBRO. 1) *Posición en el → Canon*. El canon cristiano cuenta Dan (junto con Is, Jer y Ez) entre los profetas mayores. En cambio, el canon judío lo alista en el tercer grupo de las «Escrituras» ($k^e t\check{u}bim$). De ahí se puede deducir que este libro consiguió valor canónico cuando el canon de los libros proféticos ya estaba fijado. Este dato tiene importancia para fijar la fecha de su composición (cf. 4). En efecto, Dan no pertenece al género literario de profecía, sino al → apocalíptico. El escrito protocanónico contiene añadidos deuterocanónicos que sólo se han transmitido en griego: 3,24-90 (canto de los hombres en el horno de fuego); 13 (historia de Susana); 14 (historia de Bel y del dragón con la segunda versión del relato de la cueva de los leones).

2) *Contenido*. Dan se divide claramente en dos partes: una parte narrativa (1-6), donde se habla de Daniel en tercera persona, y una parte de visiones (7-12), donde Daniel mismo habla en primera persona.

a) La parte narrativa (1-6) habla de un noble joven judío, llamado Daniel, deportado por Nabucodonosor a Babilonia y educado en su corte (2-4). Sigue viviendo en la corte también en tiempos de Baltasar (5), de Darío el Medo (6) y de Ciro, el persa (6,29). En la corte da testimonio de perfecta fidelidad a la ley. Al mismo tiempo se le atribuye una sabiduría extraordinaria, capaz de interpretar un sueño del rey (como en otro tiempo José en Egipto) y de leer y explicar el sentido de una misteriosa escritura que le vale su aumento en categoría.

b) La segunda parte del libro contiene cuatro visiones. Las cuatro giran en torno a un mismo tema: cuatro imperios terrenales sucesivamente destruidos desembocan en una época de suprema opresión que es anuncio de la instauración escatológica del reino de Dios. Los que se hayan dormido antes del final de los tiempos serán despertados (es decir, resucitados), unos para la vida eterna, otros para el oprobio y eterna ignominia (12,2).

3) *Lengua.* Dan tiene la particularidad de estar escrito parte en hebreo y parte en arameo (1,1-2,4a hebr, 2,4b-7,28 aram, 8,12 hebr). Todavía no se ha dado con una explicación satisfactoria de este hecho. Quizás un escritor apocalíptico arameo del tiempo de los Macabeos recogió unas narraciones de Daniel que circulaban y les añadió como especie de comentario la visión del cap. 7, y, más tarde, un escritor hebreo pensó que no bastaba esta visión y añadió tres más (8-12) y proveyó el conjunto con una introducción.

4) *Intención y origen.* La segunda parte de Dan alude tan claramente a los acontecimientos del tiempo de los Macabeos y en particular a la persecución de Antíoco IV Epífanes, que se impone la opinión de que el autor de las visiones fue un contemporáneo de dichos acontecimientos, el cual guardando anonimato, puso en boca del famoso Daniel sus propias visiones. El uso de seudónimos es una característica del género apocalíptico. Las narraciones de la primera parte nos remiten a la época babilónica y persa, pero como contiene un gran número de errores sobre la historia babilónica y persa, y el hebreo del libro procede sin duda de un tiempo de decadencia de la lengua y está sembrado con numerosos barbarismos persas y griegos, dichas narraciones debieron ser redactadas en la época helenística (algo así como las leyendas de los santos). Estas narraciones, testimonio de constancia en la fe, fueron adaptadas a la situación del tiempo de las luchas de los Macabeos y ampliadas con las visiones procedentes de este tiempo.

Darío → Persas.

David (hebr.: amado [?]), el más importante rey de Israel (1004 hasta 965).

1) *Persona.* Efrateo de Belén de Judá, hijo menor de Isay (1Sam 16,11; 17,12; 1Par 2,15). Según las fuentes bíblicas 1Sam 16-2Sam 5,9, su subida al trono transcurrió del modo siguiente: a causa de su habilidad en tocar la cítara o por haber muerto a Goliat, Saúl le hizo su escudero. David conquistó la estimación del pueblo y esto despertó celos en Saúl. David huyó del rey al desierto de Judá, donde se granjeó el favor de sus habitantes. Se casó con Ajinóam, con Abigaíl y más tarde con Mikal. Después de la muerte de Saúl se impuso como rey de Judá en Hebrón, y después de la muerte de Abner, se convirtió en rey de todo Israel. Conquistó Jerusalén a los yebuseos y trasladó allí su residencia. Allí se casó con Bat-Šeba. Para reafirmar su posición, David tuvo que someter las ciudades Estado cananeas o integrarlas en las tribus israelitas y unificar en una nación las tribus israelitas autónomas (sobre todo las del norte y sur). De ahí su postura generosa con la familia de Saúl (2Sam 1,1-16; 3,13-16), el traslado de su residencia a un territorio no israelita, el traslado del arca de la alianza (6,1-19), los preparativos para la construcción de un santuario central (7,24, 18-25). Su tendencia a la centraliza-

David

ción se patentiza también en el censo (24,1-9), la creación de un órgano administrativo (8,15-18; 20, 23-26) y la organización de un ejército permanente (1Par 27,1-15). David sometió casi todo el país de la Cisjordania e hizo vasallos a Edom, Aram, Moab y Ammón. Pero incidentes e intrigas privados empañaron su brillante gobierno: su proceder con Uriyyá y Bat-Šeba (11), violación de su hija Tamar por Ammón (13,1-22), rebelión y muerte de Absalón (15; 18,1-19,9) e intrigas en torno a la sucesión del trono. David murió de debilidad senil, cuando tenía unos 70 años; su tumba se conocía aún en las épocas de Nehemías (3,16) y de Cristo (Act 2,29).

2) *Importancia.* El Estado independiente fundado por David quedó para siempre como ideal de los israelitas. David mismo fue más tarde idealizado y convertido en modelo para los reyes que siguieron. De ahí la estrecha unión entre David y el rey mesiánico, salvador y ejecutor de las esperanzas nacionales, que aparece no sólo como descendiente de David (2Sam 7,12-15; Is 11,1. 10, etc.), sino incluso como el mismo David redivivo (Jer 30,9; Ez 34, 23-31). La tradición bíblica le atribuye lamentaciones (2Sam 1,19-27), un himno (22 Sal 18), el llamado testamento de David (2Sam 23,1-7) y la paternidad literaria de 73 salmos.

Débora (hebr.: abeja), nombre propio de dos mujeres.

1) Nodriza de Rebeca, enterrada bajo el roble de las lamentaciones de Bet-El (Gén 24,59; 35,8).

2) Profetisa («madre en Israel» Jue 5,7) a la que acudían los israelitas en los casos de litigio. Vivía bajo la palmera llamada de Débora, entre Ramá y Bet-El e incitó a Baraq a que luchara contra los cananeos (Jue 4,4-14). El himno de Débora (5,2-31), uno de los poemas más antiguos del AT, canta su victoria.

Decálogo (gr.: δέκα = diez, λόγος = palabra) palabra usual en los escritores eclesiásticos (al parecer, desde Clemente de Alejandría) para designar Éx 20,2-17 y Dt 5,7-21, donde se hallan formulados los llamados diez mandamientos (cf. la fórmula «las diez palabras» Éx 34,28; Dt 4,13; 10,4).

I. FORMA. Las dos redacciones, Éx 20,2-17 y Dt 5,7-21, coinciden entre sí en lo esencial. Las divergencias se hallan sobre todo en las ampliaciones de los mandamientos 2,3,4,5 y 10 que cambian la fórmula corta imperativa de los 1,6,7,8 y 9. La divergencia es no sólo literal (p.e., en el mandamiento del descanso sabático, alusión al «extranjero que vive contigo»), lo que indica que se trata de añadiduras posteriores. Estas ampliaciones proceden de una predicación y explicación constante del decálogo ante el pueblo, en particular, durante el culto. No obstante hay que renunciar a la opinión que dice que basta suprimir dichas ampliaciones para reconstruir el decálogo primitivo de Moisés. Muy poco se puede decir de cómo sería dicho decálogo primitivo. Incluso no se puede afirmar con seguridad que la forma primitiva fuera un decálogo, es decir, una serie de diez mandamientos, pues los pasajes que hablan de «diez palabras» (cf. supra) son relativamente modernos. De todas formas la costumbre de expresar una totalidad con la cifra diez es antigua y corresponde a la capacidad de retención en la memoria de un pueblo sencillo (diez dedos). Hay que pensar que primitivamente todos los mandamientos tenían una forma corta, un imperativo fácil de retener

Decálogo

en la memoria. Hay que dejar en suspenso la opinión de algunos exegetas que dicen que en principio *todos* los mandamientos tenían una formulación negativa.
II. SENTIDO. Según la tradición bíblica, Moisés anunció el decálogo al pueblo, junto al Sinaí, durante la ceremonia de contraer la alianza (Éx 24,3-8). Esta representación señala que Israel siempre consideró el decálogo como parte inseparable de la → alianza. Sabemos (sobre todo por los contratos hittitas de vasallaje) que en el antiguo oriente las alianzas se contraían por medio de un intercambio mutuo de certificaciones del contrato. El decálogo valió para Israel como certificado de la alianza del Sinaí. La alianza se ratificó «de acuerdo con todas estas palabras» (Éx 24,8). Por este motivo, el decálogo es llamado: «libro de la alianza» (24,7), o «palabras de la alianza» (34,28; Jer 11,6), y las tablas donde estaba escrito, «tablas de la alianza» (Dt 9,9.11.15; 1Re 8,9 par; Hab 9,4), el arca en donde estaban depositadas, «arca de la alianza» (Dt 31,9. 25s; Jos 3,3ss; Jer 3,16, etc.). Por

Fig. 12. Decápolis

Decálogo

esto, en los profetas, la infracción del decálogo equivale a una violación de la alianza (Jer 11,6-8, etc.). Si se entiende el decálogo como texto de la alianza, se entiende también mejor su formulación negativa: el decálogo sólo quiere marcar límites; el que sobrepasa estos límites, abandona el terreno de la alianza. De ahí que en el antiguo Israel, toda violación del decálogo era castigada con la muerte. Con esto se quiere indicar que el decálogo es sólo una ley que enmarca y no un compendio de la moralidad del AT. No señala una exigencia máxima, sino mínima, la que cualquiera puede cumplir con facilidad. La ética del AT no se articula en el decálogo, sino en las refinadas obligaciones positivas de moralidad, formuladas en las obras jurídicas antiguas y nuevas, así como en los profetas (cf. p.e. Éx 23,4s; Dt 24,19-21; Lev 19,18; Is 58,6s). De todas formas bien puede decirse que el decálogo constituye el centro de la piedad, como se demuestra por el hecho de que los judíos de la época bíblica pronunciaban el decálogo en el s^{e}ma yisrā'ēl y lo traían puesto en sus → filacterias.

III. EL DECÁLOGO EN EL NT. Jesús por una parte se pronuncia sin reservas a favor del decálogo (Mc 10,17-19 par). Pero el hecho de que las citas neotestamentarias del decálogo se limiten al segundo grupo de mandamientos (cf. en particular Rom 13,9) indica una valoración más aguda de las obligaciones que afectan al prójimo. Asimismo, la predicación de Jesús descubre un sentido más profundo en los mandamientos del decálogo, sentido que no habían penetrado los oyentes judíos de su tiempo. (Mt 5,21s.27s). A pesar de este refinamiento, el NT da a entender con claridad que el decálogo, tanto para los cristianos como para los judíos, es sólo una ley que señala las fronteras y que la norma positiva de la moralidad cristiana es el amor (Rom 13,8-10; Jn 13,34).

Decápolis (gr.: región de las diez ciudades), grupo de ciudades helenísticas, casi todas ellas situadas al este del Jordán (Mt 4,25; Mc 5,20), liberadas en el año 63 a.c. por Pompeyo y puestas bajo el gobierno directo del gobernador romano de Siria. Cada ciudad poseía gran número de fueros. En 106 d.C., varias de ellas fueron incorporadas a la provincia romana de Arabia y poco a poco la Decápolis se disolvió. Con todo, antes ya había variado el número de ciudades pertenecientes a esta liga. Plinio *(Hist. nat.* v,18,74) enumera diez ciudades: Damasco, Dión, Gadará, Gérasa, Hipo, Canatá, Pela, Filadelfia, Rafaná, Escitópolis (Bet-Šan). Es seguro que Abilá perteneció también al grupo. Fig. 12 y Mapa PN D5-E3.

Dedicación del templo → Hanukká.

Demetrio (gr.: perteneciente a Demétér [madre de la tierra]).

1) Demetrio I Soter (162-150), rey seléucida, hijo de Seleuco IV, favoreció al sumo sacerdote → Alcimo. En su lucha contra Alejandro Balas trató en vano de obtener el favor de Yonatán Macabeo (1 Mac 7,1-10,50; 2Mac 14,1-14).

2) Demetrio II Nicátor (145-140. 129-125), hijo de (1), intentó en vano defender su trono contra el rey de los partos, Mitríates I, y contra Alejandro Balas y Antíoco VII. Solicitó el favor de Yonatán Macabeo, pero éste se declaró partidario de Alejandro Balas. Acabó asesinado (1 Mac 10,67-14,3).

3) Platero de Éfeso que trabajaba para el templo de Ártemis. Con sus compañeros de gremio, provocó

una rebelión contra Pablo (Act 19, 23-20,1).

Demonios. Primitivamente, los acontecimientos incomprensibles o fatales se atribuían a la intervención de poderes sobrehumanos, buenos o malos, que más tarde, en la creencia popular griega, se desarrollaron en seres intermedios entre los hombres y los dioses, espíritus de los muertos y fantasmas, es decir, demonios.

1) *En el AT.* La creencia en demonios es en sí inconciliable con la fe en Yahveh. Un espíritu malo personal (1Sam 16,14.23; 18,10; 19,9; 1Re 22,21) es por ello mismo siempre un Espíritu de Dios (→ Elohím; 1Sam 28,13; Is 8,19). Los israelitas contaban ciertamente con la existencia de demonios, aunque no trabaran contacto con ellos en el sentido de venerarlos o apaciguarlos. Dt 32,17 habla de los «negros», nombre des-

Fig. 13. Monstruo asirio que representa a un demonio: cuerpo de hombre, cara de demonio, con patas, garras y alas de pájaro (s. VII a.C.)

Demonios

pectivo para significar a los ídolos paganos; Lev 17,7; 2Par 11,15; Is 13,21; 34,14 citan, juntamente con toda especie de bestias, figuras de machos cabríos que moran en el desierto o entre ruinas; Is 34,14 menciona a Lilit, fantasma nocturno que seguramente es la figura de demonio femenina que corresponde a Litîtu, el demonio babilónico de la tempestad. Azazel recibe en el desierto el sacrificio de un macho cabrío de expiación (Lev 16,8.20.26). Los demonios de enfermedades y epidemias son enumerados en Sal 91,6. En los → apócrifos del AT, los demonios tienen un papel más importante: actúan como seductores de los hombres y enemigos de Dios. P.e. en los libros de Henoc, los demonios son ángeles caídos, súbditos de Satán.

2) *En el NT,* a pesar de los numerosos relatos de expulsión de demonios, la fe en los demonios retrocede, en comparación con la literatura rabínica, donde los demonios pretenden perjudicar a los hombres, en su alma y en su cuerpo. Los demonios son súbditos de Satán (Mt 25,41; 2Cor 12,7; Ef 2,2; Ap 12,7) y son denominados con la fórmula específicamente judía de «espíritus impuros», que moran en parajes solitarios y ocasionan la posesión diabólica. Jesús los expulsa (Mc 7, 26, etc.); ellos amenazan a los creyentes (Ef 6,12; 1Jn 4,1); Pablo es aquejado por un «ángel de Satanás» (2Cor 12,7). El culto pagano va dirigido en último término a los demonios (1Cor 10,20s; 2Cor 6,15, etc.). Hacia el fin del mundo es de esperar una acción particularmente violenta por parte de los demonios (1Tim 4,1). Pero el hombre ha sido liberado definitivamente por Cristo del temor del demonio. Las afirmaciones neotestamentarias sobre demonios pertenecen a la concepción del mundo de aquella época y no tiene nada que ver con una revelación obligatoria. Fig. 13.

Denario → Moneda.

Deportación → Cautividad asirobabilónica.

Didracma → Dinero.

Dinero → Pesos y medidas (III); Moneda.

Derecho de asilo. En todos los pueblos del antiguo oriente, se reconocía protección e inmunidad a los perseguidos refugiados en los santuarios. En Israel, el derecho de asilo estaba limitado a los homicidas por inadvertencia (Dt 4,41-43; 19,1-13). Además del templo de Jerusalén, había tres ciudades de asilo en la Jordania oriental: Beser, Ramot y Golán, evidentemente, antiguos santuarios (Dt 4,43). Más tarde se les añadieron Quédeš, Sikem y Quiryat-Arbá (Hebrón) (Jos 20,7s). Núm 35, 13-29 subordina el derecho de asilo al derecho comunal y lo reduce al tiempo de vida dél que entonces fuere sumo sacerdote.

Derecho y administración judicial.
I. Derecho.
1) *En el AT.* Por su origen, el derecho del AT es `de naturaleza casuística o apodíctica. Los mandamientos están formulados de manera apodíctica: «Tu (no) tienes que...» (cf. Éx 20,2-17; 23,6-9); los casos particulares se tratan de forma casuística: «En el caso de que dos hombres pelean y uno hiere al otro con una piedra...» (Éx 21,18). Las leyes se encuentra casi exclusivamente en el → Pentateuco. Comprenden: listas de delitos (Dt 27, 15-26), obligaciones de la alianza para con Yahveh (Éx 20,2-17, etc.), el → decálogo, los axiomas generales del derecho de sangre (Gén 9,6;

Éx 21,23ss, etc.), el → Libro de la alianza, los rituales (p.e. Éx 25,10-39), las leyes de la pureza (Lev 11-15; Dt 14,4-20) y el → Código de santidad (Lev 17-25). El derecho del AT se distingue fundamentalmente de las representaciones jurídicas de los pueblos vecinos (a pesar de muchas coincidencias: juicio de Dios, código de Hammurabi, textos de Nuzu) por su fundamentación en Yahveh.

2) *En el NT*. Jesús aplica a la ley del AT la medida del doble mandamiento del amor a Dios y amor al prójimo (Mc 12,28-34 par). Según los casos, la ley del AT se rechaza o se profundiza: p.e., los mandamientos de pureza ritual se abrogan (Mc 7,1-23), el cumplimiento literal de la norma se rechaza en provecho de una conducta ética (Mt 5,21-30). Pablo se opone con éxito al intento de imponer a los cristianos la ley del AT.

II. ADMINISTRACIÓN JUDICIAL. En los tiempos más antiguos, la administración de la justicia estaba en manos de los cabezas de tribus, de linaje y de familia o también en manos de los hombres de Dios (Éx 18,13) que, con este fin, recorrían constantemente el país (1Sam 7,16). Después de la instalación en el país de Canaán, los → ancianos tenían competencias judiciales (Dt 21,18-21; 22,13-19, etc.) que ejercían junto al santuario local (Éx 22,7s; Jue 4,5) o junto a la puerta de la ciudad (Dt 21,19; Am 5,10). En las ciudades, cedían su función en favor de los → jueces. Sólo a partir de Yosafat se mencionan jueces y autoridades jurídicas nombrados por el rey (2Par 19,5-11). Estas autoridades estaban formadas en gran parte por sacerdotes y levitas, los laicos tenían una representación muy pequeña (Dt 17,9), en cambio, 1Par 23,4; 26,29; Ez 44,24 señalan la administración de la justicia como oficio civil. La suprema instancia era el rey, al que se podían presentar también casos contenciosos (2Sam 14,1-11; 15,2-4; 3,16-28). Al rey correspondía también el derecho de indulto (que más tarde se reservó para sí el gobernador romano: Mt 27,15). Para juzgar, el rey se sentaba en la sala del trono de su palacio (1Re 7,7). Sabemos muy poco sobre procesos judiciales: oír al demandante, al acusado, a los testigos, pronunciación de la sentencia y ejecución. Por inseguridad ante las afirmaciones, se preveían severos castigos por falsos testimonios (Éx 20,16; Dt 19,16-19).

Desierto. I. En el territorio de Palestina, los desiertos no son desiertos de arena, sino montañas calcáreas con vegetación mínima (hierba, zarzas [Jue 8,7.16; Jer 17,6], tamariscos) que sólo viven del rocío, o desiertos sin vegetación alguna de piedra de pedernal o de sal. Sus habitantes son → nómadas. Según la Biblia el desierto es un paraje despoblado (Job 38,26), abandonado (Is 27,10), árido (35,1.6s; 41,18), inseguro y habitado por → demonios (Job 24,5; Is 30,6).

II. El *desierto de Judá*, llamado con frecuencia *el Desierto*, se extiende al oeste del mar Muerto y llega insensiblemente hasta la región cultivada. Sobre una gruesa capa (hasta los 600m) de cenomán y turón de piedra oscura y dura (creta superior) hay una capa blanda y blanca de serán que da al terreno una forma suavemente ondulada. La escasa flora proporciona en primavera alimento para ganado menor, el agua de las lluvias se precipita sin provecho en el mar Muerto por profundos torrentes. Sólo cerca de la orilla, algunas fuentes forman pequeños oasis (→ En-Guedí). Se pudo comprobar que las grutas de

Desierto

algunos valles fueron habitadas por cazadores y pastores de ganado menor en la edad del calcolítico. Leones y osos podían amenazar a los pastores (1Sam 17,34s). El AT menciona el desierto de Judá sobre todo como lugar de refugio (David: 1Sam 23,14.24; Sidkiyyá: 2Re 25,4s, entre otros). Ya en el s. VIII, el rey Azaryá mandó erigir torres y cavar cisternas en el desierto de Judá (2Par 26,10). No obstante los intentos de colonización duraron poco (cf. Jos 15,61s). Herodes fundó al borde del desierto la fortaleza y ciudad de Herodión y edificó contra ladrones e insurrectos (Act 21,38) → Masadá, Hircania y el paso al *wādi el-qelt* junto a Jericó. De los monasterios bizantinos que más tarde se establecieron aquí sólo queda el de Mar Saba. La intensiva investigación arqueológica del desierto de Judá empezó con los descubrimientos de → Qumrán.

Desierto (viaje a través del) → Moisés (2).

Despedida → discursos de despedida.

Desposorios → María (I,2).

Destierro → Cautividad asiriobabilónica.

Deuteroisaías. Desde finales del siglo XVIII, la segunda parte del libro de Isaías (cap. 40-66) se atribuye a un profeta del destierro, al que se le designa con el nombre de Deuteroisaías. Más tarde (1892), Duhm limitó la parte del Deuteroisaías a los capítulos 40-55 y atribuyó los capítulos restantes, 56-66, a un → Tritoisaías. Esta tesis se ha impuesto.

I. CARACTERÍSTICAS. Las diferencias entre Isaías y Deuteroisaías afectan tanto al estilo como al contenido doctrinal.

1) El *estilo* de Isaías es enérgico y conciso, Deuteroisaías se inclina por lo grandioso, por el pleonasmo y por la expresión abundante. Con frecuencia repite las palabras clave (así, por ejemplo, comienza: «consolad, consolad a mi pueblo» 40,1). Yahveh es llamado «creador de los cielos» (42,5, etc.), «el que ha formado la tierra» (45,18), «redentor de Israel» (43,14, etc.). Israel se designa con la fórmula: «Israel, mi siervo; Jacob, mi elegido» (41,8, etc.). Expresiones características de Isaías apenas se usan («toda carne» 40,5s, etc., «las islas» 40,15, etc., «los confines de la tierra» 40,28, etc.), muestran que el horizonte geográfico y el de la historia de la salvación se ha dilatado mucho. En cambio, faltan expresiones características en Isaías, como p.e., «el Señor, Yahveh de los ejércitos». También los arameísmos son más numerosos en Deuteroisaías que en Isaías.

2) En su *contenido doctrinal,* las diferencias entre Isaías y Deuteroisaías son profundas. La mirada de Isaías está fija en la dinastía davídica: se espera al Mesías como a un segundo David, que, armado con el espíritu y la fuerza de Yahveh, gobernará con esplendor. El Deuteroisaías no habla para nada de un Mesías personal, y, en el caso de los cánticos del siervo *(ebed)* de Yahveh (42,1-4; 49,1-6; 50,4-9; 52,13-53,12), que muchos comentaristas consideran añadido posteriormente, la figura del Mesías toma más la forma de un profeta que la de un rey: el siervo de Yahveh lleva a término la obra de la salvación por medio de su doctrina y de su sufrimiento. Parece que el poeta tenía aquí a Jeremías ante sus ojos. En el Deuteroisaías no se habla para nada de un reino davídico.

II. ÉPOCA. La situación histórica que se entrevé en el Deutero-Isaías es también completamente distinta a la de Isaías. No se pronostica el destierro, ya hace tiempo que dura, incluso se prevé ya su fin (40,1s). Se presupone el hecho de la destrucción de Jerusalén y del templo. El profeta anuncia su restauración (44,26-28; 49,14-19; 52,9). Pondera la grandeza y fuerza de Ciro, ante el cual tiemblan los confines de la tierra (41,5.25; 45,1-5), y, anunciando nuevas hazañas del Persa, alienta a sus compatriotas, pues éstas han de conducir finalmente a la liberación. El profeta está bien informado sobre la situación de los desterrados. Habla de su desánimo, de su falta de fe (40,27, etc.), de su resistencia ante el plan histórico de Dios (45,9-13). Él mismo se cuenta uno de ellos (habla en primera persona del plural: 42,24) y parece conocer Babilonia por propia experiencia: el país atravesado por ríos caudalosos (43,14; 44,27; 47,2), sus abundantes riquezas, sus fastuosas procesiones de ídolos, sus magos y astrólogos (45,20; 47,1ss). En conclusión, el conjunto de profecías Is 40-55 proceden de Babilonia, entre 550 y 538.

III. TEOLOGÍA. El centro de la predicación del Deutero-Isaías lo constituye el plan histórico de Yahveh que se va a cumplir, a pesar de todos los cálculos humanos. Su meta es la redención del pueblo que consistía en un nuevo éxodo y abrirá la última era de la salvación. Entre los libros del AT, el Deuteroisaías es el primero que desarrolla *expressis verbis* la doctrina del monoteísmo. También desarrolla su propia teología de la creación, la cual, de todas formas, se subordina a su teología de la historia: así como la omnipotencia del Dios único se hizo patente en la creación, igualmente se hará patente en la historia. Una y otra se realizan por medio de la palabra creadora de Yahveh

(55,10s). En este caso, como también en otros puntos teológicos, el Deuteroisaías muestra un estrecho parentesco con el relato sacerdotal de la → creación, el cual debió escribirse aproximadamente en la misma época.

Deuteronomio, quinto y último libro del → Pentateuco. El nombre Deuteronomio («repetición de la ley» o «segunda ley») proviene de una falsa traducción de los LXX de Dt 17,18, donde se habla de una copia de **la ley**.

1) *El Libro* se compone de discursos puestos en boca de Moisés, al final de la peregrinación por el desierto, poco antes de su muerte. La parte principal del libro está compuesta de leyes (12-26). La parte introductoria (1-11) contiene referencias históricas y amonestaciones a la fidelidad para con Yahveh. La parte final (31-34) relata la ratificación de la alianza y la fijación escrita de sus decretos, proclama de anatemas y bendiciones y una parte narrativa, a la que más tarde se añadió el cántico de Moisés (32) y las bendiciones de → Moisés (33). El Deuteronomio tiene un carácter del todo distinto al de los restantes libros del Pentateuco. No sólo establece leyes, sino que las comenta y las combina con amonestaciones. Por la autoridad de Moisés en trance de morir (antiguo género de estilo literario), el libro obtiene carácter de testamento: quiere inducir a Israel a una consciente aceptación de la → alianza con Dios, pues sólo así se asegura la posesión de la tierra prometida. Yahveh aguarda «hoy» (5,1; 6,1-6; 8,1.11, etc.), siempre de nuevo, a la respuesta del pueblo. Para ahuyentar el peligro de la adoración de los dioses cananeos, insiste sobre todo en el pensamiento de la elección (4,37; 7,8; 9,5s, etc.); exige separación de los otros pueblos, absoluta

Deuteronomio

fidelidad a la ley y pureza cultual, que sólo un santuario central puede garantizar.

2) *Origen.* El contenido del libro presupone vida sedentaria en el territorio occidental del Jordán con todo el aparato administrativo de un Estado y organización litúrgica; además la idea de centralización sugiere una referencia a la reforma de → Yosías (Dt podría ser en sustancia el libro que se halló en el templo, durante los trabajos de restauración [2Re 22,8]). Estas razones hacen suponer que el libro se escribió entre los s. VIII y VII a.C. y, por su afinidad de pensamiento con Os, en el reino del norte.

Deuteronomista es el calificativo que se usa para significar la literatura del AT emparentada con el → Deuteronomio. Varios libros del AT fueron escritos y redactados de nuevo según el espíritu del Deuteronomio. Éste es el caso de Jos, Jue y Re. Las diferencias de concepción histórica sobre todo en Jue y Re dicen en contra de los que opinan que Jos, Jue y Re constituyen una sola obra histórica: Jue es una constante sucesión *cíclica* de caída, penitencia y salvación, en cambio Re es una sucesión *linear* de infidelidad y culpa en aumento constante que conducen a una inevitable ruina. Sin embargo, ambos libros delatan influencia deuteronomista. Igual se puede decir de la redacción recibida de Jer, Par y Mac.

Se discute si los cuatro primeros libros del → Pentateuco fueron reelaborados en sentido deuteronomista, o si contienen pasajes deuteronomistas (entre otros: Éx 12,24-27; 13,16; 19,3-8; 19,23-33). Como estos pasajes representan sólo pequeños elementos de la teología deuteronomista y su formulación no es todavía fija, mejor se puede decir que dichos pasajes son preparación de lo que más tarde sería el Deuteronomio.

Día. El día, el espacio de tiempo entre la aurora y el crepúsculo vespertino, se caracteriza por la luz (Gén 1,5; 8,22; Job 24,16; Jn 11,9s, etc.). La noche se cuenta junto con el día anterior (Lev 7,15; 23,5s; Jue 19,4-9 entre otros). De ello se deduce la posibilidad de entender el día como unidad de 24 horas, de mañana a mañana (p.e., Gén 1,5). Además existe la delimitación más tardía, según la cual un día empieza con la puesta del sol. Su motivo está en la orientación del calendario judío que se regía por la luna. Muchas fiestas judías (Éx 12,18: fiesta de los ácimos; Lev 23,32: día de la expiación; Jdt 8,6; Job 32,16: sábado) empiezan por la tarde. Se determinaba la hora del día por la posición del sol (mañana, mediodía y tarde) y por el viento de mediodía (Gén 3,8: 14-15^h) y el viento de la noche (Cant 2,17; 4,6: antes del atardecer). También las acciones litúrgicas ligadas a determinadas horas del día servían de puntos de orientación (hora del sacrificio vespertino, entre 15 y 16^h: 1Re 18,29; Dan 9,21; Act 3,1). La división en horas, usual en Mesopotamia ya en el tiempo sumerio, se encuentra en Palestina sólo en el judaísmo tardío y en el tiempo del NT. Según Jn 11,9, desde la salida hasta la puesta del sol, el día se dividía en doce horas, cuya duración variaba según la estación del año (Mt 20,3.5s; Jn 1,39; 4,6.52, etc.). Pero en la práctica, el día se dividía en cuatro unidades: mañana (de 6 a 9^h), la hora tercia (de 9 a 12^h), la hora sexta (de 12 a 15^h) y la hora nona (15 a 18^h).

Diácono. 1) La palabra griega διάκονος significa mensajero, criado, mayordomo, timonel segundo, asistente en el culto y sobre todo el que sirve en un banquete. En el NT, la palabra se usa también en distintos sentidos: *a)* En sentido general designa al servidor de un señor (Mt 22,13) o de su prójimo (Mc 9,35; 10,43; Mt 20,26). *b)* En sentido estricto, todo cristiano es servidor de Cristo (Jn 12,26 2Cor 11,23) o de Dios (2Cor 6,3ss). *c)* En sentido metafísico, el hombre puede ser servidor de Satanás o de la justicia (2Cor 11,14s), del Evangelio (Ef 3,6s; Col 1,23), del pecado (Gál 2,17), de la circuncisión (Rom 15,8), de la nueva alianza (2Cor 3,6).

2) Diácono designa además al que desempeña de fijo un servicio de la comunidad en estrecha relación con el →obispo, oficio que debió tener su origen en sugerencias procedentes de círculos helenistas (en cambio, los oficios de →apóstol, →profeta y maestro dejan sentir la influencia de la tradición judía). El testimonio más antiguo de la existencia de un diaconado cristiano es Flp 1,1. De este pasaje no se puede determinar con claridad el ámbito de la actividad de un diácono. Según 1Tim 3,8-13, los diáconos tienen particularmente una función administrativa y desempeñan actividades caritativas en la comunidad.

3) El nombramiento de los «siete» que se narra en Act 6,1-6 no por fuerza tiene que referirse a los diáconos en el sentido de Flp 1,1 ó de 1Tim 3,8-13. Mejor podrían identificarse estos «siete» con los que más tarde se llamaron presbíteros, pues a los siete correspondía no sólo atender a los pobres, sino también predicar y bautizar (Act 8,14.40; 19, 31). Además llama la atención el hecho de que Lc evite usar la palabra diácono (Act 6,1-6; 21,8).

Aun cuando quede impreciso el lugar y circunstancias de la fundación del diaconado, así como su función primitiva, puede afirmarse con seguridad que se trata de un oficio típicamente cristiano. Ni el oficio ni el título se tomaron de modelos judíos o helenísticos.

Día de la expiación, día de penitencia general para todo el pueblo de Israel que había de celebrarse el día 7 del décimo mes (tišrí) como día de ayuno y de descanso. Las prescripciones complejas de Lev 16 sobre la celebración de esta fiesta contienen elementos muy antiguos: *a)* el rito del macho cabrío de la expiación que probablemente proviene de la época nómada. Originariamente, cuando llegaba el tiempo de trashumar, se mandaba un macho cabrío a Azazel, el demonio del desierto para mantenerlo favorable; más tarde, el sumo sacerdote imponía las manos sobre el macho cabrío elegido para Azazel, confesaba los pecados del pueblo, es decir, los depositaba sobre la cabeza del animal y luego era conducido al desierto. Más tarde se acostumbró precipitarlo desde un acantilado (cf. también Lev 14,4-7. 49-51: rito de alejamiento en la purificación de leprosos). *b)* Con este rito se unía el rito de lustración del santuario (santísimo, lugar santo y altar de los holocaustos). En esta ceremonia, el sumo sacerdote era el personaje principal. Sólo él podía entrar en el santísimo; desempeñaba este oficio vestido con una simple túnica blanca. Aun cuando no se pueda demostrar cuándo se empezó a celebrar el día de la expiación (no se menciona en los libros proféticos ni en los históricos), puede muy bien suponerse que tal vez ritos de expiación y de purificación celebrados por particulares, después de la cautividad, se resumieron en un solemne día de expiación y penitencia general.

Diáspora

Diáspora. 1) *Significado de la palabra.* Diáspora (gr.: dispersión) es el término técnico de LXX que traduce las palabras hebreas: expulsar, desterrar (Dt 30,4; Neh 1,9; Sal 147,2). La suavización de la palabra en los LXX indica que las pasadas deportaciones (721, 597, 586) y el destierro habían perdido su sentido de dureza y así diáspora significó simplemente la presencia de minorías judías esparcidas por doquiera en el mundo. Diáspora se interpretó incluso como promesa y se apreció como ocasión para misionar.

2) *Historia.* La diáspora empezó ya con la caída del imperio babilónico (cf. 2Par 8,2-6). Antes de las grandes deportaciones ya vivían comerciantes judíos en Siria y posiblemente también en Asia Menor. Con todo la diáspora propiamente dicha fue una consecuencia de la destrucción de Jerusalén, en 586 (Jer 42) y del destierro babilónico. Después del decreto de Ciro, muchos judíos siguieron establecidos en Babilonia; esta colonia de judíos duró hasta la edad media. Son en particular famosas las colonias de Elefantina, de Alejandría (cf. 1Mac 15,16-23) y de Antioquía. En tiempo de los apóstoles había unas 150 comunidades judías de diáspora. Con cuatro millones y medio, los judíos representaban el 8 % de la población total del imperio romano. En Roma mismo creció el influjo de los judíos por el favor del César y por las intrigas de la corte de Nerón. En el s. IV, Colonia contaba con una considerable colonia judía.

3) *Influencia.* Después de la destrucción del templo de Jerusalén (70 d.C.), la diáspora favoreció el desarrollo de la organización por sinagogas (→ Sinagoga). Es verdad que existía un cierto contacto con las autoridades centrales (el mismo calendario, peregrinaciones, tributos del templo, colectas). Pero las ideas en la diáspora eran más liberales. El pensamiento de un Dios universal que fácilmente penetró en la diáspora, no sólo indujo muchos paganos al monoteísmo, sino que también favoreció la difusión del cristianismo. Los apóstoles anunciaban el evangelio en primer lugar en las sinagogas.

Diatesarón → Versiones de la Biblia.

Dibón. Nombre de dos ciudades. La más importante es Dibón en Moab, pasajeramente conquistada por los amorreos (Núm 21,30), más tarde asignada a Rubén o a Gad (Núm 32,3; Jos 13,9) y finalmente en poder de Moab (Is 15,2; Jer 48, 18,22). De Dibón era el rey moabita → Mešá (hacia 840), cuya famosa estela se encontró en 1868. Hoy *dībān*, 20km al este del mar Muerto. Excavaciones (1950ss) dieron con vestigios que remontan hasta el bronce primitivo. Mapa PA D7.

Dieciocho oraciones, plegaria judía que se compone de dieciocho alabanzas. En parte, se remonta a la época precristiana. La historia de su formación es larga. Hacia el año 100 d.C. se llegó a su redacción definitiva. Los judíos la llaman también *tefilla,* es decir, la oración por antonomasia. Se recita tres veces al día y tiene su lugar fijo en el culto sinagogal. Cf. texto castellano en L. BOUYER, *Eucaristía,* Herder, Barcelona 1969, p. 84-89.

Diezmo, tributo pagado al rey (1Sam 8,15.17) o al santuario para el sostenimiento de los sacerdotes y levitas (Gén 14,20; 28,22; 1Mac 3,49). El fundamento del diezmo para el culto es el pensamiento de que Dios, como propietario del país puede exigir que se le den los primeros y mejores frutos (→ Primicias). Forma y cuantía del diezmo varían: frutos sembrados y de los árboles, como cereales, mosto, aceite y vino (Dt 12,6.11.17; Tob 1,6; Jdt 11,13) o en lugar de ello la cantidad de dinero correspondiente (Dt 14,22-27). Los fariseos extendían la obligación de pagar el diezmo hasta los frutos más insignificantes (Mt 23,23). En tiempo del NT se conocían tres diezmos: el primero, el segundo y el de los pobres. La suma de estos tributos debía de ser considerable.

Diluvio (relato del), relato de una inundación con caracteres de catástrofe de la que sólo Noé y su familia se pudieron salvar en el →arca (Gén 6,5-9,19).
1) *Dependencia literaria.* La narración del diluvio es una combinación de las fuentes J y P (distintos nombres de Dios, diferencias de vocabulario y uso lingüístico, duplicados, contradicciones, motivos diferentes). Hay que decir que el relato es una tradición común en todo el antiguo oriente. El más parecido es el relato sobre Atrajasis que forma parte de una epopeya sumeria sobre la creación (conservada en fragmentos akkadios del 2000-1800). Esta versión se encuentra en el canto undécimo, conservado casi entero, de la epopeya asiria de Guilgameš (en su forma babilónica se fecha a principios del segundo milenio). Sin duda se dan varias coincidencias entre los relatos akkadios y el relato bíblico del diluvio: nombre del héroe (significado: «día de vida prolongado»); anuncio del diluvio por una divinidad, mandato de construir una nave; muerte de todos los seres vivientes excepto los que están en la nave; encalladura de la nave sobre el monte Ararat (el país de Urartu); triple envío de un ave; espera de siete días hasta el envío de una paloma; ofrecimiento de un sacrificio después del diluvio. A su lado, pequeñas divergencias (modelo de la nave, su curso, número de los salvados, entre otras), pero también divergencias en puntos esenciales que muestran que, si bien el relato bíblico se remonta a un modelo de una antigua tradición mesopotámica, no obstante éste fue repensado sobre una base teológica del todo distinta (falta el rudo politeísmo) y con un contenido ético del todo nuevo (Dios castiga el pecado).
2) *Fondo histórico.* El relato bíblico del diluvio parece que no es más que la interpretación monoteísta y moral de uno o varios hechos históricos (catástrofes de inundaciones limitadas geográfica y etnológicamente) que fueron condensados por la tradición akkadia. El limitado campo de visión geográfica y la perspectiva de historia de salvación del narrador bíblico explican su afirmación de que el diluvio afectó toda la tierra y de que todos los hombres perecieron en él. Según esto, en el relato del diluvio tenemos que buscar en primer término la orientación del autor hacia la historia de la salvación y el cambio de la evolución religiosa de la humanidad.
3) *Contenido teológico.* El relato del diluvio revela la intervención de Dios que castiga y vela sobre el orden moral de su creación. Pero al mismo tiempo muestra su voluntad salvadora que se sirve de un pequeño resto para salvar al mundo. Esta misma voluntad salvadora desemboca luego en la elección de → Abraham y hace que la → historia primitiva de la humanidad tenga su continuación en la historia primitiva de Israel.

Discursos de despedida. Por discursos de despedida, se entienden las últimas palabras de personajes des-

Discursos de despedida

tacados en las cuales, por regla general, uniendo el recuerdo del pasado con indicaciones para el futuro, expresan sus experiencias y conocimientos como legado que dejan a la posteridad. Son ejemplos de ello en la literatura clásica griega: Platón, Apol. 39C y Fedón 85B (Sócrates); Herodoto 3,65 (Cambises), Jenofonte, Cirop. VIII 7,6 (Ciro).

1) En el AT, los discursos de despedida se hallan en la misma narración histórica y pertenecen al género literario del discurso político o sermón tratado generalmente con mucha libertad. Grandes caudillos como Jacob (Gén 49; → Jacob [bendiciones de]), Moisés (Dt 31ss), Josué (Jos 23s), Samuel (1Sam 12), David (1Re 2,1-9) presentan a la vista de sus contemporáneos la intervención de Dios en la historia de su pueblo, dan instrucciones para el futuro y exhortan a que se guarde fidelidad a Yahveh.

2) En el NT, los ejemplos más conocidos son los discursos de despedida de Jesús (Jn 14-17; Lc 22,21-38) y el de Pablo ante los ancianos de Éfeso (Act 20,17-38). En sentido lato, también podrían contarse como tales 1/2Tim y 2Pe (instrucción parenética en forma de carta). En la parte que mira al pasado, se pone en primer término la importancia del personaje que se despide y su doctrina; la segunda parte consiste, a menudo, en profecías (negación, traición, persecución). Sobre todo, cuando se trata de apóstoles, se insiste en los peligros internos de herejías y apostasías que amenazarán a la comunidad después de la muerte del apóstol. Su estilo recuerda los → apócrifos judíos en los cuales los discursos de despedida juegan un papel importante (Test. Adán, Job, Isaac, 12 Patr., etc.) substituyendo la referencia a la acción de Dios en la historia de todo el pueblo por una insistencia exagerada en la importancia de una sola persona.

Divino afflante Spiritu («bajo la inspiración del espíritu divino»), palabras iniciales de la encíclica de Pío XII sobre el fomento actual de los estudios bíblicos (30.9.1943). La encíclica afirma la necesidad de abordar los difíciles problemas exegéticos con todos los recursos de la ciencia moderna. La encíclica abrió una nueva era de la investigación bíblica católica. La primera parte, histórica, expone el desarrollo de la ciencia bíblica desde la encíclica *Providentissimus* de León XIII (1893): fundación de la Escuela bíblica de Jerusalén, Comisión bíblica, Instituto bíblico, movimiento bíblico. La segunda parte, doctrinal, esboza la tarea de la ciencia bíblica de nuestro tiempo. Recomienda el uso de los textos originales, el estudio de las lenguas bíblicas y señala la importancia del texto crítico. Afirma la primacía del sentido literal y establece directrices para el uso del sentido típico. Como tareas especiales del moderno exegeta señala la valoración de lo que es peculiar en cada autor sagrado y de los géneros literarios. Finalmente, la encíclica exhorta con energía a buscar la solución de los problemas todavía pendientes. La encíclica ejerció un influjo decisivo sobre la instrucción de la Comisión bíblica acerca de la verdad histórica de los evangelios y sobre la constitución *Dei verbum* del Vaticano II. Sin embargo, muchas de sus exigencias han encontrado poco eco en la Iglesia oficial.

Doce (los). Grupo de discípulos, elegido por Jesús (Mc 3,16-19; Mt 10,2-4; Lc 6,13-16; Act 1,13), pero originariamente no idéntico con el grupo de los → apóstoles (cf. 1Cor 15,5ss, donde los doce son mencionados junto con los apóstoles como testigos de la resurrección; igualmente, en Mc 3,14, no son llamados apóstoles). No se puede decidir mucho acerca del momento preciso de la formación del grupo de los doce; con todo esto, la historicidad de un hecho no fundado se puede poner en duda. Los doce desaparecen muy pronto en la vida de las comunidades cristianas posteriores (Pablo, de por sí, no los menciona nunca, Lucas se refiere a ellos sólo en el estadio inicial de la Iglesia: Act 1,13.15.26; 6,2), por ello es improbable que fueran la estructura de la comunidad, tanto más cuanto que a ellos siempre se les añade un «traidor» (Mc 14,10.20.43; Act 1,17. 25s). Jesús, llamando a los doce de entre el círculo de los discípulos, expresa la idea de que, al final de los tiempos, el pueblo de las doce tribus de Israel será restablecido (cf. Lc 22,30; Mt 19,28). Por la revelación del Resucitado, se convierten en «patriarcas de un nuevo pueblo de Dios», y, con ello también en apóstoles, pero estos últimos forman un grupo numéricamente mayor. Por esto, en el tiempo del NT, al principio se tienen reparos en dar a los doce el título de apóstoles. Sólo el lenguaje eclesiástico posterior llega a identificar los doce con los apóstoles (cf. Lc 8,1; 9,1.12; 9,10).

Dor (hebr.: vivienda), antigua ciudad cananea en la costa mediterránea al sur del Carmelo, fundada en el s. XIV a.c., hacia 1190 conquistada por los piratas tyeker, después de la batalla del lago Merom (Jos 11, 1-9) asignada a Manasés (17,11; 1Par 7,29). Salomón puso «las colinas de Dor» bajo el gobierno de un lugarteniente (Re 4,11). Los asirios la conquistaron en el s. VIII. Después de una movida historia, fue liberada por Pompeyo e incorporada al imperio romano como ciudad Estado autónoma. Hoy *tel dōr*, 29 km al sur de Haifa. Excavaciones han hallado vestigios desde una ciudad de la época del bronce III hasta la época romana (en 1951 se descubrió un teatro romano). Mapa PA B4.

Dracma → Moneda.

Dragón → Leviatán; Océano.

Duplicados o narraciones dobles es el nombre que da la crítica literaria a los relatos que tratan de una misma unidad literaria (narración, proverbio, ley) con detalles más o menos distintos. P.e., los dos relatos de la creación: Gén 1,1-2,4a y 2,4b-7; las aventuras de Sara (o Rebeca) en Egipto (o Guerar): Gén 12,10-20; 20,1-18; 26,1-11; el malogrado traslado del arca de la alianza: 1Sam 6,19-7,2; 2Sam 6,6-11; 1Par 13,9-14. Los duplicados se han de distinguir de los textos paralelos, donde un texto es repetido literalmente. La crítica literaria deduce de los duplicados las distintas fuentes y su elaboración.

E

Ebal, monte situado al norte de Sikem (940 m), frente al → Garizzim, llamado hoy en árabe *yebel eslāmiye*. Ambos montes fueron teatro de la ceremonia de bendición y maldición ordenada en Dt 11,29s y 27,4-26 y relatada en Jos 8,30-35. El relato nos dice que en Ebal se colocaron las tribus que maldecían, mientras que las que bendecían se colocaron en el Garizzim. El Pentateuco samaritano (Dt 27,4) invierte el nombre de los dos montes, tal vez porque Garizzim era el monte sagrado de los → samaritanos, pero también podría tratarse al contrario de una corrección antisamaritana, hecha por algún judío para revalorizar Ebal en sentido cultual. Mapa PA C5.

Ebyatar (hebr.: el Padre (Dios) da abundancia), hijo de Ajimélek, único → sacerdote que en Nob escapó del baño de sangre causado por Saúl. Con el → efod se refugió en David (1Sam 22,20-23) y fue su sacerdote (2Sam 8,17 corr. 1Par 18, 16). En la lucha por la sucesión al trono de David, se puso al lado de → Adoniyá y en contra de Salomón por lo que fue destituido y deportado a Anatot (1Re 2,26s).

Eclesiastés. (hebr. *qōhelet*, gr. ἐκκλησιαστής: el que dirige la palabra en una reunión). Aparte la inscripción y el epílogo, el Eclesiastés se compone de siete series de proverbios sobre la vanidad de todo lo mundano, la brevedad de la vida, la inutilidad de todo obrar, etc. Cada serie acaba con una exhortación a disfrutar de la vida. Esta concepción materialista y pesimista de la vida tiene en gran parte su origen en una idea negativa del más allá. El *autor* es desconocido, sólo es seguro que fue un judío de Palestina. Quejas sobre la administración del Estado y desórdenes sociales (3,16; 4,1; 5,7; 8,10), alusiones a sucesos posteriores (9,13-16; 4,13-16; 10,16s) y sobre todo la lengua (arameísmos, expresiones y formas de hebreo tardío) hacen concluir que la obra procede del s. III a.C. A pesar de su falta de lógica en la concatenación de los pensamientos, hoy se admite en general la unidad de la obra (el autor pone sus consideraciones en boca de un personaje al que llama Qohélet, pero que se sobreentiende Salomón). La dependencia de algún modelo babilónico o de la filosofía griega no se puede demostrar. La concepción del mundo del Eclesiastés está de lleno dentro del pensamiento del AT: recomienda una conducta de vida religiosa en dependencia con el Creador y aun cuando no sepa dar una respuesta satisfactoria sobre el sentido de la vida, despierta por esto mismo el anhelo por un mayor conocimiento y por una revelación más clara.

Eclesiástico (libro del). I. EL TEXTO. El libro deuterocanónico Eclo es conocido con varios títulos: hebr. *Proverbios de Jesús, el hijo de Sirac*, gr. *Sabiduría de Sirac*, entre los cristianos de lengua latina *Ecclesiasticus* (libro de la Iglesia). El libro pertenece al género de literatura sapiencial (→ Sabiduría). En él se distinguen dos partes: 1) una colección de avisos y sentencias (1,1-42, 14) que se refieren a una concepción religiosa de la vida y a las buenas costumbres; en esta parte Eclo tiene mucha analogía con Prov; 2) un himno a la sabiduría (42,15-43,33). el «elogio de los padres» (44,1-50,26), palabra final y apéndice (50,27-51,30). La forma literaria más frecuente es la de los versos pareados mnemotécnicos (con frecuencia ampliados en excursos en forma estrófica), donde la sabiduría aparece no sólo como propiedad prestada por Dios, sino como propiedad o posesión de la misma divinidad (personificación: cap. 24). A pesar de la influencia de la filosofía griega, el saber vivir y la moral del provecho desaparecen en favor de una postura religiosomoral: autodisciplina, castidad, moderación, disponibilidad, beneficencia, sacrificio y oración. El original fue escrito en hebreo por Jesús de Sirac hacia el 180 a.C. (50,1-24 se refiere al sumo sacerdote Simón II; los disturbios del tiempo de Antíoco IV Epífanes [175-164] no han pasado todavía), la primera traducción griega (cf. prólogo) se realizó poco después del 132 a.C. Hasta 1896 sólo se conocían los textos griego y sirio. Luego se encontraron fragmentos de manuscritos hebreos en la → Gueniza de El Cairo y más tarde también en → Qumrán y en una casamata de → Masadá que pusieron de manifiesto las inexactitudes y malentendidos de las traducciones.

II. CANONICIDAD. Eclo, un manual de filosofía práctica de la vida que el autor construye sobre el caudal de la tradición religiosa israelita, se cita muchas veces en el Talmud, pero nunca entró en el → canon judío. En la Iglesia católica, su canonicidad no fue ratificada hasta el concilio tridentino. La Iglesia protestante lo cuenta entre los → apócrifos.

Edén. 1) (akk.: desierto). Nombre del jardín donde, según la narración del →paraíso (Gén 2,8-15), vivieron los primeros hombres. El hagiógrafo interpretó sin duda el nombre genérico de desierto como nombre de una región. El lugar no se puede identificar, pues se trata más bien de una idea mítica. Poco a poco se transformó el jardín «en» Edén en un jardín «de» Edén, que se relacionaba con la palabra hebrea 'ēden = placer (Ez 31,9.16.18; Eclo 40,27).

2) Territorio del dominio asirio (2Re 19,12; Is 37,12), a ambos lados del Éufrates, mencionado desde 884 a.C. en textos asirios.

Edom, edomitas. 1) Pueblo semita que, a finales de la época del bronce (s. XIV-XIII), emigró del desierto siroarábigo hacia los países culturales limítrofes y se estacionó especialmente en Siria y Palestina. Gén 25,30; 36,1.8.19.43 relaciona secundariamente Edom con el cazador israelita oriental, → Esaú (Edom = se volvió rojo con el «plato rojo» por el cual Esaú vendió su derecho a la primogenitura, cf 25,29-34). Al sur del mar Muerto, a ambas partes de Arabá aseguraron su país por medio de sólidas fortificaciones fronterizas y se organizaron un Estado antes que los israelitas (Gén 36, 31-39; 1Par 1,43-54 ofrecen una lista de reyes de Edom, «antes de que un rey [israelita?] reinara sobre Edom»). Muy pronto empezaron los conflictos bélicos entre los dos pueblos a causa de la salida al mar y de los yacimientos de minerales (Núm 20,14-21). Saúl luchó contra Edom (1Sam 14,47); David lo subyugó (2Sam 8,13s: Edom en lugar de

Edom

Aram). Bajo Salomón fracasó una rebelión (1Re 11,14-22.25b), pero después de la división del reino consiguieron la independencia. Hacia 800 eran tributarios de los asirios y más tarde fueron sometidos por Nabucodonosor (Jer 27,6; 49,7-22; Ez 32,29). Después de la destrucción de Jerusalén, se abrieron paso hacia el norte, de ahí los oráculos de amenaza de los profetas (Abd 6-21; Ez 25,12-14; Is 34,5-17). Los edomitas aparecen más tarde en la historia bajo el nombre de →Idumeos.

2) Seguramente la cultura de Edom alcanzó mayor desarrollo de lo que hacen pensar las fuentes no edomitas. Aunque hasta hoy no se conoce literatura edomita alguna, es de suponer que su lengua estaba emparentada con el hebreo. Los edomitas debieron poseer una literatura sapiencial (→Sabiduría) que no carecía de importancia (Abd 8; Jer 49,7; Bar 3,23). Veneraban a varios dioses (2Par 25,14). Fig. 5.

Efesios (carta a los). 1) *Destinatario y finalidad.* Ef figura en nuestro NT como carta de Pablo a la comunidad de →Éfeso. Sin embargo, ni lo uno ni lo otro es completamente seguro, pues *a)* parece que el autor de Ef no conoce a sus lectores (1,15; 4,21) y que éstos no le conocen a él (3,2ss), mientras que Pablo trabajó al menos tres años en Éfeso (Act 19) y según Act 20 era bien conocido de sus habitantes; *b)* en los manuscritos más antiguos de los s. IV y V falta la indicación de lugar «en Éfeso» (1,1). Orígenes, Basilio y Jerónimo dicen que esta indicación faltaba en los manuscritos de su tiempo. Además se considera que Ef, tanto en su vocabulario como en su estilo difiere mucho de las grandes epístolas paulinas más antiguas (Gál 1 y 2, Cor, Rom). La carta tiene un cierto paralelo con la parenesis judía (de Qumrán) y el hecho de que ya no tenga la necesidad de defender el derecho de los paganocristianos dentro de la Iglesia, como la tiene Pablo, sino que puede afirmar la existencia de la unidad de la Iglesia formada por judíos y paganos, entonces parece más plausible la opinión de que la carta fue escrita (no se puede determinar con qué motivo concreto) por algún cristiano (¿judío?) que conocía las cartas de Pablo y la carta a los →Colosenses, y recogió sus pensamientos y los desarrolló en esta carta.

2) *Contenido.* En la primera parte doctrinal (1-3), el autor expone la grandeza de la gracia caída en suerte a los paganos en su vocación al cristianismo, así como la tarea especial de la Iglesia de unir la humanidad que estaba dividida en judíos y paganos. La unidad de la humanidad se ha reestablecido en la Iglesia una. Al mismo tiempo, la Iglesia es el medio de la unión de los hombres con Cristo, pues en ella, cual cuerpo de Cristo, cada miembro está esencialmente unido con Cristo que es la cabeza. La segunda parte (4-6) es una amonestación que pone en evidencia las consecuencias que deben sacarse de la parte doctrinal: unidad mutua (4, 1-16), renovación interior (4,17-5,20), virtudes domésticas (5,21-6,9) y lucha contra los poderes del mal (6, 10-24).

Éfeso, antigua metrópoli en la desembocadura del Caistro, en Asia Menor. Habitada hacia 1000 a.C. por inmigrantes jónicos, Éfeso se convirtió en una rica ciudad comercial de rango cultural (Heraclito). Desde 133 a.C. fue centro de la provincia romana de Asia. El templo de Ártemis, con la imagen de la diosa caída del cielo, era una de las maravillas del mundo antiguo (Act 19,35). En la población estaba en boga la práctica de la magia (19,19), en cambio, la predicación cristiana encontró fuerte eco en la colonia judía que disfrutaba de privilegios especiales (Act 18,24ss; 19,1ss). Pablo actuó en Éfeso en su primero y segundo viaje misional, hasta que el tumulto de los plateros le hizo abandonar la ciudad (18, 19-21; 19, 1-20,1). El punto culminante en la vida de la primitiva comunidad cristiana, cuya importancia está también subrayada en Ap 2,1-7, fue el tercer concilio ecuménico en 431. (El relato que dice que María murió en Éfeso es legendario.) Hoy *selçuk*.

Efod, objeto litúrgico, parte de los ornamentos sacerdotales, que se «llevaba» puesto (1Sam 2,28) o ceñido (1Sam 2,18; 2Sam 6,14; 1Par 15, 27), y que por tanto debía tener la forma de un delantal. La fuente sacerdotal (P) es la que lo describe con más detalle (Éx 28,6-14; 39, 2-7) como parte de la indumentaria del → sumo sacerdote en funciones. El efod es de lana de varios colores con hilos de oro, adornado con piedras preciosas y se lleva sobre el vestido. Se menciona junto con una cierta imagen de talla o de fundición y con el igualmente enigmático → terafim (Jue 18,17s); se coloca en la ciudad (Jue 8,27); se lo va a buscar para consultar al oráculo (1Sam 23,9-12). Quizás fuera un ídolo designado por su forro de metal, de forma que podría pensarse que el efod era una pieza de vestido o atributo (bolsa del oráculo [?]) de la divinidad y, por extensión, del sacerdote en funciones.

Efraím (hebr.: probablemente nombre de lugar o de región), segundo hijo de José (Gén 41,52; 46,20), caracterizado como epónimo de la → tribu israelita de Efraím en las bendiciones de (→) Jacob (49,22-26) y de Moisés (Dt 33,13-17). Efraím se estableció en la parte montañosa central, al oeste del Jordán (Jos 16,4-10). En la época de los jueces tuvo disputas con las tribus vecinas (Jue 7,23-8,3; 12,1-6). Bajo Salomón formaba Efraím un distrito propio (1Re 4,8) y tomó la hegemonía entre las tribus septentrionales, por esto los profetas llaman el reino del norte simplemente Efraím. Mapa PA C5.
2) Ciudad en el desierto, donde Jesús se retiró para ocultarse de los judíos (Jn 11,54). Es Efrón del AT (2Sam 13,23) al este de Bet-El. Mapa PN C6.

Efrat, Éfrata (Gén 48,7; 1Par 2,19), estirpe judaica, kalebítica, que se estableció en Belén, por ello Belén es llamado Efrat en Rut 4,11 Miq 5,1. Sin embargo Gén 35,16-19 se refiere a una localidad de Benjamín (cf. 1Sam 10,2; Jer 31,15).

Egipto. I. EL PAÍS. Egipto es un oasis muy alargado entre el desierto libio y el desierto arábigo, y atravesado en toda su longitud por el → Nilo. A principios de junio, las aguas del Nilo comienzan su crecida que ocasiona las inundaciones periódicas, hasta septiembre, cuando alcanzan su nivel máximo; el nivel mínimo se da entre marzo y junio. Cuando la inundación es pequeña, sobreviene el → hambre. El río, además de proveer a la tierra de agua y abono, es el gran eje del tráfico comercial. Hoy, la presa de Asuán (1902-1971) regula la crecida de las aguas.
II. LOS HABITANTES. Los egipcios pertenecen a la raza camita. A pesar de numerosas aportaciones de san-

Egipto

gre extraña (p. e., hiksos, libios, época helenisticorromana, invasión árabe), los habitantes actuales apenas si se distinguen en su fisonomía de sus antepasados de cuatro milenios atrás.

III. HISTORIA. La historia de Egipto propiamente tal (hasta 332 a.C.: conquista de Alejandro Magno) abarca 26 siglos. Según el sacerdote egipcio Manetón, los príncipes que rigieron el país se agrupan en 31 dinastías. Otra división de la historia de Egipto distingue un imperio antiguo (abreviatura IA: dinastía III-VI; 2600-2200), un imperio medio (abr.: IM: dinastía XI-XIII; 2100-1700) y un imperio nuevo (abr. IN: dinastías XVIII-XX; 1550 hasta poco antes de 1100). El fundador de la primera dinastía fue Menes, procedente de Tis, en el alto Egipto, quien unificó las dos regiones del país.

1) *Imperio antiguo* (dinastía III-VI). Con Zoser (din. III) comienza una época de gran florecimiento, incluso cultural (pirámide escalonada de Saqqará). La dinastía IV (Snefru, Jeops, Jefrén, Mikerinos) representa la culminación del IA (pirámides de Guizéh, relaciones comerciales con →Biblos). La dinastía V practica fervorosamente el culto al sol y es particularmente activa en política exterior (expediciones periódicas a la región del Líbano). Primera época de transición (din. VII-X): un siglo de completa confusión y anarquía.

2) *Imperio medio* (din. XI-XIII). La dinastía XII representa una época de florecimiento (obras hidráulicas en Fayum). La creciente inmigración semítica hizo necesaria una enérgica defensa de las fronteras.
Segunda época de transición. Después de 1700, el imperio cayó en manos de los hiksos. Su centro de gobierno se hallaba en Avarís, en el Delta oriental. Se acostumbra situar en esta época la entrada de Jacob y su familia en Egipto, pero la teoría fracasa ante la imposibilidad fundamental de conciliar las narraciones de →José (→Patriarcas) con la historia.

3) *Imperio nuevo* (din. XVIII-XX). Amosis (1552-1527), primer faraón de la dinastía XVIII, expulsó a los hiksos. Amenofis I (1527-1506) pudo consolidar de nuevo el imperio en su interior. Su sucesor Tutmosis I (1506-1494) llegó, en una expedición militar, hasta el Éufrates. Durante todo el IN, la atención de los faraones se dirigió con preferencia hacia Palestina/Siria. Tutmosis III (1490-1436) emprendió muchas campañas militares contra Asia. Su principal enemigo fue el estado de Mitanni que supo aliarse con los príncipes siriopalestinos. Bajo el reinado de Tutmosis III aparece por primera vez la palabra 'aperu (→hebreos). Amenofis IV (1364-1347) propugnó con celo el culto exclusivo del disco solar Atón; de ahí que cambiara su nombre por el de Ajnatón (→Amarna). Sus provincias asiáticas se hallaban amenazadas por los →hittitas y por nómadas procedentes del desierto arábigo. La dinastía XIX y en particular Ramsés II (1290-1224) se vieron complicados en una perpetua lucha para conservar sus posesiones asiáticas. Durante este tiempo, entre Seti I (1304-1290) y Merneftah (1224-1204), se pueden datar los relatos sobre Moisés y la salida de Egipto (→Éxodo). También en esta época fueron derrotados los «pueblos del mar» que se habían infiltrado por el norte y por el oeste. Después de la victoria, los faraones mismos favorecen el establecimiento de estos recién llegados (entre otros los →Filisteos) en la llanura costera de Palestina. De Merneftah procede la famosa «estela de Israel».

Egipto

Pronto perdió Egipto todo dominio sobre Asia, e Israel pudo desarrollarse sin obstáculos.

4) *Decadencia y época tardía.* Desde el norte, se procede otra vez a la unificación del país que durante la dinastía XXI se había dividido en dos partes, una al norte y otra al sur. El primer faraón que el AT designa por su nombre es el libio Šošaq. En él buscó Yeroboam asilo, tras un fracasado levantamiento contra Salomón. A su regreso, se erige en primer rey del reino del norte, mientras Šošaq invade Judá (1Re 14,25s; 2Par 12,2-4). Contra el faraón Tirhaqá (din. XXV), lucharon los asirios, que en 671 pisaron por primera vez territorio egipcio e incendiaron la antigua ciudad de Tebas. Psammético I, fundador de la dinastía XXVI, consiguió reavivar la conciencia nacional. Su sucesor, Nekó, suscita de nuevo la antigua pretensión al dominio de Palestina y Siria, choca junto a Meguiddó con → Yosiyyá de Judá, en cuyo trono coloca a → Yoyaquim, pero es a su vez derrotado por → Nabucodonosor junto a Karkemíš (605?).

Después de la destrucción de Jerusalén, muchos judíos se establecen en Tafnis, en el Delta oriental, entre los cuales figura también → Jeremías. El rey persa, Cambises, consigue derrotar a Psammético III y Egipto pasa a ser una satrapía persa (525). El dominio persa se mantiene hasta Alejandro Magno, quien fundó → Alejandría como nueva capital. La dinastía de los Ptolomeos acabó con la batalla de Accio (30 a.C.) y Egipto pasó a ser una provincia romana. La explotación hunde el país cultural, política y socialmente. Egipto fue muy pronto cristianizado (por el evangelista Marcos?) y escenario de importantes

Fig. 14. Valle del Nilo

Egipto

disputas teológicas (Clemente de Alejandría) y de la práctica de la vida eremita. Fig 14 y 17.

Ejército → Guerra.

El. 1) Denominación semita más antigua para Dios. La etimología es insegura, lo más probable es que derive de '*wl* (ser fuerte). Magnificencia y supremacía constituyen su esencia (cf. Os 11,9; Is 31,3; Ez 28,2). «El» es tanto nombre genérico (pl.: Elim, Elohím, v. infra) como también nombre propio de una divinidad determinada. En nombres teóforos de personas, babilonios y asirios, es Ilu, por regla general, nombre genérico; en los numerosos nombres arameos, se trata probablemente de El, dios venerado por este pueblo en el s. VIII. En los textos ugaríticos, El aparece como el dios supremo. Se le representa como anciano («padre de los años») y rey de la tierra (cf. Jos 19,38), pero fue poco a poco suplantado por el joven y vital → Baal. En Arabia, los nombres compuestos de *ilāh* son tan frecuentes que de ahí se ha deducido que sus habitantes, a pesar de haber adoptado más tarde dioses extranjeros, primitivamente habrían adorado a un solo dios. Los israelitas usaban el nombre El como nombre genérico (p. e. Gén 31,13; Éx 15,11; 20,5; Dt 5,9; 6,15; Sal 58,2) o como nombre propio de su Dios, (p. e., Is 40,18; Sal 10,11s); además formaba parte de muchos nombres de personas, p. e., → Elías, Elihú, Eliseo, Ismael. Muchas veces se añade al nombre El otra determinación más concreta que definen su aspecto o el lugar de su residencia, p. e.: El-Šadday, El-Olam (el dios antiquísimo, Gén 21,33), El-Roí (el dios que me ve, Gén 16, 13), El-Betel (el dios que se revela en Bet-El, Gén 28,12-22). Más frecuentes son fórmulas como: el El de tu padre (p. e. Gén 26,24; 28, 13), fórmulas que indican una unión estrecha entre Dios y los miembros de una tribu. A partir de la alianza con Abraham, se consideró a El como Dios de Israel (Gén 33, 20) y a todos los demás dioses como «dioses extraños» (Gén 35,2.4; Jos 24,20.23; Jue 10,16).

2) De la misma palabra El se deriva '*elōah* (casi exclusivamente en el lenguaje elevado) y su plural correspondiente, *èlōhīm* (en el AT más de 2000 veces). Este plural puede referirse a multiplicidad de dioses (p. e., Éx 18,11; Dt 10,17; Jue 9,13), pero generalmente construido con un verbo en singular y por tanto entendido como dios único. Con Elohím se significa no sólo al Dios de Israel, sino también a Kemóš, dios de los moabitas (Jue 11, 24); a Istar, diosa de los sidonios (1Re 11,5); o a Baal-Zebub, dios de Eqrón (2Re 1,2). El plural no indica residuo de una época politeísta (Jos 24,2.14s), sino una superlación del concepto, la elevación de una persona a representante general (en el sentido de palabra abstracta: divinidad): Elohím es el verdadero y único Dios que posee todas las propiedades de El. En este sentido usa la palabra El sobre todo la fuente → elohísta.

Elam, elamitas, vecinos de Babilonia en el lado norte y noroeste del golfo Pérsico, con capital Susa y pertenecientes a los llamados pueblos asiánicos. Gén 10,22 y 1Par 1,17, por motivos geográficos, los incluyen entre los semitas. Elam vivió su apogeo en la época media, cuando, p. e., Šutruk-Naḫḫunte (hacia 1185-1155) conquistó Babilonia y se llevó a Susa la estela de leyes de Hammurabi como trofeo de victoria. Más tarde (hacia 590) Elam fue incorporado al imperio de los medos iranios y finalmente al gran imperio persa de Ciro. Su lengua especial e inaccesible (→ Escritura cuneiforme) se conservó hasta la época del NT (Act 2,9). Aparte del rey Kedor-Laómer, mencionado en Gén 14,1.9, históricamente inidentificable, Elam aparece sobre todo en la literatura profética. Elam pertenece a los pueblos extranjeros (Is 11,11), es enemigo de Babilonia (Is 21,2), pero también mercenario del ejército asirio (22,6; de ahí las amenazas de Jer 49,34-38). Según Esd 4,9, los elamitas se establecieron también en Samaría. Fig. 7.

Elat o Elot, ciudad portuaria edomita, al extremo norte del golfo de Aqabá. Elat era importante para los israelitas como salida al mar y punto de partida para el → comercio con el sur de Arabia y África oriental. David sometió a sus habitantes edomitas (2Sam 8,13), Salomón y Yosafat construyeron en → Esyón-Guéber una fortificación y organizaron una flota mercante (1Re 9,26; 22,48s), pero sólo a partir de Azaryá, el nombre de Elat está documentado con seguridad (2Re 14,22). Bajo Ajaz, los israelitas perdieron definitivamente la ciudad. En la época romana, la ciudad (bajo el nombre de Aila) era todavía un puesto importante de comercio. Probables ruinas de Elat en *tell el-ḫlēfi* en las cercanías de la nueva ciudad israelita del mismo nombre. Fig. 16.

Elefantina → Papiro II.

Elí (hebr.: Yahveh es magnífico).
1) → Sacerdote del santuario del arca en Siló, relacionado con la historia de la infancia de Samuel y con las guerras de los filisteos (1Sam 1,1-4,18). Para el redactor deuteronomista de este relato, Elí es el último → juez. Elí es el patriarca de la estirpe de sacerdotes que fue desplazada por → Sadoq. El anciano Elí murió al recibir la noticia de que los filisteos se habían apoderado del → arca de la alianza y que habían muerto sus hijos Jofní y Pinejás.
2) En la → genealogía de Jesús según Lc, Elí es el padre de José (3,23). En cambio, cf. Mt 1,16 (Jacob como padre de José).

Elías (hebr.: Yahveh es Dios), de Tisbí en Galaad, campeón acérrimo de la religión de Yahveh bajo el rey → Ajab y la esposa de éste, Izebel, que favorecieron el culto de Baal. Fue → profeta en el reino del norte. Su popularidad llegó a ser legendaria. Re recoge un ciclo de relatos sobre Elías y milagros obrados por él (1Re 17,1-19,21; 21,17-29; 2Re 1,3-2,12). El NT menciona cuatro de estos milagros: la sequía y misión de socorro de la viuda de Sareftá (Lc 4,25s), la huida de Elías (Rom 11,2-4) y el juicio divino (Lc 9,54). El alto prestigio que se le concedía se revela en el hecho de que se le considerara asumido al cielo (2Re 2,11). En el judaísmo era tenido como taumaturgo y salvador. Se esperaba su retorno (Eclo 48, 10-12; Mt 16,14 par; 17,10-13 par; Lc 9,8) como Mesías o precursor suyo. Juan Bautista no se consideraba a sí mismo igual a Elías (Jn 1, 21.25), pero fue definido por Jesús como Elías redivivo (Mt 11, 14; 17, 12 par). En Mc 9,4, Elías, junto con Moisés, es testigo de la transfiguración de Jesús. El judaísmo tardío desarrolló todavía más los relatos milagrosos de Elías. Se comprende que se hayan conservado tres Apocalipsis de Elías:
1) Uno prepaulino, del cual Pablo habría extraído la frase que cita en 1Cor 2,9.

Elías

2) Un apocalipsis de Elías, del s. III d.C.

3) Un apocalipsis originalmente judío, reelaborado en el s. IV por cristianos, conservado en lengua copta.

Elihú (hebr.: él es Dios), nombre propio corriente. El personaje más importante que lo llevó es Elihú de Buz, amigo de Job. En los cuatro discursos que el libro de Job pone en boca de Elihú (32,4-33,33; 34; 35; 36s) representa éste la idea de que el sufrimiento es una purificación, un camino que conduce al conocimiento de uno mismo y en último término a la bendición. Dado que Elihú se presenta de repente en el libro, sus discursos desdicen del conjunto por su estilo y contenido, se tienen por un añadido tardío.

Eliseo (hebr.: Dios ha ayudado), hijo de Safat, de Abel-Mejolá, → profeta hacia 850-800, sucesor de Elías, al que sin embargo no superó, a pesar de las narraciones legendarias que a él se refieren (muchos milagros llamativos), que en parte son plagios de los relatos de Elías. Su historia se recoge en 1Re 19,19-21; 2Re 2,13-8,15; 9,1-13; 13,14-21. Con la unción de Yehú provocó la caída de la dinastía de Ajab.

Elohím → El (2).

Elohísta (abreviatura: E), redactor de la fuente Elohím en el → Pentateuco, llamado así porque hasta Éx 3,15 usa la palabra Elohím para designar a Dios (en vez de Yahveh; otras características idiomáticas: amorreos en vez de cananeos, Horeb en vez de Sinaí). Aun cuando en los casos concretos con frecuencia es difícil precisar los límites de esta fuente, en general se está de acuerdo en afirmar que la narración elohista empieza en Gén 15 (Abraham) y continúa (con interrupciones de otras fuentes) hasta Dt 34. Ciertas contradicciones dentro de la misma fuente elohista hacen pensar en una tradición elohista más antigua (E^1, E^2, E^3). Se supone que la fuente elohista es anterior a la deuteronomista y se fija hacia el año 750. Su estilo es fluido y vivaz, su pensamiento universalista y profético. Por ello se sitúa su procedencia en los círculos religiosos del reino del norte.

Elyaquim → Yoyaquim.

Elyón → El.

Emat → Jamat.

Emaús, árabe 'amwās, 24 km en línea recta al este noroeste de Jerusalén, de importancia estratégica, situado en el límite entre la planicie costera y la región montañosa de Judá. Se menciona en las guerras de los Macabeos (161 a.C.; 1Mac 3,57-4,25). Báquides lo fortificó en 160 a.C. Varo lo redujo a cenizas en 4 a.C. Durante la primera guerra judía fue puesto de la quinta legión (B.J. 4,8,1). Más tarde se llamó Nicópolis. A pesar del falso dato de distancia (60 estadios que Eusebio y san Jerónimo corrigen en 160) ésta era la meta de los dos discípulos en Lc 24,13. La opinión repetida que quiere identificar el mencionado Emaús con *el-kubebe* daría razón a la distancia de 60 estadios, pero la tradición y los hallazgos arqueológicos hablan en contra de ella. El encantador poblado árabe fue arrasado por los israelís en 1967. Fig. 11 y Mapa PN B/C6.

Enfermedad. 1) *En el AT* la enfermedad no es un fenómeno fisiológico, sino un castigo infligido por Dios (Éx 9,14s; Núm 12,9-14), por Yahveh mismo (2Sam 6,7; Sal 69,27) o por un ángel (2Sam 24,16s), como también obra de un → demonio (1Sam 16,14s) o de Satanás (Job 2,7). La enfermedad como castigo es consecuencia del pecado (Lev 26,14-16; Dt 28, 21s etc.) y con ello delata al enfermo como pecador (Job 9,29; Is 53,4). El enfermo es evitado y burlado y, como el leproso, excluido de la comunidad por impuro. En la literatura profética, la enfermedad sirve de imagen de la infidelidad y del pecado del pueblo abandonado (Is 1,4-6) o azotado por Yahveh (Jer 8,17s; Lam 1, 13s). Sólo poco a poco, la experiencia permite entender la enfermedad como prueba (Job 2,5s), corrección, purificación (Tob 11,15) o amonestación. Al igual que la enfermedad, la curación viene también de Dios (Éx 15,26). El enfermo la busca por la oración (2Re 20, 2s), por la confesión del pecado (2Sam 12, 13) o por el sacrificio (24,18-25). Incluso la pericia del médico (2Re 8,29) y la eficacia de los medicamentos (aceite, bálsamo, emplastos de higos, unciones) es atribuida a Dios.

2) *En el NT* se encuentran ampliamente las concepciones del AT sobre la enfermedad y sus causas (Lc 13,11.16; Jn 9,2; 1Cor 11,30-32 etc.). Pero Jesús muestra una nueva función del enfermo: por medio de él se tienen que manifestar las obras de Dios (Jn 9,3). La visita a los enfermos es una de las obras de misericordia (Mt 25,34-45; Lc 10,30-37). Los numerosos milagros de curaciones de Jesús (y de sus discípulos) son un signo de la irrupción de los tiempos mesiánicos (Mt 11,4s).

Engadi → En-Guedí.

En-Guedí (hebr.: fuente de los cabritos; últimamente también: fuente del agua abundante), fuente en la pendiente oriental del desierto de Judá (— 200m) y oasis del mismo nombre cerca de la costa del mar Muerto, Restos calcolíticos (quizás cultuales); región en donde David se refugió (1Sam 24); fortificación del distrito del desierto (Jos 15,62), y población floreciente hasta el destierro. Destrucción por los babilonios, nuevo florecimiento en la época persa; entre los s. II y III a.C. territorio del dominio de los Ptolomeos; del 40 al 37 a.C., incursiones de los partos y después del 70 d.C. dominio del imperio romano. En la segunda guerra judía fue centro de los hombres de la resistencia de Bar-Kôkbâ. En-Guedí es famoso por sus productos que favorece sus condiciones climáticas: palmeras (Eclo 24,14; Plin. *Hist. Nat.* 5,17), alheña (Cant 1,14), → bálsamo (Plin. *Hist. Nat.* 12,118). Se ha podido comprobar que En-Guedí tuvo relaciones comerciales con los habitantes de la ribera oriental del mar Muerto y con los → Nabateos. Mapa PA/PN C7.

Enoc → Henok.

Enterramiento. 1) *Pormenores.* La costumbre de cerrar los ojos a los muertos está testificada ya desde muy antiguo (Gén 46,4). El embalsamamiento de Jacob y de José (Gén 50,2s.26) es costumbre egipcia (→ Momificación). En Israel se sepultaba al difunto vestido con su traje diario (1Sam 28,14; Ez 32,27). A partir del tiempo de NT, se acostumbra lavar los cadáveres (Act 9,37) y envolverlos en lienzos (Mc 15,46 par; Jn 19,40). Normalmente se enterraba al muerto el mismo día de la defunción (Mt 27,57ss; Jn 11, 39; Act 5,6 etc.). Se enterraba sin

Enterramiento

Fig. 15. Plañideras egipcias y dos niños (dinastía XIX)

féretro y en posición alargada (2Sam 3,31 Lc 7,14 etc.). La → tumba se perfumaba con hierbas perfumadas (2Par 16,14) y si se trataba de difuntos importantes, también se quemaba incienso (2Par 16,14; 21,19 Jer 34,5). Se gustaba ofrecer objetos de uso diario (vajilla, armas, alhajas, especias, lámparas). Los muertos eran llorados no sólo por los familiares, sino también por plañideras (acostumbraban ser mujeres) a las que se pagaba por este servicio (Jer 9,16.19; 2Sam 1,24 etc.). Éstas se sentaban en el suelo, vestidas con vestidos de luto (saco y ceniza, vestidos con desgarrones), con los pechos desnudos y los cabellos desatados, cantaban, acompañados por flautistas, las virtudes del difunto, lamentaban su muerte y condolían a los pervivientes. Pasados los siete días del tiempo de duelo (Gén 50,10; 1Sam 31,13 etc.), se celebraba el banquete funerario (Jer 16,7; Tob 4,17). El quemar a los muertos no es costumbre judía (sólo 1Sam 31,12s). La incineración, que es algo distinto, se tenía por mala acción (Am 2,1) o era señal de castigo (Gén 38,24; Lev 20,14; 21,9). Fig. 15.

Esclavo

2) Significado. Permanecer insepulto era una terrible desgracia (Ecl 6,3), una de las más temibles consecuencias de la guerra (Is 34,2s; Sal 79,2) y un castigo de Dios (Dt 28,26; Jer 7,33 etc.). Incluso se sepultaba al enemigo (1Re 2,31) para que así pudiera escapar del desasosiego en el mundo inferior. La vida posterior después de la muerte se imaginaba en sentido corporal, al menos ligada de alguna manera con los restos mortales. Así se explica el deseo de ser enterrado junto a los padres (Gén 47,30; 2Sam 19,38). La supresión paulatina de las ofrendas de comestibles que fueron substituidas por objetos simbólicos (lámparas), hacia fines de la edad del bronce, indica un concepto más espiritualizado de la vida y de la muerte.

Epónimo. 1) Antepasado de quien recibe origen y nombre una ciudad, una familia o una tribu.

2) Dignatario estatal con cuyo nombre se designaban los años, sobre todo en Asiria. Las listas de epónimos son de gran importancia y utilidad para la cronología del antiguo oriente.

Eqrón, conocida ciudad filistea con un santuario a Baal-Zebub, unida por carretera con Bet-Šemeš (1Sam 6,12) y mencionada en relación con el → arca de la alianza (1Sam 5,10; 6,16). La conquista de la ciudad por los israelitas, narrada en Jue 1,18; 1Sam 7,14; 17,52, es posible que fuera sólo una imposición de tributo, pues los profetas siempre consideran Eqrón como ciudad filistea. Eqrón no fue de los judíos hasta que el rey sirio Alejandro Balas regaló la ciudad a Yonatán Macabeo (1Mac 10,89). La identificación de la antigua Eqrón es insegura. Mapa PA B6.

Esaú (hebr.: tosco, velludo [?]), hijo de Isaac y de Rebeca, hermano mayor de → Jacob (Gén 25,19-26: nacimiento; 25,27-34: venta del derecho a la → primogenitura; 27: subrepción de la bendición; 32s: reconciliación de los hermanos). En la tradición yahvista oriental, Esaú es representante eponímico del cazador, en contraposición al pastor Jacob. La identificación de Esaú con → Edom es secundaria, no obstante se impuso (Jer 49,8-10; Abd 6.9.18; Mal 1,2s). En el NT, Esaú sirve de prueba de la libre elección de la gracia de Dios (Rom 9,10-13). En cambio, Heb 12,16s, de acuerdo con la tradición rabínica, le señala como egoísta.

Escarabeos, → alhaja egipcia en forma de escarabajo que se usaba como amuleto o → sello. Como muchos escarabeos llevan el nombre de un faraón, son importantes para los problemas de cronología. En Palestina, junto con muchas piezas de importación egipcia, se han encontrado escarabeos de fabricación indígena más ruda. Sus emblemas nos proporcionan datos sobre religión, vida artística y nivel cultural (→ Marcas de Jarra).

Escitas, pueblo bárbaro de jinetes nómadas, iranios de origen, que salieron de las llanuras de Rusia del sur hacia el 625 a.C. y llegaron hasta las fronteras de Egipto (Herodoto 1,103-106). Muchos exegetas ven en ellos al enemigo «del norte» en Jer 4-6 y Sof 1. En general se tenían por rudos (2Mac 4,47) y bárbaros (Col 3,11).

Esclavo. 1) *En el AT.* En Israel se vendía como esclavos a los presos de guerra no israelitas (Núm 31,9; Dt 21,10), esclavos extranjeros se podían comprar en Tiro (Ez 27,13),

Esclavo

los fenicios son citados como comerciantes de esclavos (Am 1,6.9; Jl 4,3). Un israelita se podía convertir en esclavo de un compatriota suyo por distintos motivos (Éx 21,4; 22,2; Lev 25,39; 2Re 4,1-7; Mt 18, 25 etc.) e incluso venderse a sí mismo (Éx 21,6). La ley contenía disposiciones para la protección de los esclavos (21,7-11; Lev 19,20-22). El hombre sencillo se llama a sí mismo humilde esclavo de su superior (Gén 32,19; 33,5; Núm 31,49; Rut 2,13 etc.). Pero sobre todo el hombre se tiene por esclavo (o servidor) ante Dios.
2) *En el NT.* En tiempo de Jesús, la esclavitud era un hecho normal (cf. sus parábolas: Mt 24,45-51; Lc 12,42-48 entre otras). Jesús nunca se pronunció por su abolición. Los apóstoles son los primeros en subrayar la igualdad de todos los hombres ante Dios (1Cor 7,21s; Gál 3, 28; Ef 6,8) y abordan el problema de la relación entre señor y esclavo (Col 3,22-24; Ef 6,5-9; 1Pe 2,18s etcétera; cf. Flm), pero no hacen ningún esfuerzo especial para superar la esclavitud (cf. 1Cor; 7,20-24; Tit 2,9s). El pensamiento del AT de que el hombre es siervo de Dios se desarrolla más.

Escritura → Alfabeto; Hebreo; Jeroglíficos; Escritura cuneiforme; Fenicia; Sumerios.

Escritura (material de). Se escribía sobre cascos de barro (→ Óstraka), tablillas de barro (→ Escritura cuneiforme), → papiro, cuero y pergamino. Es más raro el uso del metal (1Mac 8,22; 14,18; Job 19,24), madera (Is 8,1; 30,8; Ez 37,16) y piedra (sólo para inscripciones de monumentos: Éx 32,15s; Dt 27,2ss), no obstante, la madera fue muy usada de antiguo, en particular en la fase jeroglífica de la escritura cuneiforme.

Escritura cuneiforme, forma de escritura usual en Mesopotamia y también, en menor importancia, en otros territorios del oriente medio.
1) *La escritura cuneiforme* → *sumeria.* Se creó probablemente hacia el 300 a.C. al sur de Mesopotamia. Originalmente, los signos figurativos (recipientes, animales, etc.) y simbólicos servían para representar palabras enteras, pero pronto se pasó del valor significativo al valor fonético (escritura silábica). Para evitar confusiones, se usaba además signos de clase (determinativos). Estos tres elementos: signos de palabras, signos silábicos y determinativos se conservaron en la escritura cuneiforme hasta su desaparición. Se usaba como material de escritura, tablillas de barro. Por regla general se escribía de arriba a abajo. Las líneas curvas se fraccionaban en cortos trazos que poco a poco adquirieron la forma de cuña.

Con ello y con el viraje de 90° en la dirección de la escritura desapareció muy pronto el carácter figurativo de muchos signos. El número original de unos 2000 signos se redujo a unos 500.
2) Los → *akkadios* tomaron la escritura cuneiforme de los sumerios para transcribir su propia lengua semítica (hacia 2350 a.C.). Para muchos fonemas extraños a los sumerios se adaptaron nuevos signos a partir de los antiguos. El número de signos se redujo de nuevo hasta 325 y su forma se transformó a lo largo de los milenios. La escritura de la cancillería de Assurbanipal del imperio nuevo asirio adquirió valor normativo. La elástica escritura cuneiforme sirvió también para otras lenguas (p.e. la de los [→] elamitas, hititas, de los reyezuelos de Palestina del tiempo de → Amarna y de los Arteos primitivos del lago de Van.

3) *La antigua escritura cuneiforme persa* fue una creación artificiosa de Darío. Sus 41 signos eran no sólo signos silábicos, sino además letras.

4) *La escritura cuneiforme ugarítica* se produjo por influencia de la escritura alfabética (→ Alfabeto) protocananea. Sus 30 signos e incluso su ordenación coinciden con el alfabeto fenicio posterior. Sin embargo, la escritura cuneiforme ugarítica tuvo poca difusión y desapareció con la caída de la ciudad de → Ugarit.

Escudo → Armas.

Escuela bíblica. La «École pratique d'études bibliques établie au couvent des Dominicains Saint-Étienne de Jérusalem» fue fundada en 1890 a petición de León XIII por el padre M.-J. Lagrange (1855-1938), en el lugar donde, según la tradición, san Esteban fue lapidado (unos 350m al norte del portal de Damasco). La escuela tiene la tarea de fomentar los estudios bíblicos por parte católica, con los medios de la ciencia moderna.

La escuela está concebida de modo que en dos cursos proporciona la formación bíblica especializada (introducción y exégesis del AT y del NT, historia bíblica, geografía, arqueología, topografía de Jerusalén, lenguas bíblicas y orientales, así como ejercicios prácticos de investigación arqueológica, excursiones y viajes de estudio). Desde 1920, es asimismo «École archéologique française». Forma parte de sus actividades la edición de la revista «Revue Biblique» de la obra de comentario «Études Bibliques», de la *Bible de Jérusalem*, así como la realización de → excavaciones en *tell el-fārʻa* (→ Tirsá), (→) Qumrán y Jerusalén.

Esdras. I. PERSONA. Esdras (hebr.: [Dios es] ayuda), → sacerdote de los judíos en Babilonia (Esd 7,15), consejero para asuntos judíos durante el gobierno persa, en el año séptimo del reinado de Artajerjes fue enviado a Jerusalén con el encargo de ordenar la situación de la comunidad judía postexílica en Palestina (se discute si se ha de entender Artajerjes I, por tanto el año 458 a.C., o Artajerjes II, año 398 a.C.). Le acompañaron repatriados, levitas y servidores del templo. Una vez llegado a Jerusalén, proclamó una renovación de la alianza y sometió los judíos a la ley (Neh 8-10; no está claro de qué ley se trataba). Luego combatió los matrimonios mixtos (Esd 9s). El informe justificativo de su actividad para las autoridades persas fue refundido por el cronista e incluido en el libro de Esdras.

II. Bajo el nombre de Esdras circulan varios ESCRITOS:

1) El libro canónico de Esdras, → Paralipómenos.

2) El libro canónico de Nehemías, → Paralipómenos.

3) El libro apócrifo 3Esd, en gran parte paralelo con Esd, que hasta los tiempos de san Jerónimo valió como canónico.

4) Un apocalipsis apócrifo (en la Vg 4Esd) junto con los apéndices cristianos 5Esd y 6Esd. Contiene siete visiones que Esdras habría visto en Babilonia en 557 a.C.: un ángel le instruye sobre la justicia de Dios en el destino de Israel y sobre los tiempos venideros. Luego sigue una narración según la cual Esdras reconstruye los libros perdidos de la Sagrada Escritura y fija el canon. El libro se escribió en el s. I d.C. en hebreo o arameo.

Esenios, secta judía con pronunciada tendencia ascética. El nombre, proba-

Esenios

blemente arameo, significa «los devotos». La Biblia no los menciona. Según el testimonio de Filón de Alejandría y de Flavio Josefo, la época de los esenios sería entre los años 150 a.C. en tiempos de Yonatán Macabeo y 70 d.C. (guerra judía). Vivían especialmente en En-Guedí, junto al mar Muerto, en comunidad parecida a la monástica. El espíritu de la secta se caracteriza por su obediencia a superiores elegidos por ellos mismos, celibato, renuncia a la posesión de bienes y al comercio, cultivo del campo, cumplimiento estricto de la ley del sábado, abluciones rituales, noviciado y disciplina del arcano. Los esenios se abstenían de tomar parte en el culto del templo y de sacrificar animales. Los elementos más importantes de su doctrina eran judíos, pero también asumieron influencias extrañas (parsismo, neopitagorismo [?]). Hay buenos argumentos que abogan por la pertenencia de la comunidad de → Qumrán al movimiento esenio.

Esmeralda → Piedras preciosas.

Esmirna, ciudad portuaria en la costa occidental del Asia Menor, originariamente colonia eólica y luego ciudad jónica. Hacia 300 a.C., la ciudad fue reedificada según planos de Alejandro Magno y se convirtió rápidamente en una de las ciudades portuarias y comerciales de Asia Menor. En la época romana (a partir de 133 a.C.), junto con Pérgamo, fue el centro más importante de culto imperial de Asia Menor. A finales del s. I d.C. había en Esmirna una comunidad cristiana (Ap 1,11). Desde Esmirna, Ignacio de Antioquía escribió sus cartas a las comunidades de Éfeso, Magnesia y Trales. Entonces, Policarpo (probablemente + 156) era obispo de Esmirna.

Espada → Armas.

Esparta, ciudad dórica del Peloponeso, mencionada en el AT como aliada de los → macabeos Yonatán (1Mac 12) y Simón (1Mac 14). Entre 152 y 143, Yonatán, en una carta dirigida a los espartanos, se refiere a las buenas relaciones que habían existido entre los dos pueblos manifestadas en una carta anterior del rey espartano Ario I (309-265) al sumo sacerdote Onías II o I. Después de la muerte de Yonatán, la alianza se renovó con su sucesor Simón. Se ha puesto mucho en duda la autenticidad de las cartas y de la alianza, pero es posible, si se tiene en cuenta la situación política de entonces.

Esposo, esposa (precio de la esposa) → Boda.

Esteatita → Piedras preciosas.

Esteban (gr.: corona), uno de los siete encargados de atender a los pobres (→ Diácono) que fueron elegidos por los apóstoles en Jerusalén (Act 6,5). Era de origen griego. Se atrajo el odio de los judíos (6,8-12) y después de un proceso ante el sanedrín, fue lapidado (7). Saulo aprobó su muerte que fue el comienzo de una ola de persecuciones contra la comunidad de Jerusalén (8,1; 11,19). Según una tradición que llega hasta el s. V, el lugar de la lapidación se sitúa al norte de la actual puerta de Damasco (→ Escuela Bíblica). Fig. 25.

Estela, bloque de → piedra en pie y aislada, con una cara lisa, en general semicircular en la parte superior, con representación e inscripción, por lo general, erigida por algún gobernante como memorial de empresas (militares). Además se dan también estelas privadas (p.e., erigidas por algún alto funcionario). A diferencia de la → Masebá (columna de piedra sin inscripción ni figuras), la estela tiene un carácter profano, pero puede también estar colocada en algún santuario. En el AT se menciona la estela de Saúl (1Sam 15,12) y la estela de Absalón (2Sam 18,18; en el mismo sentido («monumento»), Is 56,5. Por las excavaciones conocemos hoy un número considerable de estelas de Palestina que representan importantes documentos para la historia de Israel y para la historia de la religión.

Ester. I. (hebr.: [la diosa babilónica] Ištar?), llamada también Hadassá, hija de Abijáyil, sobrina y pupila de → Mardoqueo, protagonista del libro que lleva su nombre.
II. LIBRO DE ESTER. 1) *Contenido.* El rey persa Ajasverós (Jerjes 485-465), después de haber repudiado a su esposa Vasti por inobediencia, elige por reina a la judía Ester. Su tutor Mardoqueo descubre una conspiración contra el rey y se niega a rendir homenaje al gran visir Hamán. Éste, con la aprobación del rey, promulga un decreto para la exterminación de los judíos. Ester se da a conocer al rey como judía y consigue el favor del rey de que los judíos puedan salvar su vida. Éstos se vengan en todo el país de sus enemigos. Hamán es empalado y Mardoqueo asume su puesto como gran visir. Los judíos celebran la fiesta de los *purim* en memoria de estos acontecimientos.
2) *Carácter.* El texto hebreo de Ester pertenece, como los restantes → Meguillot, al género literario de prosa poética. El libro quiere proporcionar el motivo de la fiesta de los *purim,* que sin duda fue tomada de la → diáspora persa y quizás conserva la memoria de algún pogrom

padecido por los antepasados en Persia. Los personajes elegidos para la narración traen los rasgos de la parenesis sapiencial. La intención teológica queda encubierta, la palabra Dios no sale para nada. Sin embargo el autor está convencido del gobierno de Dios sobre la historia. En la ecuación: enemigo del pueblo = enemigo de Dios, se muestra el sentimiento nacional, como en tiempos de las antiguas guerras santas de los israelitas. El libro debió ser escrito entre los años 300 y 80 a.C. Habla a favor de ello el análisis literario y también la noticia de 2Mac 15,36 que, hacia 50 a.C., da testimonio del día de Mardoqueo. La conciencia nacional que fue especialmente marcada en la época de las guerras de los Macabeos pudo ser motivada también por Est.

Estrella. 1) Lo que más llamaba la atención de los israelitas en las estrellas era su número incontable (Gén 15,5; 22,17; 26,4; Éx 32,13; Dt 1,10 etc.). No obstante no les pasó por alto que cada estrella tiene su lugar (Sab 7,19; Eclo 43,10 etc.) o su camino (Jue 5,20) y que las estrellas aparecen en determinadas constelaciones (Sab 7,29). Conocían las constelaciones: Orión, a la que llamaban «Torpe» a causa de su magnitud (Job 9,9; 38,31; Am 5,8; en akk., aram., sirio y árab. tenía el sobrenombre de «Gigante»), el Perro Grande y Pequeño (Job 38,15 [?]), Aldebarán y las Híadas (38,32), la Pléyades (38,31), los signos del Zodíaco (38,32) y las estrellas matutinas que para los orientales eran un símbolo especial de la esperanza (3,9; 38,7; 2Pe 1,19; imagen del día escatológico; Ap 2,28: imagen de Cristo).
2) *Teología.* Las estrellas son creaturas de Dios (Gén 1,16) y obra de sus manos (Sal 8,4), su orden

Estrella

procede de su poder (Job 38,31). Por esto se sugiere que el trono de Dios está sobre las estrellas (22,12). Como en el antiguo oriente las estrellas fugaces y los meteoros se tenían por signos anunciadores de desgracias, juega un papel importante el apagarse y caer de las estrellas que acompañan la revelación de la ira de Dios: en la caída de Egipto y de Babilonia (Is 13,10) y en el «día de Yahveh» (Jl 2,10), pierden su resplandor, al final del mundo caen del cielo (Mc 13,25 par; Ap 6,13). El sueño de José da testimonio de una interpretación simbólica de las estrellas (los signos del Zodíaco representan las doce tribus), las siete estrellas en Ap 1,16.20 significan las siete comunidades de Asia Menor. En Ap 12,4, las estrellas significan ángeles, Núm 24,17 indica la estrella como símbolo real del Mesías. Aun cuando por regla general, las estrellas se entienden sólo como fuentes de luz, se trasluce a veces la idea de estrellas como seres animados (Jue 5,20; Job 38,7). En el siglo VIII/VII, el culto estelar tuvo gran resonancia en Palestina por influencia asiria (2Re 17,16; 21,3.5; 2Par 33,3.5); en vano intentó Yosías abolirlo (2Re 23,5).

Esyón-Guéber, ciudad portuaria de Edom, en el extremo norte del mar Rojo, estación de los israelitas en el desierto (Núm 33,35s; Dt 2,8). Salomón dispuso un puerto en Esyón-Guéber y estableció allí una flota mercante (1Re 9,26; 2Par 8,17). Yosafat intentó sin éxito recuperar la base que entre tanto se había perdido (1Re 22,49s). Excavaciones americanas han logrado identificar el antiguo Esyón-Guéber con el actual *tell el-chēfi*. En el estrato más antiguo de tiempos de Salomón se encuentran graneros. Tres veces fue incendiada la ciudad y acabó entre los siglos V-IV. Últimamente se ha querido buscar Esyón-Guéber sobre la pequeña «isla del faraón», en el extremo noroeste del golfo de Aqabá. Fig. 16.

Etiología. 1) En el lenguaje técnico de la ciencia de las religiones comparadas, un «mito etiológico» es una narración que intenta explicar el origen (gr. $\alpha\iota\tau\iota\alpha$ = causa) de una costumbre, rito, edificio, fenómeno natural o mundo de los vivientes, cuyo significado original se había perdido. Esta búsqueda racional de los orígenes y formas fundamentales de la vida indica un interés histórico y con frecuencia se funda sobre acontecimientos auténticos, que se experimentan siempre de nuevo y directamente en el rito.

2) La Biblia contiene varios relatos etiológicos. Su problema principal está en determinar qué es lo que propiamente quieren afirmar dichos relatos. En la Biblia se pueden distinguir dos categorías de relatos etiológicos:

a) Relatos etiológicos referentes a una institución, las más de las veces, religiosa o cultual. P.e., Gén 28,11-19 (Bet-El), Jue 6,24 (lugar de culto), Éx 12,11 (pascua), Gén 2,1-3 (sábado). Dichos relatos etiológicos se fundan en un acontecimiento auténtico (aunque transformado) de los tiempos antiguos.

b) Relatos etiológicos referentes a nombres de persona o de lugar. Éstos tienen un valor distinto. En el primer caso, se trata casi siempre de un juego de palabras que no dice nada sobre una relación etiológica, es decir, original. En la explicación etiológica de topónimos, muchas veces se trata de un juego de palabras de origen popular (Gén 11, 9 Babel), pero a veces es posible que haya un fundamento histórico (Gén 50,11 Abel-Mizráyim).

Etiopía (hebr.: kūš) forma griega del nombre de la región del alto Nilo desde la segunda catarata hasta aproximadamente la isla Sai. Después de la caída del imperio medio egipcio, se formó en Etiopía un reino con cultura propia y capital del Kerma. El AT usa el nombre del país para significar también la población de distintas razas que vive al sur de Egipto.

A partir del tercer milenio, Egipto tuvo una activa relación comercial con Etiopía, sobre todo a causa de su riqueza en oro y comercio de tránsito con productos africanos. Cuando Egipto fue conquistado por los libios, emigrantes ortodoxos fundaron en Napata un reino, cuyo soberano Pianji conquistó de nuevo Egipto. Uno de sus sucesores, Tirhaqá (751-716) fue aliado del rey Ezequías contra Senaquerib (2Re 19,9).

Los etíopes eran ponderados como esclavos (2Sam 18,21) y también como altos funcionarios en la corte de los reyes de Israel (Jer 38,7). El reino duró hasta el s. IV d.C. De este reino, cuyas reinas ostentaban el título de Candace, procedía el eunuco judío que fue convertido por Felipe (Act 8,27). Fig. 14.

Éufrates (sumer., akk., hebr.: el gran río), río más importante del Asia anterior con muchos afluentes y canales, dislocados con frecuencia en el curso de los siglos. En los tiempos bíblicos, Éufrates y Tigris desembocaban separados en el golfo Pérsico. Muchas ciudades (Sippar, Nippur, Šuruppak, Uruk, Larsa, Ur, Eridu, Babilonia) se hallaban entonces situadas a orillas del río. En la Biblia, el Éufrates se llama a menudo simplemente «el río». En Gén 2,14 es uno de los cuatro ríos del paraíso. Véase en los mapas de las figuras 4, 7 y 23.

Eva. Nombre de la primera mujer (Gén 3,20). La etimología popular relaciona este nombre con la palabra ḥiyyā = viviente (madre de todos los vivientes), mientras que mujer se explica como «varona». Estos nombres deben ilustrar su esencia: ella está en igualdad de condiciones con el hombre, del cual es ayuda y con el cual forma una unidad. La idea de que Eva fue formada del primer hombre no es una afirmación sobre su origen, sino sobre la estrecha unión de hombre y mujer. Según Gén 4,1s.26, Eva es madre de Caín, Abel y Set. El AT no la menciona más que en Eclo 25,24. Pablo señala a Eva como ejemplo de la que induce a engaño (2Cor 11,3; 1Tim 2,13). Como complemento del paralelo Adán-Cristo, estos textos paulinos han preparado y sugerido la tipología Eva-Iglesia-María.

Evangelios. I. INTRODUCCIÓN. 1) *Número*. Desde el principio, la Iglesia cristiana ha reconocido como canónicos sólo cuatro Evangelios que forman una unidad íntima y espiritual y constituyen el «Evangelio uno y tetramorfo». Los Evangelios apócrifos delatan una fuerte influencia de géneros literarios helenísticos, con frecuencia revelan tendencias heréticas y han sido rechazados por la Iglesia.

2) *Carácter literario*. a) Los Evangelios no son biografías; su redacción no parte de un punto de vista primariamente histórico, ni ofrecen un esbozo característico de la persona de Jesús. Los Evangelios son muy incompletos; en ellos los datos topográficos y geográficos son raros y a menudo esquemáticos. b) Los Evangelios no son en general el resultado del trabajo individual de un autor. Materia y formulación se tomaron de tradiciones orales, en gran parte fijadas antes de su re-

dacción escrita. No obstante cada evangelio muestra su característica particular (estilo, plan, finalidad inmediata). *c)* Los Evangelios surgieron para el servicio de la predicación cristiana como expresión y ayuda de la predicación oral y por la necesidad de fijar en vistas a un círculo de lectores más amplio y a generaciones futuras, lo que los testigos oculares y primeros predicadores habían propagado desde el primer momento (cf. Lc 1,1-4). Es probable que las necesidades de la comunidad cristiana primitiva, inclusive las necesidades de su culto, influyeran en la formulación del texto evangélico (p.e. los relatos de la institución de la eucaristía; → Cena [última]).

II. PLAN Y ESTRUCTURA. Son en esencia los mismos para los Evangelios sinópticos. Comienzan con la aparición del Bautista (el llamado evangelio de la infancia no forma parte de la catequesis primitiva), el bautismo y la tentación de Jesús; sigue la actuación de Jesús en Galilea; luego el viaje a Jerusalén y los acontecimientos de los últimos días de la vida de Jesús; finalmente los relatos de la pasión y muerte de Jesús, las narraciones sobre el sepulcro vacío y las apariciones de Jesús a sus discípulos. Las relaciones de los sinópticos entre sí, sus coincidencias y divergencias, son tema de la «cuestión sinóptica».

III. ORIGEN. Jn apareció hacia el año 100 d.C., es decir, de 60 a 70 años después de pasados los sucesos que se narran. Muestra una considerable independencia de la primitiva catequesis cristiana. Su autor compuso la obra como una unidad bien estructurada. Hay que admitir que la fijación escrita de los evangelios sinópticos tuvo lugar algún tiempo después de iniciada la predicación oral. Los que, «desde el principio, fueron testigos oculares» (Lc 1,2) fijaron un determinado esquema de catequesis sobre los hechos y dichos de Jesús: los *logia* (dichos y sentencia) de Jesús y gran parte del contenido de los Evangelios fueron acuñados en una forma que (por medio de ritmo, repetición, inclusión, imágenes, formas proverbiales, cristalización alrededor de núcleos fijos) resultaba especialmente adaptada para la transmisión oral. Esta catequesis de los apóstoles, naturalmente transmitida en lengua aramea, circuló muy pronto en versiones griegas. A pesar de que la historia de la tradición es muy oscura, parece seguro que la predicación propiamente tal sobre Jesús, la difusión de sus palabras, de sus milagros, de su muerte y glorificación, seguía en lo esencial y en muchos detalles un tipo de enseñanza concretamente uniforme. En este sentido, sería lícito hablar de un «Evangelio primitivo». Puede suponerse que formaban parte del «Evangelio primitivo» los textos comunes a Mt y Mc, y acaso también los logia del primitivo Mt. La fijación escrita empezó cuando el Evangelio pasó progresivamente los límites del territorio de Palestina y cuando comenzaba a desaparecer la generación de los testigos oculares.

IV. HISTORICIDAD. En sentido general, la veracidad histórica de los Evangelios es grande; los Evangelios no pretenden historicidad técnica (crítica de las fuentes, relación con la historia profana). Un cierto espacio de tiempo (una generación) pasó entre los sucesos narrados y su fijación escrita. Por otra parte hay que valorar debidamente la tradición característica del contenido evangélico (la mnemotecnia altamente desarrollada del transmisor). Los Evangelios son completamente distintos de los géneros literarios del helenismo y transmiten los *logia* de Jesús que más se adaptan a la transmisión oral. Las discrepancias en los detalles, más que disminuir, aumentan el valor histórico de los sinópticos.

Excavaciones. I. La investigación arqueológica es de inestimable valor para la ciencia bíblica; ella complementa y confirma nuestros conocimientos de la historia y cultura antiguas, que, sin ella, sólo se apoyaría en fuentes literarias. La arqueología ha confirmado innumerables detalles de los relatos bíblicos, y, sobre todo, los ha precisado y completado, ha proyectado luz sobre el fondo religioso y cultural de la Biblia, ha sacado la historia bíblica de su aislamiento y la ha situado en el contexto de la historia de todo el antiguo oriente.

En algunos casos, nos ha facilitado una imagen completamente nueva: antigüedad y desarrollo de la escritura (→ Alfabeto; Jeroglíficos; escritura Cuneiforme; Fenicia; Ugarit), la legislación (→ Ley), → la historiografía, la poesía religiosa. Asimismo ha agudizado nuestra observación ante las particularidades y libertades de ciertos géneros literarios de la Biblia (cf. p.e., → Ay; Jericó; Josué).

II. En la HISTORIA DE LAS EXCAVACIONES podemos distinguir cuatro períodos:

1) *Los primeros ensayos* (hasta el año 1890). La investigación metódica de Palestina comenzó con los trabajos del americano E. Robinson (1838 y 1852). Desde 1850 se realizaron diversas excavaciones (F. de Saulcy, Ch. Warren, Ch. Clermont-Ganneau), pero estos trabajos fueron poca cosa más que una caza de piezas de museo. W.M. Flinders fue el primero que dedicó la debida observación a la estratigrafía y a las formas de la cerámica. Sus excavaciones en *tell el-ḥesi* (1890) señalan el comienzo de la arqueología palestinense en sentido propio.

2) *Antes de la primera guerra mundial* (1890-1914): numerosas e importantes excavaciones, en parte proseguidas después de la guerra (entre otras, → Jerusalén; Guézer; Taanak; Meguiddó; Jericó; Samaría; Sikem) proporcionaron sólo resultados parciales a causa de la falta de posibilidades en determinar la edad con certeza. L.-H. Vincent intenta con éxito fijar una cronología a partir del desarrollo de las formas de la cerámica.

3) *El período entre las dos guerras* (1920-1939). Se puede trabajar con mejores métodos y en mejores condiciones, pues el protectorado inglés en Palestina lo favorece. W.F. Albright, como resultas de sus excavaciones en *tell bēt mirsim*, fija la norma para la cronología de toda Palestina. A pesar de que institutos de distintas naciones y confesiones participan en la empresa, son los americanos los que llevan en primera línea la investigación arqueológica. Por desgracia, la publicación de informes sobre las excavaciones se retrasaron muchas veces demasiado. La mayor parte de los excavadores siguen el método llamado *stratum to locus*, desarrollado por G.A. Reisner y C. Fisher, aplicado sobre todo en las excavaciones de → Meguiddó, según el cual los estratos son determinados a partir de la cronología de la cerámica.

4) *El período posterior a la segunda guerra mundial* (a partir de 1945). Las excavaciones inglesas en (→) Samaría, Jericó y Jerusalén bajo la dirección de Kathleen Kenyon ocasionan un cambio radical en la técnica de la excavación. Kenyon toma el método de la arqueología europea e intenta con cuidadoso trabajo establecer cada una de las distintas fases de un → *tell*, y, sobre

Excavaciones

todo en los estratos más primitivos, fijar sobre base segura la historia de una ciudad. En los últimos años, sólo le iguala en precisión la publicación de H. FRANKEN sobre las excavaciones de *tell dēr 'allā* (→Sukkot). Durante este período, se han utilizado también otros métodos de investigación científica (sobre todo el carbón 14) para el estudio de la arqueología de Palestina, pero su uso ha sido irregular.

III. Además de esto, entre las dos guerras mundiales, se estudió la topografía bíblica, en particular, por F.-M. ABEL, W.F. ALBRIGHT, A. ALT y N. GLUECK. Después de la segunda guerra mundial, prosiguieron este es-

Fig. 16. Itinerario del éxodo

tudio con gran seguridad, sobre todo, N. GLUECK, B. ROTHENBERG, Y. AHARONI, el *Deutsche Evangelische Institut für Altertumswissenschaft des Heiligen Landes* y sobre todo el *Department of Antiquities* de Israel.

Exilio → Cautividad asirobabilónica.

Éxodo. I. EL TEXTO BÍBLICO. El autor de Éx 1,6s supone que ya ha transcurrido un largo plazo de tiempo desde la muerte de José. Un nuevo rey, que desconoce la historia de José, sube al trono y adopta medidas para impedir que la descendencia de Jacob siga aumentando. En este tiempo de opresión, → Moisés recibe el encargo de Yahveh de conducir a su pueblo de Egipto hacia Canaán. Éx 1-12 es una abigarrada composición de muy distintos géneros literarios, entre los cuales se encuentran las tradiciones yahvista, elohista y sacerdotal. Los elementos folklóricos, la forma épica, la estructura litúrgica (12,1-13,16) y la preferencia por lo milagroso no menoscaban la historicidad del éxodo. El recuerdo de una permanencia de Israel en Egipto y de una liberación de esta «casa de esclavitud» es parte integrante e insustituible de la tradición. Entre el grupo heterogéneo de los emigrantes, la fe en Yahveh fue tomando poco a poco la forma precisa de un monoteísmo. El portento junto al mar Rojo, que se substrae a la crítica histórica, demostró la realidad de Yahveh, como Dios poderoso y confirmó para siempre la elección de Moisés y su autoridad como verdadero profeta.

II. *El itinerario*. Desde Pi-Ramsés, se dirigieron los israelitas fugitivos hacia → Sukkot (Éx 12,37; 13, 20) y luego a Etam, a la entrada del desierto. Los datos topográficos del AT sobre las distintas estaciones son desconcertantes. La crítica literaria supone que en Israel corrían dos tradiciones distintas sobre el itinerario del éxodo, que seguramente corresponden a distintos hechos históricos. El itinerario sur está representado por 13,17s y por la tradición que localiza Horeb al sur de la península del Sinaí (cf. Núm 33; Dt 1,2; 1Re 19,3s.8) así como la identificación del *yam-sūf* (mar de los juncos) con el → mar Rojo. Habla a favor del itinerario norte el elemento *sūf* en el nombre *yam-sūf* (en egipcio: p',-ṯwf) que localiza el mar de los juncos al norte del delta. La misma región se supone en Éx 14,2.9. También el nombre Baal-Sefón sitúa todo el relato en la costa del Mediterráneo. Fig. 16.

III. SIGNIFICADO. En la historia de Israel, el éxodo significa el nacimiento del pueblo de Yahveh. La empresa común dio unidad a los distintos grupos nómadas que, después de la conquista de Canaán, dieron origen a las doce tribus. Aunque es poco probable que todas las tribus tomaran parte en el éxodo, Israel agradeció sin duda el carácter religioso y social de estos grupos que llegaron a Canaán guiados por Moisés, asociándolos también en la empresa del éxodo. No están de acuerdo las teorías que intentan identificar los nombres de los faraones del tiempo de la opresión y el éxodo, que el AT deja anónimos. Las mayores probabilidades, tenidos en cuenta los datos literarios, históricos y arqueológicos, son para la dinastía XIX (→ Egipto III,3).

Éxodo (libro del), segundo libro del → Pentateuco.

I. CONTENIDO. 1) La liberación de Egipto (1.1-15,21). 2) Comienzo de la marcha a través del desierto (15, 22-18,27). 3) Israel junto al Sinaí; alianza y ley (19-40).

Éxodo

II. ORIGEN. Como todo el Pentateuco, el Éxodo contiene también las cuatro fuentes J, E, D (poco representada) y P. La fuente P se puede reconocer en la legislación cultual del Sinaí (25-31; 35-40), pero también en la parte histórica del libro: descripción de la situación de los israelitas en Egipto (1,1-7.13s), la revelación de Dios a Moisés (6,1-13), las listas genealógicas (6,14-26), en parte también el relato de las → plagas y normas (en los cap. 11-13). P recalca el papel de → Aarón (7, 1-13), ofrece una versión propia de los prodigios del mar y aprovecha el milagro del → maná para poder anticipar el mandamiento del sábado (cap. 16).

La fuente E comienza con la narración de las comadronas hebreas; la sigue la historia del nacimiento y educación de Moisés, su regreso a los hermanos y huida a Madián, su vocación y delegación ante el faraón. Son motivos propios de esta fuente el traslado de los restos de José y la murmuración del pueblo. De los prodigios del desierto, E conoce el milagro del agua de Mará y tal vez también la lucha contra Amaleq y el encuentro con Yitró. Es probable que E también contribuya en la narración de la teofanía, de la legislación, de la contracción de la alianza, de la caída del pueblo y su reconciliación con Yahveh. La tradición E acaba en el Éx con la mención del «tabernáculo de la revelación».

La fuente J corre parejas en gran parte con la fuente E y con frecuencia es difícil de distinguir. Esta fuente ofrece el relato de la opresión de Israel en Egipto, la residencia de Moisés en Madián, su matrimonio con Sipporá, la revelación de Yahveh, la misión de Moisés y gran parte de la historia de las plagas. Es propio de la fuente J el encuentro nocturno entre Yahveh y Moisés (4,24-26) y un antiguo rito pascual (→ Pascua). Al igual que P, J ofrece una descripción relativamente cerrada del paso del mar Rojo. Es muy probable que J también conozca la teofanía, la legislación y la alianza. Es problema discutido si la tradición del éxodo y la del Sinaí fueron primitivamente independientes una de otra y si corresponden a tendencias teológicas distintas. Sin embargo parece seguro que ya desde el principio Moisés desempeñaba un papel central en ambas tradiciones. Es también probable que en Israel se actualizaba con regularidad la alianza en la liturgia, a la cual pertenecía la teofanía cultual de Yahveh, la lectura de la ley y el testimonio de la obediencia del pueblo. Dichos ritos contribuyeron decisivamente a la formación de los relatos del Sinaí, de manera que hay que suponer una relación de intercambio entre culto y relato.

III. TEOLOGÍA. Para Israel, el conocimiento de Dios es una concreta experiencia histórica. Una parte esencial de dicha experiencia se refleja en el Éxodo, de manera que aquí nos hallamos ante teología en forma de narración. El → Éxodo de los israelitas de Egipto fue para Israel el acontecimiento fundamental de la salvación, el modelo de toda redención. En lo que una vez acaeció, Israel veía la garantía de una permanente proximidad de Dios y al mismo tiempo una llamada a permanecer fiel a los caminos de Dios.

Extranjero. El AT distingue entre el extranjero del pueblo y país *(zār)*, el extranjero que transitoriamente se encuentra en el país *(nokrī)* y el extranjero que reside en el país *(gēr)*. El *zār* es considerado siempre enemigo, el *nokrī* sin derecho propio es relegado a la → hospitalidad, en

Ezequiel

cambio el *gēr* puede llegar a ser miembro de la comunidad israelita. Éx 22,20 y 23,9 exhorta a no oprimir a los extranjeros. Los extranjeros son dejados al buen criterio del amor al prójimo (Lev 19,33s). Dt 14,29 etc. intenta fijar su posición jurídica. En él terreno religioso, la tendencia de incorporarlos es siempre más fuerte (prosélitos), pero sólo por la →circuncisión pueden llegar a ser miembros del pueblo con todos los derechos.

Ezequías (hebr.: Yahveh es mi fortaleza), decimotercero rey de Judá (725-697), hijo de Ajaz, 2Re 18-20; 2Par 29-32; Is 36-39; Eclo 48,17-23. Ezequías fue un rey fuerte y reconocido internacionalmente por su prudencia. El problema capital de su política exterior era el decidir si aliarse con los asirios o con los egipcios. Después de permanecer neutral durante diez años, formó en 712 una coalición contra Asiria, dirigida por →Asdod, de la que supo retirarse a tiempo. En 702 se alió con Egipto contra Asiria y fue derrotado por Senaquerib en Elktekó, pero se salvó comprometiéndose a un tributo. Ezequías fortificó Jerusalén y aseguró el abastecimiento de agua de la ciudad. Su política interior está dominada por la idea de una reforma religiosa, en la cual se suprimieron el (→) culto en los lugares altos, las Massebás, las Ašerás e incluso la Serpiente de bronce. (→ Arad).

Ezequiel. I. PERSONA. Ezequiel (hebr.: Dios fortalece), hijo del sacerdote Buzí, probablemente también sacerdote y casado. Fue deportado en 597 con el rey Yoyakín a Babilonia, donde en una visión recibió la vocación de → profeta y anunció entre muchos discursos de amenaza y acciones simbólicas la próxima caída de Jerusalén. Cuando la ciudad fue en efecto destruida por Nabucodonosor, los deportados mostraron más comprensión por las actividades de Ezequiel. La segunda parte de su mensaje (25-38) se concreta en la esperanza en el retorno y la gran era de la salvación, mientras el juicio de condenación revierte a los enemigos. Es probable que Ezequiel muriera en Babilonia. Excepto algunos datos discutidos (p.e. sobre la muerte repentina de su mujer [24, 18]), no se tiene noticia alguna personal suya. Ezequiel es autor del libro que lleva su nombre.

II. EZEQUIEL (LIBRO DE). Contiene un relato en primera persona sobre las vivencias proféticas de Ezequiel, las «palabras de Yahveh» (1,3) y los «rostros divinos» por él vistos (1,1). El libro se presenta a sí mismo como autobiografía escrita durante la cautividad. Es problema todavía no decidido el saber si el libro forma una unidad auténtica, si más tarde fue refundido o si se trata simplemente de un pseudoepígrafe. Es uno de los libros más difíciles del AT. Su teología es la misma de los escritos sacerdotales (P). Recalca la trascendencia de Dios. La propiedad divina subrayada con más vigor es la santidad esencial. El fin de su obra salvadora es la manifestación o restablecimiento de esta santidad. Por ello mismo, la idea de la elección (no la de la vocación) ocupa un amplio espacio. De su preferencia sobre todos los demás pueblos, Israel puede deducir que las circunstancias van a tomar buen rumbo (16,55) y que Yahveh va a contraer con él una alianza de paz. Entonces será Israel un solo pueblo bajo un solo pastor (37,22) en medio del cual Yahveh vivirá para siempre. Esta figura del pastor no debe interpretarse desde un punto de vista mesiánico, sino desde el

Ezequiel

de la historia de la salvación, a pesar de que Jesús (Jn 10,11-16), aludiendo a Ez 34,11-23, se define como buen pastor. La imagen de Dios en Ez es siempre impresionante, precisamente porque es unilateral (faltan p.e., por completo los componentes del sentimiento). El verbo amar muy raras veces ocurre en el vocabulario de Ez. Es verdad que compara las relaciones entre Yahveh e Israel con un matrimonio, pero lo refiere únicamente al pasado, precisamente para denostar la traición de Israel. También muy raras veces habla de la misericordia; todo lo que indica vida afectiva hacia Dios (lo que tan atractiva hace la idea de Dios en Oseas o en Jeremías) queda excluido en Ezequiel.

F

Facea → Peqaj.

Faceya → Peqajya.

Faldellín → Vestidos.

Familia. Si la → tribu es la mayor unidad social y la → estirpe, la media, la familia es la más pequeña. Se llama «casa» o «casa paterna», esto es la comunidad que convive en una casa o tienda. La cabeza de la familia es el padre, y a su muerte, el → primogénito (Gén 27,29). El prestigio de la madre crece con el número de sus hijos. La familia juega un papel importante en la vida jurídica y religiosa; ella es la más pequeña comunidad cultual, en la cual el padre desempeña la función del sacerdote (Éx 12,3; Job 1,5 etc.). En general, la familia se caracteriza con un fuerte sentimiento de pertenencia mutua (cf. Prov 17,1; 19,26; 20,20 etc.). → Matrimonio; Mujer; Matrimonio por levirato.

Faraón (egip.: la casa grande) designó originariamente, durante el imperio antiguo, el palacio real y luego al rey mismo (hay testimonios de ello desde Tutmosis III, s. XV a.C.). Éste poseía una doble naturaleza, divina y humana. Los faraones llamados por su nombre en el AT (Jofrá, Nekó, Šošak, Tirhaqá) pertenecen al tiempo más reciente (hacia 950-600); los faraones del tiempo de los → patriarcas, del → éxodo (Gén y Éx) y del tiempo de la monarquía (1Re 9-11) no son llamados por su nombre. Fig. 17.

Fariseos, partido religioso del judaísmo que abogó por un conocimiento profundo de la Torá y de la tradición de los padres (→ Mišná; Talmud) y exigió la interpretación más severa, sobre todo en lo que se refería al → sábado, a la pureza ritual (→ Puro) y a los diezmos. Las fuentes más importantes sobre el fariseísmo son Fl. Jos., el NT y la literatura rabínica. El nombre y la estructura de los fariseos no se ha aclarado suficientemente. Sus adversarios los llamaban «separados», ellos mismos se daban el nombre de «compañeros»; el nombre despectivo de «los persas» es etimológicamente oscuro. Generalmente, los jasideos (libros de los Macabeos) son considerados como precursores suyos. Los fariseos, como grupo organizado, aparecen por primera vez en tiempo de Yonatán (160-143). Seguramente aparecieron como grupo de oposición a la política mundana de los hasmoneos. Poco a poco alcanzaron la hegemonía espiritual sobre el pueblo y la supieron conservar hasta después de la destrucción de Jerusalén. Los esfuerzos de los fariseos se concentraban en el terreno religioso; en política, a diferencia de los → zelotas, representaban una tendencia moderada. A pesar de ser laicos, ellos eran los auténticos guías religiosos del pueblo. En cuestiones cultuales, religiosas y jurídicas, ellos formaban la oposición de la aristocracia sacerdotal, los → saduceos. Pero como la mayoría de los escribas pertenecían a su partido (cf. Mt 5,20; 12,38; Mc 2,16; Act 23,9

Fariseos

Fig. 17. El faraón Amenofis III, sentado en su trono

etc.) podían imponer incluso a los saduceos su principio de que la interpretación y desenvolvimiento tradicional de la ley, la «tradición de los padres», obligaba junto con la Torá y, a veces, por encima de ella. A pesar de su seriedad religiosa, la estrechez de miras de sus principios, su celo exagerado por la ley y su pureza ritual los llevaron a un aislamiento arrogante, a un desprecio por parte del pueblo y a un particularismo. Su orientación jurídica se entumeció en el formulismo, de forma que, al final, los fariseos se volvieron incapaces para una fe viviente. El juicio severo de Jesús sobre los fariseos no se refiere tanto a su doctrina como a su mentalidad (vanidad e hipocresía) y a su obrar (Mt 23,13-36). La oposición irreconciliable acabó finalmente con la muerte de Jesús (cf. Mc 3,6; 14, 64, etc.).

Fauna → Animal.

Felipe (gr. → Filipo).

1) Felipe, discípulo de Jesús (Mc 3,18 par; Act 1,13), de Betsaida. Sólo Juan le menciona con frecuencia (Jn 1,43-46; 6,5-7; 14,8-10), en particular como intermediario de los gentiles (12,21s). Se le atribuye un evangelio apócrifo y unos hechos apócrifos (finales del s. IV).

2) Felipe, uno de los siete → diáconos de Jerusalén (Act 6,5s), predicó en Samaría (8,5-13), en la región de Gaza (8,26-39), en Asdod y vivió finalmente en Cesarea, donde recibió a Pablo (21,8). Se le confunde muchas veces con (1).

Fenicia. 1) *Historia.* Litoral del Mediterráneo desde el monte Carmelo hasta el río Eléuteros, con los puertos de Akkó, Akzib, Tiro, Sareftá, Sidón, Beirut, Guebal (Biblos), Trípoli y Arvad. Principales productos: madera de cedro, vino y cereales. El nombre («rojo púrpura») es seguramente la traducción griega del akkadio *kinaḫḫu;* este nombre está emparentado con → «Canaán», que es el nombre que se da a Fenicia en los textos akkadios y egipcios, así como en el AT y NT. Con frecuencia, los fenicios se daban a sí mismos los nombres de sus ciudades (en el AT: sidonios). Probablemente se instalaron en la costa mediterránea, hacia el 3000 a.C., cuando el gran movimiento migratorio de Canaán. Su procedencia y origen étnico (semitas [?]) son inciertos; con todo, en Gén 10,15 aparecen del todo semitizados. Entre 1500 y 1150, los fenicios estuvieron bajo la soberanía egipcia, pero poco a poco recuperaron su independencia. En el s. XII, la hegemonía pasó de la ciudad de Sidón a Tiro. En el s. IX reinaban relaciones amistosas con Israel: comercio, navegación y construcción (Gén 49,13-20), amistad con David, Salomón y Ajab, quien se casó con la princesa fenicia Izebel. Los oráculos proféticos contra Tiro (Is 23; Jer 25,22; Ez 26,1-28,19 etc.) se dirigen contra su culto a Baal. Situada entre las grandes potencias, Egipto, Asiria, Babilonia, Persia, tomó parte en la historia cambiante del territorio siropalestinense, sin embargo, sus ciudades costeras pudieron conservar en parte su independencia. Alejandro Magno incluyó Fenicia a su imperio (333/32), dominio de los ptolomeos hasta el 219 y luego dominio de los seléucidas. Conocida durante las guerras macabeas por su comercio de esclavos (2Mac 8,11.25), en el 68 incorporada a la provincia romana de Siria (Act 12,20-23). Pablo atravesó Fenicia acompañado de Bernabé (15, 3), más tarde visitó Tiro y Akkó 21,3-6).

2) *Cultura y religión.* Según la tradición, los fenicios fueron los inventores del → alfabeto. Hoy conocemos dos alfabetos fenicios, uno cursivo y otro cuneiforme. La inscripción más antigua, en alfabeto cursivo completamente desarrollado, está en el sarcófago de Ajiram; la inscripción más grande es la bilingüe (jeroglífica hittita y fenicia) de Karapete en la Cilicia oriental. Pero mucho más extensos son los textos de → Ugarit en escritura cuneiforme alfabética que demuestran que la lengua fenicia estuvo emparentada con la cananea y hebrea (→ Hebreo). Sobre la religión fenicia nos informan sobre todo los textos ugaríticos. Se adoraban los dioses → El, → Baal, Melkarte (dios de la ciudad de Tiro; dios solar), Eshmún (dios de Sidón), Adonis, Aširtu, entre otros.

Fiestas. 1) *En el AT.* Se consideran fiestas de familia: la → circuncisión Gén 17), el destete del niño (Gén 21,8), el → matrimonio (Gén 29, 22 etc.) y el → enterramiento (Gén

Fiestas

50,10 etc.). En la vida pública se celebraban fiestas de victoria (Éx 15 entre otros) y la entronización del rey (1Re 1,38-40 etc.). Como fiesta religiosa, el Israel nómada parece haber conocido únicamente la → pascua. Después de la toma del país, las fiestas relacionadas con el ciclo de las estaciones del año obtuvieron mayor importancia. Además del → sábado y luna nueva (quizás también fiesta de año nuevo, año jubilar y año sabático), eran fiestas de este tipo las que se celebraban en primavera, verano y otoño: la fiesta de los → ácimos *(maṣṣot)*, la fiesta de las semanas (→ Pentecostés) y la fiesta de los → tabernáculos, además del esquileo (1Sam 25 etc.). Estas fiestas naturales, en un principio sin fechas fijas, sino de acuerdo con el tiempo de la cosecha, incorporaron (en parte muy pronto) motivos de la historia de la salvación: el pueblo experimentaba los hechos de la historia de la salvación de Yahveh como acontecimientos actuales, como garantía de su ayuda y les vinculaba una esperanza de salvación mesiánica. Conocemos muy poco las costumbres propias de cada fiesta, pues se suponen ya conocidas. Después de la cautividad, el calendario se amplió con fiestas conmemorativas: → Purim, fiesta de la dedicación del Templo → (Hanukká), fiesta del día de Nicanor. El día de la → expiación, a pesar de contener elementos antiguos, procede de época más reciente. Dicho día tenía gran importancia en la comunidad de Qumrán, que por su parte celebraba también las mismas fiestas que los judíos ortodoxos.

2) *El NT* menciona las fiestas judías del sábado, pascua, pentecostés, fiesta de los tabernáculos, dedicación del templo y un ayuno periódico. Jesús participaba en la celebración de estas fiestas, pero se afirmaba señor del sábado y con su obra de salvación (muerte y resurrección) y memorial eucarístico, dio a la fiesta de pascua una nueva significación. Con la sustitución del sábado por el domingo se empezó a formar un calendario propiamente cristiano.

Fiesta de los tabernáculos, o también fiesta de la recolección (Éx 23,16; 34,22), llamada la fiesta por excelencia (1Re 8,2.65; Ez 45,25) o fiesta de Yahveh (Lev 23,39) era la última de las tres → fiestas que debían celebrarse cada año según Éx 23,16s.

Se discute el origen de la fiesta de los tabernáculos. En todo caso, Israel no celebró esta fiesta antes de su instalación en Palestina. La motivación histórica de Lev 23,42s es un intento posterior de ligar las grandes fiestas con acontecimientos determinados de la historia primitiva de Israel. En el tiempo de los jueces, fue probablemente la fiesta que concluía la cosecha del vino y se celebraba con sacrificios en el templo de Sikem o en alguna otra parte. Acaso la fiesta incluía una renovación de la alianza del Sinaí. Salomón escogió la fiesta de los tabernáculos como fecha de la dedicación del templo. En Dt 16,13-16 la fiesta es llamada por primera vez de los tabernáculos, y tiene siete días de duración. También Lev 23,42 prescribe que durante estos siete días se ha de habitar en tiendas. Ambas leyes presuponen una celebración en el templo. La nueva fiesta de los tabernáculos instaurada por Esdras en Jerusalén (Neh 8,17) consistía probablemente no sólo en las solemnidades del templo, sino en el traslado de las tiendas de ramaje de los distintos pueblos a Jerusalén. La fuente P (Lev 23,34s; Núm 29, 12) fija finalmente la fiesta de los tabernáculos en un determinado día

Fig. 18. Judío en oración con la cabeza cubierta y las filacterias

del calendario. La fiesta tenía octava. Se celebraba con gran regocijo y era la fiesta más popular del año.

Filacterias. La ejecución literal del mandato dado en Dt 6,8: «Las atarás (las palabras de esta ley) como una señal sobre tu mano y como señales en tu frente» (cf. → Mezuzá), hace que todo varón israelita deba llevar dos filacterias durante la oración de la mañana. Sirven para sujetar unas cajitas (en la frente y en el antebrazo) que contenían cuatro textos de la ley mosaica escritos sobre pergamino (Éx 13,1-10.11-16; Dt 6,4-9; 11,13-21). En tiempos de Jesús (hasta hacia finales del s. I d.C.), las cajitas contenían además el → Decálogo. En Mt 23,5, Jesús echa en cara a los fariseos que ensanchen tanto sus filacterias para ostentarse como piadosos. En el judaísmo posterior, se usaban también las filacterias como una especie de amuleto. Fig. 18.

Filemón (gr.: amante), cristiano acomodado de la comunidad de Colosas. Uno de sus esclavos, Onésimo, huyó a Roma, donde fue convertido por Pablo y mandado otra vez a su señor, con una carta de recomendación. →Filemón (carta a).

Filemón

Filemón (carta a). Pablo pide a →Filemón que reciba otra vez a Onésimo y confía incluso poderle retener junto a sí como acompañante. La autenticidad y unidad de la carta no se discute. → Cartas de la cautividad.

Filipenses (carta a los). Pablo entrega una carta al mensajero Epafrodito, el cual le ha llevado una ayuda económica de parte de los filipenses. Descontando los avisos personales (1,12-26; 2,19-30) y las gracias (4,10-20), la carta trata de dos temas: *a)* Exhortación a la unidad y amor mutuo (1,27-2,18; 2,5-11 es seguramente un himno antiguo), *b)* advertencia ante los judaizantes (3,2-21). Sigue una confesión personal (4,1-9) y la conclusión (4,21-23). En general se reconoce la autenticidad de la carta, en cuanto a su unidad existen reparos. La sección 3,1-21, diferente por su tono y contenido, tal vez sea un fragmento de una carta más antigua. Sobre el lugar y tiempo de composición → Cautividad (cartas de la).

Filipo (gr.: amigo de los caballos).
1) Filipo II, rey de Macedonia (359-336 a.C.), padre de Alejandro Magno (1Mac 1,1; 6,2).
2) Filipo V de Macedonia (221-179 a.C.). 1Mac 8,5 alude a su derrota en 197 a.C.
3) Filipo, amigo de Antíoco IV Epífanes (1Mac 6,14s.55-63; 2Mac 9,29; 13,23).
4) Filipo, hijo de Herodes y Cleopatra, tetrarca de Iturea, Traconítide (Lc 3,1), Gaulanítide, Batanea y Auranítide, región habitada principalmente por gentiles; mantuvo largo tiempo la paz en el país, fundó Betsaida (Julias) y Paneas (Cesarea de Filipo; Mc 8,27 par), se casó con Salomé, la hija de Herodías (6,22-28 par).

5) Filipo (Herodes Filipo), hijo de Herodes y de Mariamne II, esposo de Herodías. Su hija Salomé se casó con Filipo (4) y murió en Roma como particular.

Filipos, llamada así por Filipo II, ciudad al este de Macedonia que en 146 a.C. se convirtió en provincia romana. Después de la batalla de Filipos (42 a.C.), Augusto elevó la ciudad a la categoría de colonia romana y le concedió el *ius italicum*. La población, aparte de sus numerosos inmigrantes, era de origen griego macedonio y cerca de la mitad de origen romano (Act 16,21). A pesar de que sus minas de oro y plata en tiempo del apóstol Pablo ya estaban agotadas, Filipos seguía siendo una importante ciudad comercial. Pablo fundó la comunidad, hacia el 51, con ocasión de su segundo viaje misional (Act 16,13-40; 1Tes 2,2). Ésta constaba en gran parte de paganocristianos. Pablo la visitó en su tercer viaje misional, hacia el 57 (Act 20,1s) y en pascua del 58 (20,6) y estuvo muy ligado con ella. → Filipenses (Carta a los).

Filisteos. 1) *Historia.* Queda todavía por explicar el nombre de los filisteos de los cuales proviene el nombre de → Palestina. En el embate del llamado movimiento de los «pueblos del mar», los filisteos salieron de su punto de partida → Kaftor, probablemente, en primer lugar, hacia el sureste de Asia Menor. Ca 1180 fueron vencidos por Ramsés III y se instalaron en la costa de Palestina. Hacia finales del tiempo de los jueces derrotaron a los israelitas y acabaron con el reino de Saúl (1Sam 4,1-12; 13; 14,1-31 etc.). Hasta David no se consiguió reducirlos a su territorio de origen (2Sam 5,17-25; 21,15-22). Más tarde participaron con Judá, Israel y los peque-

Flagelación

ños estados sirios en la lucha de defensa contra los asirios y lo pagaron poco a poco con su dependencia, a finales del s. VIII. En 333, Alejandro Magno sitió Gaza. Se helenizaron muy pronto y durante las luchas de los Macabeos, adoptaron una postura antijudía (1Mac 3,41; 5,68).

2) *Cultura.* Se conoce muy poco sobre la cultura genuina de los filisteos. Su armadura constaba de mandil, coleto, espada o puñal, lanza y rodela. (En el caso de Goliat se trata mejor del equipo guerrero de un príncipe sirio). Después de su instalación, asimilaron muy pronto la cultura, lengua y religión cananeas. En el s. X, poseían el monopolio del hierro (1Sam 13,19-22). En el AT se subraya de modo particular el hecho de que fueran incircuncisos.

Flagelación. En el AT, se conocen los azotes con varas (no más de 40 golpes) como castigo por violación y por calumnia (Dt 25,2s; Prov 10, 13). La flagelación propiamente dicha con correas o con látigo no se presupone seguramente todavía en 1Re 12,11-14, sí, en cambio, en 2Mac 7,1. En el judaísmo se permitía que las transgresiones de la ley fueran castigadas al instante en la sinagoga por medio de la flagelación (Mt 10,17; 23,34; Mc 13,9; Act 5,40). En un principio se distinguía entre la flagelación judía y la romana (2Cor 11,24s; Act 16,22); más tarde se impuso el azote romano que constaba de tres correas de forma que la flagelación podía limitarse a trece golpes. La flagelación romana se empleaba: *a)* como corrección de esclavos y como pena por delitos graves cometidos en el servicio militar, *b)* como tortura para arrancar la confesión de un acusado, *c)* como preludio de la crucifixión. (a) y (b) no podían aplicarse a ciudadanos romanos (Act 16,22,37; 22,24ss: Pablo). La flagelación (c), que se aplicó a Jesús (Mc

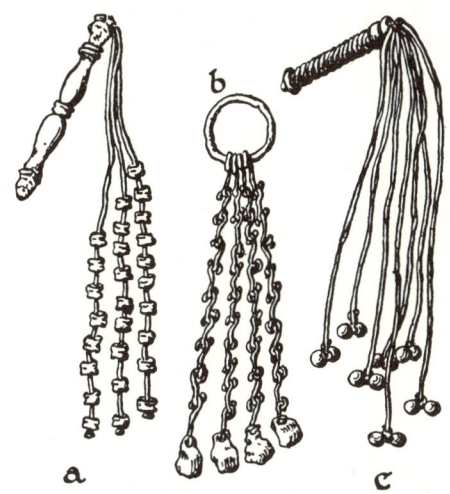

Fig. 19. Flagelos romanos, con huesos ensartados *(a)*, o provistos de bolitas de plomo en los extremos *(b, c)*

Flagelación

15,15 par), constituía un castigo totalmente inhumano que, con frecuencia, acarreaba la muerte. Los azotes usados en este caso constaban de correas de cuero y cuerdas, provistas a veces de nudos o bolas de metal. Fig. 19.

Formgeschichtliche Methode → Historia de las formas.

Fortificaciones. 1) El ejemplo conocido más antiguo de una muralla de fortificación es la de → Jericó (hacia 8000 a.C.). Pero las murallas de fortificación típicas de Palestina proceden del tercer milenio a.C. *(bronce antiguo)*. La muralla sirve de refuerzo en la defensa del poblado edificado sobre una colina natural y consiste en un muro de fortificación hecho de piedras irregulàres sobre el que se edifica otro muro de ladrillos y un antemural *(glacis)* al exterior. Ejemplos procedentes del bronce antiguo: Jericó, *tell el-fār'a* (→ Tirza), *tel gat* (→Gat), → Ay y → Taanak.

2) Las fortificaciones del *bronce medio* (1950-1600) adoptan la forma primitiva. Las murallas son más resistentes que las del bronce antiguo (la muralla del bronce medio de →Guézer tiene 15m de espesor). Se trata de un tipo de muralla que forma una escarpa edificada sobre un muro de apoyo al pie del → *tell*, que acaba en muralla al aire libre sobre la punta del *tell*.

3) Esta fórma se desarrolla más en el *bronce reciente* (1600-1200) con murallas entrantes y salientes y torres. Túneles subterráneos que conducían a las fuentes aseguraban el abastecimiento de agua durante el sitio (2Sam 5,8).

4) Cuando los israelitas emprendieron la toma del país eran todavía inexpertos en cuestión de fortificaciones. Bajo Salomón alcanzan sus fortificaciones una mejor cualidad (Meguiddó, Esyón-Guéber). La fortificación de Mispá es la mejor del tiempo de la monarquía. → Puertas (de ciudades). Fig. 40.

5) en la *época romana*, fue Herodes sobre todo quien construyó fortificaciones, entre las cuales, son dignas de mención la de → Maqueronte y la torre → Antonia. Agripa I empezó la construcción de la tercera muralla de → Jerusalén. Después de la destrucción de Jerusalén, la fortaleza de → Masadá resistió todavía dos años.

Frigia. Región al oeste del Asia Menor, denominada así por razón de los frigios, tribu indogermánica que penetró en Asia Menor con la migración egea (s. XII a.C.). Su imperio que abarcaba también Galacia, Licaonia y la mitad de Capadocia, fue destruido por los cimmerios (siglo VII), restaurado por los lidios, acabó finalmente incorporado al imperio persa. A partir de 192 a.C. fue romana. Los cultos orgiásticos frigios estaban muy difundidos. Se adoraba sobre todo a Sabazios, el Dionisos frigio, y a Cibeles, la *magna mater*. Ya hacia el 200 a.C. había colonias judías en Frigia. Act 2,10 menciona a los frigios entre los visitantes de la fiesta de Pentecostés, Pablo visitó Frigia en su segundo (Act 16,6) y tercer viaje misional (18,23).

Funcionarios públicos. Israel no tuvo una organización estatal con funcionarios públicos sólo dependientes del → rey hasta la época de la monarquía de David y Salomón. Se tomó modelo de las ciudades estados cananeas. Antes Israel había tenido sólo → ancianos. Listas de altos funcionarios en 2Sam 8,15-18; 20,23-26; 1Re 4,1-6; 1Par 18,14-17, en donde las funciones no siempre se distinguen con precisión. Se enumeran los siguientes:

1) El *mazkir* (= el que se acuerda de algo), heraldo u hombre de confianza. Sólo se menciona una de sus funciones: el *mazkir* de Ezequías negocia la capitulación de Jerusalén con los oficiales de Senaquerib (2Re 18,17-37; Is 36).

2) El escriba o canciller. Éste tenía gran influencia en los asuntos públicos: era el que redactaba las cartas del Estado, cobraba los impuestos (2Re 12,11) y poseía tal vez incluso competencia militar.

3) El mayordomo de palacio. Al principio tenía pocas atribuciones. Is 22,21s deja entrever que su función era importante. El mayordomo llevaba una vestidura especial. Insignia de su dignidad eran las llaves de la casa de David. Viajaba en un carro fastuoso y representaba al padre del pueblo. Quizás tuviera José en la corte de Egipto una función similar.

4) El prefecto de los tributos. Sólo se nombra a Adoniram, bajo David y Salomón (2Sam 20,24s; 1Re 4,6), → Servidumbre.

5) El «amigo», es decir, el consejero del rey (p.e., 2Sam 15,32).

6) Los dignatarios militares, el primer jefe del ejército y la guardia personal (cf. 1Par 27,1-24).

7) En las listas no figuran los tesoreros de Salomón (1Re 4,7-19) que con los impuestos cuidaban del rey, los eunucos (1Re 22,9) y los coperos (1Re 10,5; Neh 1,11).

Funerales → Enterramiento.

G

Gabaa o **Gabaat** → Guibá.

Gabaón → Guibón.

Gabbatá (seguramente del arameo: *la* elevación), nombre del enlosado donde estaba la silla judicial de Pilato (Jn 19,13). Contra los que suponen que se trataba de un suelo adoquinado en el patio interior de la torre → Antonia, el nombre «la elevación» parece que cuadra mejor con la plaza elevada, situada ante el → pretorio, en el antiguo palacio de Herodes. Fig. 25.

Gad. 1) Dios semita de la felicidad, de origen desconocido y mencionado sólo una vez en el AT (Is 65,11). De nombres topográficos (Baal-Gad Jos 11,17; Migdal-Gad Jos 15,37) y de personas (Gad [?], Gadí, Gaddiel) hay que deducir que Gad también fue venerado en Israel.

2) Profeta (1Sam 22,5), «vidente de David» en el relato del censo de David (2Sam 24,11-14; 1Par 21,9-13), participó, con David y Natán, en la organización del culto (2Par 29, 25) y es autor de una historia del rey David (1Par 29,29).

3) → Tribu de Israel, procedente de Gad, hijo de Jacob y de Zilpá (Gén 30,10s). Sus características: Gén 49,19 y Dt 33,20s. Gad se estableció en la Transjordania, entre el Yabboq y el Arnón (Núm 32,34-36), en tiempos del → Mešá, es mencionada vecina de los moabitas, pero parece que en tiempos de Jeremías (Jer 49,1) la tribu fue expulsada por los ammonitas. Ez 48,27s. 34 y Ap 7,5 la cuentan entre las doce tribus de Israel. Mapa PA D6/7.

Gádara, ciudad helenística en la Transjordania, unos 10 km al sudeste del lago de Genesaret, incluida políticamente en la → Decápolis. Es posible que el territorio de Gádara se extendiera hasta el lago (Mc 5, 1 par). Las ruinas llevan hoy el nombre de *mukēs*. Fig. 12 y 20.

Galaad (acaso del árabe: ser árido; según la etimología popular: montón de piedras del testimonio, Gén 31,45-53). Originariamente, el nombre se refería seguramente a un monte, formado en un recodo del → Yabboq (Gén 31) y luego se aplicó a toda la comarca. Textos posteriores entienden con el nombre de Galaad el territorio de las tribus de Rubén, Gad y parte oriental de Manasés y textos todavía más recientes lo identifican con la Transjordania. En el s. VIII fue posesión de Asiria. Según 1Mac 5,9. 17-54, su población era pagana. Galaad era de antiguo famoso por sus bosques (Jer 22,6s) y por sus plantas medicinales (Gén 37,25; Jer 8,22; 46,11), poseía buenos campos de pastos, en particular para ganado menor (Núm 32,1; Miq 7,14; Cant 4,1). Por ello se consideraba su terreno posesión apreciada (Jer 50,19; Sal 60,9 etc). Mapa PA D4/5.

Gálatas. Tribu celta de Asia que hacia 530 a.C. penetró en Europa central (sobre todo en las Galias) y después de la muerte de Alejandro

Magno (323) retrocedió poco a poco hacia el interior del Asia Menor. Como recompensa por su ayuda contra el rey Mitrídates VI (120-63), los gálatas recibieron nuevos territorios de los romanos. Su territorio se extendía entonces hasta Pisidia, Licaonia, Frigia, Isauria y Cilicia. Con ello se incluían las ciudades Antioquía, Iconio, Listra y Derbe, visitadas por Pablo en su primer viaje apostólico. En 25 a.C., se creó con todo este territorio la provincia romana de Galacia. Su población estaba muy mezclada; además de gálatas propiamente dichos, había galogriegos, griegos, romanos y un pequeño porcentaje de judíos (cf. Gál 2,15; 3,13; 1Pe 1,1).

Gálatas (carta a los). 1) *Destinatarios.* Es probable que la carta a los Gálatas se dirija a los habitantes de origen gálata, residentes en el norte del Asia Menor (hipótesis del norte de Galacia), donde Pablo misionó durante el segundo y tercer viajes apostólicos (Act 16,6; 18,23). Por otro lado está la tesis de que Pablo piensa en los habitantes de toda la provincia romana de Galacia, esto es, las comunidades fundadas durante el primer viaje apostólico: Antioquía, Iconio, Listra y Derbe (hipótesis del sur de Galacia). La controversia con Pedro en Antioquía (Gál 2,11-21) que presupone el → Concilio apostólico (hacia el 49) y la semejanza con la carta a los Romanos hablan en favor de una fecha de composición más tardía, es decir, en favor de la hipótesis del norte de Galacia. Según esto, la carta sería escrita hacia el 56-57, probablemente en Corinto.

2) Sobre la *ocasión* de Gál existen también varias opiniones. Sólo es seguro que judaizantes llegaron a Galacia para imponer por la fuerza a los cristianos de origen pagano la ley judía, sobre todo la circuncisión. Con ello se trata de una cuestión de principio (2,21; 5,2-4), de un Evangelio distinto (1,6). Pablo escribe esta carta, la más severa y apasionada, para librar a los gálatas de este error al que ya se habían sometido. La tendencia polémica le lleva a un cierto exclusivismo que Pablo corrige en parte cuando escribe con más objetividad su carta a los Romanos.

3) *Contenido.* En la primera parte, autobiográfica (1-2), Pablo defiende su autoridad. Responde al reproche de los judaizantes que dicen de él que es un innovador y que falsea el evangelio. Su independencia, aceptada por el concilio apostólico, se fundamenta en su vocación. La segunda parte doctrinal (3-4) muestra la necesidad de la libertad de la ley. La justificación no depende de la ley, pues sólo la fe consigue la salvación, en virtud de la promesa. Abraham y todo el AT son prueba de ello. Por Cristo son los hombres librados de la ley y sometidos al amor. La tercera parte parenética (5,1-6,10) hace una llamada a la perseverancia en el espíritu de la libertad y da indicaciones concretas. Termina con un saludo final (6,11-18). Generalmente se admite la autenticidad y unidad de la carta.

Gálgala → Guilgal.

Galilea, forma griega del nombre de la parte más septentrional de la cordillera al oeste del Jordán. La palabra hebrea *gālīl* (círculo), en su origen, nombre común para designar comarca, se usa ya como nombre propio en Jos 20,7; 21,32; 1Par 6,61. La historia de Galilea está llena de cambios. Salomón tuvo que transferir veinte ciudades «en la

Galilea

tierra del *gālīl*» al rey tirio Jiram (1Re 9, 11-13). A consecuencia de la intensa mezcla de la población primitiva con elementos paganos después de la conquista de Tiglat-Piléser III durante el reinado de Péqaj (2Re 15,29), pudo hablarse de «Galil de los paganos» (Is 8,23; Mt 4, 15). En la época de los → Macabeos habitaban allí pocos judíos. Después de la conquista de Palestina por Pompeyo, Galilea se convierte en un distrito del reino de Juan Hircano, luego de Herodes. Después, junto con Perea, formó la tetrarquía de Herodes Antipas (4 a.C. - 37 d.C.) y finalmente fue incorporada a la provincia romana de Judea. El cristianismo no echó raíces en Galilea hasta el siglo IV. Muchos datos proceden de Flavio Josefo que organizó aquí la resistencia judía contra los romanos. Sobre el lago de Galilea (Mt 15,29; Mc 1,16; Jn 6,1) → Genesaret. Mapa PN C3.

Ganado (cría de). Cuando los israelitas se convirtieron en pueblo sedentario, se dedicaron en general a la cría del ganado mayor. Sólo una parte pequeña del pueblo, sobre todo en la Transjordania y en el Négueb, practicaron un estilo de vida medio nómada y siguieron con la antigua cría de ganado menor. Los propietarios ricos contaban sus existencias por millares: Moab fue famoso por su cría de ovejas (2Re 3,4), los rebaños de Quedar y de Nebayot eran proverbiales (Is 60, 7). Entre la población humilde, tenían gran importancia la oveja y la cabra como animales domésticos. La cría de ganado proporcionaba, no sólo todo lo que se necesitaba para el sustento diario: leche y carne (Gén 38,17.23; Jue 6,19 entre otros), lana (Os 2,7), cueros y pieles (odres para el agua), sino que servían también para los sacrificios (Lev 3,6; Núm 7,16 etc.). El buey se criaba también en rebaños, en las grandes llanuras de Sarón (1Par 27,29), Yizreel y Bašán (Am 4,1) o se tenía como animal doméstico de campesinos particulares. La res vacuna era animal de sacrificio, proporcionaba productos lácteos y servía como animal de tiro. La guarda del ganado era tarea de los hijos e hijas del propietario (Éx 2,16), pero también, oficio de pastores contratados. → Agricultura; Pastor; Caballo; Animal.

Garizzim, montaña (868m) situada al sur de Sikem, frente al → Ebal que forma parte de la sierra de Efraím. Lugar (según la tradición samaritana Dt 27,4-8 del altar elevado en tiempos de Josué) del templo de los → samaritanos, que fue destruido por Juan Hircano, en 107 a.C. El monte siguió siendo lugar de culto de los samaritanos (Jn 4,20), donde todavía hoy celebran cada año su fiesta de → pascua. Mapa PA C5.

Gat, ciudad cananea, mencionada en las cartas de → Amarna, según Jos 11,22, poblada por los anaquitas. Patria de → Goliat y de otros héroes (1Sam 17,4; 2Sam 21,19.22). Más tarde fue capital de los filisteos (Jos 13,3; 1 Sam 5,7-10). Fue conquistada por David (1Par 18,1), fortificada por → Roboam (2Par 11, 8) y desmantelada por → Azaryá (2Par 26,6). En 711, Sargón II conquistó la ciudad y con ello acabó su historia. Su situación es incierta, no es muy probable que sea el *gell gat* israelí. Map PA B6/7.

Gaza (hebr.: la fuerte [?]), antigua ciudad cananea en el suroeste de Palestina, cerca de la costa mediterránea, con un templo de → Dagón

(Jue 16,23), lugar de almacenaje de granos, vino, plata y especias. Es mencionada en las cartas de → Amarna y en textos egipcios. Según Dt 2,23, sus primitivos habitantes eran los avvitas. Desde Tutmosis III, Gaza fue punto de partida de las expediciones egipcias hacia Palestina. En el s. XIII fue conquistada por los filisteos (Jue 16, 1.21; 1Sam 6,17). En tiempos de Salomón (1Re 5,4) y de Ezequías (2Re 18,8), los israelitas tuvieron que luchar todavía por Gaza. Gaza fue asiria bajo Tiglat-Piléser III, egipcia, bajo Nekó (Jer 47,1.5) y finalmente, conquistada por Alejandro Magno (332), se convirtió en una importante ciudad helenística con importantes vías de comercio hacia Jerusalén (Act 8,26) y Petra. Fig. 11 y mapa PA/PN A7.

Gazara o Gazer → Guézer.

Gebal → Biblos.

Gedeón (significado inseguro), protagonista de una historia de liberación del libro de los Jueces (Jue 6-8), hijo de Yoás, de la estirpe de Abiezer (6,34), salió con 300 hombres contra los → madianitas (7,7s) y atacó y mató a sus reyes Zébaj y Salmunná (8,10-12.18-21). En la tradición posterior, esta venganza de sangre de una estirpe se convierte en un caso de guerra de todo Israel (6,35); el ejército de Gedeón cuenta con 32 000 hombres (7,3) y se alían con los enemigos también los → amalequitas y los «hijos del oriente» (6,3.33; 7,12; cf. 8,10). La historia de la vocación de Gedeón (6,11b-18) incrusta la leyenda del santuario de Ofrá (6,11a.19-24) y la leyenda de otro santuario anónimo (6,25-31). El relato de la campaña contra los madianitas se amplió con las anécdotas 7,24-8,3 y 8,4-9.13.

17. A causa de su identificación con → Yerubbaal (6,32; 7,1; 8,29), Gedeón se vincula con la historia de → Abimélek (Jue 9).

Gehenna (valle de la) → Hinnom (valle del).

Gehón → Guijón.

Gelboé → Guilboa.

Genealogía. I. Entre los israelitas, el interés por la propia ascendencia era particularmente grande porque su situación dentro de la comunidad, sus derechos y obligaciones dependían en gran parte de su vinculación a una familia, linaje o tribu. Después de la cautividad, los que no pudieron demostrar su procedencia israelítica no fueron reconocidos como miembros del pueblo. Para formar parte del sacerdocio se tenía que demostrar la pertenencia a un linaje determinado (1Par 23,25). Así es como con frecuencia, junto con los → censos oficiales (Núm 1,26; 1Par 7,2; 21,1-6 entre otros), se citan registros privados de linajes (1Par 5,7; 7,5; Jer 22,30 entre otros). Los historiógrafos israelitas utilizaron abundantemente tales genealogías, listas o censos de Gén, Núm, Rut, Esd. Neh, 1Par y las emplearon como marco de sus narraciones sobre Abraham, Isaac, Jacob y otros personajes importantes. En este menester, manejan las genealogías con miras amplias: las escogen, acortan, esquematizan, completan. En general, las genealogías se redactan en línea ascendente, el número de los nombres incluidos tiene una importancia simbólica o mnemotécnica (p. e., 10 patriarcas de Adán hasta Noé, 10 de Sem hasta Abraham). La procedencia se expresa con los verbos «parir» o «engendrar» que no

Genealogía

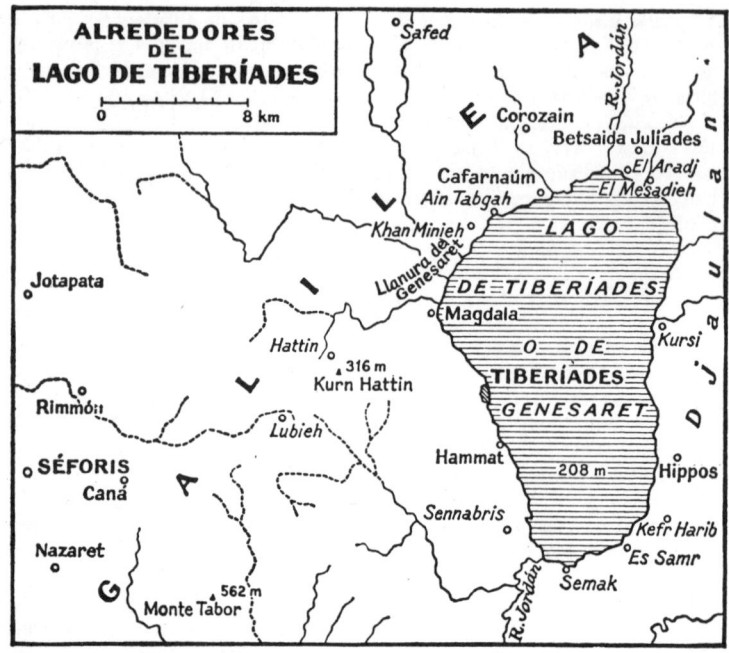

Fig. 20.

siempre significan procedencia carnal; relaciones geográficas, culturales y políticas producen relación genealógica (→ Tabla etnográfica).

II. GENEALOGÍA DE JESÚS. Jesús es legitimado dos veces como descendiente de David (Mt 1,2-17; Lc 3,23-38), pero, como las genealogías del AT, las de Jesús son más bien un producto literario que el resultado de una tradición. Dice a favor de ello, no sólo las diferencias entre las dos listas, sino sobre todo las distintas tendencias en Mt y en Lc. Mientras la genealogía de Mt es una composición que descansa sobre un simbolismo numérico que quiere presentar a Jesús como «hijo de la promesa de Abraham» y como David redivivo, la de Lc alcanza hasta Adán para mostrar como Jesús lleva a su consumación la historia de toda la humanidad (no sólo la de Israel) y que él es el redentor del mundo. La genealogía no es pues una demostración histórica de la procedencia davídica, sino el reflejo de la fe de la comunidad primitiva que veía en Jesús al hijo de David prometido.

Géneros literarios → Historia de las formas.

Genesaret, llamado → Kinnéret en el AT (Núm 34,11; Jos 12,3; 13,27); la Biblia griega conoce el nombre Gennesar (1 Mac 11,67) o Genesaret (probablemente formación secundaria, por analogía con el nombre Kinnéret) para designar la fértil llanura al oeste del lago (Mc 6,53 Mt 14,34) con la aldea homónima, no mencionada en la Biblia. El NT (excepto Lc 5,1) sólo habla del lago de Galilea (p. e., Mt 4,18 etc. Mc 1,16) o de Tiberíades (Jn 6,1; 21,1). El lago, muy rico en peces (21 por 12 km y 208-212 m), alimentaba, en tiempos de Jesús, una población más numerosa que ahora. Fig. 20 y mapa PA/PN D3.

Génesis, primer libro del → Pentateuco y de toda la Biblia.

1) *Contenido y disposición.* En el Gén se trata: *a)* en un plano puramente humano, acerca del origen y destino del mundo y de la humanidad (la llamada historia primitiva (1-11) que abarca desde Adán [el padre de la humanidad] hasta Abraham [el padre de Israel]) y *b)* en un plano nacional, acerca de la historia primitiva de Israel (la historia de los patriarcas [12-50]). Dentro de este marco general, Gén da la iniciación del origen de numerosos fenómenos naturales y culturales, de distintas costumbres religiosas y sociales y determinados datos políticos y geográficos.

2) *Origen.* El material narrativo sufrió una larga evolución. La redacción final de Gén tuvo lugar después de la cautividad, en círculos sacerdotales (P). Ella incorpora documentos escritos de la tradición que mucho antes ya habían tomado forma fija en una síntesis de distintos grupos de tradiciones principalmente orales: el relato yahvista (J) describe primero el paraíso y enseña luego cómo por el pecado vino la maldición sobre el hombre y el mundo que hace sentir sus efectos en el diluvio y en la confusión de las lenguas, maldición neutralizada por la bendición sobre Noé, Sem, Abraham y su descendencia. Ciertos complementos se toman acaso de una síntesis independiente elohísta (E). El código sacerdotal (P) es el que da forma al libro en una unidad sistemática. Algunos puntos particulares (creación, sábado, alianza, circuncisión) los amplía con más detalle. La tradición deuteronómica (D) falta en el Génesis; sin embargo, el influjo profético se hace perceptible (2-3; 11,1-9).

3) *Género literario y contenido histórico.* Génesis no ofrece versión alguna sobre el transcurso real de los acontecimientos, ni es ninguna fuente de información para las ciencias naturales o para la historia, sino que transmite los puntos de vista de una fe. Las historias narradas proceden de una espontánea observación humana y de recuerdos comunes o locales que, con frecuencia, se reducen a leyendas etiológicas o folklóricas. Sin embargo, el Génesis, en muchos puntos, da una imagen fiel de la vida israelítica. Las historias delatan una situación auténtica y caracterizan circunstancias reales.

4) *Teología.* El relato sobre «los principios» (del mundo, de la humanidad, de Israel), llamado protología, se refiere al pasado sólo en apariencia; de hecho es expresión de la fe que dice que el hombre e Israel tienen un futuro. La protología bíblica es escatología. El punto de partida es el presente nacional de Israel y la situación real del hombre. En las historias de los hombres se manifiestan siempre las intenciones de Dios: lo que el hombre e Israel deberían ser y que, a pesar de todo, es todavía posible que lleguen a ser.

Gérasa, ciudad de la Transjordania, sin importancia alguna, hasta que fue fundada de nuevo (probablemente por Alejandro Magno) en la época helenística y conquistada por Yanneo hacia el 80 a.C. Tras su liberación por Pompeyo, perteneció

Gérasa

a la → Decápolis. Hoy *ŷeraš*. Las impresionantes ruinas romanas proceden en gran parte del s. I d.C. (murallas, foro, columnata, dos plantas de templos, teatro, etc.). Fig. 12 y mapa PN D5.

Getsemaní (aram.: lagar de aceite), huerto del → monte de los Olivos (Lc 22,39; Jn 18,1) donde Jesús fue arrestado (Mc 14,32 par). El lugar exacto es inseguro; los sitios venerados hoy como tales (iglesia de Getsemaní, edificada sobre los restos de otra iglesia de hacia el año 380) son, sin embargo, los que mejor corresponden a la tradición. Fig. 25.

Gideón → Gedeón.

Gihón → Guijón.

Gloria de los bienaventurados → Paraíso (2).

Gobernador, representante de la autoridad del gobierno en los territorios dominados por los romanos. En el NT se mencionan los procónsules Sergio Paulo (Act 13,7s.12) de Chipre y Galión (18,12) de Acaya así como el legado Quirinio (Lc 2,2) como gobernador de Siria. Se llamaban procuradores los gobernadores de territorios más pequeños cuya administración presentaba más dificultades, p. e., a causa de haber conservado el territorio una dinastía autóctona. Fueron procuradores, entre otros, el gobernador Poncio → Pilato (Mt 27s passim par), así como Felix y Festo (Act 24) de Judea con residencia en → Cesarea.

Gólgota (quizás del aram.: cráneo, lugar de la calavera), lugar de la crucifixión de Jesús (Mt 27,33 par; Jn 19,17). El nombre procede de la forma redondeada del terreno, parecido a un cráneo. El Gólgota estaba situado fuera de los muros de la ciudad, como lugar de ejecución y sepultura. La localización tradicional está de acuerdo con estos datos: Adriano, en ocasión de un ensanche de la ciudad, hizo allanar el terreno y erigió allí el foro de Aelia Capitolina; el emperador Constantino lo hizo poner nuevamente al descubierto y edificó sobre él la basílica del Santo sepulcro. → Jerusalén. Fig. 25.

Goliat (cf. gr. Alyattes [?]), filisteo alto más de lo normal, procedente de → Gat, que, según 1Sam 17; 19, 5; 21,10, fue muerto por David en un duelo y, según 2Sam 21,19, por Eljanán (= David [?]). El relato de sentido eminentemente teológico tiene parecido con las narraciones del libro de los Jueces, donde Yahveh salva Israel por medio de un caudillo genial. 1Par 20,5 intenta igualar las tradiciones divergentes.

Gomorra → Sodoma.

Grano → Medidas y pesos.

Griego bíblico. Se entiende por griego bíblico la lengua en que se compuso el NT y la de las antiguas versiones griegas de la Biblia, sobre todo la de los LXX. El griego bíblico pertenece a la *koiné*, especie de lengua internacional que se formó en la época helenística, después de la conquista de Alejandro Magno que dilataron las relaciones políticas y culturales de Grecia. La base de esta lengua es el ático, sin sus particularidades dialectales y con numerosos elementos de otros dialectos y muchos barbarismos (semitismos, latinismos). El carácter particular del griego bíblico comparado con la *koiné* se explica por dos motivos. Por una parte, está la influencia de la lengua de las fuentes utilizadas: los LXX traducen del original hebreo, en parte literalmente, y en el NT hay que suponer en muchos pasajes el uso de fuentes arameas (colección de dichos de Jesús) o hebreas. Por otra parte, la lengua materna de la mayoría de los autores del NT (el arameo y también el hebreo) influye inconscientemente en la sintaxis, semántica y fonética más decisivamente que en el vocabulario. La diferencia de un escrito a otro es también considerable. Lc y el autor de Heb escriben el griego más «clásico»; el griego de Mc es más bien popular; Pablo, habituado al griego desde su juventud, escribe en un estilo bastante matizado; Jn, aunque correcto, produce una impresión poco helenística. A pesar de sus particularidades, el griego bíblico no fue nunca una lengua «sagrada», separada del griego profano.

Guebal → Biblos.

Guelboé → Guilboa.

Guenizá (del aram.: ser valioso, ocultar), una cámara de la sinagoga donde los judíos guardan los rollos viejos de las sagradas escrituras, para enterrarlos después de un cierto tiempo y evitar así su profanación. La guenizá del antiguo El Cairo debió quedar olvidada. A mediados del s. XIX se descubrieron en ella unos 200 000 fragmentos de manuscritos (en gran parte conservados hoy en Cambridge: Taylor-Schechter-Collection). De gran importancia para la ciencia bíblica fueron los fragmentos con el texto hebreo de Eclo y distintos manuscritos bíblicos que representaron un nuevo estadio para la investigación histórica del texto masorético, para el estudio científico del hebreo y para las antiguas

Fig. 21. Ramsés II en su carro de guerra (dinastía XIX, s. XIII a.C.)

traducciones bíblicas. → Texto de la biblia.

Guerra. I). EN EL AT, 1) al menos en los tiempos primitivos, la *guerra* era un asunto religioso, como entre los árabes antiguos. En la guerra el israelita ejecuta la ira de Yahveh (1Sam 28,18), se prepara a ella por medio de purificaciones cúlticas (continencia; 1Sam 21,6); Yahveh mismo o su → arca de la alianza está presente en el campo de batalla (Núm 14,42) y dirige la guerra (Jos 10,14) o paraliza al enemigo (Éx 23,27 etc.). Las guerras de Israel son guerras de Yahveh y por ello el botín es → anatema, esto es, consagrado a Yahveh.

2) Faltan datos precisos sobre la magnitud y organización del *ejército*. Un ejército permanente formado por la guardia de corps y mercenarios reclutados no se dio hasta en tiempo de la monarquía. La ley posterior determina las excepciones del servicio militar obligatorio por motivos sociales (Dt 20,1-9; 24,5) o cúlticos (Núm 2,33). El ejército constaba de gente de a pie (honderos, arqueros, gente de armas pesadas) y a partir de Salomón (1Re 10,26-29) luchadores con carros de guerra. Los carros de guerra eran de madera, con dos ruedas y guarniciones de hierro, eran arrastrados por dos o tres caballos y servían principalmente para los arqueros y escuderos. Éstos constituían la tropa más noble. La caballería cuidaba del servicio de mensajeros. → Armas. Fig. 21.

3) El *sitio* era sólo posible con un ejército organizado. En los tiempos más antiguos, el sitio se practicaba construyendo una trinchera (2Sam 20,15) y esperando que la ciudad se rindiera por hambre o cortando el abastecimiento de aguas. Los israelitas aprendieron de los asirios la técnica propia del sitio (Ez 4,2; 21,27 etc.): arietes móviles, cobertizos, catapultas (2Par 26, 15) y trincheras. Los sitiados se defendían con hachas y teas incendiarias. En el tiempo de los Macabeos se usaron también torres móviles con puentes levadizos y minas (1Mac 11,20; 13,44). → Fortificaciones.

4) Las costumbres brutales de la guerra permitían mutilar (Jue 1, 6; Jer 52,11), matar (Núm 31,7; Dt 20,13 etc.) o vender como → esclavos (1Mac 3,41; pero no a los compatriotas: Dt 24,7; Lev 25,42ss etcétera) a los *prisioneros de guerra.* Mujeres y niños pertenecían al botín del vencedor (Jue 5,30). Dt 20, 10s intenta humanizar la guerra. → Anatema.

II. EN EL NT se habla de la guerra sólo en sentido figurado o como acontecimiento escatológico (Mc 13,7 par Ap passim).

Guézer (hebr.: espacio cercado), antigua ciudad de Canaán, situada en una región fértil y rica en agua, dominaba las rutas de caravanas desde Egipto hacia el norte. Fue conquistada y fortificada por Tutmosis III, independiente en la época de → Amarna y más tarde nuevamente egipcia. En contra de lo que dice Jos (10,33; 12,12; 16,3 etc.), los israelitas no la conquistaron al tomar el país (Jos 16,10; Jue 1,29). La ciudad sólo fue israelita por donación del faraón a Salomón, quien la fortificó (1Re 9,15-17). Después de la división del reino, Guézer perteneció al reino del norte (Jos 16,1), Šošaq la destruyó hacia 918 y finalmente (734) fue incorporada al imperio asirio junto con el resto de la → Šefelá. A causa de su posición estratégica, en las guerras de los Macabeos se luchó duramente por Guézer (1Mac 9,52; 13-16 passim). Excavaciones inglesas y americanas descubrieron restos de una fortificación de la era del bronce y acaso de la era del hierro. Entre los distintos hallazgos es de particular interés un santuario con massebás de la era del bronce, una conducción subterránea de aguas y el → Calendario de Guézer. Fig. 8 y mapa PA B6.

Guet → Got.

Guibá (hebr.: altura), topónimo frecuente.

1) Guibá en Benjamín (Jos 18, 28), entre Jerusalén y Ramá; ciudad que desempeñó un papel importante en la época de los jueces (Jue 19s, cf. Os 9,9; 10,9) y fue la patria de Saúl (1Sam 10,26; 22,6; Is 10,29). Pero pronto perdió su importancia y sólo se menciona de nuevo durante las guerras babilónicas y romanas. Guibá es idéntico con el actual *tell el-fūl*, al norte de Jerusalén. Las excavaciones muestran que la ciudad databa del s. XIII/XII a.C. Mapa PA Al; C6.

2) Guibá en Judá (Jos 15,57; 1Par 2,49).

3) Guibá en Efraím (Jos 24,33). Se desconoce su situación exacta.

Guibeá → Guibá.

Guibeón → Guibón.

Guiblitas. Habitantes de Guebal, → Biblos.

Guibón (hebr.: colina), asignada a Benjamín (Jos 11,19), ciudad sacerdotal (21,17), poblada primitivamente por →jivveos, los cuales se aseguraron por astucia un pacto con los conquistadores israelitas (9,3-15; 10,1) y fueron defendidos por Josué contra los cananeos (10; 11,19). El intento de Saúl de exterminar a los guibonitas fue expiado por David con el sacrificio de siete miembros de la familia de Saúl (2Sam 21,1-14). Y con eso desaparece la ciudad de la historia de Israel. Sólo se mencionan todavía el estanco de Guibón (2Sam 2,12-17) y la altura de Guibón (2Sam 21,6) sobre la que estuvo el santuario de Yahveh (1Re 3,4s etc.). La localización de Guibón sólo puede aclararse en relación con la situación de las otras tres ciudades, Kefirá, Beerot y Quiryat-Yearim, vecinas de Guibón. Con todo, después de las excavaciones americanas de 1955-1962, parece segura su identificación con *eŷ-ŷīb*. Mapa PA Al; C6.

Guideón → Gedeón.

Guijón (hebr.: que brota a borbotones [?]).

1) Uno de los ríos del paraíso (Gén 2,13), seguramente idéntico con el Nilo, según sugieren Jer 2,18 [LXX], Eclo 24,27 y Jub 8,15.

2) Fuente junto a Jerusalén, al pie oriental de la antigua colina de la ciudad, en el valle del → Cedrón, donde Salomón fue ungido rey (1Re 1,33.38.45). Los reyes de Judá siempre se esforzaron por asegurar la fuente para abastecer la ciudad. Finalmente, el rey Ezequías hizo construir el túnel de → Silóaj, con lo cual se formaron dos estancos (2Par 32,30; cf. Is 7,3; 2Re 18,17 = Is 36, 2). Fig. 25.

Guilboa (significado desconocido), estribaciones septentrionales de los montes de Efraím, línea divisoria entre las cuentas del Mediterráneo y el Jordán, en la época del AT, rico en bosques (Jos 17,15-18). Aquí tuvo lugar la victoria de Gedeón (Jue 7,1-22) y la derrota y muerte de Saúl por los filisteos (1Sam 31,1; 2Sam 21,12; 1Par 10,1). Mapa PA C4.

Guilead

Guilead → Galaad.

Guilgal (hebr.: el cercado de piedras). El número y localización de los lugares designados como Guilgal es cuestión todavía no decidida.

1) Jos (quizás también Dt 11,30; Jue 2,1) habla con frecuencia de un lugar por nombre Guilgal como punto de partida para la conquista de Palestina. Estos lugares (tal vez de origen cananeo) eran considerados como santos (1Sam 10,8; 13,7s etc.); pero reprobados por los profetas (Miq 6,5). Este Guilgal está situado en la llanura del Jordán, junto a Jericó. Mapa PA C6.

2) Los profetas reprueban igualmente un santuario, llamado también Guilgal junto a → Bet-Aven (Os 4,15) o junto a → Bet-El (Am 4,4; 5,5). No es seguro que este Guilgal sea idéntico con 1).

3) Lo mismo puede decirse del Guilgal mencionado en la historia de Elías (2Re 2,1; 4,38) que se busca en las montañas de Efraím o se identifica con 1).

4) El Guilgal mencionado en Jos 12,23, a causa del contexto, seguramente hay que buscarlo en la llanura de → Sarón.

5) 1Mac 9,2 se refiere, con toda seguridad, a Galilea.

H

Habacuc. I. (El nombre significa una planta de jardín). Uno de los llamados profetas menores, que no hay que confundir con el profeta de Judá que fue a ver a Daniel en la cueva de los leones (Dan 14,33-39). Es autor del
II. LIBRO DE HABACUC. 1) *Contenido.* a) Después de dos lamentaciones del profeta (1,2-4.12.17), sigue una doble respuesta de Yahveh (1,5-11; 2,1-5) y a continuación, *b)* el cap. 3 es un himno o una visión en forma de himno sobre la epifanía de Yahveh que toma medidas contra los malvados. Su título (quizás posterior) es: oración del profeta Habacuc.
2) *Unidad y origen.* Ya desde antiguo se ha tenido la impresión de que la perícopa sobre el castigo (1,5-11) era una interferencia. Por ello algunos lo suprimen de dicho contexto, o la colocan después de 2,4, o la juzgan parte de un salmo independiente de lamentación, o corrigen «caldeos» (1,6) por «kitteos». Hoy se retorna a la opinión de que los cap. 1-2 forman una unidad. El cap. 3 indica que fue usado en la liturgia, por este motivo opinaron algunos que este «salmo» se habría tomado de alguna colección de cánticos para el culto. Hoy, con razón, se opina que dicho himno fue al contrario tomado de Habacuc y, a causa de su tendencia general, empleado en la liturgia. La fecha del libro es insegura. Si se conserva la lectura «caldeos» (1,6), como hacen la mayor parte de los exegetas, se puede entender que dichos opresores serían los predecesores de los caldeos, esto es, los asirios en tiempos de Nekó, o los caldeos mismos. Siendo esto así, Hab se habría escrito hacia el año 600.
3) *Mensaje* de Habacuc. El libro es una profecía de salvación: Dios mismo libra a su pueblo de la opresión de los enemigos impíos. La frase esencial: «el justo vive de su fidelidad» sufrió una nueva interpretación en el pensamiento paulino (Gál, Rom).

Habiru → Hebreos.

Hagar, esclava egipcia de Sara, madre de → Ismael. El →duplicado Gén 16, 1-16; 21,9-33 narra la expulsión de Hagar y de Ismael por Sara, celosa; Gén 25,12: Hagar es la madre genealógica de doce tribus ismaelitas. En Gál 4,21-31, Pablo explica, a partir de la relación entre Hagar y Sara, la relación entre la antigua y la nueva alianza: los hijos de la esclava no son libres y se hallan bajo la esclavitud de la ley; los hijos de la esposa libre simbolizan la nueva economía de la salvación que se basa en la libre gracia divina y en la fe incondicional del hombre.

HaHel hebr.: cantar himnos de alabanza), grupo de salmos (113-118) que se utilizaban especialmente en circunstancias solemnes para cantar las alabanzas divinas: durante el sacrificio de los corderos pascuales en el templo el día 14 de nisán; durante la cena pascual en la tarde del

HaHel

mismo día; en la fiesta de pascua, el 15 de nisán; el día de pentecostés; en la fiesta de los tabernáculos, y en la fiesta de la dedicación del templo. Este cántico resaltaba particularmente en la fiesta de los tabernáculos, cuando el pueblo agitaba ramos verdes gritando Hosanna (Sal 118,25). El Pueblo cantó versículos tomados del HaHel a la entrada de Jesús en Jerusalén (Mc 11,9 par).

Hamat → Jamat.

Hambre. En el Oriente medio provenían con frecuencia épocas de hambre como consecuencia de las guerras y de las sequías. El hambre que se produjo en tiempos de José (Gén 41,54.56) fue de particular importancia. En estas ocasiones, los pueblos de Palestina emigraban a Egipto en busca de socorro (Gén 12,10: Abraham; Gén 42,5; Sal 105,16: Jacob). En tiempos de David hubo una época de hambre (2Sam 21,1) y otra en Samaría, en tiempos de Ajab (1Re 18,2). El hambre es un motivo que se repite en las amenazas de los profetas (cf., p. e., Jer 14,1-22).

Hammurabi, nombre de distintos reyes del oriente medio durante el segundo milenio. El más importante fue el rey de Babilonia (probablemente 1728-1686), de la dinastía de los → amorreos, que logró ampliar su pequeño territorio en un imperio que abarcaba casi totalmente Akkad, Sumer, Elam, Ešnunna, Mari y Assur. Su amplia correspondencia nos demuestra que su gobierno fue ejemplar y centralizado: fomentó el culto, protegió la libertad y los derechos de sus súbditos, construyó terrenos de regadío y canales como rutas de navegación. Sin embargo, es famoso, sobre todo, por la legislación que promulgó hacia finales de su reinado, el llamado código de Hammurabi. Una copia de dicho código, procedente de los mismos tiempos de Hammurabi, fue hallada en 1901/2 en Susa, adonde seguramente fue transportada por el rey elamita Šutruk-Naḫḫunte, hacia 1160 a.C., como trofeo triunfal, después de la derrota de Babilonia. Sus 282 párrafos abarcan todo el derecho público y privado vigente en aquel entonces. Las coincidencias entre la ley mosaica y el código de Hammurabi no pueden atribuirse a dependencia directa, sino a la semejanza de las normas jurídicas vigentes en los mismos círculos culturales semitas. P.e., el engendramiento de hijos por medio de la esclava de la esposa (Gén 16,2; 30,3; cf ĊH §§ 144-147), el tratamiento de Hagar e Ismael (Gén 21,9-14; cf. CH § 170s). No es probable la identidad de Hammurabi con → Amrafel (Gén 14,1).

Hanukka (hebr.: consagración), nombre común en Núm 7,11, bajo Salomón en 2Par 7,5, bajo Esdras en Esd 6,16s. Más tarde, nombre propio para significar la fiesta de la dedicación del templo que se celebraba el 25 de kislev y los siete días siguientes, instituida después de la victoria sobre los sirios (165 a.C.) en recuerdo de la erección del nuevo altar de los holocaustos (1Mac 4, 54-59 etc.). En tiempos del NT (Jn 10,22), se celebraba como fiesta de la luz. Flavio Josefo la llama φῶτα = candelabros. Hoy, todavía encienden los judíos en estos días al candelabro de ocho brazos *(ḥanukka-menora)*.

Harán → Jarán.

Hasmoneos, término que sólo se encuentra en Flavio Josefo para designar la familia y la dinastía de los →macabeos, desde Simón (143-135) hasta Antígono (40-37). El término procede de un supuesto antepasado suyo de nombre Hasmón (Ant. 12,6,1). Tal vez Hasmoneo no fuera más que otra forma del nombre, tan difundido, de Simón.

Hasor → Jasor.

Havilá → Javilá.

Hazor → Jasor.

Hebal → Ebal.

Hebreo. I. LA LENGUA. 1) El hebreo pertenece al grupo occidental de las lenguas semíticas y es la lengua cananea que los israelitas tomaron y desarrollaron después de la conquista del país. Los israelitas hablaban originalmente arameo. Después de la cautividad, el hebreo fue desplazado poco a poco por el →arameo que se convirtió en lengua corriente, mientras que el hebreo perduró largo tiempo como lengua de la Escritura y de los eruditos. El sionismo ha elevado a gran altura el llamado «neohebreo». El término «hebreo» aparece por primera vez en el prólogo del Eclo (s. II a.C.); en otras ocasiones, la Biblia habla de la «lengua de Canaán» (Is 19,18) o «judío» (Is 36,11; 2Re 18,26; Neh 13,24).

2) El hebreo se nos ha transmitido en los libros del AT, en las

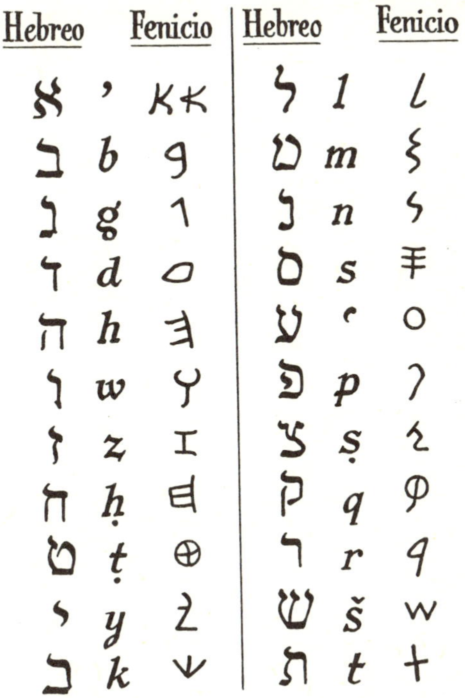

Fig. 22. Escritura hebrea y escritura fenicia en el s. X a.C.

Hebreo

→óstraka de Samaría (hacia 800 a.c.), de Lakiš y de Arad, en un calendario agrícola de Guézer (del s. x/ix a.c.), en la inscripción de Siloé de Jerusalén (hacia 700 a.c.), en muchos →sellos, →marcas de jarra (del tiempo de los reyes y de los Macabeos), en inscripciones y fragmentos de cartas, así como en los manuscritos del desierto de Judá (→Qumrán).

3) El desarrollo del hebreo apenas si se puede reconstruir, pues la lengua de los libros bíblicos fue constantemente modernizada y adaptada al uso lingüístico de Jerusalén. En lo esencial, conocemos el hebreo que se escribía a finales de la monarquía.

II. LA ESCRITURA. El hebreo se escribía con el →alfabeto fenicio de 22 consonantes. La escritura consonántica hebrea tiene dos formas: la antigua (el fenicio) y la escritura cuadrada, introducida en el s. v a.c. Más tarde los masoretas inventaron dos sistemas para representar todas las vocales y signos de puntuación: el sistema babilónico (supralineal) y el tiberiense (sobre todo infralineal). Este último sistema fue el que se impuso. Pero es dudoso que la pronunciación masorética coincida con la pronunciación original y primitiva. →Texto de la Biblia. Fig. 22.

Hebreos. 1) *Uso del nombre.* En la Biblia hebrea se usa este nombre relativamente poco. Lo emplean los no israelitas para designar a los israelitas (egipcios: Gén 39,1.17; Éx 1,16 etc.; filisteos: 1Sam 4,6.9 etc.), o los israelitas mismos (p.e., escritores bíblicos) cuando hablan con no israelitas (Gén 40,15; Jon 1,9 etc.). La legislación contiene algunas disposiciones para esclavos culpables hebreos (Éx 21,2-6; Dt 15,12; Jer 34,9.14). En Gén 14,13, Abraham es llamado hebreo. Los LXX y la literatura rabínica usan este nombre como título de honor (Jdt, 2Mac). El NT usa este nombre para los judíos nacidos en Palestina de padres judíos (Act 6,1; 2Cor 11,22; Flp 3,5) para distinguirlos de los helenistas.

2) *Hebreos y Hapiru.* La Biblia deriva el nombre de hebreo de Eber, un descendiente de Sem (Gén 11, 14-26). Pero como este nombre seguramente tenía un sentido más amplio que el de pertenencia al pueblo escogido (entre Eber y Abraham pasaron cinco generaciones), se intentó identificar a los hebreos con los japiru, conocidos por textos hittitas y akkadios, que son idénticos con los japeru de los textos egipcios y los 'prm de los textos ugaríticos. De hecho, coinciden siempre los textos profanos cuando hablan de la presencia de hapiru en un tiempo y lugar determinado, con el testimonio de la Biblia que relata los mismos hechos refiriéndose a los hebreos. La práctica de incursiones que es una característica de los hapiru, no la desconoce la Biblia hablando de los hebreos (Gén 14,13ss). Los hapiru se alistan a ejércitos extranjeros, también los hebreos (1 Sam 14,21; 29,2). Finalmente, la situación de los hebreos en Egipto coincide también con lo que los textos egipcios refieren de los hapiru (trabajos forzados, en el Egipto inferior). Sin embargo, desde un punto de vista lingüístico, la identificación de los hapiru con los hebreos ofrece algunas dificultades (sobre todo el cambio de la *p* por una *b)*, con todo la identificación no queda excluida. Hoy se admite que los hebreos formaban sólo un grupo entre los hapiru.

3) *Significado del nombre.* No está claro qué origen tendría la palabra hebreos. Los judíos lo re-

lacionaban con la tribu 'ēber (venir del otro lado: «el de más allá», alusión al origen mesopotámico de Abraham). Una interpretación moderna lo refiere a '*āfār* = polvo, arena («hombres que vienen de la estepa»). El nombre hapiru no parece ser gentilicio, sino apelativo (que correspondería más o menos a nuestro término «nómada»). Naturalmente es posible que en su origen se tratara de un nombre propio de un determinado grupo, que luego fue trasladado a otros grupos de pueblos del mismo estilo de vida.

Hebreos (carta a los). 1) El problema del *autor* de la carta es confuso. Mientras en la iglesia oriental se la incluye entre las cartas paulinas ya desde el s. III, la iglesia occidental no la incluyó en el canon hasta la segunda mitad del s. IV por influencia oriental. La investigación moderna está, sin embargo, de acuerdo en afirmar que la carta no procede de Pablo. Sus diferencias considerables con las cartas paulinas afectan no sólo su lengua y estilo (el autor de Heb escribe en un griego retórico, cultivado y preciso), sino también su teología que no es la paulina. Es cierto que Heb contiene pensamientos paulinos (p.e., Cristo como mediador en la creación 1,2s; cf. Col 1,15), pero su tema central, el sacerdocio de Cristo, es problema que Pablo desconoce; al contrario, importantes temas paulinos (justificación por la fe; el dualismo de carne y espíritu) no se hallan en Heb. A pesar de las más diversas conjeturas (algún discípulo de Pablo, Apolo o Bernabé), sólo puede afirmarse con seguridad que el autor debió ser un cristiano judeohelenista de la segunda generación cristiana. Según esto, Heb debió ser escrita entre los años 80 y 90 (cf. la primera carta de san Clemente Romano).

2) La carta tiene por *finalidad* amonestar a sus lectores ante el peligro de la defección y cansancio de la fe. Para ello, saca sus argumentos siempre del AT y muestra tener un conocimiento preciso de los usos del sacrificio judío. Heb es el primer intento de envergadura de interpretar cristológicamente el AT por medio de una exégesis alegórica (interpretación de nombres propios 7,2, referencia a Cristo 2,6ss) y tipológica (Melquisedec como tipo del sumo sacerdote del NT: cap. 7). Resalta con siempre nuevas parejas de ideas contrapuestas (sombra-realidad; terrenal-celestial; pasajero-permanente; etc.) la nueva economía divina a partir de la antigua.

3) por motivo de esta forma de argumentar, se creyó largo tiempo que Heb tenía por *destinatarios* los miembros de alguna comunidad judiocristiana de Palestina o fuera de ella. Sin embargo, el autor se refiere reiteradamente a la fe en Dios de una forma tan general (3,12 entre otros) no haciendo distinción alguna entre judíos y paganos (el título «a los hebreos» es ciertamente un añadido posterior), que se puede suponer que la carta se dirige simplemente a cristianos de cualquier origen (quizás a los romanos). Es discutible que se trate de una carta. La falta del encabezamiento epistolar deja pensar que se trata de una predicación que fue mandada a una comunidad determinada con una conclusión de estilo epistolar.

Hebrón (hebr.: [lugar de] alianza), nombre reciente de Quiryat-Arbá (Gén 23,2; Jos 15,13.54 etc.), antigua e importante ciudad estado en la parte meridional de los montes de Judea, a 37 km al sur de Jerusalén, junto al camino de Beer-Šeba. Según la noticia que nos da Núm 13, 22, Hebrón procede de la edad del

Hebrón

bronce medio. En los tiempos preisraelitas, fue poblada por los anaquitas. Más tarde, pasó a manos de los kalebitas. Son importantes su santuario de →Mamré y la tumba de →Makpelá, vinculados al recuerdo de los patriarcas. En Jos 15,54 y 20,7, Hebrón se asigna a Judá y representa su base más importante a causa de su situación estratégica. Aquí es donde David encontró refugio al huir de Saúl (1Sam 30,31) y donde residió hasta la conquista de Jerusalén (2Sam 2,1-5,5). Luego declinó la importancia de Hebrón. Después de la división del reino, Roboam fortificó la ciudad (2Par 11,5-12), después de la destrucción de Jerusalén, cayó en manos de los edomitas. En 1Mac 5,65 aparece como posesión idumea. Se busca el antiguo Hebrón al oeste de *el-ḥalil* donde se muestra la tumba de los patriarcas. La mezquita actual está construida sobre una basílica transformada del tiempo de los cruzados que se levantó encima de una muralla herodiana. Mapa PA/PN B7.

Hechicería → Magia.

Hechos de los Apóstoles. El título Act no se puede comprobar antes de 180 d.C. Ni el título griego (πράξεις ἀποστόλων), ni el latino *(acta apostolorum)*, ni el español responden al contenido de la obra. Así como Lc no es ninguna biografía de Jesús, tampoco Act — especie de segunda parte del tercer evangelio — es una historia de los apóstoles y de la comunidad primitiva. Act representa más bien cómo el evangelio se extendió desde Jerusalén a la Judea, Samaría, Antioquía y comunidades paulinas. El personaje central de la representación es, en primer lugar, Pedro, y, a partir de 13,4, Pablo (quien por lo demás sólo dos veces es llamado →Apóstol). El autor no pretende narrarlo todo: faltan episodios importantes, conocidos por las cartas paulinas, otras narraciones insignificantes (p.e. la historia de Cornelio) son descritas con todo detalle. La elección de los episodios y la forma de ser tratados dependen, sin duda, del fin perseguido por el autor. Este fin se manifiesta especialmente en la idealización de la comunidad primitiva (2,42-47; 4,32-37) que en armonía y con oración vive una vida comunitaria participando de los mismos bienes y de la misma mesa, y en los discursos tipificados (si bien a partir de elementos históricos): la victoria del evangelio por la fuerza del Espíritu Santo a pesar de todos los obstáculos (persecuciones por el judaísmo incrédulo, resistencia de los judeocristianos, denuncias ante las autoridades romanas, prisión, naufragio, proceso). La contradicción entre Act y diversos informes de las cartas paulinas (silencio y tendencia a minimizar tensiones internas en las comunidades) se explica sin embargo no sólo por el fin perseguido por el autor, sino también por las fuentes utilizadas. Generalmente se supone que el autor no conoció las cartas paulinas y que para la segunda parte utilizó los apuntes de viaje de algún autor desconocido (las llamadas fuentes «nosotros» tal vez procedan de Antioquía). Ya la antigua tradición eclesiástica supone que el autor de Act es el mismo de Lc, afirmación que confirma la crítica textual por razón de la coincidencia entre Lc y Act en vocabulario, estilo y teología. Como por razones lingüísticas Act debió ser escrito después de Lc y la colección de cartas paulinas, que el autor habría utilizado de haberlas conocido, se formó seguramente hacia finales del s. I, de ello se deduce que Act debió escribirse entre los años 80 y 90.

Helenismo. 1) Con este *concepto,* que procede del historiador J.G. Droysen, se entiende en general el espacio de tiempo entre Alejandro Magno († 323) y el final del imperio de los → Ptolomeos (30 a.C.), esto es, la época que «conduce del grecismo al cristianismo» (Droysen). Si bien el concepto ha resultado muy práctico, en los casos concretos resulta con frecuencia vago. Desde un punto de vista temporal (sobre todo en lo que se refiere a la poesía y filosofía), muy bien podría justificarse un comienzo más temprano (hacia 360). En cuanto a la extensión de su zona, unos limitan el helenismo a Grecia y al imperio de Alejandro Magno (o bien, a los Estados de sus sucesores) y otros incluyen territorios extrarradios del oriente (India) y del occidente (Roma, Cartago). Finalmente, en cuanto a su contenido, se puede limitar el helenismo a la época histórica en cuestión, como también usarlo como concepto de cultura, de espíritu o de historia de la religión (de acuerdo con el uso lingüístico de la literatura antigua que entiende generalmente con el término el dominio de la lengua griega o la posesión de la cultura griega). En el terreno político, es una característica del helenismo la disolución de las ciudades estado griegas y la formación de estados territoriales soberanos. La pérdida del carácter nacional griego fue en parte compensada por un cosmopolitismo que propagó la filosofía. La fundación o helenización de numerosas ciudades por Alejandro Magno y por sus sucesores tuvo como consecuencia, no sólo una expansión internacional del comercio, y la formación de un griego unitario que se impuso como lengua internacional (→ Griego bíblico), sino también a un acercamiento y mutua influencia en el terreno cultural y religioso (sincretismo: asimilación o identificación de dioses de distintas religiones, p.e., Zeus = Júpiter romano = Amón y Serapis egipcios = Baal sirio). Mientras el influjo griego en la filosofía fue predominante (las dos escuelas más importantes: estoicismo y epicureísmo) y en las ciudades residenciales ([→] Alejandría, Pérgamo) floreció el arte y la ciencia, en el terreno de la religión el influjo de oriente fue incomparablemente más fuerte, de forma que en su conjunto se desarrolló una peculiar y sugestiva mezcla cultural. No se pueden ignorar ciertas tendencias a la nivelación; sin embargo, por otra parte, de ello resultó una cultura única, al menos externamente, que favoreció la expansión del cristianismo.

2) Mientras en la diáspora, donde en gran parte se hablaba griego y, p.e., se traducía el AT al griego (versión de los → Setenta), se tenía una postura naturalmente abierta ante el helenismo, *en Jerusalén,* rodeada de gran número de ciudades helenistas, había varios partidos hostiles entre sí por su diversa postura ante el helenismo. Uno de dichos partidos desechó la ley judía como anticuada y consiguió el reconocimiento de Jerusalén como gran *polis* griega, pero, para citar sólo un ejemplo de las violentas controversias entre los distintos partidos, en el año 164 a.C., por iniciativa de los → Macabeos, se restauró el culto de Yahveh en el templo de Jerusalén, donde antes se había dado culto al Zeus olímpico. Con todo, incluso en Jerusalén, se dejó sentir poco a poco el influjo del helenismo.

3) Las opiniones son muy dispares cuando se trata de fijar el alcance de los elementos helenísticos

Helenismo

en el NT, pues, en parte, muchos elementos doctrinales que parecen helenísticos, también se pueden explicar como procedentes del judaísmo. Sin embargo, se dan algunos factores que no dejan lugar a dudas. Así Lc, el más instruido entre los evangelistas, subraya el carácter universal de la salvación (2,11.14; 3,15-18; 4,24-28) y alude a casos importantes para los no judíos (7, 1-10; 9,51-55; 10,25-37; 17,13ss; 19,1-10), a diferencia de Mt y Mc que polemizan duramente contra los fariseos. Es evidente la atención que Pablo concede a la mentalidad helenística (cf. 1Cor 9,19-23); su vocabulario está impregnado de términos que proceden de la discusión filosófica del helenismo (p.e., en Act 17,28 cita a Arat; cf. además la importancia de términos tales como σοφία, μυστήριον, παρουσία, ἐπιφάνεια en la teología paulina; a más de esto, su preferencia por las formulaciones antitéticas y por la diatriba, forma popular de diálogo o discurso). También Jn muestra influencia helenística: su preferencia por los conceptos abstractos, su trama fuertemente dualista y sobre todo su doctrina sobre el *logos* (numerosas coincidencias con la gnosis).

Heliópolis, nombre griego de una famosa ciudad egipcia (hebr.: On, Ez 30,17), 10km al norte de El Cairo, centro del culto al dios Sol. En Heliópolis había muchos obeliscos (símbolo específico del sol), entre ellos, el obelisco de granito de Sesostris I (principios del s. xx a.C., 20,5m de altura) es el monumento más importante hallado en las ruinas de la ciudad. Bajo la dinastía V, las concepciones teológicas de los sacerdotes de Heliopólis eran decisivas. En tiempos de Heródoto (s. v a.C.) la ciudad se conservaba todavía incólume. En la época de Estratón (finales del s. I a.C.) era una ciudad abandonada. Fig. 14.

Henok (hebr. significado desconocido; cananeo: seguidor).
1) En la lista cainita (Gén 4,17-24; → Set), Henoc es hijo de Caín y padre de Irad; en la lista setita (Gén 5; → Set) es hijo de Yéred y padre de Matusalén. Después de 365 años fue arrebatado (5,23s; cf. Prov 44,16; 49,14; Lc 3,37). Es figura muy importante en las leyendas judías posteriores y en Qumrán (cf. Heb 11,5).

3) El *Libro de Henok* (1Hen; → Apócrifos I,3), escrito originalmente en hebreo o arameo (probablemente en el s. II a.C.), se conoce sólo en las traducciones griega y etiópica (la Iglesia etiópica lo cuenta entre los libros canónicos). El libro de Henoc eslavo (2Hen) fue escrito en griego por algún judío (s. I o II d.C.) y refundido posteriormente con tendencias cristianas.

Herederos. 1) *En el AT.* El verbo hebreo «heredar» tiene un sentido más general que el nuestro. Así, p.e., el pueblo hereda el país de Canaán que es propiedad de Yahveh (Jos 22,19; 2Par 20,11). Para indicar que Canaán e Israel son propiedad inalienable de Yahveh se usa el término herencia (Éx 15,17; Dt 9,26-29 etc.). En el mismo sentido se recibe como herencia la ley (Sal 119,11), los hijos (127,3) y Yahveh mismo (Núm 18,20; Sal 16,5). El AT sólo nos ha transmitido dos disposiciones legales acerca del derecho hereditario: el derecho de los primogénitos (Dt 21,15-17) y el derecho de las hijas a heredar (Núm 27,1-11; 36). Sin embargo, las costumbres jurídicas pueden reconstruirse por medio de los libros históricos o por medio de los códigos legales, de otros pueblos orientales. Herederos eran los hijos. El primogénito recibía doble parte, seguramente, por motivo de que éste cargara con el cuidado de la madre. El derecho de primogenitura era intransferible (a pesar de Gén 48,13-19; 1Re 1,13). Los hijos de las concubinas eran antiguamente compensados con arreglos (Gén 25,6). Las hijas heredaban sólo en el caso de faltar hijos varones (Núm 27,1-11). Si tampoco había hijas, la herencia pasaba a los parientes. No se menciona nunca la herencia por → testamento.

2) *En el NT* con frecuencia el término tiene un sentido religioso y significa la relación del hombre con Dios. En Heb 1,2 Cristo mismo es heredero de Dios; los creyentes son coherederos de Cristo (Rom 8,17) en virtud de su filiación espiritual divina. La herencia es el reino de Dios (Mt 21,43): como promesa (Heb 6, 12), como parte de herencia (Act 20,32), como salvación (Heb 1,14), como vida eterna (Mc 10,17) y, con términos del AT, como país (Mt 5,5) o ciudad santa (Ap 21,7). El bautismo da derecho a esta herencia (1Pe 1,3-5).

Hermano, además de hermano carnal (Gén 24,29), significa también hermanastro (Gén 20,5), miembro de la familia, amigo, vecino y compañeros en la fe (en el NT 160 veces), así como colega de oficio (como tratamiento de los altos dignatarios entre sí 1Re 20,32). Jesús llama hermanos a sus discípulos (Mc 3,35; Jn 20,17), por esto Jesús recibe el nombre de «primogénito entre muchos hermanos» (Rom 8,29).

Hermón (significado desconocido), la cordillera oriental de las dos que forman el macizo central de Siria (el Antilíbano), según Dt 3,9, llamado *siryón* por los fenicios y *s^{e}nir* por los amorreos. En Cant 4,8 y 1Par 5,23, parece que con el nombre Hermón se entiende sólo la cima del Antilíbano, El Hermón se menciona como frontera septentrional de Canaán y era un antiquísimo lugar de culto al dios Hermón (1Par 5,23). Todavía en el s. IV d.C. se construyeron numerosos templos en las cimas del Hermón. Fig. 31 y 32 y mapa PA/PN D2-E1.

Herodes (gr.: hijo de héroes). En el NT, se aplica este nombre a personas distintas.

1) Tetrarca → Antipas I (Mt 14,1-12 par; Mc 6 passim 8,15; Lc 3,1.19; 9,7.9; 13,31; 23 passim Act 4, 27; 13,1).

2) Rey → Agripa I (Act 12 passim).

3) Rey Herodes el Grande (ca. 73-4 a.C.; Mt 2passim; Lc 1,5). Éste era hijo del idumeo Antípatro y de la árabe Cipro; no era, por consiguiente, de origen judío. Se educó en la corte del sumo sacerdote Juan Hircano II (63-40). Su padre, favorecido por César, logró que sus hijos Herodes y Fasael fueran nombrados estrategas de Galilea y Judea, respectivamente. Después de la muerte de César, Herodes se pasó al partido de Pompeyo y, más tarde, consiguió con igual éxito, el favor de Antonio. Cuando los partos conquistaron Siria, Herodes huyó a Roma, donde se hizo coronar rey en el Capitolio, derrotó al general Antígono, amigo de los partos (38) y conquistó Jerusalén. Después de la batalla de Accio (30), consiguió el favor de Octaviano y consiguió ampliar el antiguo Estado de Antígono con Jericó, Gádara, Samaría, Gaza, y, más tarde (23), por el favor de Augusto, la Batanea, Traconítide y Auranítide. Entretanto, había exterminado completamente la casa de los hasmoneos y anulado el principio del sumo sacerdocio vitalicio.

Herodes

El reinado de Herodes se distinguió por una espléndida actividad constructora. Fundó numerosas ciudades helenísticas y emprendió nuevas obras de fortificación. Así surgieron en Jerusalén el → templo herodiano, la fortaleza → Antonia, el palacio real y dos teatros. A pesar de ser Herodes helenista, fue lo suficiente astuto para no intentar helenizar a la fuerza a los judíos. Respetó las ideas del pueblo y los puntos de vista de los fariseos. No obstante, su reinado fue soportado de mala gana, a causa de las intrigas de su vida privada (de sus diez mujeres, a ninguna se cita en la Biblia), de sus privilegios en favor del → helenismo y de los pesados tributos, exigidos para sus construcciones. Aparte el dato que nos da Lc 1,5, los hechos de su reinado mencionados en el NT (los magos de oriente y la matanza de los inocentes) no se mencionan en las fuentes profanas, pero están muy de acuerdo con su carácter desconfiado y sin escrúpulos.

Herodianos, partidarios de Herodes → Antipas (Mc 3,6; 12,13 par) que el NT menciona junto con los fariseos como adversarios de Jesús. No deben confundirse con la secta judía que tenía a Herodes el Grande como Mesías.

Herodías, hija de Aristóbulo, esposa de Herodes Filipo y, más tarde, amante de Herodes → Antipas. Por instigación suya fue ejecutado Juan Bautista (Mc 6,17-29 par). Siguió a Antipas en su destierro a Lyón.

Heteos → Hittitas.
Heveos → Jivveos.
Hevilat → Javilá.
Hevitas → Jivveos.

Hexateuco (gr.: rollo de seis [libros]), denominación para indicar los seis libros desde Gén hasta Jos. El término presupone que en Jos se dan las mismas fuentes literarias que en el → Pentateuco.

Hierro, → Metal.

Hígado. En el AT se entiende como sede de la vida (Prov 7,23 y seguramente también Is 10,16), de los sentimientos (Lam 2,11) y de los pensamientos (Gén 49,6). Sin embargo no desempeñó ningún papel en el culto, a diferencia de Asiria y Babilonia, donde de la situación y pliegues del hígado de los animales sacrificados se deducía la voluntad de los dioses o se preveía el futuro (→ Oráculo). El uso de la observación del hígado pasó de aquí a los etruscos, griegos y romanos.

Hijo → Herederos; Primogénito.

Hiksos, nombre colectivo de un grupo de pueblos, quizás dirigidos por los → hurritas, que entre 1700 y 1580 dominaron una parte de Egipto y ocupan las listas de reyes de las dinastías XV y XVI. De sus nombres se deduce que entre ellos había también semitas. Su afán fue adaptarse en lo posible a la vida egipcia. Bajo la dirección de la dinastía tebana empieza la guerra de liberación contra los hiksos que acabó con la conquista de Palestina y de Siria. Los apologistas judíos y escritores eclesiásticos de la primitiva época cristiana equipararon los hiksos con José y sus hermanos.

Himno, cántico que celebra la gloria de Yahveh, revelada en la naturaleza y en la historia, que en su origen se usaba en el culto público y más tarde sirvió también de expresión de la piedad individual (sobre todo en los salmos, Deutero-Isaías y Proverbios). En el NT, los himnos Benedictus, Magníficat y Nunc dimittis tienen saber veterotestamentario. En la literatura epistolar se citan fragmentos de antiguos himnos cristianos destinados para el culto (Ef 1,3-14; Col 1,15-20; Ap 11, 15-18 etc.).

Hinnom (valle del) (hebr.: gē-hinnōm), valle al sur y oeste de Jerusalén. Empieza junto al estanque de Mamila, dobla junto a la colina suroeste de Jerusalén y desemboca en el valle del Cedrón. Según Jos 15,8 y 18-16, forma la frontera entre Judá y Benjamín. Aquí se trata seguramente sólo de la parte sur del valle. El valle de Hinnom fue quizás desde tiempos muy antiguos lugar de culto y → Molok, en el que se quemaba a niños (Jer 7,31s; 19,5s). El rey Josías (2Re 23,10) hizo «impuro» el lugar culto Tofet para impedir estos sacrificios en los cuales habían tomado parte Ajaz (2Par 28, 3) y Manasés (33,6). A causa de este horror y de la maldición que Jeremías pronunció contra este valle (Jer 7,32; 19,6), su nombre se fue convirtiendo en término para designar lugar del castigo y del juicio de Dios (Gehenna), Fig. 25.

Hiram → Jiram.

Hisopo, planta pequeña que crece en las paredes (1Re 5,13), cuyas raíces se prestan como aspersorio (Jn 19,29 supondría un tallo largo). Se utilizó en el sacrificio de purificación (Éx 12,22; Lev 14,4.6; Heb 9,19 etc.).

Historia de las formas. 1) El *concepto* historia de las formas lo usó por primera vez M. DIBELIUS *(Die Formgeschichte des Evangeliums,* 1919) y H. GUNKEL (1933) aplicado a la exégesis de los salmos. El método de la historia de las formas distingue en la Biblia, como en toda otra literatura, un gran número de géneros literarios o formas de literatura (p.e., himno, cántico de lamentación, parábola), considerados como elementos de los cuales se componen los libros bíblicos. Mediante una investigación directa de cada caso, se determina el carácter y la extensión de las formas literarias; luego intenta fijar las leyes propias de cada una de esas formas: condiciones sociales, culturales y religiosas bajo las cuales apareció cada forma y el clima en que prosperó (la llamada «situación vital», *Sitz im Leben).* Además, una comparación con otras formas literarias, sobre todo con las del oriente medio, puede prestar una gran ayuda. También es necesario investigar la historia, con frecuencia muy complicada, de las formas antes de su redacción escrita (historia de la tradición).

2) *Resultados.* El método de la historia de las formas muestra que el estilo de los escritores bíblicos está condicionado, más que de la personalidad de cada uno de ellos, de las formas convencionales y estereotipadas que entonces predominaban en la literatura. El conocimiento de dichas formas es indispensable para descubrir la intención del hagiógrafo. En el terreno de la crítica de los evangelios, el uso del método de la historia de las formas se ha llevado rápidamente a una posición extrema: el suprimir casi por entero la personalidad literaria de cada escritor sagrado, al cual sólo se le considera autor del marco cronológico y topográfico, y considerar los evangelios como obra de la primitiva comunidad cristiana. Desde este punto de vista, ni la historia particular, ni su marco tienen valor histórico, y son sólo ex-

plicación de una fe precedente y de una liturgia, con finalidades edificantes y misioneras. Esta aplicación del método hizo que la historia de las formas fuera largo tiempo tenido como método sospechoso en círculos católicos. A partir de la encíclica → *Divino afflante Spiritu* (1943) y sobre todo la instrucción *De historica Evangeliorum veritate* (1964) se afirma la importancia de la consideración de los géneros literarios (cf. constitución *Dei Verbum*, cap. V, 19 del concilio Vaticano II). La historia de la redacción (concepto que aparece por primera vez en W.Marxsen: *Der Evangelist Markus*, Gotinga 1956, ²1959) puede entenderse como complemento de la historia de las formas. Así como para la historia de las formas el problema de la unidad y de los presupuestos y tendencias teológicos de cada libro particular no tiene importancia alguna, la historia de la redacción atiende más a su concepción y composición general, sin renunciar al método y resultados del trabajo de la historia de las formas. En lo que se refiere a los evangelios, el conocimiento más importante que de ello se ha deducido es que composición y ordenamiento de las tradiciones particulares se han de considerar como obra propia de los evangelistas que planean y dan forma en un marco geográfico y cronológico y bajo determinados puntos de vista teológicos. Con sus interpretaciones redaccionales que con frecuencia modifican el sentido del relato, el evangelista se pone al servicio de su propia teología (cf. p.e., las cuatro redacciones de la purificación del templo: Mc 11,15-18; Mt 21,12-13; Lc 19,45s; Jn 2, 13-17).

Historia primitiva (Gén 1-11) es la narración esquemática y anecdótica sobre los orígenes de la humanidad. Abarca: → creación (relato de la), narración del → paraíso, fratricidio de (→) Caín a Abel, matrimonio de los hijos de Dios con las hijas de los hombres, → diluvio (relato del), edificación de la → torre de Babel y confusión de lenguas, listas genealógicas intercaladas (4,17-21; 5,1-32; 11, 10-26) y la → tabla etnográfica (10). La unidad objetiva de la historia primitiva está interrumpida por desigualdades, contradicciones (p.e., en la figura de Caín) y duplicados (p.e., en los relatos de la creación y del diluvio) que, no sólo indican diversidad del material elaborado (J y P), sino también diversidad en el concepto de Dios y del mundo. La historia primitiva no es *ninguna reproducción de hechos históricos*, como se demuestra por las siguientes observaciones (entre otras): Adán es *el* hombre, Caín es el tipo del campesino, Abel representa al pastor; la elaboración del hierro (4,22) y la construcción de ciudades (4,17) son anacronismos; la larga duración de la vida de los patriarcas contradice los descubrimientos de la prehistoria; una inundación de las proporciones de un diluvio universal (7,19s) no sólo no está confirmado por la geología, sino que es imposible. Muchas narraciones tienen un carácter etiológico y tienen por finalidad explicar determinados fenómenos, como p.e., el amor entre hombre y mujer, los dolores del parto, la maldición del trabajo, el origen del vestido y de la muerte, el significado del arco iris, las distintas razas y lenguas. Las listas genealógicas de 4,17-22 contiene paralelos llamativos con la de 5,1-32; la lista 11,10-26 contiene una cantidad de nombres conocidos como nombres de ciudades mesopotámicas, y, finalmente, la lista etnográfica no es otra cosa que una concatenación de nombres geográficos a los que se aplica una lista genealógica. Todo ello indica que el material genealógico, con el que el hagiógrafo intentó salvar el abismo desde Adán hasta Abraham, era muy limitado y no era el apropiado para este fin. La historia primitiva es *historia* de la salvación. Nació de la fe de que la salvación de la humanidad tiene una historia conducida por Dios Israel concibió esta fe a través de la conciencia de su elección. La historia primitiva subraya, en primer lugar, la progresiva perversión y desintegración (trastorno del individuo, destrucción de la comunidad por asesinato y poligamia, decadencia del orden del mundo antes del diluvio), pero también crea (no por medio de una formulación teológica, sino con narraciones plásticas) el fundamento de la vocación de Abraham, en el cual la humanidad tiene que encontrar otra vez su salvación perdida (12,3). La historia primitiva es pues en su conjunto el intento de significar una determinada historia del plan salvífico de Dios a partir de la decadencia moral del hombre.

Historiografía. I. La historiografía arraiga en la cultura del antiguo oriente. Presupuestos suyos son los anales de Mesopotamia, las epopeyas cananeas, la literatura novelística y sapiencial de Egipto y la religión yahvista procedente del desierto. Las obras más tardías, en parte escritos arameos, se incluyen en el medio cultural pérsico y en los libros de los Macabeos empalman con el mundo griegohelenístico. Casi todas las formas conocidas en el antiguo oriente para los documentos politicohistóricos se dan en el antiguo Israel. Las formas más antiguas son listas y catálogos de distintas clases (listas de reyes; listas de funcionarios y héroes; itinerarios; listas topográficas;

Historiografía

listas de habitantes; listas de botines, exvotos, etc.). En el uso frecuente de esquemas genealógicos, se manifiesta la tendencia de la historiografía israelítica hacia la historia universal (grandes dimensiones espaciales y temporales). El importante tipo de inscripción que se ponía en los edificios está sólo representado por lo que sabemos a través del texto extrabíblico de Siloé (700 a.C.). Relatos de edificaciones, como el del → templo salomónico (1Re 6-8), proceden seguramente del archivo del templo. Anales, coordinados según los años de gobierno o campañas militares (2Sam 11,1), se conocen desde tiempos de David *(Libro de los acontecimientos de Salomón; Libro de los acontecimientos de los días de los reyes de Israel/Judá)*. No conocemos en qué forma se editarían los anales reales y cortesanos (redacción oficial del material del archivo; acaso en primera persona del singular). Dicha forma de relatos históricos de reyes y funcionarios redactados en primera persona del singular, tan usual en el antiguo oriente, se da en el AT sólo a partir de la época persa (Esdras-Nehemías). II. Una característica de la historiografía israelítica es la relación entre la acción y el discurso. El discurso sirve de motivación para la acción, el obrar mismo es un compendio determinado por una voluntad y entendimiento humanos, mirado desde el punto de vista del sujeto agente. Esta forma esencialmente antropocéntrica de mirar la historia es, por una parte, el motivo profundo del fuerte factor genealógico que tiene toda la historiografía israelítica, y por otra parte, el presupuesto para que se pueda interpretar la historia teológicamente como proceso con contenido significativo. Sólo en Israel se llegó a esta representación de procesos que

Historiografía

transcienden a la acción. La sobreestructura teológica que desarrollan los relatos procedentes del yahvismo, los temas de la teología de la alianza y de la ley, el profetismo y la literatura sapiencial (plan y justicia de Dios; elección, promesa, cumplimiento; juicio, castigo, expiación, etc.) no es un añadido superficial o secundario, ni una enajenación tardía de una historiografía, en su origen, profana.

III. El AT contiene dos grandes grupos de obras históricas, ambos procedentes de después de la catástrofe de 586 y que fueron proveídas con adiciones hasta muy entrado el s. IV a.C. El grupo más antiguo comienza con la creación del mundo (Gén) y acaba con la esperanzadora elevación al trono de Yoyaquín (561 a.C.) al final de 2Re. El grupo más reciente comienza con Adán (1Par) y acaba con la restauración del orden jurídico en Jerusalén por Nehemías. De la serie Gén-Re, se pueden destacar los distintos cuerpos de leyes, el código sacerdotal (P) y las obras deuteronomistas, especialmente presentes en Jos y Re. El otro fondo de material histórico, muy poco homogéneo, parece que pueda repartirse entre dos o acaso tres hilos narrativos (J, E, L) que empiezan con el origen del mundo y conducen hasta la época del autor (950 hasta 700 a.C.).

IV. El núcleo político de la historiografía yahvista es el reino de Judá sobre todo Israel, cuyo punto culminante seguramente ya se escribió en tiempos de la redacción de la obra histórica yahvista (J, s. IX). El pasado se mira a través de este modelo político con una manifiesta intención política para el presente y para el futuro. El medio principal de integración de estos espacios y tiempos son las genealogías, los motivos de peregrinaje, la ordenación de los diversos materiales según puntos de vista geográficos y otros más. La obra de Yahveh no es tanto la intervención puntual y maravillosa de caso en caso, sino más bien un acontecimiento, comprendido como conjunto total y continuado. Esta concepción teológica e histórica es el motivo que explica por qué J conserva una relación distanciada y racional con la tradición. Su obra es la realización más importante de la historiografía del antiguo oriente y seguramente también de toda la historiografía que conservamos de Israel. → Pentateuco.

Hittitas (*ḫatti*). 1) Elemento étnico del Asia Menor y de Siria. Datos históricos seguros sobre los hittitas sólo fueron posibles después de las importantes excavaciones alemanas en Boghazköy (Turquía, a partir de 1893, su antigua capital Khattušaš). Lo más tarde, a partir del s. XIX a.C., los hittitas emigraron desde un punto de partida que no conocemos hacia el Asia Menor y se instalaron en Capadocia, donde poco a poco consiguieron la hegemonía sobre la población indígena de las antiguas ciudades Estado. Hacia 1600, Labarnaš Jatušiliš I fundó el llamado imperio antiguo hittita. Su sucesor, Muršiliš I se apoderó de Alepo y en 1530 consiguió incluso conquistar Babilonia. Pero los disturbios por el trono redujeron muy pronto el imperio a su antiguo territorio de Anatolia. Sólo una nueva dinastía de origen desconocido consiguió fortalecer de nuevo el estado. Subbiluliumaš I (hacia 1370) atacó Siria y se impuso sobre el Estado hurrita de Mitanni. Las disputas fronterizas de los hittitas al norte de Siria, zona en poder de los egipcios, acabaron con la batalla de Qadéš (1285). Bajo Jattušiliš III se solucionó el conflicto fronterizo por medio de un tratado

Horitas

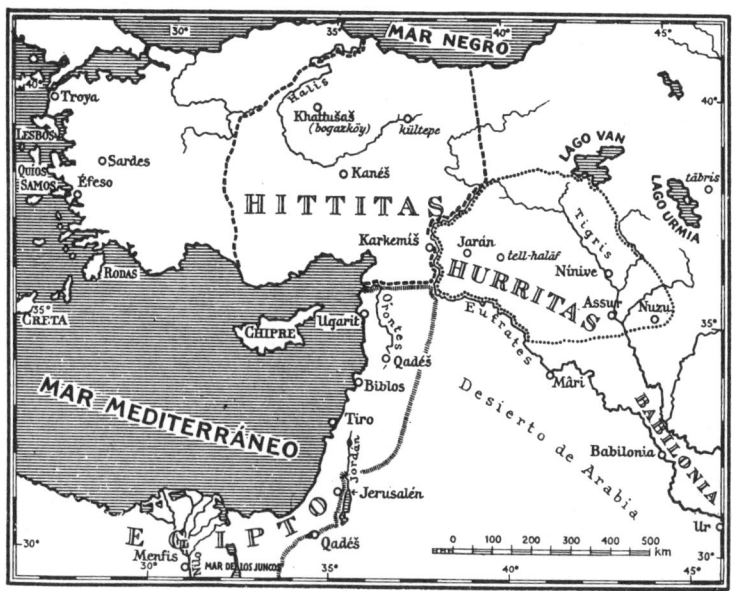

Fig. 23. Imperio hitita hacia 1270 a.C.

de paz (1270). La aparición del imperio Asirio y el embate de un nuevo movimiento migratorio de pueblos del occidente acabaron con el imperio hittita, hacia 1200. Sólo algunos pequeños principados al norte de Siria lograron sobrevivir y en parte perdurar todavía unos 500 años hasta que fueron desintegrados por dinastías arameas e incorporados al nuevo imperio asirio. El AT hace proceder a los hittitas de un cierto Het (Gén 10,15) y los localiza al norte de Siria. Pero, las inscripciones asirias indican frecuentemente con *ḫatti* todo el territorio palestinense. Fig. 23.

2) *Religión y cultura*. En el panteón antropomórfico hittita, las divinidades (proto-) *ḫatti* desempeñan un papel importante. A la cabeza está el dios de la tempestad (con muchos cultos locales) y su esposa. El rey tenía funciones de sumo sacerdote y después de su muerte era divinizado. (Proto-) hatti o hurrita es también el origen de la mayor parte de los mitos y de numerosos rituales mágicos. Pero también se conocen mitos (Guilgameš) y ritos babilónicos. En muchas importantes manifestaciones culturales (en la escritura, p.e.) los hittitas son dependientes de sus pueblos vecinos, mientras que su herencia propia indogermánica se conservó casi exclusivamente en la estructura de su lengua y en parte de su vocabulario. Tareas típicas que llevaron a cabo los hittitas están marcadas por su característico pensamiento jurídico y por su conciencia histórica (crónicas, anales).

Holocausto → Altar.

Horitas → Hurritas.

Horeb

Horeb (hebr.: lo árido, solitario), nombre del monte en que tuvo lugar la entrega de la ley, llamado también → Sinaí. La escuela de Wellhausen reconoce en Horeb la tradición elohística y deuterenómica, y en Sinaí la yahvista y sacerdotal. Fig. 16.

Hosanná (hebr.: ¡ayúdanos, pues!) en el Sal 118,25 es una petición de ayuda constante. Esta petición, por formar parte del → Hallel, se convirtió poco a poco en una aclamación cultual que se profirió también a Jesús en su entrada a Jerusalén (Mc 11,10 par).

Hospitalidad. Antiguamente era preciso en los viajes el tener que recurrir con frecuencia a la hospitalidad que, por ello, se concedía a todo extranjero, incluso de balde. Negar u ofender la hospitalidad era una ignominia (Gén 19,5-7; Jue 19, 22s), hecho que se daba algunas veces (Jue 4,17-22; Lc 9,53). Ejemplos de hospitalidad son Abraham (Gén 18,1-8), Job (31,31s) y la sunamita (2Re 4,8-11). La hospitalidad incluía el saludo, el lavatorio de pies, dar de comer, proteger y acompañar al huésped en su partida. Jesús alaba la virtud de la hospitalidad en sus parábolas (Lc 10,34s; 11,5s; 14,12 etc.), él mismo es huésped (Lc 7,36; 12,37; Jn 2,2; 12,2) y también él convida y trata espléndidamente a sus huéspedes (Mc 6,41-44; Jn 13,2-17 etc.). En la hospitalidad se demuestra el amor (Mt 25, 35-40).

Hurám → Jiram.

Hurritas (también: Jorreos). Aparecen en el AT como habitantes primitivos de las montañas de Seír, en Edom (Gén 14,6; 36,20s; Dt 2,12). Eran un pueblo no semita que desde mediados del tercer milenio habitaron en las montañas orientales del Tigris superior, pero que luego descendieron a la rica llanura. En el s. XVIII se mezclaron con la población del Éufrates superior y Siria del norte. Parece que en parte se pueden identificar con los → hiksos. La mejor información que poseemos de los hurritas procede de los siglos XV y XIV sobre todo a través de los numerosos textos de → Nuzu, una de las colecciones más importantes de contratos familiares del antiguo oriente, halladas hasta el momento. Desde hacia 1530/20, los hurritas formaban parte del imperio de Mitanni cuya clase alta dominante era de origen indoeuropeo. En la época de → Amarna, los hurritas se hallan no sólo en Mesopotamia y norte de Siria, sino también en Capadocia, Babilonia y Palestina. En las cartas de El-Amarna, muchos funcionarios y jefes de Palestina llevan nombres hurritas. El estudio de la lengua hurrita (en → Escritura cuneiforme silábica y alfabética) está todavía en curso. Fig. 23.

I

ídolo. Por excavaciones practicadas en Siria y Palestina, conocemos hoy gran número de representaciones de divinidades, a la verdad, muy pocas de gran tamaño, en cambio, un sinnúmero de → estelas, así como figurillas de metal y de barro. En general se trata de exvotos procedentes de recintos de santuarios; pero también se han hallado pequeñas figuras de barro y de metal en sepulturas y en casas particulares. Como imágenes de culto valían pequeñas estatuas de bronce fundido ante las que se adoraba (cf. Éx 34,17). No siempre es posible la identificación de los rasgos típicos de los dioses conocidos a través de los mitos, de inscripciones y del AT. Incluso, con frecuencia, no se puede decidir si la figura representa a un dios o a un rey. Muchas veces, sin embargo, ayudan detalles particulares, como, p.e., corona, visera con cuernos, armas, animales del pedestal. Los tipos más importantes son:
I. DIOSES. 1) el *tipo del dios anciano*. Sirva de ejemplo de ello una estela dejada sin terminar procedente de → Ugarit (47cm de altura; ANEP 493): un dios barbudo, sentado sobre un trono y con los pies sobre un escabel (cf. Ps 110,1); trae una túnica larga, ceñida y sobre la cabeza una corona con un par de cuernos; tiene el brazo izquierdo levantado, seguramente como gesto de bendición. Ante él está una figura en actitud de adoración, identificado como rey porque lleva una corona con un áspid. El más importante tipo del «dios anciano» es → El.

2) El *tipo del dios de la tempestad*. Una estela de 1,42m de altura, procedente de Ugarit (s. XIV a.c.; ANEP 490) muestra una figura con un corto delantal egipcio; tiene la parte superior del cuerpo desnuda, sobre la cabeza lleva un casco puntiagudo con dos cuernos; los cabellos forman dos trenzas que caen sobre las espaldas; su mano derecha levantada sostiene una maza, y su izquierda, una jabalina con la punta hacia abajo y el asta rematada con numerosas llamas (como emblema del rayo). Ante el dios está el rey adorando, notablemente pequeño y de espaldas a él. Un grupo de estelas muestran el mismo dios sobre animal —toro (ANEP 500s 531) o león (ANEP 486)— que le sirve de pedestal. A este tipo pertenece el dios juvenil → Baal.

3) El *tipo Réšef* especialmente representado en numerosas figuras de bronce. Un ejemplo característico procede de Meguiddó (ANEP 481; representaciones semejantes en estelas, también en Egipto): la figura andante (con pasador para meter en la madera o piedra) trae un alto birrete, propio de la divinidad, y un vestido corto. Tiene su mano derecha levantada en la que seguramente sostenía una arma.
Figuras de esta clase muestran todavía en parte restos de una capa de oro y de plata. Réšef fue en principio un dios del fuego, luego, el señor de las epidemias. Corresponde a este tipo el dios Mekal del que tenemos un ejemplo en una estela de → Bet-Šan (ANEP 487).

ídolo

II. DIOSAS. El número de representaciones de divinidades femeninas sobrepasa en mucho el de las masculinas, pero exclusivamente en terracota. La identificación es aquí mucho más difícil, porque sus figuras se fueron igualando entre sí, sobre todo en el primer milenio a.C.

1) La *diosa de la guerra*. Una representación característica de la diosa de la guerra Anat se encuentra en la mitad inferior de una estela conservada en el Museo Británico (s. XIII a.C.; ANEP 473). La diosa está sentada sobre un trono y se le ofrecen sacrificios. Trae un vestido muy ceñido que le llega hasta los tobillos y sobre la cabeza, la corona característica del Egipto superior. En su mano izquierda levantada agita una maza y en su derecha sostiene una lanza y un escudo.

2) El *tipo de la diosa de la fertilidad*, representada sobre todo por → Aštarté. Una estela de Bet-Šan (37cm; ANEP 475) sirva de ejemplo: la diosa trae un vestido que le cae sobre la espalda hasta los pies, sobre la cabeza la corona egipcia de Atef con cuernos de carnero, sostiene con la diestra un símbolo de la vida y se apoya con la siniestra sobre un cetro. Una figura femenina desnuda está ante ella y le ofrece una flor de loto. Una estela egipcia (Din. XIX; ANEP 471) muestra la diosa de frente y de pie sobre un león, con peinado de Jasor y corona y en cada mano una → serpiente. Las más de las veces se encontraron estas figuras en casas particulares. Es poco seguro afirmar que ellas sólo servirían de amuleto para un parto feliz. El gran parecido de dichas figuras con las representaciones de la diosa sobre estelas parece indicar su pertenencia al terreno religioso. Es cuestión todavía no resuelta el determinar cómo se conciliaba este culto doméstico con la fe en Yahveh.

III. GRUPOS DE DIOSES. En ocasiones se encuentran todos estos tipos en grupos de dos o tres figuras sobre una misma estela (ANEP 488), sobre → sellos cilíndricos (ANEP 468) o sobre pequeñas placas de bronce (ANEP 482).

Idumea, nombre grecorromano de → Edom que comprende también el territorio del sur de Judá, en la región de Hebrón. Es probable que después de 586, los edomitas ocuparon este territorio (cf. Am 1,11; Abd Ez 25,12; 35,10-15 etc.), mientras que su antiguo territorio de origen pasó a manos de los árabes → Nabateos (cf. Is 34,5; Jer 49,7). En la época siria, Idumea estaba gobernada por un «estratega» (2Mac 12,32-37). Antípatro y su hijo, Herodes el Grande eran idumeos. Mapa PN A7-C7.

Incienso. El incienso era en el culto veterotestamentario el principal elemento del sacrificio del incienso que se ofrecía sobre el altar de los inciensos (Éx 30,34-38). Se añadía también en las oblaciones de alimentos (Lev 2,1.15) y se esparcía sobre los panes de la proposición (24,7). Se importaba de Sabá (→ sabeos; 1Re 10,2.10; 2Par 9,9; Is 60,6). El incienso quemado es símbolo de las oraciones de los santos (Ap 5,8).

Isaac (hebr.: forma abreviada: Dios se ha reído). El nombre es referido a la risa de Abraham, de Sara o de la gente (Gén 17,17; 18,12-15; 21,6) como expresión de la alegría por el nacimiento de Isaac. En la genealogía, Isaac es el hijo prometido de Abraham y Sara (21,1-8), que toma a Rebeca por esposa (24). En la historia de los → patriarcas, la figura de Isaac aparece poco destacada; su nombre es relacionado con

Beer-Lajay-Roi (24,62; 25,11) y con la fuente de Guerar y Beer-Šeba (26, 12,33). Según 35,27-29, fue sepultado en el sepulcro familiar de → Makpelá. El sacrificio de Isaac (22,2-14) en la región del → Moriá significa, entre otras cosas, rechazo de los sacrificios humanos de los cananeos y confirmación de la fe obediente de Abraham. En el NT, Isaac es llamado «nuestro padre» (Rom 9,10), hijo de la promesa (9,7-9) y héroe de la fe (Heb 11,20).

Isacar (hebr.: Dios da recompensa). Hijo de Jacob y de Lea (Gén 30, 17) → epónimo de la tribu de Isacar que (según Jos 19,17-23) ocupó la montaña entre Bet-Šan, Yizreel, Tabor y Jordán, un territorio pequeño, pero muy bien situado. Se conoce poco acerca de la inmigración de la tribu y su historia. Según Dt 33, 18s, junto con Zabulón, toma parte en el sacrificio de victoria sobre el Tabor. En tiempos de Salomón forma un distrito gobernado por Yosafat (1Re 4,17). El juez → Tolá (Jue 10,1) y el rey Bašá (1Re 15,27) procedían de la tribu de Isacar. Mapa PA C3/4.

Isaí → Isay.

Isaías (hebr.: Yahveh es salvación).
I. El primero de los profetas mayores, hijo de un cierto Amós que recibió la vocación de profeta en 738, año de la muerte del rey Azarya (6,1). Los nombres simbólicos de sus hijos («Un-resto-se-convierte» y «Saquea-pronto-Urge-presa») debían servir de señal y enseñanza para Israel (8,18). Parece que el profeta era originario de Jerusalén; al menos su lengua, imágenes y ejemplos hacen pensar en un medio ciudadano (descripción de los vestidos 1,18, de los aderezos 3,16-23, del canto 5,1). Mientras en su juventud reinaban la paz y el bienestar (2,7.16), al recibir su vocación anunció un cambio (6, 11). Su actividad profética empieza inmediatamente después de Amós y Oseas (amenazas contra Asiria). Al igual que su contemporáneo Miqueas (cf. Is 2,2s; 7,14; 11,1 con Miq 4,1s; 5,2), Isaías se pronuncia a favor de la justicia. La importancia política del tiempo de la actividad profética de Isaías se refleja en el tema central de su predicación: el juicio de Dios está cerca, sólo un pequeño «resto» será salvado y sin embargo se cumplirán en él las promesas davídicas. Durante los sitios de Jerusalén (735 por Resín y Péqaj, 701 por Senaquerib), Isaías levantó la moral del pueblo y del gobierno (Is 7; 28-31; 36s). Es probable que muriera poco después del 701. Los relatos del Talmud sobre su martirio son legendarios. Los escritos que se atribuyen a Isaías son:
1) El libro de Isaías (véase II).
2) El *Martirio de Isaías*, un apócrifo del s. I a.C. Contiene un desarrollo de 2Re 21,1-18: Isaías es arrestado por Manasés y aserrado. El escrito refleja la época de los Macabeos, cuando los mártires eran venerados.
3) La *Ascensión de Isaías*, apócrifo cristiano, probablemente escrito en el s. II que delata la influencia del docetismo (11,8-10). Es interesante para la doctrina sobre los ángeles y sobre la Trinidad.
4) La *Visión de Isaías*, un apéndice cristiano al (2), trata de la muerte y resurrección de Jesús, de la predicación del evangelio y de la decadencia de la Iglesia, de la persecución del anticristo y de la victoria de Cristo sobre él. No se ha fijado la fecha, probablemente procede del s. I ó II.

II. LIBRO DE ISAÍAS. 1) *Configuración textual.* Por su materia Is se divide en dos partes (1-35 y 40-66)

Isaías

separadas por un relato sobre Ezequías (36-39). Sólo los cap. 1-35 se pueden relacionar con la persona del profeta Isaías. Para los cap. 40-66 → Deuteroisaías y Tritoisaías. Pero incluso los cap. 1-35 no forman una unidad literaria, sino que más bien son una colección de distintos oráculos proféticos. Es difícil de reconstruir la prehistoria del texto. La mayor parte de los oráculos deben atribuirse a Isaías mismo como se deduce de las referencias a los acontecimientos de las guerras siroefraimita y siria. Añadidos y complementos son fáciles de descubrir. Es seguro que hay que atribuir una procedencia más tardía a los pasajes: 13,1-14,23 (caída de Babilonia), cap. 24-27 (el llamado Apocalipsis de Isaías) y el cap. 34s que presupone la cautividad.

2) *Contenido.* A continuación del prólogo (cap. 1) y de las profecías sobre Sión (2-5), la visión de la vocación profética abre la parte biográfica del libro (6,1-9,7) cuyo núcleo son las profecías del Emmanuel. Siguen oráculos de amenaza contra el reino del norte y contra Asiria (9,7-10,34) y una promesa davidicomesiánica (11s). Oráculos de amenaza contra distintos pueblos y contra Jerusalén (13-23) y la descripción de una desolación total (24-27) se cierran con lamentos sobre Judá y Jerusalén (28-31) y con la promesa de una salvación final (32-35).

3) *Teología.* En su visión vocacional (6), Isaías experimenta el dominio y la santidad supremos de Yahveh. El dominio supremo de Dios lo ilustra con preferencia refiriéndolo a la creación. Le gusta llamar a Yahveh «Yahveh de los ejércitos» *(yhvh s^{e}bā'ōt:* 1,9.24 etc.) o «el fuerte de Israel» (1,24) que con su fuerza puede humillar los cedros del Líbano y los robles de Bašán (2, 13). Pero sobre todo, Yahveh es señor de los pueblos. Él dispone sobre ellos, los usa como instrumentos de la realización de su voluntad y también los arroja y destruye, si se le vuelven inservibles (7,18-20; 10,5-19; 30,31-35). Ante el plan histórico divino, cuya meta es la salvación de Israel, el hombre sólo puede presentar su fe incondicional (7,9; 30,15). La santidad de Dios en su aspecto negativo significa juicio, no sólo contra las naciones (los oráculos de amenaza contra las naciones, por otra parte discutidos en cuanto a su autenticidad, ocupan un amplio espacio en Isaías), sino también contra el Israel pecador (1,2ss; 6,11-13; 7,16-24 etc.); en su aspecto positivo, la santidad de Dios significa erección de un reino de luz y de paz en la casa real de David (8,23-9,6). Más tarde el carácter de salvación de la profecía de Isaías fue de muchas maneras sobrevalorado atribuyéndosele nuevos oráculos de salvación e interpretando erróneamente la palabra de amenaza 7,14 como promesa de salvación.

Isay (hebr. forma abreviada: hombre de Yahveh), efrateo de Belén y padre de David (1Sam 16,18-22). Cuando David se sublevó contra Saúl, puso a sus padres en lugar seguro, en territorio de los moabitas (1Sam 22,3s). A esto corresponde el dato que nos da el libro de Rut (4,22) que dice que Isay era nieto de la moabita Rut. Isay figura en la → genealogía de Jesús como padre de David; el Mesías es llamado «retoño de la raíz de Isay» (Is 11,1) o «vástago de Isay» (11,10; Rom 15,12).

Iscariote, sobrenombre de → Judas (3). Se dan tres explicaciones de este nombre: hombre de Queriyyot, sicario (= el portador de un puñal, una secta de judíos fanáticos) o del arameo: hipócrita, traidor.

Ismael (hebr.: Dios escucha).
1) Hijo de Abraham y de su esclava egipcia Hagar (Gén 16), expulsado por Abraham y mandado al desierto de Parán (16,6-15; 21,9-20). Es →epónimo de los ismaelitas (17, 20; 21,13.18; 25,12-16). Como éstos viven del producto de sus ganados, de incursiones ocasionales en países sedentarios (Jue 6,35) y del comercio (de esclavos) (Gén 37,25.28), Ismael es caracterizado como persona que se parece al asno salvaje, es decir, como beduino (16,12).
2) Asesino de Guedalyá (2Re 25, 22-26; Jer 40,7-41,18) al que Nabucodonosor, después de la destrucción de Jerusalén, impuso como gobernador del antiguo reino judío.

Israel (significado discutido: quiera Dios mostrarse señor, o, Dios ilumine).
1) Según la narración bíblica, el nombre de Israel fue dado a →Jacob por el personaje misterioso con el cual Jacob sostuvo una lucha nocturna junto al →Yabboq (Gén 32,23-33; Os 12,4s) o por Dios (Elohím) cuando se le apareció en Bet-El (Gén 35,10). Así Jacob se presenta como →epónimo de los hijos de Israel. La etimología popular interpreta el nombre como «el que lucha contra Dios» (32,29). Como nombre de persona (que también se encuentra en Ugarit) Israel se confunde con Jacob (Gén 37,13; 43,6.11 etc.).
2) El nombre de Israel indica: *a)* la familia de Jacob (Gén 34,7; 47,27); *b)* los israelitas: en el AT, hasta David y después de la distribución de Samaría; en el NT, como también en la inscripción extrabíblica de Merneftha (→Egipto) y en las monedas del tiempo de los asmoneos; *c)* el reino del norte (2Sam 2,9 etc.) a partir de David y sobre todo después de la división del reino en 926; *d)* el pueblo en expresiones tales como «los ancianos de Israel» (Éx 3,16), «las tribus de Israel» (Éx 24,4 etc.), «la casa de Israel» (Éx 16,31; Mt 10,6), «el Dios de Israel» (Éx 5,1 etc.). En las cartas paulinas, Israel significa también el nuevo pueblo de Dios (Gál 6,16; Rom 9,6).

Iturea, región y reino (Lc 3,1) de los itureos con Calquis por capital. En el AT, Yetur es uno de los doce hijos de →Ismael y patriarca de la tribu árabe que lleva su nombre (Gén 25,15) que al emigrar hacia el norto fue aramaizada. Se desconoce su historia más antigua. En 105 a.C., el rey judío Aristóbulo I conquistó una parte de Iturea. Entre 85 y 40, gobernó aquí Ptolomeo, el hijo Menayo. Su sucesor Lisanias fue ajusticiado por Antonio en 34 a.C. Después el reino se dividió en cuatro partes. Fig. 12 y mapa PN DI/2.

Izébel (hebr. tal vez: es un señor), hija de Etbaal de Tiro, esposa de Ajab (1Re 16,31). Fomentaba el culto a →Baal, tolerado por Ajab. Así fue como en Samaría se construyó un templo a Baal (16,32) y en la corte aparecieron profetas sirios (18,19). Izébel ocasionó que Ajab asesinara a Nabot (21,1-16). Elías profirió amenazas proféticas contra ella. A la entrada de Yehú en la ciudad de Yizreel, Izébel fue precipitada desde la ventana del palacio (2Re 9,30-37). Ap 2,20 aplica simbólicamente el nombre de Izébel a una mujer que indujo al culto idolátrico.

J

Jabboc → Yabboq.

Jabiru → Hebreos.

Jacob (seguramente forma abreviada del hebr.: Dios protege; según la etimología popular de Gén 27,36: él engaña). Patriarca, hijo de Isaac y Rebeca (Gén 25,20-28; 27), padre de doce hijos de los que proceden las doce tribus y por ello antepasado del pueblo de Israel. Las narraciones de Jacob se pueden dividir en historias de engaños y de bendiciones: Jacob compra (25,27-34) y consigue por astucia el derecho de primogenitura de Esaú (27) y es engañado por Labán (29,23-30): Con la narración de la lucha nocturna junto a Yabboq (32) en la que obtiene la bendición de Dios y recibe el nombre de Israel empieza su historia (más antigua) de bendiciones. En ella, muchos lugares se relacionan con la figura de Jacob, lo que indica el carácter en parte etiológico de estas bendiciones: en Bet-El, visión de la escala del cielo, construcción de un altar y erección de una estela; en Jarán, relaciones con Labán, el arameo; en Galaad, contrato fronterizo con Labán; en Majanáyim, reconciliación con Esaú; en Sukkot, construcción de cabañas; en Penuel, la lucha nocturna; en Sikem, compra de un terreno y construcción de un altar (28-33). El relato de la emigración de Jacob a Egipto presupone que antes habría vivido en Hebrón (37,14). Según 49,29-33, Jacob murió en Egipto y fue enterrado en → Makpelá. De todo ello se puede deducir una doble serie de tradiciones: una cisjordánica de carácter principalmente cúltico y una transjordánica de carácter más bien histórico y territorial. Fuera del Pentateuco, Jacob es apenas mencionado; en el NT, aparece en la fórmula «Abraham, Isaac y Jacob» (Mt 8,11; Lc 13,28).
→ Pozo de Jacob.

Jacob (bendiciones de), conjunto de once oráculos de bendición y de maldición sobre las doce tribus de Israel, puestos secundariamente en boca de Jacob en trance de morir (Gén 49,3-27). Son maldecidas las tribus de Rubén, Simeón y Leví. Se trata de oráculos, en un origen independientes (de ahí su estilo desigual), que fueron reunidos, a lo más tarde en tiempos del autor yahvista y completados con oráculos más recientes (p. e., los que se refieren a Judá y a José).

Jafa o **jaffa** → Yaffá.

Jafet → Noé; Tabla etnográfica.

Jamat, antigua ciudad importante situada a orillas del Orontes (Am 6,2), por algún tiempo llamada Epifanía, hoy ḥama. En expresiones estereotipadas, designa la frontera norte de Canaán (Núm 13,21; 34, 8; 1Re 8,65 etc.). La historia de la ciudad llega hasta la época del neolítico. Jamat vivió su apogeo cuando fue capital de los arameos (estela de Zakir, tabletas de marfil, «grafitos» en antiguo arameo). Hacia 740 fue conquistada por los asirios (2Re 18,34; Is 10,9 etc.). En esta ocasión, habitantes de Jamat se instalaron en Samaría (2 Re 17,24) e inversamente (Is 11,11). Excavaciones danesas en 1931-1938. Fig. 23.

Jarán. 1) Según Gén 11,26s, hermano de Abraham.
2) (akk.: camino) Antigua ciudad del norte de Mesopotamia junto al *nahr balīḫ*. Punto crucial de la ruta que seguían las caravanas que iban de Babilonia a Siria, Egipto y Asia Menor, centro de fervoroso culto a la luna, residencia de los antepasados de Abraham y, según una tradición del Pentateuco (Gén 11,31; 12,5; 24,4.8; 27,43), punto de partida de sus viajes. 2Re 19, 12 menciona su conquista por los asirios. En 1951, se halló en Jarán, entre otras cosas, una importante → biblioteca en asirio reciente. Fig. 23.

Jarro → Cerámica.

Jasor (hebr.: lugar cercado), antigua ciudad cananea en la ladera oriental de la cordillera de la Galilea superior. A partir de los textos de proscripción, se menciona en fuentes egipcias y en las cartas de Mari y de El-Amarna. Después de la conquista de Canaán (Jos 11,10; 12,19), fue asignada a Neftalí (19, 36). Salomón la fortificó junto con Meguiddó y Guézer (1Re 9-15) y bajo Tiglat-Piléser III perteneció a Asiria (2Re 15,29). La llanura de Jasor fue teatro de una victoria de Yonatán (en 1Mac 11,68 se llama Asor). Jasor fue identificada en 1926 con *tell el-qedaḥ*, 14km al sur del lago de Genesaret, junto a la carretera que va de Tiberíades de Metulá. Excavaciones israelíes. Los estratos de la población alcanzan hasta cerca del 4000 a.C. Mapa PA D3.

Javilá (significado desconocido), nombre de región.
1) Gén 2,10-14, región por la que corre el río Pisón, rica en oro, bedelio y piedras preciosas. Muchos investigadores la sitúan en la India. Preferible identificarla con (2).
2) Tribu o región que las → tablas etnográficas Gén 10,29; 1Par 1, 23 sitúan en Arabia del sur, y Gén 10,7; 1Par 1,9, en Arabia del norte. Según Gén 25,18 fue residencia de los ismaelitas, y, según 1Sam 15,7 residencia de los → amalequitas.
Se discute si con ello se trata de dos regiones distintas o de una sola (Arabia del sur).

Jebuseos → Yebuseos.

Jeconías → Yoyakín.

Jefté → Yefté.

Jehová, falsa pronunciación del nombre de Yahveh, introducida hacia el año 1100, usada sólo en medios cristianos. Fue ocasionada por el → texto de la Biblia (1) de los masoretas que no osaban pronunciar este nombre sagrado y vocalizaron sus consonantes *jhvh* con las vocales de Adonay (Señor).

Jeremías (hebr.: Yahveh consuela).
I. Nació en Anatot hacia el año 650 a.C., hijo del sacerdote Jilquiyá; fue llamado al profetismo en el año 13 de Yosiyá (627). Sus últimas palabras llegadas hasta nosotros datan de después de la destrucción de Jerusalén (587; cf. Jer 44). No se conserva ningún discurso suyo del tiempo transcurrido entre 622 y 609 (muerte de Yosiyá). Seguramente el profeta consideró la refor-

Jeremías

ma deuteronomista del culto como realización de sus postulados. En cambio el libro de Jeremías nos da buena información del tiempo de los últimos reyes de Judá y sobre todo del sitio de Jerusalén. Jeremías amenazó con castigos por los pecados de Judá, luchó contra la opinión popular dominante y contra la política oficial, intentó convencer al rey Siddquiyyá (597-587) a someterse a Babilonia. Después de la toma de la ciudad, los babilonios le dejaron en libertad y nombraron gobernador a su amigo Guedalyá. Pero cuando éste fue asesinado, los israetitas le obligaron a huir con ellos a Egipto. Le acompañó su fiel colaborador → Baruc. Con ello terminan las noticias que poseemos de Jeremías. En las llamadas confesiones o monólogos de Jeremías (Jer 11,18-12,6; 15,10-21; 17,12-18; 18,18-23; 20,7-18) el profeta se nos muestra como hombre piadoso y sensible, de absoluta lealtad y dedicado del todo a su vocación profética (16,1-9). Los escritos atribuidos a Jeremías son:
1) El libro de Jeremías (v. III).
2) La carta de Jerusalén (v. II).
3) Las → Lamentaciones.
II. CARTA DE JEREMÍAS. Es un escrito deuterocanónico que aparece en antiguas traducciones como cap. 6 del libro de → Baruc. Seguramente el original fue escrito en hebreo por un judío de Babilonia, hacia finales de la época persa o a principios de la helenista.
III. LIBRO DE JEREMÍAS. 1) *Contenido y texto*. Es característico de Jer la combinación de los oráculos proféticos con narraciones, algunas de las cuales en primera persona, pero la mayoría en tercera persona. Llama la atención la divergencia entre el texto masorético y el de los LXX. El texto de los LXX es 1/8 más corto, pero no todas las omisiones deben atribuirse a descuidos del traductor o copista; en parte, dichas omisiones deben ser intencionadas. En el texto masorético el texto es como sigue: *a)* 1-39 hasta la caída de Jerusalén (en orden cronológico 1-25; promesa para el futuro 26-35; los sufrimientos del profeta 36-39); *b)* 40-45 el tiempo después de la caída de Jerusalén; *c)* 46-51 oráculos contra los pueblos extranjeros; *d)* apéndice histórico 52 (= 2Re 24,18-20; 25,21.27-30). Las diferencias de estilo, composición y en parte también de teología hacen pensar en diversas fuentes. Según la concepción tradicional, las palabras de Jeremías y noticias biográficas fueron recogidas por → Baruc (cf. cap. 36). Los investigadores modernos distinguen en el texto tres o cuatro fuentes (con interpolaciones posteriores). Es imposible reconstruir el estado del texto primitivo.

2) La *importancia teológica* de Jer radica principalmente en su idea de Dios, muy parecida a la de Oseas. Dios es el esposo del pueblo desertor, al que ama con amor eterno; ofrece la gracia en vez de justicia. La relación de la alianza, interpretada en general en sentido bien jurídico, adquiere en Jeremías un matiz espiritual y personal que no se funda en la pertenencia a la nación sino en la relación personal con Dios. La nueva alianza no conoce mandatos y obligaciones, su contenido (el conocimiento de Dios) es tan ilimitado como el amor.

Jericó (significado desconocido; tal vez: ciudad de la luna), ciudad situada en el valle del Jordán, a unos 250m bajo el nivel del mar y 12km al norte del mar Muerto. El Jericó del AT se ha localizado en el montículo de ruinas *tell es-sulṭān*. Herodes el Grande construyó al suroeste del antiguo Jericó, al otro lado del *wādi qelt*, un nuevo Jericó, como residencia de invierno (hoy *tell abu-alaik*). Mapa PA B1; C6.

I. DATOS BÍBLICOS. Jos 6 nos transmite una antigua tradición que relaciona la devastación de Jericó con la toma del país de Canaán por las tribus israelitas. La antigüedad de este relato se desprende del hecho de que se tiene todavía noticias de unas antiguas ruinas abandonadas que se relacionan con una maldición pronunciada por Josué. Según 2Sam 10,5, los enviados de David buscaron refugio en Jericó. Hacia el año 870 a.C. fue un lugar nuevamente habitado y se restauraron de nuevo sus obras de circunvalación y otros edificios importantes (1Re 16,34). Durante este tiempo, Jericó fue centro de actividad profética (Elías, Eliseo). Después de la cautividad, Jericó fue otra vez colonizada por los israelitas (Esd 2,34). La nueva Jericó herodiana fue una importante ciudad residencial y puesto fronterizo con servicio de aduana (Lc 19,1-5). Durante su último viaje a Jerusalén, Jesús curó en Jericó al ciego Bartimeo (Mc 10,46-52 par).

II. Sólo las EXCAVACIONES han arrojado luz sobre la historia de Jericó.

1) En *tell es-sulṭān* (K. Kenyon, 1952-1956) se hallaron varios estratos neolíticos, dos de los cuales, al menos, pertenecen a la época precerámica. Se descubrió un muro aislado con una torre de fortificación perteneciente a las fases más antiguas de la localidad. Hacia principios del cuarto milenio, la ciudad fue abandonada. Ello indicó el final de la población neolítica. El *tell* fue habitado de nuevo desde principios del bronce antiguo (a finales del cuarto milenio) hasta finales del bronce medio (hacia 1550 a.C.), posiblemente con una corta interrupción a finales del bronce antiguo (hacia 230 a.C.) y colonia sin fortificar fuera de las murallas (hacia 2200-2000). De este tiempo datan numerosos sepulcros con gran cantidad de objetos como nunca se habían hallado antes en Palestina: mesas de madera, sillas, cazuelas, tallas de cabezas de animales, etc. En la parte oeste del *tell* siguen los hallazgos de la siguiente edad de hierro (hacia 900-600 a.C.).

2) En *tell abu-alaik* se halló mucha cerámica del calcolítico, bronce antiguo, lo que indica que durante el calcolítico la colonia se trasladó de *tell es-sulṭān* a *tell abu-alaik*. Una alta torre cuadrada procede probablemente del tiempo helenístico y un edificio alargado (quizás un gimnasio) se edificó durante el reinado de Herodes el Grande (37-4 a.C.) y se conservó en pie hasta Herodes Agripa (37-44 d.C.).

Jerjes, rey persa (485-465), hijo de Darío I. De la historia profana, merece mención sobre todo, su campaña militar en Egipto, la destrucción de Babilonia y las guerras contra los griegos. En la historia bíblica interesa su conducta ante los judíos (Esd 4,6). Su caracterización en Esd (intrigas de corte y harén) coincide con la imagen que Heródoto hace de él (p. e., 9,108-113).

Jeroboam o Jeroboán → Yeroboam.

Jeroglíficos, denominación griega para los caracteres usados por los egipcios. Son una transcripción fonética que ha conservado su carácter figurativo. En la época clásica se usaron unos 700 signos. Los jeroglíficos fijaban únicamente las consonantes de cada palabra. La dirección de la escritura era arbitraria. De

Jeroglíficos

Fig. 24. Jeroglíficos. Escenas en un sepulcro del imperio antiguo (hacia 2500 a.C.). A la izquierda, de pie, el propietario del sepulcro. A la derecha, los escribas, en tres planos superpuestos, realizan su trabajo, teniendo casi todos en la oreja izquierda otros dos junquillos o cálamos; los utilizaban cogiéndolos entre los dedos índice y medio. Con la mano izquierda sostienen la hoja de papiro y la paleta con tinta o pintura negra y roja. En dos sitios se ven papiros atados en haces; arriba, a la derecha, hay una caja o funda, y abajo, a la izquierda, un jarro de cerveza

antiguo se escribía con un tallo de junco y más tarde con una caña sobre → papiro y también sobre loza (→ óstraka), sobre tablitas o sobre cuero. Los jeroglíficos más antiguos proceden de finales del cuarto milenio a.C. y los más modernos de 394 d.C. Fig.24.

Jerubbaal → Yerubbaal.

Jerusalén (probablemente: fundación del [dios] Salim).

I. TOPOGRAFÍA. Jerusalén se halla situada en la región montañosa central de Palestina, a unos 760m sobre el nivel del mar y a unos 1145m sobre el mar Muerto. La ciudad está limitada al este por el valle del → Cedrón que se extiende de norte a sur a unos 100m bajo el nivel del templo, y al oeste y sur, por el valle del → Hinnom. Atraviesa la ciudad el valle del Tiropeón que divide la ciudad en dos colinas desiguales, una ancha y alta al oeste

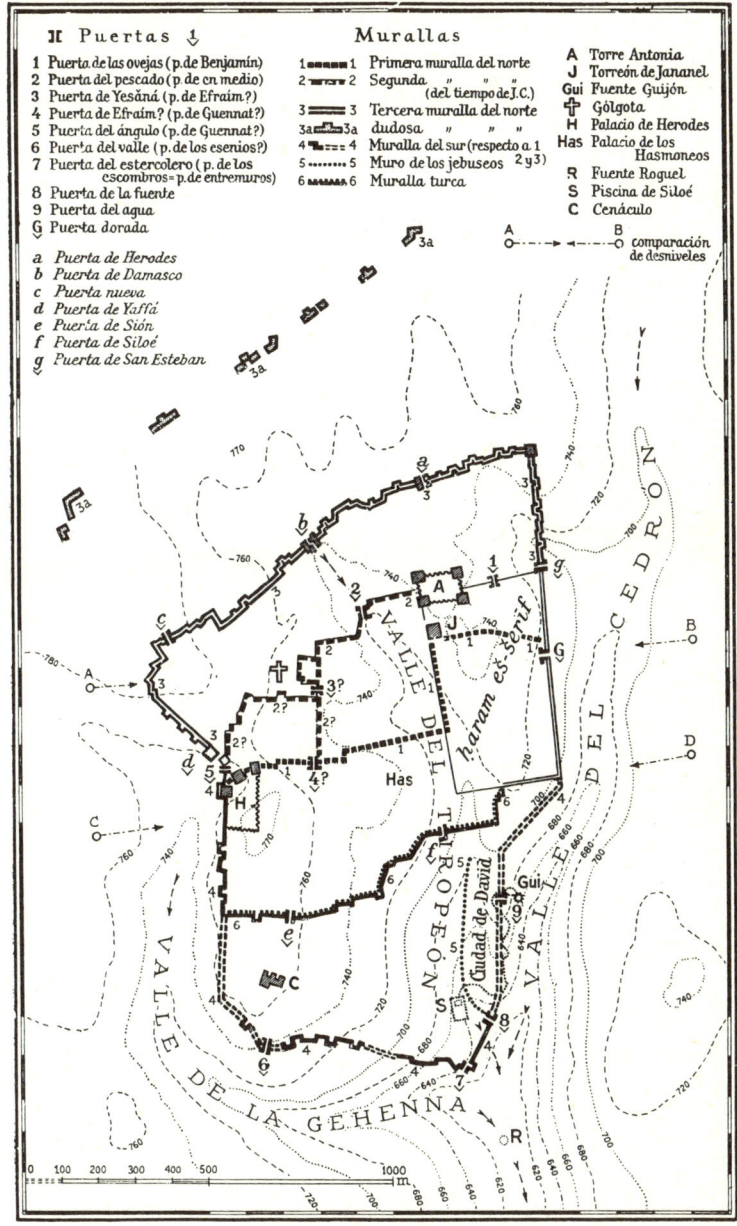

Fig. 25. Plano de Jerusalén

Jerusalén

y otra más baja y estrecha al este. La parte norte de la colina oriental unida con el sur del → Ofel se llama en árabe ḥaram eš-šerīf y la parte sur, ed-dahurah. Al norte de la colina occidental se halla la iglesia del santo sepulcro (→ Gólgota); la parte sur de la colina occidental es llamada «Sion cristiano». La ciudad está rodeada de colinas más altas (cf. Sam 125,2): al este el → monte de los olivos (unos 819m), al norte el *mons scopus* (834), al oeste la línea divisoria de las aguas de las montañas transjordánicas (830). La colina al sur de Jerusalén se llama en el lenguaje cristiano «monte del mal consejo» y la colina al sureste «monte del escándalo». La única fuente de la región es la → Guijón en el valle del Cedrón, a unos 300 al sur del templo. De otra parte, en la ciudad se hallan cinco grandes piscinas para almacenamiento del agua: la de → Siloé (550m al sur del templo), la de Mamilla y del Sultán al oeste del valle del Hinnom, la de Ezequías y la de *isrā'īn* en el casco antiguo de la ciudad.

Jerusalén se halla algo apartada de la gran ruta de tráfico de norte a sur que pasa al oeste de la ciudad sobre la sierra de la región montañosa cisjordánica. Fig. 25; 31 y 32; mapa PA B1: C6/PN C6.

II. EXCAVACIONES. Un siglo de actividad arqueológica ha demostrado que la Jerusalén predavídica y la davídica estaba situada sobre *ed-dahurah*. Con ello se ha desmentido la tradición dominante hasta finales del s. XIX que localizaba la antigua ciudad sobre la colina suroeste (Sión cristiano). La antigua muralla de la ciudad que rodeó Jerusalén aproximadamente desde el s. XVIII hasta el s. VIII a.C. pasaba probablemente no por la cúspide del monte, sino por su declive, aproximadamente a un tercio de su altura. Un canal cavado bajo el muro conducía el agua de la fuente del Cedrón (situada fuera de las murallas) hacia el interior de la ciudad.

En la segunda mitad del s. X a.C., la ciudad se extendió hacia el norte, en dirección de la imponente plataforma rocosa, sobre la que más tarde se construyó el templo de Herodes, lugar de la actual mezquita de Omar. Hasta el momento no se ha hallado nada de los tiempos de David, ni del templo de Salomón. No obstante existen motivos poderosos para aceptar que el templo salomónico estaría situado en el mismo lugar del templo postexílico, a unos 260m al norte de la ciudad yebusea. En el s. VIII la muralla yebusea fue sustituida por otra paralela más al este que, con seis distintas reparaciones, subsistió hasta el s. VI. Es probable que Ezequías, con motivo de alguna obra de reparación de la muralla, hizo construir el canal de Siloé, que seguramente antes invertía su agua en algún pozo o cisterna, y con ello aseguró para los habitantes de Jerusalén una secreta conducción de aguas. La actual piscina de Siloé debe ser una reconstrucción del tiempo de los romanos. La destrucción de Jerusalén en 586 a.C. dejó en ruinas todas estas obras de defensa que seguramente fueron reparadas después del regreso de la cautividad. Las excavaciones más recientes hacen suponer que la reconstrucción de la muralla en tiempos de Nehemías recorría el borde oriental de la colina y con ello limitó la ciudad sobre la cúspide de la colina. Sólo en tiempos de los Macabeos, la ciudad se extiende más allá del valle del Tiropeo, sobre la colina occidental. En la misma dirección, se amplió más, ya antes de Herodes el Grande (37-4 a.C.) hacia la parte norte de la colina occidental; quizás este terreno ya estuviera incluido dentro de las murallas en tiempos de los Macabeos. Sin embargo, la parte sur de la colina occidental no se incluyó en la ciudad hasta mitad del s. I d.C. Últimamente se excavó la esquina suroeste de la plaza del templo herodiano y se descubrió una calle enlosada y peldaños del tiempo de Herodes. El trazado de la actual muralla de la ciudad antigua (la muralla turca) es del s. II d.C.

III. HISTORIA. Hallazgos de cerámica, restos de muros y un sepulcro cavado en la piedra al norte del Guijón indican que en Jerusalén habría existido una población ya hacia el año 3000 a.C. En los textos de proscripción (ca 1810-1770 a.C.) aparece por primera vez el nombre de *ususalim* (probablemente Jerusalén) como enemigo de Egipto. De las cartas de → Amarna se deduce que en el s. XIV gobernaba en Jerusalén un rey con el nombre hurrita de Abdi-Jepa. La ciudad fue cananea hasta que David la conquistó. Éste erigió en ella su residencia e hizo de Jerusalén centro religioso de su reino (2Sam 5s). Salomón amplió la ciudad considerablemente ([→] Miłó, templo, palacio e instalaciones para el proveimiento de aguas). También después de la división del reino (926), Jerusalén fue bastante más ampliada. El muro destruido por Yoás de Israel (2Re 14, 13; 800 a.C.) fue reparado por Azaryá (2Par 26,9) y por su sucesor (cf. II). Nabucodonosor conquistó la ciudad en 597 y en 586 la destruyó con su templo. Después de la cautividad, ciudad y templo fueron reconstruidos en tiempos de Nehemías y Esdras. Alejandro Magno incorporó Jerusalén al imperio helenístico. Al igual que él, los seléucidas reconocieron la teocracia judía y sancionaron sus privilegios, hasta que Antíoco IV, con sus afanes de helenización, saqueó el templo y lo dedicó al Zeus Olímpico. Para vigilar la ciudad, los sirios construyeron la fortaleza de Akra. Si bien Judas Macabeo pudo restaurar en 164 a.C. el culto de Yahveh, Akra permaneció en manos de los sirios hasta 141. La fortaleza fue más tarde residencia de los hasmoneos. En el año 63 a.C., Jerusalén fue conquistada por el general Pompeyo. En el 47, el idumeo Antípatro fue nombrado procurador por César y en el 40, su hijo Herodes el Grande fue proclamado rey. Herodes conquistó Jerusalén en el 37 con la ayuda de los romanos. La obra de Herodes fue la construcción de un nuevo templo (acabado en 63 d.C.) y la fortaleza → Antonia. Después del levantamiento judío (70 d.C.), Tito tomó la ciudad y su templo fue pasto de las llamas. Después de un nuevo levantamiento judío (132-135), Hadriano convirtió Jerusalén en una colina romana llamada *Aelia Capitolina* y en el emplazamiento del templo de Yahveh erigió un templo al Júpiter Capitolino. La entrada a esta nueva ciudad estaba prohibida a los judíos bajo pena de muerte.

Jesé → Ysay.

Jesreel → Yizreel.

Jesús. A pesar de que los distintos datos que nos proporcionan los → Evangelios no se pueden combinar en una biografía única de Jesús de Nazaret, pues en ellos no se trata de representaciones historiográficas de observadores neutrales, sino de un florilegio de relatos significativos hecho por creyentes convencidos de

Jesús

que en Jesús había llegado la salvación del mundo, no obstante es posible determinar a base de los Evangelios datos históricos de confianza sobre la persona y obra de Jesús.

1) El final de la actividad pública de Jesús fue su violenta *muerte en la cruz*. Como este hecho era «escándalo para los judíos y necedad para los gentiles» (1Cor 1,23) no puede ser invención de la comunidad de creyentes. La muerte de Jesús fue causada por lo extraordinario de su conducta y por la singular exigencia que reivindicaba ante su pueblo:

a) La *conducta* de Jesús salía fuera de la normalidad en el sentido de que él, contra el convencimiento religioso reinante (cf. Mc 1,4s: la actividad de Juan Bautista), no exigía de pecadores, publicanos y prostitutas en primer término su conversión, sino que los llamaba de inmediato a entrar a formar parte de su comunidad (2,13-17 par; Lc 15) indicando así plásticamente el perdón inminente de Dios (Lc 7, 36-50) que luego debía manifestarse en su vida posterior (Mt 18, 23-35). Fuera de lo normal fueron también los milagros (en particular las curaciones de posesos y de leprosos) con los que Jesús quería anunciar la proximidad del reino de Dios que domina sobre todo mal (Mc 3,22-27 par) así como la incondicional voluntad salvadora del Dios Padre que desinteresadamente quiere la salvación de todo el hombre (cf. Mc 1,21-28,40-45: con las curaciones en sábado, Jesús niega la idea de que Dios reclame para sí un determinado tiempo del hombre, acaso propicio para recuperar su salud: Lc 13,10-17). Fuera de lo normal fue finalmente la libertad con que Jesús alentaba a sus discípulos a entender y usar en todo momento de la creación como regalo providente de Dios Padre del cielo (Mt 12,1-8). Esta bondad incondicional del Dios Padre representada por Jesús, que «hace salir el sol sobre buenos y malos y hace llover sobre justos e injustos (Mt 5,45) ocasionó al final un conflicto mortal con su pueblo, pues con ello la fe que el pueblo había tenido hasta entonces era puesta radicalmente en duda.

b) La conducta de Jesús estaba íntimamente ligada con su *pretensión*, hasta entonces desconocida, de creerse enviado y autorizado por Dios (Mc 1,21; 2,10; 12,1-12), su Padre (Mt 11,25ss) para dar una interpretación perfecta y definitiva de su voluntad (5,21s.27s.31-34.38s43s.).

2) A pesar de sus manifiestos éxitos de principio (Lc 6,20s; 10,1ss. 13s; 13,25-29; 14,15ss), Jesús fracasó al final en sus esfuerzos por ganar al pueblo para la libertad de los hijos de Dios» (Rom 8,21), por él predicada y representada. Abandonado vergonzosamente por sus discípulos y apóstoles, murió solo en la cruz fuera de los muros de Jerusalén (Mc 15,40s). Pero, según el testimonio de sus apóstoles y discípulos, Jesús fue resucitado por Dios de la muerte (1Cor 15,3-8).

3) La *patria* de Jesús fue Nazaret de Galilea, que parece haber sido proverbialmente despreciada (Jn 1,46). José, el carpintero, esposo de María, se tenía por su padre (Mc 6,1-6). La actividad de Jesús debió durar de dos a tres años. Es indudable que dicha actividad se desarrolló en medios judíos, como se deduce del colorido de los relatos evangélicos y como se puede confirmar por otras fuentes históricas (manuscritos de → Qumrán, Flavio Josefo, Talmud).

4) Los *testimonios extracristianos* sobre Jesús son escasos: una

noticia en los Anales del historiador romano Tácito (principios del s. II) que se refiere a la persecución de los cristianos en tiempo de Nerón (Ann. 15,44); una mención incidental de Flavio Josefo sobre el proceso y lapidación de «Santiago, hermano de Jesús, al que se le llama Cristo» (Ant. 20,9,1). Lo que más tarde el Talmud relata sobre Jesús no tiene interés pues se trata de adulteraciones tendenciosas de la tradición cristiana.

Jezabel → Izébel.

Jezrael o **Jezrahel** → Yizreel.

Jiram (hebr.: el hermano [Dios] es excelso) o también Jirom (1Re 5, 24s.32) o Juram (1/2Par), nombre propio de dos fenicios:
1) Rey de Tiro, contemporáneo de David y Salomón. Fue de gran importancia para el arte arquitectónico israelita, pues él suministró materiales de construcción y artesanos (2Sam 5,11; 1Par 14,1; 2Par 2,3-16; 1Re 5,15-26), y para la navegación (1Re 9,26-28; 2Par 8,17s),
2) Artista de Tiro de la tribu de Neftalí (1Re 7,13s) o de la de Dan (2Par 2,13s); modeló objetos de bronce para el templo y para el palacio de Salomón (1Re 7,13-46); quizás sea contrafigura ficticia de 1).

Jirom → Jiram.

Jivveos, uno de los siete pueblos preisraelitas de Canaán nombrados en el AT. Habitaban en las montañas y en las faldas del Hermón (Núm 13,29 Jos 11,3) y del Líbano (Jue 3,3); además se mencionan como habitantes de las ciudades Sikem (Gén 34,2), Gabaón (Jos 9,1.7) y finalmente mencionados en el → censo de David (2Sam 24,7) junto con los cananeos. Se desconoce su origen y raza; acaso haya que identificarlos con los hurritas.

Jizquiyyá → Ezequías.

Jizrael o **Jizrahel** → Yizreel.

Joab → Yoab.

Joakim o **Joaquim-** → Yoyaquim.

Joaquín → Yoyakín.

Joás → Yoás.

Joatam o **Joatán** → Yotam.

Job (nombre semita noroccidental, no israelita; ¿dónde está el padre?).
 I. Protagonista del libro de Job. Su patria, Us (1,1) es posible que se hallara al sureste de Damasco. La relación de Job con Noé y Daniel (Ez 14,14.20), así como los nombres de sus amigos y la situación económica, social y religiosa, que recuerda la historia de los patriarcas, hace pensar que se trata de una antigua tradición, quizás incluso preisraelita.
 II. EL LIBRO DE JOB ha sido siempre una de las grandes obras de la literatura universal. Su estilo conciso, sus arameísmos y sus distintos géneros literarios (disputa con los sabios, proceso judicial, canto de lamentación e himno) la hacen una de las obras literarias más difíciles. No es ningún poema didáctico y sin embargo tiene tendencias didácticas, no es ningún drama y sin embargo no carece de rasgos dramáticos. Su lengua deja muchos problemas sin resolver: la tradición textual es imprecisa; la vocalización es en parte falsa; incluso el texto consonántico es poco seguro. El texto de los LXX era en su origen unos 180 versículos más corto.
 1) *Disposición de la obra.* a) El

marco de la narración. El prólogo (1-2) nos pinta la felicidad de Job, la audiencia de Satán en el cielo, la doble prueba de Job y la visita de los amigos; en el epílogo, Yahveh condena los falsos pareceres de los amigos y rehabilita a Job. *b)* El diálogo entre Job y sus amigos (3-27), dividido en tres partes, contiene la repetida queja de Job, la confesión de su inocencia y la acusación de Dios; a ello responden los amigos con reproches, inculpaciones y argumentos. *c)* El elogio de la sabiduría (28). *d)* Dios es provocado por Job (29-31). *e)* Los discursos de → Elihú, añadidos posteriormente (32-37). *f)* La respuesta de Yahveh (38-41,26) y la sumisión de Job (40,3-5; 42,1-6).

2) *Origen.* A pesar de las diferencias entre el marco narrativo procedente de un antiguo relato popular y el diálogo, ambas partes forman una unidad intencionada por el autor. Caen fuera de esta unidad únicamente los discursos de Elihú, a causa de su lengua, estilo, estructura y contenido (éstos corrigen la tesis primitiva del libro, afirmando el valor educativo del dolor). El elogio de la sabiduría y seguramente también el excurso sobre el hipopótamo (40,15-24) y el cocodrilo (40, 25-41,26) son secundarios. Particularidades lingüísticas, alusiones a Jer y, no en último término, la temática del libro hacen pensar como probable una fecha postexílica (no después de 200 a.C.; cf. Eclo 49,9) y un autor judío.

3) El *tema* del libro no es en primera línea un problema de teodicea, esto es, cómo combinar el dolor inmerecido con la justicia de Dios, sino un problema vital: cómo integrar el sufrimiento en la existencia humana. La concepción más antigua y tradicional de los amigos, según la cual, el sufrimiento es castigo por los pecados, está de acuerdo con la doctrina de la recompensa del AT, pero ella es rechazada por la afirmación de un Dios que pone su atención en el hombre que sufre.

Joel (hebr.: Yahveh es Dios).

I. Uno de los llamados profetas menores, hijo de Patuel. No se tienen noticias de las circunstancias en que vivió, como tampoco del tiempo y lugar de su actividad profética. Se supone que habría sido judío, pues su predicación se concentra sobre Judá y Jerusalén. Es autor del

II. *Libro de Joel.* Su tema principal es el cercano «día de Yahveh». Un plaga de → langostas sirve de ocasión y motivo para una predicación penitencial (cap. 1-2). Seguramente dicha plaga no debe interpretarse alegórica ni apocalípticamente. A continuación siguen tres promesas: 1) la indemnización del daño causado por las langostas (2, 18-27); 2) una bendición futura con infusión del Espíritu divino (cap. 3; cf. Act 2,17,21); 3) una aniquilación apocalíptica de los enemigos del pueblo de Dios y la restauración de Israel (cap. 4). A pesar de algunos reparos contra la autenticidad de los capítulos 3-4, la mayoría de los investigadores se pronuncian a favor de la unidad del libro. Los exegetas más antiguos dataron el libro en una fecha anterior al destierro, en cambio los investigadores modernos piensan en señalarle un tiempo postexílico, a causa de su particularidad nacional (no se menciona el reino de las diez tribus) y religiosa. El día de Yahveh no tiene ya el sentido moral que tuvo en los profetas más antiguos, sino el de rehabilitación del pueblo de Dios y el oprobio de los paganos. Las bendiciones se limitan a Israel. Ello está de acuerdo con el particularismo típico del tiempo postexílico, aun cuando Joel entiende Israel como comunidad de los justos. Tiene precedencia no la condena de los pecados, sino la penitencia ritual. El libro es famoso a causa de su profecía sobre la misión del Espíritu (3,1ss; cf. Act 2). Además es el apocalipsis judío más antiguo.

Jonás (hebr.: paloma). I. Uno de los profetas menores, hijo de Amittay, que predicó bajo Yeroboam I ((787-747) y profetizó al rey la extensión de su territorio (2Re 14,25); era de Gat-Jéfer, en Zabulón (Jon 19,13), al nordeste de Nazaret. II. *Libro de Jonás.* Jon se llama así no por su autor, sino por su protagonista. Para huir del encargo de Yahveh de ir a predicar a Nínive, se embarcó rumbo a Tarsis. Durante una tempestad, es echado al mar por los marineros y devorado por un pez que al cabo de tres días lo vomitó. Ante una nueva exigencia de Yahveh, se dirige a Nínive y consigue la conversión del pueblo y se evita que Yahveh arruine la ciudad. El profeta se enoja por ello y Yahveh tomando ejemplo de una planta de ricino le enseña que Dios es misericordioso con todos los hombres. El libro es una protesta contra el particularismo judío que encarna Jonás (Jonás se desentiende con excusas de ir a predicar a los paganos) y un testimonio de la universal voluntad salvadora de Dios. La antigua opinión de que el profeta Jonás habría escrito el libro, hoy se ha abandonado. Considerado el dato de 3,3 (Nínive ya estaba destruida), los muchos aramaísmos y la ideología de la obra, se hace pensar que el libro se habría escrito después de la cautividad, entre 400 y 200 (cf. Eclo 49-10). En general se admite la unidad del libro, incluido el salmo de acción de gracias del cap. 2. Que el libro no represente ningún acontecimiento histórico, sino que haya de entenderse como parábola, se deduce, entre otras cosas, de sus milagros inmotivados, de sus imitaciones (Jn 1 se basa en Ez 26-28; Jn 3 en Jer 36; Jn 4 en 1Re 19) y de la improbabilidad de que Nínive se convirtiera por la predicación de un extranjero. Incluso Mt 12,38-42 responde sólo de la tipología literaria de la narración.

Jonatás → Yonatán.

Jope o **Joppe** → Yaffá.

Joram → Yoram.

Jordán (del hebr.: fluir). Cuatro fuentes al sur del Hermón se unen y desembocan en el Jordán. El Jordán transcurre por un fértil llano con vegetación tropical, luego corre con numerosos saltos por un cauce pedregoso, a modo de desfiladero y frenado luego por una planicie, creada por el mismo río, desemboca lentamente en el lago de → Genesaret. En estos 16km de recorrido, desciende el Jordán desde los 270m sobre el nivel del mar a los 208m bajo el nivel del mar. Luego baja en innumerables vueltas hacia el sur, hasta el mar Muerto (—390m). Sus afluentes más importantes del este son Yarmuk y → Yabboq. La parte sur del lecho del Jordán era habitada por leones, en tiempos de Jeremías (Jer 49,19). En este sitio, los vados facilitaban el paso del río, sobre todo en las cercanías de Bet-Šan, Jericó (Jo 2,7; Jue 3,28; 2Sam 19,19.32), Bet-Bará (Jue 7,24) y Betania (Jn 1,28). No obstante, el Jordán fue siempre la frontera natural entre Canaán y la Tansjordania y sirvió más de separación que de unión. Fig. 20 y 31, y mapa PA/PN.

Jornalero

Jornalero → Asalariado.

Jorreos → Hurritas.

Josafat → Yosafat.

José (hebr.: [Dios] añada [nuevos hijos al recién nacido]), nombre de varios personajes bíblicos. Merecen mencionarse:
1) El patriarca José, hijo de Jacob y de Raquel, protagonista de la historia de «José y sus hermanos» (Gén 37 39-47 50). Esta historia es una obra maestra del arte narrativo con tendencia didáctica: la conducta de José es ejemplar. En este sentido, José es más tarde celebrado (Eclo 49,15) como príncipe de sus hermanos y apoyo del pueblo (cf. 1Mac 2,53; Sal 105-17-22; Sab 10, 13s). — José es → epónimo de la tribu de José (Núm 13,11 etc.), de la casa de José (Jos 17,17), de los hijos de José (Núm 1,10) o de José simplemente (Dt 27,12; Ez 47,13 etc.). Con estas denominaciones se entienden las tribus de (→) Efraím y Manasés, y, en ocasiones, incluso todas las tribus del norte (Ez 37,16 etc.) y también todo Israel (Sal 77,16 etc.). Jos 16,1-3 y 17,14-18 confirma la existencia de una tribu independiente de José.
2) El esposo de María, de la casa de David, hijo de un cierto Jacob (Mt 1,16) o de Helí (Lc 3, 23) que vivió en Nazaret como artesano y estaba desposado con María al tiempo de la anunciación (Mt 1, 18; Lc 1,27); cuando ella quedó encinta, José determinó separarse de ella secretamente, pero, avisado por un ángel, la tomó consigo. Después del nacimiento de Jesús en Belén y de la huida a Egipto se estableció de nuevo en Nazaret. José desempeña un papel importante en los evangelios de la infancia de Jesús, pero no se menciona más en el NT.

3) José de Arimatea, miembro del sanedrín en Jerusalén (Mc 15,43; Lc 23,51), discípulo de Jesús (Mt 27,57) que esperaba el reino de Dios. Pidió a Pilato el cadáver de Jesús y lo sepultó en su propio sepulcro (Mc 15,42-46 par).

Josías → Yosías.

Josué (hebr.: Yahveh es o da la salvación).
I. Hijo de Nun, sucesor de Moisés y jefe de las guerras de la toma del país. Primero actúa por encargo de Moisés (Éx 17,9s; 33,11 etc.) quien le envía a Canaán en calidad de explorador (Núm 13,8) y luego dirige a los israelitas en su paso del Jordán. Después de la conquista de Jericó, toma posesión del interior del país, atacó hacia el norte (Jasor) y hacia el sur (Makkedá, Libná, Lakíš, Eglón, Hebrón, Débir) y distribuyó el país entre las tribus (Jos 1-19). Murió después de la renovación de la alianza en Sikem y fue sepultado en Timnat-Séraj, 15km al sureste de Bet-El (24,29s). El mismo libro de Josué deja entrever que esta representación es muy esquemática (cf. 15,63; 16,10; 17,12.15ss etc.). No es posible fijar con seguridad los sucesos históricos y el papel que en ellos desempeñó Josué. No obstante, parece que Josué tuvo un puesto director en los sucesos que se desarrollaron en el centro de Canaán. Es posible que la toma del país fue en esencia el resultado de una penetración paulatina y pacífica; sin embargo, se ha podido comprobar que muchas ciudades cananeas (p.e., Débir, Bet-El, Lakíš, Jasor) fueron destruidas por este tiempo (s. XIII) lo que puede muy bien relacionarse con contiendas bélicas durante la toma del país.'

II. LIBRO DE JOSUÉ. A pesar de

las diferencias del material elaborado en el libro, Jos llama la atención por su unidad y claridad de estructura. La primera parte (1-12) narra la conquista del país bajo el caudillaje de Josué: marcha, misión de los exploradores, paso del Jordán y primera fiesta de pascua, conquista de Jericó y de Ay, anuncio de la ley entre Ebal y Garizzim, pacto con los gabaonitas, conquista del sur del país y victoria sobre la coalición del norte. La segunda parte (13-24) relata la repartición del país entre las tribus, nombra las ciudades sacerdotales y de asilo e informa sobre la reglamentación de las relaciones entre las tribus de la Cisjordania y de la Transjordania. El apéndice está formado por los discursos de despedida de Josué y por el relato de la asamblea de Sikem. El material que está a la base del libro de Josué delata distintas formas literarias: leyendas etiológicas (2-9), descripción de fronteras y listas de pueblos (13-21), narraciones heroicas (10,1-11,9), → discursos de despedida (23), protocolo (24,1-28). La opinión antigua (Talmud, padres de la Iglesia, etc.) que atribuía el libro a Josué mismo, se ha abandonado en general, así como la teoría de que las cuatro fuentes del Pentateuco prosiguen en Jos (→ Hexateuco). Hoy se considera Jos como parte de la gran obra deuteronomista (Jos-2Re) cuya redacción final tendría lugar hacia el 550 a.C.

Juan Apóstol. En los Evangelios sinópticos (Mc 1,19 par), Juan es hijo de Zebedeo y pescador galileo. Junto con su hermano Santiago y Pedro, es uno de los tres discípulos predilectos de Jesús. Ellos son testigos de la resurrección de la hija de Jairo (Mc 5,37 par), de la transfiguración de Jesús sobre el monte (Mc 9,2 par) y de su agonía en Getsemaní (Mc 14,33). Los impetuosos hijos del Zebedeo (Mc 3,17: hijos del trueno) intentaron incluso asegurarse un puesto privilegiado en el reino de Dios (Mc 10,35-41). En el cuarto evangelio, Juan no es llamado nunca por su nombre. Sólo en el cap. 21 que se considera en general como apéndice posterior, sale la expresión «hijos del Zebedeo»; la frase «el discípulo a quien Jesús amaba» (20 versículos) aparece a partir del cap. 13. Tal vez este discípulo sea idéntico con el que aparece en 1,40 sin más detalles. En este caso (y sólo según el cuarto evangelio), este Juan sería un discípulo de Juan Bautista al que éste remitió a Jesús (1,36s; 2,2.12). En la comunidad primitiva Juan toma una posición directora (Act 3-8). Pablo le cuenta entre las «columnas» de la Iglesia (Gál 2,9), en la lista de los → apóstoles (Act 1,13), Juan sigue inmediatamente después de Pedro. La tradición posterior le tiene por autor del Ap y de 1-3Jn. Según Ap 1,9, está detenido en la isla de Patmos; Ireneo atestigua que vivió y murió en Éfeso. La literatura apócrifa bajo el nombre de Juan comprende: *a)* el Apócrifo de Juan, un evangelio gnóstico del s. II y un fragmento de un diálogo de Juan con Jesús; *b)* los Actos de Juan del s. IV sobre los viajes y milagros de Juan Apóstol; *c)* tres escritos cortos de los s. V y VI y *d)* tres apocalipsis.

Juan Bautista, hijo del sacerdote Zacarías y de Isabel (Lc 1,5), cuyo nacimiento y misión fue anunciado por un ángel (1,15); al ser circuncidado su padre le celebró como precursor del Mesías (1,67-79). Apareció hacia los años 28-30 en el desierto como predicador ambulante, anunciando un bautismo de penitencia para remisión de los pecados como preparación para el reino de

Juan Bautista

Dios que venía (Mc 1,1-6 par). Es posible que tuviera relaciones con la comunidad del Qumrán, pero no se puede demostrar con certeza. Juan bautizaba en el Jordán o en Betania (Jn 1,28). También se hizo bautizar por él (Mc 1,9-11 par) y Juan vio en él al enviado de Dios. Juan mismo se designaba precursor del Mesías (Jn 1,29-34). La aparición del Bautista ocasionó un movimiento popular que fue observado con creciente cuidado por Herodes → Antipas (Ant. 5,2), sobre todo porque Juan reprochaba abiertamente el divorcio del rey. Herodes arrestó a Juan y mandó ejecutarlo (Mc 6,17-29 par; → Maqueronte). Fue sepultado por sus discípulos que tenían una fórmula propia de oración (Lc 11,1) y de práctica de penitencia (Mc 2,18 par). Más tarde aparecen en Éfeso doce discípulos que sólo habían recibido el «bautismo de Juan» y no habían recibido todavía al Espíritu Santo (Act 19,2-7).

Juan (cartas de). Las tres cartas de Juan están a la verdad emparentadas entre sí y con Jn y tienen en común un mismo tiempo, espacio y situación. Pero también hay que decir que 1Jn y Jn tienen más puntos de contacto, mientras que 2 y 3 Jn se pertenecen mutuamente.
I. PRIMERA CARTA DE JUAN. 1) *Contenido y finalidad.* 1Jn no es ni una carta (faltan el encabezamiento y final de las cartas) ni una circular (no se menciona destinatario), sino un escrito independiente que combina anuncio de la fe (1,1-3) y defensa de la fe (4,4-6; 5,4-12) para un determinado grupo de cristianos o de comunidades de cristianos que viven en un ambiente pagano con influencias gnósticas. No se puede reconocer una clara distribución de la materia. Sin embargo se pueden deducir algunas unidades literarias mayores que todas ellas giran en torno de la comunidad con Dios a partir de la unidad con Cristo y en torno de la comunidad fraternal de los cristianos. La carta quiere poner en guardia a sus lectores ante herejías y fortalecer su fe. Su fondo histórico deja entrever un estadio ya desarrollado en la formación de la comunidad cristiana. El autor habla como testigo de los acontecimientos de la salvación (1,1-3) a una generación cuya fe sólo se apoya en lo oído (3-11). A causa del valor particular que el autor pone en la inalienabilidad de la encarnación de Jesús, el que «ha venido en la carne» (4,2), se supone que los herejes, a los que llama anticristos (2,9) y seudoprofetas (4,1), son los representantes de alguna rama del gnosticismo (docetismo) que perseguían una pura espiritualidad y una inmediata unión con Dios sin la humanidad de Jesús, sin comunidad de amor y sin mandamientos obligatorios.

2) *Autor.* A parte el añadido trinitario posterior 5,7s, el llamado *Comma Iohanneum,* puede decirse que el escrito es obra de un solo autor, a pesar de algunos cambios estilísticos (frases cortas y apodícticas al lado de largos pasajes parenéticos y prosaicos). Por motivo de su parentesco con Jn en vocabulario, (luz 1,5; justicia 2,29; amor 4,7; verdad 5,6 etc.), en general, se atribuyen hoy ambos escritos a un mismo autor (→ Juan [Evangelio de]). 1Jn debió escribirse entre los años 90 y 110.
II. SEGUNDA Y TERCERA CARTAS DE JUAN. *2Jn* está dirigida a «una señora distinguida», esto es, a una determinada comunidad de Asia Menor. El escrito exhorta al amor fraterno y a la fidelidad de la fe y advierte contra los herejes. 3Jn se dirige a un cierto Gayo, a quien

alaba por su hospitalidad y fortalece en su conducta ante el jefe de la comunidad.

El remitente de ambos escritos (auténticas cartas por su extensión y estilo) se llama a sí mismo presbítero y se presenta como autoridad. Es probable que fuera un discípulo de Juan cuya tradición transmite. Estas dos cartas deben proceder, al igual que 1Jn, de hacia el año 100, pero no entraron en el canon hasta el s. v.

Juan (Evangelio de). I. ESTRUCTURA Y DISPOSICIÓN. Por su materia, Jn está estructurado en tres grandes partes: 1) 1,19-12,50: vida pública de Jesús como revelación absoluta por la que Dios llama al mundo a la opción definitiva. 2) 13,1-17,26: Jesús se revela a «los suyos». 3) 18,1-20,29: retorno de Jesús al Padre, su glorificación por su muerte y resurrección. La obra va precedida de un prólogo en el que salen ya los temas principales (1,1-18). La conclusión (20,30s) habla de la intención del libro. El cap. 21 es, desde un punto de vista literario, un apéndice. Es posible que fuera redactado por discípulos del autor con materiales procedentes del mismo evangelista. La cuestión de la estructura literaria propia de la obra (es decir, si los pensamientos fundamentales del autor se expresan en una disposición consciente de la materia) todavía no se ha resuelto.

II. PARTICULARIDAD TEOLÓGICA. Al igual que los sinópticos, Jn intenta también relatar sobre el Cristo histórico (20,30s), pero el autor reflexiona sobre la persona y obra de Jesucristo de forma más decisiva que los otros evangelistas a la luz de la experiencia pascual (2,18ss; 7,37s; 12,6). De esta forma, Jn reconoce en Cristo no sólo el cumplimiento de las esperanzas de salvación de Israel (3,14; 6,32.49s; 8,56), sino el cumplimiento del anhelo humano en general (el agua de la vida 4,14; el pan 6,35; la luz 9,5; el pastor 10,1; el camino, la verdad y la vida 14,6). A partir de esta base, los milagros obrados por Cristo son siempre signos de una realidad más profunda (2,11; 6,35; 11,25) y todo encuentro con Cristo es un acontecimiento decisivo entre muerte y vida: el incrédulo se encierra a sí mismo en las tinieblas (3,19ss), mientras que el creyente participa de la vida eterna (6,63) en el Espíritu donado por Cristo (3,5s; 14,26), ya desde ahora (5,24). En el conocimiento obrado por el Espíritu se revela al creyente la unidad con Cristo, su Señor (15,15), que, al mismo tiempo, es unidad con Dios, el Padre y con todos los creyentes (17) y que se acredita en la práctica del amor humilde (13,1-14; 15,9-17).

Como Jn atribuye al encuentro con el revelador, incluso en la tierra, una importancia tan crítica (5,25s), en consecuencia sólo puede entender a los judíos, pertinaces en su repudiación de Cristo, como «hijos de Satanás» (8,42ss) y como encarnación del mundo enemigo de Dios, sobre lo que hay que advertir que una tal identificación no corresponde al judaísmo histórico.

III. JN Y LOS SINÓPTICOS. La relación de Jn con los sinópticos no es fácil de determinar. Por una parte se encuentran *coincidencias* indiscutibles, no sólo en la disposición general del Evangelio, sino también en los relatos particulares: la actividad de Juan Bautista como precursor de Jesús (1,19-36), la purificación del templo (2,13-22), la multiplicación de los panes y el paso a través del lago (6,1-21), la unción de Jesús en Betania (12,1-8) y su entrada en Jerusalén (12,12-19) y sobre todo en la historia de la pasión

Juan (Evangelio de)

(18-19) donde Jn coincide con los sinópticos en los puntos decisivos. Por otra parte hay que reconocer sus profundas divergencias: en el material narrativo (Jesús viaja cuatro veces a Jerusalén: 2,13; 5,1; 7, 10; 12,12; el mesianismo de Jesús es conocido de todos ya desde el principio: 1,29.41, al contrario Mc 8, 27ss ;11,1-11; Jesús no cura a ningún poseso), pero sobre todo en sus discursos (ninguna parábola sinóptica, en cambio la comparación del pastor y la de la viña: 10,1-6; 15, 1-8; ninguna frase concisa y fácil de retener en la memoria, sino discursos detallados sobre ideas que no tienen paralelos en los otros tres Evangelios, como, p.e., el renacer, el pan de vida, la gloria, etc.; ningún anuncio del reino de Dios cercano como en Mc 1,14s, sino anuncio del juicio que tiene lugar en el presente: 3, 19; 5,24; 12,31).

A partir de este estado de la cuestión, es en último término imposible decidir si Jn conoció nuestro texto de los sinópticos y lo utilizó, o si simplemente compuso su Evangelio usando otras fuentes parecidas y una tradición oral común.

IV. MEDIO AMBIENTE E INFLUENCIAS. Es indiscutible que la forma típica de la predicación cristiana de Jn está determinada por el medio ambiente religioso y cultural en el que Jn vivía. Si bien ya no se puede sostener (como se sostuvo durante mucho tiempo) la dependencia literaria de Jn de las fuentes gnósticas, con todos los hallazgos del → Qumrán y de *nag' ḥammādi* han confirmado que la gnosis dominaba considerablemente en el medio ambiente del que salió el Evangelio de Juan y que sus representaciones y terminología contribuyeron en él. Ello no significa que Jn sea el producto de su medio ambiente; Jn es la controversia con dichas representa- ciones y cuestiones a partir de una cristología profundamente meditada.

V. EL AUTOR. Hacia fines del s. II dominaba en las iglesias de Asia Menor (Éfeso), de Egipto y de Roma la opinión de que el apóstol Juan era el autor del cuarto Evangelio. Su representante más significativo es Ireneo. La rápida difusión de Jn se explica por esta atribución del Evangelio al apóstol Juan. El testimonio textual más antiguo (Jn 18, 33,37s) procede de hacia el año 130. Un Evangelio que se distingue tan marcadamente de los otros precedentes, tenía que alegar de hecho a una alta autoridad apostólica para poder conquistar un puesto en la Iglesia, apenas una generación después de su redacción. A pesar de ello, algunos investigadores católicos se inclinan todavía hoy por una solución matizada, que por una parte justifica que el apóstol Juan sea la autoridad apostólica que apoya el Evangelio y por otra parte tiene en cuenta el desarrollo de la tradición y de la historia de la religión en la predicación cristiana que se expresa de una forma tan acabada en Jn. Según ello, uno o varios redactores que no por fuerza hay que degradar a la categoría de redactores al dictado», habrían ayudado al apóstol Juan en la composición del cuarto Evangelio. El (último) discípulo, al que habría que atribuir el estilo de la obra acabada, sería el autor de Jn, en el sentido que tiene hoy esta palabra. Éste podría haber sido un judío de la diáspora, estrechamente relacionado con el apóstol Juan y poseedor de una buena educación intelectual de acuerdo con la cultura de su época. Su nombre es desconocido. No se puede fijar en qué medida dicho redactor fue no sólo hombre de garantía de la tradición de Juan, sino también, él mismo, teólogo y predicador de sus lectores. En todo caso, fue él algo más que un simple compilador de los datos de la tradición de su maestro. Como contenido y forma, lengua y pensamiento son inseparables, hay que reconocer que dicho escritor desconocido poseía una gran independencia: él impregnó personalmente la tradición de Juan y la interpretación del acontecimiento salvador.

Judá (según la etimología popular, del hebr.: elogiar). El más importante portador de este nombre es el patriarca Judá, hijo de Jacob y de Leá (Gén 29,35; 35,23). Es → epónimo de la tribu de Judá (sus características en Gén 49,8-12 y Dt 33,7). Judá se asentó en el Négueb, sobre todo en las llamadas montañas de Judá (Jue 1,1-18). Si bien al principio no desempeñó ningún papel importante, más tarde consiguió, expansionándose a costa de las tribus vecinas, una posición eminente hasta el punto de que el judío David pudo erigirse rey sobre todo Israel (2Sam 5,1-5) y la elección mesiánica recayó sobre dicha tribu (Gén 49, 10-12). La enumeración de las ciudades de Judá en Jos 15,20-63 (hacia la época de la división del reino) nos muestra a Judá en el apogeo de su poder. Después de la muerte de Salomón, las tribus del norte sacudieron el yugo judío (1Re 12, 16-19). El reino de Judá se aguantó hasta la → cautividad contra todos los ataques. Luego empezó un nuevo desarrollo que, pasando por la provincia persa llamada Yehud, desembocó en la Judea helenística.

Judas (forma gr.-lat. de → Judá).

1) Judas de Galilea (Act 5,37), natural de Gamalá en la Gaulanítide, que, con ocasión del censo de Quirinio, sublevó a los judíos contra los romanos, defendió una teocracia absoluta y fundó el movimiento fanático religioso de los → zelotas.

2) Judas el → Macabeo.

3) Judas → Iscariote, uno de los → doce, hijo de Simón. Los Evangelios sinópticos relatan sus negociaciones con el sanedrín (Mt 26,14-16 par), su actitud en la última cena (26,25), el beso de Judas (26,48-50 par), remordimientos de conciencia y muerte (27,3-10). La traición de Judas era para la comunidad primitiva un problema que se intentó explicar por su incredulidad (Mt 26,1-16; Mc 14,1-11), por su avaricia (Jn 12,4-6) o por la intervención de Satanás (Lc 22,3; Jn 13,2.27). Las distintas representaciones de su muerte (Mt 27,5: ahorcado; Act 1, 18s: reventado; Papías: pudrido en vida) muestran la necesidad de ver convenientemente castigada la traición de Jesús.

4) Judas, hijo de Santiago (Lc 6,16; Act 1,13; en Mc → Tadeo; en Mt Lebeo). Desde Tertuliano y Orígenes se le identifica con el hermano de Santiago y autor de la carta de Judas, algo que hoy se rechaza como improbable.

5) Judas de Damasco, vecino de la calle «recta», probablemente un judeocristiano que acogió en su casa a Pablo (Act 9,11).

Judas (carta de). La carta no se dirige a ninguna comunidad determinada. No sabemos si los destinatarios serían judeocristianos (citas del AT, uso de apócrifos y leyendas judíos), paganocristianos (aparición de doctrinas libertinas) o un grupo de la diáspora. El uso de apócrifos (Hen, AsMo) hizo dudar de la autenticidad de la carta. No obstante, a fines del s. II era reconocida como canónica en Roma, Cartago, y Alejandría. El autor se llama a sí mismo «hermano de Santiago»; sólo puede tratarse de → Santiago (3), el her-

Judas

mano del Señor. La fijación de su fecha depende de la autenticidad de 2Pe, pues ambas cartas coinciden en parte. En todo caso se señalan como probables los años entre 70 y 90.

Judea es la denominación helenística y romana dada a la parte de Palestina habitada por los judíos que abarcaba el territorio de la antigua tribu israelita de → Judá. Antes del tiempo de los → Macabeos era un territorio pequeño, más tarde se judaizaron a la fuerza algunos territorios de la diáspora (Juan Hircano I, Aristóbulo). Con ello obtuvo la denominación de Judea un sentido más amplio: significa o bien la Judea primitiva, junto con los distritos samaritanos de Afairema, Ramatáyim y Lidda (así en el NT, cuando Judea se nombra junto a → Galilea y/o → Samaría), o bien el reino de los → hasmoneos y de Herodes, o la parte de la provincia romana de Siria, administrada por un procurador romano (Lc 3,1).

Judío. I. DENOMINACIÓN. Originariamente entiende la Biblia por judíos a los habitantes del reino del sur → Judá (2Re 16,6; 25,25; Jer 32,12 etc.) o de la provincia de → Judea (Neh 1,2 etc. Est passim). Pero como después de la cautividad los judíos desempeñaron un papel director, pronto el nombre de judío se refirió a todos los miembros del pueblo de Israel. Sin embargo, parece que en un principio se usó la palabra por los no judíos y con frecuencia con sentido peyorativo. Los judíos siguieron llamándose a sí mismos israelitas para afirmar su pertenencia al pueblo escogido. Sólo en la → diáspora se acomodaron al uso normal del término. La reserva de los judíos en llamarse «judíos» a sí mismos perseveró hasta el tiempo del cristianismo (cf. Mc 15,32; Mt 27,42:

rey de Israel). En los sinópticos, el término se pone en general en boca de no judíos (Mt 2,2; 27,11 par; Lc 32,27 etc.); Jn usa con frecuencia la palabra en sentido negativo, pero no para desvalorizar a los judíos en cuanto a pueblo, sino para caracterizarlos como incrédulos adversarios de Jesús (2,18-20; 6,41; 10, 31 etc.); en Pablo la palabra «judío» se usa generalmente en singular y sin artículo y sirve, en contraposición de «paganos» o «griegos», para indicar el tipo del hombre ligado a la ley (1Cor 9,20; Gál 2,4).

II. HISTORIA. La provincia persa de Judá, llamada oficialmente «Yehud», consiguió una cierta autonomía (derecho de acuñar monedas entre otros) gracias a la actividad de → Nehemías que contra obstáculos interiores y exteriores edificó y aseguró Jerusalén, la colonizó de nuevo y por medio de leyes apartó anomalías en el culto y en la conducta de vida, y gracias al celo religioso de su sucesor → Esdras (reformas religiosas: obligatoriedad de la Torá; creación de nuevas instituciones: oficio del sumo sacerdote; doctores de la ley). Después de la caída del imperio persa (333 a.C.) cayó primero Palestina bajo el dominio de los → Ptolomeos, 198 a.C. bajo el de los → seléucidas. A partir de este tiempo, el → helenismo fue ganando en influjo siempre más fuerte. Cuando → Antíoco IV Epífanes intentó la helenización general del país (prohibición de la Torá, erección de un altar a Zeus en el templo), la tensión se descargó en la rebelión de los → macabeos (166-162 a.C.). Por las guerras de expansión, los → hasmoneos ampliaron el territorio de influencia judía a Galilea e Idumea (destrucción del templo de → Samaría), pero más tarde, las disputas por el trono ocasionaron el ataque de Pompeyo (63 a.C.). A partir de este momento, Judea queda bajo el dominio romano. → Herodes el Grande (37-4 a.C.) gobernó el país conforme al sentir romano. Después de su muerte, el reino se dividió en tres partes, pero perduró la dinastía herodiana. En el año 6 d.C. Judea se convirtió en provincia romana administrada por un procurador; el más conocido de ellos fue Poncio → Pilato (26-36 d.C.). Las tensiones entre Roma y los judíos acabaron con la guerra judía: en el 70 d.C. fue destruida Jerusalén con su templo; bajo Trajano, ocurrió otra rebelión en el oriente (116-117 d.C.). Cuando Adriano, finalmente, mandó edificar Jerusalén como «Aelia Capitolina» y mandó erigir un templo a Júpiter en el lugar del antiguo santuario e incluso prohibió a los judíos la entrada en su ciudad, estalló la segunda guerra judía (132-135) bajo Bar Kochba, en quien los judíos habían depositado sus esperanzas mesiánicas, que acabó con la derrota definitiva. Los judíos desplazaron su centro hacia Galilea (→ Tiberíades) y las emigraciones fortalecieron las comunidades judías de la diáspora.

Junto a estos acontecimientos políticos, pero no independientemente de ellos, se desarrolló un judaísmo. Convencidos de que Israel, con sus transgresiones de los mandatos divinos, había provocado la destrucción de Jerusalén y de su templo, así como la cautividad babilónica, muchas veces anunciada por los profetas como juicio de Dios (Jer 16, 5-7.10-13), los judíos después de la cautividad por fuerza tenían que ver en toda falta contra la ley un peligro para la existencia de todo el pueblo. Todo el que quería la salvación del pueblo para el futuro, debía observar los mandamientos de Dios, en primer lugar la circuncisión y la guarda del sábado, así como las prescripciones referentes a la comida, entendidos como expresión de la fidelidad a Yahveh. Como el paganismo reaccionaba hostilmente ante estas particularidades judías (1 Mac 1,11; Tácito Hist. v,4,5), se formó en el judaísmo un movimiento hacia el paganismo que por otra parte provocó un contramovimiento de defensa de la herencia de los antepasados (1 Mac 2,49-68; Eclo 44-49). Este esfuerzo de guardar fidelidad a la alianza con Dios, tuvo por consecuencia no sólo un distanciamiento de los judíos creyentes de los paganos, sino también las controversias en el interior del judaísmo sobre la cuestión de cómo los preceptos, la ley de Dios, tenía que entenderse y ponerse en práctica, de donde salieron los partidos de los (→) fariseos y saduceos, así como la comunidad de los esenios. Al mismo tiempo el anhelo por un tiempo mejor urgió hacia la escatología y → apocalíptica, así como hacia el esfuerzo de no demorar por más tiempo la llegada salvadora de Dios al «país santo» por medio de una observancia exacta del camino indicado por Dios.

Después de la derrota nacional, el papel de dirigentes pasó de los sacerdotes a los escribas. La → sinagoga era el centro de la vida espiritual del judaísmo. En las escuelas de Jamnia y de Tiberíades tuvo lugar la reorganización del judaísmo según la tradición de Hillel: determinación de la verdadera fe, fijación del → canon, nueva formulación de la ley (Halajá), fijación escrita de doctrinas transmitidas oralmente (→ Mišná) en el → Talmud. Con ello se agotó el influjo judío de Palestina. El judaísmo de la diáspora siguió viviente.

Judit (hebr.: judía).
I. Nombre propio. 1) Una de las

Judit

mujeres hittitas de Esaú (Gén 26,34).
2) Protagonista del

II. LIBRO DE JUDIT. Se describe cómo la viuda bella, rica y piadosa de Manasés, durante el sitio de Betulia, se granjeó el favor de Holofernes, jefe del ejército asirio, le cortó la cabeza salvando así a los judíos. El libro está lleno de contradicciones históricas, cronológicas y geográficas, por ello se admite desde hace tiempo que su función es puramente didáctica. La ocasión de la composición del libro debieron ser los acontecimientos de la época de los macabeos: el autor intentó con el ejemplo de la valiente Judit fortalecer a su pueblo. El libro de Judit, de forma libre e ideal, pone de manifiesto la fuerza y poder que había determinado al pueblo de Dios, incluso a través de su historia empírica. En su encuentro con la *hybris* hostil a Dios de las potencias del mundo se pone de manifiesto una antítesis que sólo se puede dominar a partir de la fe. Dios se manifiesta al interior de la historia de Israel, pero al mismo tiempo revela su exigencia universal.

Jueces de Israel. Con la fórmula «él juzgó a Israel», la obra histórica → deuteronomista define una serie de personajes de la época antes de la monarquía. Mientras los jueces, en el sentido original de la palabra (los llamados «jueces menores») sólo son mencionados con datos formulistas (Jue 10,1-5; 12,7-15), existen otros personajes, a los que se aplicó secundariamente el título de «jueces de Israel», que ocupan el centro de relatos enteros y que por esto se les llama «jueces mayores». Entre estos últimos se cuentan Otniel, Ehud, Baraq, Débora, Gedeón, Abimélek, Yefté y Sansón (3-9; 10,6-12, 7; 13-16). Independientemente de la lista de los jueces (10,1-5; 12,7-15) construida según el esquema: sucesión, duración de su actividad como juez, datos sobre la riqueza del juez, su origen, su muerte y su sepultura, el esquema más antiguo de juez debe de ser el de Samuel (1Sam 7,15-17). Los otros datos de la lista de los jueces sugieren que éstos tuvieron un círculo limitado de acción, circunscrito en una ciudad y alrededores, señal de que los israelitas inmigrantes se adaptaron a las circunstancias urbanas halladas en Canaán. La función del juez abarcaba regir y administrar la justicia, como dice la palabra misma. El final de los jueces está en relación con el paso a la monarquía.

Jueces (libro de los). El título sólo corresponde a una pequeña parte del *contenido* del libro. Después de una sección intercalada que trata de los sucesos de la toma del país (1,1-2,5), sigue un juicio del valor religioso de la época siguiente (2,6-3,6) y luego vienen los relatos, más o menos detallados, de doce jueces según el esquema: apartamento de Yahveh, dominación de los enemigos, grito de auxilio de Israel, salvación por medio de un libertador, paz en el país (3,7 hasta 16). La parte final se ocupa de la fundación del santuario de Dan (17s) y de la guerra de Israel contra Benjamín (19-21). Hace algunos años, se quiso explicar la falta de unidad del libro, por analogía con el → Pentateuco, por medio de las fuentes de éste (J. E. D y P) que se creía poderse descubrir en el libro de los Jueces. Hoy se prefiere explicar el *origen* de Jue por una hipótesis de los fragmentos, según la cual, las distintas unidades literarias se reunieron poco a poco y finalmente algún redactor les dio la forma de libro. Provienen de los tiempos de antes de la monarquía sobre todo el canto de Débora y los libertadores que, más tarde, se combinaron en complejos literarios mayores, se adaptaron a la cronología deuteronomista y a un esquema de teología de la historia (p.e., 3,12.14. 15a.30) y finalmente se ampliaron con añadidos y apéndices al estilo deuteronomista (cap. 17-21). El libro es importante para la investigación a causa de su *riqueza de formas literarias* (listas, esquemas, leyendas de tribus y de héroes y sagas etiológicas cultuales, canto, fábula, adivinanza). Sin embargo la historia del tiempo de los jueces no puede reconstruirse a partir del libro, aun cuando nos da aspectos importantes sobre la función y atribuciones de los jueces y sobre la limitación de sus actividades en la situación politicolocal, religiosa y cultural del tiempo que precedió a la monarquía.

Juram → Jiram.

Juramento. En el juramento se invoca a Dios como testigo de una aseveración y se desea uno a sí mismo un mal o desgracia, caso de no cumplir la palabra (p.e., 1Sam 14,44; 20,13; 2Sam 3,35); por ello, con frecuencia, se usa la misma palabra para expresar juramento y maldición. Se apela a la vida de Dios (Jue 8,19; 1Sam 14,39.45) o a la vida del interlocutor (1Sam 1,26), más tarde también al cielo, al nombre (de Dios), al templo, etc. (Mt 23,16-22). En ocasiones, se recurre a un objeto como testigo (Gén 21,30; 33,5-8 etc.). El juramento se puede corroborar con gestos: se levanta la mano al cielo (Gén 14,22; Éx 6,8), se estrecha la mano (Job 17,3; Prov 6,1) o se pone la mano bajo el muslo de alguien (Gén 24,2; 47, 29; eufemismo por las partes sexuales, sede de la fuerza). Se presta juramento ante el juicio (Éx 22,7s etc.), en la ratificación de un contrato (Gén 21,23-32) y en las promesas. El perjurio estaba prohibido por la ley (Lev 19,12; Dt 5,11) y por los profetas (Ez 16,59; 17,13-21). Los judíos, con el tiempo, fueron cada vez más sobrios en el uso del juramento (Eclo 23,9-11), los esenios lo consideraban incluso ilícito (B.J. 2, 8,6); en cambio, los fariseos desarrollaron una casuística sutil, para fijar la validez de un juramento. Jesús exige de sus discípulos una confianza absoluta que hace el juramento superfluo (Mt 5,33-37; Sant 5,12). Sin embargo, en la vida práctica, las concesiones se hicieron indispensables; Jesús mismo no rehusó prestar el juramento que le exigió el sanedrín (Mt 26,63s) y Pablo con frecuencia acompaña sus aseveraciones de fórmulas de juramento (Rom 1,9; 9,1; 2Cor 1,23 etc.).

Jurreos o **Jurritas** → Hurritas.

K

Kaftor, patria de los →filisteos (Dt 2,23; Am 9,7; Jer 47,4), identificada generalmente con →Creta. No es seguro que haya que identificarla con Keftiú que aparece en textos egipcios entre 1500 y 1350 a.C.

Karkemíš, importante ciudad junto al Éufrates, ya mencionada hacia 1800 a.C., en el imperio nuevo de los →hittitas (hacia 1340-1200), residencia de un rey tributario, conquistada por Sargón II en 717 (Is 10,9). En Karkemíš, Nabucodonosor II derrotó en 605 al faraón egipcio Nekó (2Par 35,20; Jer 46,2). Fig. 19.

Kefá o **Kefás** → Pedro.

Kinnéret, ciudad fronteriza de Neftalí (Dt 3,17; Jos 11,2; 19,35), mencionada también en textos egipcios, situada a la orilla noroeste del lago de →Genesaret, debajo de la posterior localidad costera de Cafarnaúm, hoy *tell el-' orēme*. Parece que la ciudad fue destruida al principio de la edad del hierro (quizás por Ben-Hadad hacia 900; 1Re 15,20). De su nombre, el lago de Genesaret es llamado en el AT «mar de Kinnéret». Fig. 20 y mapa PA C3.

Kitteos, en la →tabla etnográfica (Gén 10,4; 1Par 1,7), los hijos de Yaván, marineros que acaso habitaron al oeste del Asia Menor, más tarde en Fenicia y últimamente en Chipre. Tenían relaciones comerciales con Tiro (Is 23,1.12) y exportaban madera para la construcción de navíos (Ez 27,6). En Jer 2,10 se citan las islas de los kitteos seguramente para significar el lejano occidente; en 1Mac 1,1; 8,5 se llaman kitteos a los macedonios, y en Dan 11,30 se llama así incluso a los romanos. Estas indicaciones se hallan también 'en la literatura del Qumrán.

Koiné → Griego bíblico.

Kuš → Etiopía.

L - Ll

Labán (hebr.: el blanco), hijo de Betuel, hermano de Rebeca, padre de Leá y de Raquel, rico propietario de ganado. En los tratos matrimoniales de Isaac y de Jacob con estas mujeres, Labán se mostró astuto e interesado. Labán es distinguido de la familia de los patriarcas como → arameo (Gén 25,20; 28,5; 31,20. 24). El pacto fronterizo que concluyó Labán con Jacob en el monte de Galaad (31,43-54) puede servir de testimonio de los primeros contactos históricos de los arameos con los israelitas.

Lagar → Olivo; Vino.

Lakiš, antigua ciudad importante en la → Šefelá, ya mencionada en el s. XX a.C. En tiempo de Tutmosis III fue egipcia (1453), más tarde fue conquistada por los israelitas (Jos 10,3-35) y el rey Roboam la convirtió en fortaleza (2Par 11,9; → Fortificaciones). Senaquerib tomó la ciudad en 701 y la utilizó como punto de partida para su ataque contra Jerusalén (2Re 18,14-17); en 588 fue la última fortaleza de Judá conquistada por Nabucodonosor II. Después del destierro fue poblada por judíos (Neh 11,30). Excavaciones (a partir de 1933) han descubierto cinco estratos de colonización; el más antiguo es de la edad del bronce antiguo. El hallazgo más importante lo constituye 22 → óstraka procedentes de los últimos tiempos antes de la conquista de la ciudad por Nabucodonosor. El estrato I data de tiempos persas. Mapa PA B7.

Lamek (significado desconocido), en la lista de los setitas (→ Set) Gén 5,25-31, hijo de Metusael, padre de Noé. En la lista cainita (→ Set) Gén 4,18-24, hijo de Metusael, padre de Yabal, Yubal, Tubalqayín y Naamá. El famoso poema de Lamek (4,23) es un canto originalmente no israelita de jactancia por la autosuficiencia del hombre (cf. Jue 15,16 1Sam 14,12).

Lamentaciones (libro de las), el cuarto de los cinco → Meguillot, en los LXX y en la Vg apéndice de Jer. El libro de las lamentaciones es una colección de cinco cantos. 1-4 están compuestos a base del metro elegíaco y ordenados en acrósticos; por su género literario tienen una forma mixta; el quinto es una elegía popular.

Estos cánticos lamentan la destrucción y abandono de Jerusalén (586 a.C.), confiesan el pecado del pueblo, llaman a la penitencia y suplican la gracia de Dios. El quinto es una lamentación general y petición de ayuda. La tradición judía y eclesiástica considera a Jeremías como su autor, pero ello es impugnado por la investigación moderna (cf. Jer 37,7 con Lam 4,17; Jer 37, 17ss; 38,22 con Lam 4,20; 2,9; 5, 7 etc., textos no jeremíacos). Es posible que las lamentaciones sean de distintos autores. No obstante, es seguro de que proceden de la impresión inmediata que produjeron los acontecimientos de los años 587/ 586 y que se escribieron antes del 516 (reconstrucción del templo).

Lámpara

Lámpara. Su forma más antigua de la edad de bronce fue la de una bandeja plana de arcilla. En los tiempos bíblicos, está plegada por un lado para la colocación de la mecha. En la edad de hierro se le añade un pie y con frecuencia también un borde retorcido que poco a poco le da una forma cerrada con dos agujeros, una para echar el aceite y el otro para la mecha. La lámpara plana con un morro para la mecha caracteriza la llamada lámpara herodiada del tiempo del NT. La lámpara prendía toda la noche (1Sam 3,3; Prov 31,18), como se usa todavía hoy entre los beduinos, para ahuyentar a los → demonios. Apagar la lámpara significa morir (Job 21,17; Prov 13,9; Jer 25,10).

Langosta. La langosta fue siempre verdadera plaga para Palestina, según se ve por las descripciones de los daños que causaba y por los diez términos diferentes que se encuentran en la Biblia para indicarla (cf. en particular Jl 1,2-12; 2,2-11). No siempre es posible fijar con exactitud las diferentes especies o estadios de desarrollo de la langosta indicados por estos términos. La langosta que aparece en Palestina pertenece al grupo de langosta africana emigrante. Las langostas a veces se comían (Lev 11,22; Mc 1,6 par); se hervían en agua salada o se secaban, se molían y se mezclaban con la harina de pan. Este pan tenía sabor amargo; por eso se comía untado con miel.

Laodicea, importante ciudad comercial de Frigia, en el valle del Likos, fundada por Antíoco II (261-246 a.C.) en honor de su esposa Laodice. Más tarde fue ciudad romana. Era famosa por su producción de lana negra y por sus médicos. El cristianismo fue introducido en Laodicea, al igual que en la vecina Colosas, por Epafras (Col 4,12s). Según Col 4,16, Pablo escribió una carta a la comunidad de Laodicea que debía ser intercambiada con la escrita a la comunidad de Colosas. La carta apócrifa a los laodiceos procede de un tiempo muy posterior.

Laquis → Lakíš.

Lázaro (forma griega abreviada por Eleazar: Dios ha ayudado).
1) Lázaro de Betania, amigo de Jesús, hermano de María y Marta. Fue resucitado por Jesús (Jn 11,1-44) y seis días después fue comensal con él (12,1-11).
2) El pobre de la parábola del rico epulón (Lc 16,19-31).

Leá (hebr.: vaca salvaje o serpiente, hija de → Labán (Gén 29,16s), primera mujer por sustitución de Jacob (29,23-28), madre de Rubén, Simeón, Leví, Judá, Isacar, Zabulón y Diná y de los dos hijos de su esclava Gad y Aser; es decir, madre de las llamadas tribus de Leá. Fue enterrada en la gruta de → Makpelá junto al Hebrón (Gén 49,31).

Leche → Bebidas. Ganado (cría de).

León. La lengua hebrea posee siete palabras para indicar león, signo evidente de la presencia más que regular del león en los tiempos bíblicos (cf. 2Re 17,25s). El león indígena era más pequeño que el africano y vivía con preferencia en los matorrales (Job 38,39-41; Jer 4,7; 5,6), sobre todo en el valle del Jordán (49,19). De allí sale para atacar a los rebaños (1Sam 17,34; Is 31,4; Am 3,12). Se temían sus rugidos (Am 3,8) y su fuerza (2Sam 1,23; Jue 14,18). Sólo hombres fuertes o astutos podían medirse con él. Por ello el león es imagen de los poderosos: Yahveh, Jesús (Ap 5,5), el rey (1Re 10,19), el enemigo (Jer 4,7; 50,17) e incluso un pueblo entero (Núm 23,24; Dan 7,4; Neh 2,12-14). El peligro del león sirve de imagen para los peligros de la vida (Sal 91,13), para los impíos (Sal 10,9), para el pecado (Eclo 27,10), para la venganza (Eclo 27, 28) o para el diablo (1Pe 5,8). Entre los reyes babilónicos gustaba tanto la caza de leones que incluso construyeron para ello cotos propios de leones (cf. la cueva de los leones de Daniel, 14,31ss).

Lepra (gr.: lepra), nombre de distintas enfermedades de la piel.
1) *El AT* llama incluso así a las manchas de moho, al verdete y al salitre en las paredes de las casas (Lev 14,33-53). El leproso era siempre expulsado de la comunidad de los sanos como impuro (Lev 13,45s). El sacerdote debía declarar la enfermedad (Lev 13) y su curación (14, 1-32). En el AT fueron leprosos, entre otros, Moisés (Éx 4,6), Miriam (Núm 12,9s), Naamán (2Re 5), Azaryá (2Re 15,5 par) y seguramente también Job (2,7s).
2) *En el NT.* Aquí también es el sacerdote quien declara la curación que al mismo tiempo otorga la pureza cultual. Jesús curó a muchos leprosos con imposición de manos (Mc 1,40-42 par) o a distancia (Lc 17,11-19).

Leví (significación desconocida, según la etimología popular: acompañar, unirse, Gén 29,34; Núm 18,2.4).
1) *Nombre propio: a)* de varias personas (p.e., Gén 29,34; 34,25.30; Éx 1,2; Mc 2,14 par; Lc 3,24.29; → Mateo),
b) de una tribu israelita (Gén 49,5; Dt 27,12; 1Par 21,6; Ap 7,7),
c) del conjunto de sacerdotes (Mal 2,4),
d) del conjunto de levitas (Éx 6,16; Núm 16,1; 1Par 5,27).
2) *Nombre de oficio:* Levita (Éx 4,14; Jue 17-18), generalmente en plural: levitas (Dt 17,9; Jos 3,3; Jer 33,18; Ez 43,19 etc.). En la tradición israelita, la tribu de Leví es la descendencia de Leví, el hijo de Jacob y de Leá (Gén 29,34; 35, 22-26). Según la concepción moderna, la tribu se unió (como sacerdotes del santuario de Qadéš [?]) a los israelitas en su salida de Egipto (Éx 12,38), acompañó el → arca de la alianza y se puso del partido de Moisés cuando la disputa por el becerro de oro (Éx 32,25-29). Según Gén 34, Leví junto con Simeón exterminaron a los habitantes de Sikem para vengar a su hermana. Por este motivo se los maldice en las bendiciones de → Jacob. Seguramente la tribu de Leví ocupó primero la parte central de Palestina. La tradición posterior los relaciona con los levitas que ejercían una función sacerdotal (Dt 33,8-11: administración del oráculo, ofrecimiento de los sacrificios, bendecir, etc.). Esta posición privilegiada se motiva en una especial fidelidad a Yahveh (Éx 32,25-29). Después de la centralización del culto, los levitas en funciones que vivían fuera de Jerusalén fueron degradados a servidores del culto de segundo orden (Núm 3,5-9). Poco a poco consiguieron mejorar su posición y se convirtieron en cantores, porteros y maestros de la ley.

Leviatán, monstruo marino mitológico que aparece en el AT como personificación de todas las fuerzas de la desgracia. Es un dragón que vive en el mar, con varias cabezas, que fueron aplastadas por Yahveh, cuando el leviatán junto con el mar se rebeló contra Yahveh (Sal 74,13s). De los textos ugaríticos se deduce

Leviatán

que la figura del leviatán fue tomada de la mitología fenicia. Job 3,8 representa el leviatán como dragón celeste que devora el sol y la luna. El leviatán experimenta una nueva interpretación mítica en el pensamiento apocalíptico (Ap 12,13) y apócrifo.

Levita → Leví; → sacerdote.

Levítico, tercer libro del Pentateuco. 1) *Contenido.* a) Leyes sobre el sacrificio (1-7). b) Institución del sacerdocio (8-10). c) Leyes sobre la pureza (11-15). d) El gran día de la expiación (16). e) Ley de santidad (17-26). f) Ley sobre votos y ofrendas (27).
2) *Análisis literario.* La investigación atribuye el Levítico en su totalidad a la fuente P. Como en las otras partes del Pentateuco, tampoco en el Levítico, la fuente sacerdotal no forma una unidad literaria. Sobre todo en las partes jurídicas, materia y forma presuponen una complicada tradición oral y también escrita. El llamado escrito sacerdotal original (Pg) contenía sólo los pasajes narrativos y las leyes relacionadas inmediatamente con narraciones (8-10; 16). Las diversas capas del → Código de santidad (17-26) son relativamente recientes, desde un punto de vista literario y dan información sobre situaciones y tendencias de hacia los s. VI-V; pero usan también un material considerablemente más antiguo. Posiblemente el código de santidad debía desempeñar la función de ley fundamental de la conducta de vida del pueblo santo. En el corpus de las leyes sobre el sacrificio (1-7), los distintos estratos son más fáciles de reconocer: por una parte se fijaron durante la cautividad y por otra parte reflejan los desarrollos de la historia del culto postexílico. En el corpus de la ley sobre la pureza (11-16), cada ley tiene su historia particular de antes de su incorporación en el conjunto. También se pueden reconocer los añadidos posteriores (p.e., toda la ley sobre las parturientas, cap. 12). Seguramente la ley más reciente del Levítico es la que se refiere a la dispensa de votos (27). Esta ley forma una sola pieza y sólo al final incluye algunos aditamentos.

Ley (de Moisés). 1) *En el AT,* se entiende por ley (hebr.: tōrā) el conjunto de normas legales, religiosas y sociales, reunidas en el → Pentateuco y atribuidas a Moisés. También se llama ley a las muchas instrucciones transmitidas por Yahveh a través de los sacerdotes o profetas. El judaísmo y el NT emplean a veces la palabra ley (gr.: νόμος) para indicar toda la Sagrada Escritura del AT (1Cor 14,21). Según puede deducirse de su fijación escrita, la ley fue desarrollándose poco a poco y muestra muchos paralelos con la legislación de otros pueblos del antiguo oriente, en particular con el cóligo de → Hammurabi. Se distinguen las siguientes colecciones literarias:

a) el → Decálogo (Éx 20,1-17; Dt 5,6-21); según muchos autores, Éx 34,11-26 contiene un decálogo ritual,

b) el → Libro de la alianza (Éx 20,22-23,19),

c) las leyes sacerdotales (Éx 25-31; 36-40; Lev 1-16; 23-27; Núm 1-10; 17-19; 28s); → Código sacerdotal.

d) el → Código de santidad (Lev 17-26).

e) la legislación del → Deuteronomio (Dt 12-26). Como dichas colecciones se originaron en distintos tiempos y lugares, el Pentateuco no las refiere de forma sistemática, sino según la ocasión correspondiente.

2) **Importancia.** La ley es la revelación de la norma de conducta, referida a la totalidad de la vida religiosa y social y una exigencia incondicional de Yahveh a cada uno de los miembros de su pueblo. Al contraer la alianza, el pueblo prometió solemnemente, hacer todo lo que Yahveh mandara (Éx 24,3). La ley tenía que leerse cada siete años durante la fiesta de los tabernáculos (Dt 31,10-13). Para su interpretación y aplicación, los sacerdotes gozaban de una gran influencia. En un principio, la ley no era un yugo duro, sino alegría del corazón (Sal 19); fueron los doctores de la ley quienes más tarde la hicieron difícil e imposible de cumplir, añadiéndole un sin número de preceptos minuciosos que debían observarse.

3) **La Ley y el NT.** Cristo ofrece la realización perfecta de las promesas del AT (cf. sobre todo Mt) y con ello, el término de la ley (Rom 10,4). En Pablo hallamos una elaborada teología de la ley: el fin de la ley es manifestar la maldad del pecado y mostrar a los hombres su necesidad de salvación. Sobre el hombre pesa una maldición, pues él no puede observar la ley y la ley misma no puede librarle de la maldición (Rom 8,3), sino sólo Cristo. Todos los que creen en él, quedan libres de la esclavitud de la ley y poseen la libertad de los hijos de Dios. La nueva ley de Cristo se fundamenta en el amor (Gál 5,14).

Lía → Leá.

Líbano (hebr.: el blanco [por la nieve o por sus piedras calizas]), alta cordillera a lo largo de la costa de Siria, 170km de largo y hasta 3000m de alto. Forma dos cadenas paralelas, la oriental se llama en el AT → Hermón. El Líbano era famoso por sus cedros que, p.ej., sirvieron en la construcción del templo y palacio de Salomón (casa del bosque del Líbano, 1Re 7,1-5). Desde el tercer milenio floreció el comercio de madera con Egipto. A causa de su explotación por los asirios, Alejandro Magno, los seléucidas y los romanos y a causa de la mala administración de turcos y árabes, el cedro del Líbano es hoy esporádico. Mapa PA/PN D1.

Libelo de repudio → Matrimonio (II).

Libia, país en la costa mediterránea del norte de África al oeste de Egipto. En la antigüedad no se usa con uniformidad el nombre de Libia. En el AT, los habitantes de Libia son llamados vecinos (Dan 11,43) y tropas mercenarias de los egipcios (2Par 12,3; 16,8; Neh 3,9) y con frecuencia identificados con los lehabim (Gén 10,13; 1Par 1,11). A partir del s. XIII a.C. intentaron penetrar en Egipto, pero sólo al final del imperio nuevo consiguieron una influencia más preponderante (rey Šošaq 945-924).

Libro. I. VOLUMEN. En los tiempos bíblicos distintos trozos de papiro o pergamino escritos se enrollaban y formaban un volumen (Is 34,4; Zac 5,1s; Sal 40,8); el uso del → códice no se conoció hasta el tiempo posbíblico. El rollo o volumen tenía una altura de unos 25 cm y podían tener hasta 10 m de largo. Tal rollo podía contener, p.e., todo un evangelio. Los cabos del rollo estaban enrollados a dos palos. Normalmente estaban escritos por una sola cara (excepciones: Ez 2,9s; Ap 5,1), en columnas (Jer 36,23) y se leían de derecha a izquierda. A veces los rollos se sellaban (Is 29,11; Dan 12,4). En las sinagogas actuales la Torá suele leerse todavía en

Libro

libros en forma de rollos. → Meguilot; Biblioteca; Qumrán.

II. LIBROS DEL CIELO. En el mundo semítico se creía que Dios tenía escritos con todo detalle todas las decisiones y hechos de los hombres en un libro. La fijación escrita confirmaba la infalibilidad del gobierno divino del mundo.

1) *El libro de las decisiones divinas.* 1Hen 81,1s; 93ss, etc. habla de las «tablas del cielo», en las cuales está escrita con anticipación la historia de los hombres. A diferencia de las tablas babilónicas del destino, en las cuales el dios Marduk, cada año, determina el destino de los hombres, Sal 139,16; Jer 22,30; Ez 2,9s; Dan 10,21; Ap 5,1ss; 10,2ss dan testimonio de la decisión del Dios omnipotente que domina la historia.

2) *El libro de la vida.* Éx 32,32 supone que los nombres de los hombres están escritos por Dios en un libro; ser borrado de este libro significa morir. Pero como Dios sólo borra el nombre del pecador, quien, no obstante, sigue viviendo, mientras que el nombre del justo sigue inscrito en él (Sal 69,29; Ap 3,5), esta representación se fue desarrollando en sentido mesiánico o escatológico (Dan 12,1; Flp 4,3; Ap 13,8): la vida que promete el libro se realiza en un cielo y en una tierra nuevos (21,27). Además existe la idea del libro de los elegidos, tomado de las listas del pueblo (Neh 7,5s) o listas de habitantes en las cuales uno debe estar inscrito como ciudadano (Sal 87,6; Is 4,3; Ez 13,9). Esta idea se acerca a la de la *praedestinatio ad gloriam* (cf. Lc 10,20).

3) *El libro de la memoria.* Según Neh 13,14; Sal 109,14; Is 65,6; Mal 3,16, los hechos de los hombres son escritos en el cielo (de ahí la plegaria del Sal 51,3: «borra mi pecado». Conforme a lo escrito en este libro, Dios pronuncia su juicio (Dan 7,10; Ap 20,12). Estos pensamientos se desarrollan sobre todo en los apocalipsis apócrifos y en la literatura rabínica.

Libro de la alianza, la colección de leyes Éx 20,22-23,19, que, en formas literarias muy distintas, contiene leyes que se refieren a los derechos ciudadanos, código penal y leyes litúrgicas, religiosas y morales. La mayoría de ellas consiste en una frase condicional que indica el caso jurídico, otras leyes están redactadas en forma de mandato, breves frases participiales o prohibiciones tajantes. Se supone que el libro de la alianza, en su forma actual, procede del s. IX u VIII a.C., si bien es cierto que contiene elementos mucho más antiguos. La mayor parte de las leyes presuponen todavía una simple cultura de pastores y campesinos, de forma que el libro de la alianza, en lo esencial, debe remontar al tiempo del comienzo de la vida sedentaria. Determinados elementos de los libros de leyes orientales fueron adoptados en el derecho habitual de los israelitas y antes de Moisés. Sin embargo, las leyes israelitas se distinguen de las leyes de los otros antiguos pueblos orientales en el hecho de no contener ideas politeístas, con frecuencia son más suaves y humanas y testimonian un más alto sentido moral. En el texto actual, el libro de la alianza, como ley del Sinaí, se resume con el → decálogo; pero parece que esta unión es artificiosa. Apenas si se puede suponer que el libro de la alianza pertenezca originalmente al contexto del Sinaí.

Licia, región y provincia romana al suroeste del Asia Menor, capital Mira. Los antiguos licios (a pesar de Heródoto 1,173) procedían del Asia Menor. Su lengua estaba emparentada con el lúrico, un dialecto hitita. A pesar de tener gobernantes extranjeros, el país conservó una cierta independencia, hasta que en el 43 d.C., junto con Panfilia formó una provincia romana imperial, administrada por un *legatus pro praetore*. Eran puertos importantes de Licia: Pátara, Xantros y Faselis. Pablo pasó por Mira en su viaje hacia Roma (Act 27,5s).

Lidda, nombre griego de Lod, antigua ciudad ya mencionada en textos egipcios (1Par 8,12; Esd 2,33; Neh 7,37) al noroeste de Jerusalén en el camino de Yaffá. En 145 a.C. fue arrebatada por Demetrio II Nicátor a Yonatán (1Mac 11,34). En el NT, Pedro curó allí a un tullido llamado Eneas (Act 9,32-35). Mapa PA/PN B6.

Limosna (del gr.: compasión), auxilio en favor de los pobres por compasión. En el AT, el desarrollo del concepto limosna corre pareja con el concepto justicia, del cual es sinónimo; los dos términos se citan juntos (p. e. Dan 4,24). A veces, el término justicia sustituye incluso al término limosna (Eclo 3,14, etc.). En especial, estaban asignados a la ayuda de los particulares, los damnificados en algún siniestro, los extranjeros y, después de la reforma de Yosías, los sacerdotes rurales. La literatura sapiencial (→ Sabiduría) muestra el papel importante que jugó la limosna en la religiosidad judía (Tob 4,7-11; 12,8s; Eclo 4,1-6; etcétera). En el NT, el dar limosna junto con la oración y el ayuno caracteriza a los judíos y cristianos temerosos de Dios (Act 9,36; 10,2.4.31). Al igual que Dan, Tob y Eclo, Jesús asocia la limosna con el perdón de los pecados (Lc 11,41) y con la negación escatológica del mundo (Mt 19,21; Lc 12,33).

Lisanias, → tetrarca de Abilene (28 d.C.; cf. Lc 3,1). Flavio Josefo (Ant. 18,6,10) menciona a un tal Lisanias I en tiempo de Antonio y Cleopatra, que murió en el 34 a.C. y luego dice que la «tetrarquía de Lisanias» fue traspasada a Agripa I en el 37 d.C. Ello justifica la suposición de que el gobernante de Abilene seguía ostentando dicho nombre.

Lithostrotos → Gabbatá.

Liturgia → Culto.

Lod → Lidda.

Lot (significado desconocido), hijo de Jarán, sobrino de Abraham (Gén 11,27; 14,12), con el cual emigró a Canaán (11,31), donde se estableció en la depresión del Jordán. Es el antepasado (→ epónimo) de los enemigos de Israel, los moabitas y ammonitas (19,30-38), los «hijos de Lot» (Dt 2,9.19; Sal 83,9). Según otra tradición habitó en Sodoma y a causa de su justicia pudo escaparse del juicio de Dios sobre la ciudad (Gén 19,1-29; cf. Sab 10,6; Eclo 16,8; Lc 17,28s). El relato sobre la mujer de Lot convertida en estatua de sal (Gén 19,26; Sab 10,7) debe ser una manera popular de explicar un pico de sal existente al suroeste del mar Muerto.

Lucas (posiblemente forma abreviada del nombre latino Lucius), pagano de nacimiento (Col 4,11s), médico de oficio (4,14); según una tradición posterior, procedía de Antioquía de Siria. 2Tim 4,11 le llama compañero de Pablo. Si los relatos en primera persona del plural de Act proceden de él (→ Actos de los apóstoles), entonces hay que decir que Lucas se juntó a Pablo (hacia 51) en Troas (Act 16, 10-17), le acompañó en su segundo y tercer viaje misional (20, 5-15; 21,1-18) y le siguió en su arresto hacia Roma (27,1-18; Col 4,14; Flm 24). Ya desde la segunda mitad del s. II (canon muratoriano) se le considera autor de Lc y Act.

Lucas (Evangelio de). I. ESTRUCTURA Y DISPOSICIÓN. El autor del tercer Evangelio canónico empieza con un prólogo sobre el fin perseguido con su obra de dos partes que abarca Lc y Act (1,1-4). Sigue el llamado Evangelio de la infancia (1,5-2,52). El relato sobre la actividad del Bautista hasta su encarcelamiento (3,1-20) concluye con la presentación de la vida pública del Mesías Jesús (3,21-24,53). Esta parte principal comprende: el comienzo (3,21-4,13; cf. 3,23 Act 1,22: el bautismo de Jesús por el Bautista); la actividad de Jesús en Galilea (4,14-9,50); el llamado «relato de viaje» de Galilea a Jerusalén (9,51-19,27); la estancia en las cercanías de Jerusalén y en el templo (19,28-21,38). Sigue la historia de la pasión (22,1-23,56). 24, 1-53 relata las apariciones del Resucitado durante cuarenta días hasta su ascensión, cuando se «separa» de sus discípulos (24,51).

II. CARÁCTER TEOLÓGICO. La situación a la que Lucas intenta corresponder con su obra está condicionada por la distancia de tiempo que poco a poco ha separado al observador de los acontecimientos relatados, cuya consecuencia es que dichos acontecimientos ya no se interpretan como signos del inminente juicio de Dios, sino como unidad independiente (cf. Lc 21 con Mc 13). La experiencia en aumento constante de la duración del tiempo que va de la aparición de Jesús en el pasado a su parusía todavía por llegar reclama una atención más viva del presente diario. Ello impone a la predicación una triple tarea:

1) Asegurarse de la *fidelidad* de la tradición. Por ello el autor quiere ocuparse de todo el recorrido de los acontecimientos desde sus comienzos y demostrar con la indicación de su continuidad la «fidelidad» de la tradición. En este deseo se funda también su interés por el círculo preciso de apóstoles, aceptados como legítimos testigos (cf. Act 1,21s).

2) Tratar de deducir el *sentido* permanente de la aparición de Jesús *para el presente*. Por ello la vida de Jesús se ordena marcadamente en el conjunto de la historia de la salvación y se estructura con claridad en su recorrido temporal y geográfico. Toda la vida y obra de Jesús se interpreta como cumplimientos de la Palabra de Dios eficaz en el transcurso de la historia (2,15.19. 50s; Act 5,20) como ya fue anunciado por la ley y los profetas en la economía de la salvación del AT (Lc 1,70; 24,27.44). No obstante, Jesús no es simplemente *sólo* el cumplimiento de las promesas. En él empieza Dios otra vez de raíz (nacimiento virginal: 1,26-38). Este nuevo comienzo se caracteriza como definitivo, a pesar de ser este principio sólo un comienzo de la victoria del reino de Dios sobre el poder de Satanás que se manifiesta eficaz en la conducta de Jesús para con los «pobres», enfermos y poseídos del demonio, despreciados y pecadores, y en su conducta de Hijo de Dios que abarca toda su vida y que experimenta su confirmación en su entrega en manos del Padre en la cruz (23,46) y su punto culminante en la resurrección de entre los muertos. Todo ello es revelación del amor de Dios. De esta forma, la vida de Jesús se convierte en punto central de toda la historia de la salvación: el tiempo de salud del AT fue su preparación y el tiem-

po posterior de la Iglesia se funda en ella; «los últimos días» se abren con la infusión del Espíritu Santo en Pentecostés (Act 2,17), últimos días, que la ascensión de Jesús al cielo confirman como cumplimiento del camino de la salvación, que ahora se anuncia como tal a todos los pueblos de la tierra a partir de Jerusalén (cf. Lc 24,47). Así toda la historia de la vida de Jesús (cf. Act 5,20) se convierte en pauta orientadora de la predicación y por este motivo, más allá de su situación histórica, se destaca su valor permanente y ejemplar, sobre todo en las profecías de la pasión (Lc 9, 22.44s; 18,31ss) y en los relatos de la misma. La finalidad del «relato de viaje» es caracterizar la vida de Jesús como modelo de camino de salvación y no referir fielmente su historia: sus datos topográficos y cronológicos se dejan en la vaguedad. En cambio se subraya así más vivamente el hecho de que Jesús prosigue su camino y que su meta es Jerusalén, el lugar del encuentro con Dios (9,51; 13,22.32s etc.).

3) Finalmente, es preciso tomar en consideración los *peligros* que amenazan *diariamente* la fe, por mor del retraso del fin. La caracterización de la vida de Jesús como camino que tiene una duración temporal y que no pierde de vista la meta perseguida determina también la parenesis lucana. La confesión de la fe en Jesús se ha de guardar con paciencia perseverante (Lc 8,15; 14,28s; 21,19) para que el Hijo del hombre, al llegar, halle fe sobre la tierra (18,8). Los sufrimientos así como los cuidados diarios amenazan la fe en igual medida (cf. 8,4-15). Por ello se anuncia a cada discípulo de Jesús la exigencia de tomar «cada día» su cruz (9,23), de velar y orar siempre y sin interrupción (18,1-8; 21,34ss) y de guardarse sobre todo de los peligros de la riqueza (12,13-34; 14,33; 18,18-30).

III. ORIGEN. La tradición que afirma que el autor del tercer Evangelio es Lucas, el médico y compañero de Pablo, mencionado también en Col 4,4; 2Tim 4,11; Flm 24, se puede seguir hasta el s. II. Pero con ello hay que contar que con estos datos sólo nos confrontamos con la costumbre de entonces de destacar el prestigio del Evangelio como bien fundado. La caracterización lucana de Pablo, de su ministerio y de su teología difiere del testimonio que poseemos en las mismas cartas paulinas y ello habla en contra de la suposición de que el autor de Lc y de Act fuera un acompañante de Pablo. El Teófilo, mencionado en Lc 1,3, podría ser un personaje representativo dentro del círculo de lectores destinatarios del Evangelio. Lc presupone que el mensaje cristiano, así como el AT, se conoce por su traducción griega. En la interpretación lucana del AT se muestran tendencias que, como se ha podido demostrar, estaban vigentes en el judaísmo helenístico de la diáspora, sobre todo en Alejandría. De todo ello se puede decir que Lc se escribió para paganocristianos helenistas, a una cierta distancia temporal de los sucesos narrados, pero, por otra parte, en un tiempo en que las cartas paulinas no eran todavía conocidas en general (de otra forma la imagen lucana de Pablo no habría sido acogida), es decir, tal vez hacia la mitad del último tercio del s. I. → Hechos de los apóstoles.

Lugares altos → Culto en los lugares altos.

Lujuria. En el AT, la lujuria (todo pecado sexual o contra la moral del → matrimonio) se castiga severa-

Lujuria

mente. Las leyes (→ Código de santidad Lev 18; 20), que ante todo persiguen la finalidad de ordenar la vida comunitaria al interior de la gran familia, condenan el adulterio, la violación, el incesto, la pederastia, la sodomía, el onanismo, la prostitución y determinadas prácticas lujuriosas de otras religiones. De las dos expresiones más importantes del NT sobre la lujuria ἀκαθαρσία y πορνεία, la primera tiene raras veces su sentido original de impureza cultual y generalmente significa la decadencia religiosomoral de la época helenista (Rom 1,24; 2Cor 12,21; Gál 5,19 etc,). En cambio, el uso de πορνεία se limita para significar el delito sexual (1Cor 6, 13-18; 7,2; Ef 5,3 etc.; contra la moral matrimonial: Mt 5,32; 1Cor 5,1).

Luna. 1) *Medida de tiempo.* El ciclo de las fases lunares fue para el hombre no sólo su primera medida del tiempo, sino que también contribuyó en general en el desarrollo de la sensación de la medida (cf. el parentesco etimológico de las palabras: *Mond* [al. luna], medida y mes). En el AT y NT, la luna, como medida del tiempo, tiene todavía su función primitiva (Gén 1,14s; Sal 104,19; Eclo 43,6ss): el comienzo del mes coincidía con el día de luna nueva, las estaciones del año y las fiestas anuales iban ligadas a las fases lunares (→ Calendario).

2) La *creencia popular* veía en el ritmo de la luna el ritmo de la vida del cosmos, que determinaba el ciclo mensual de la mujer, el crecimiento de las plantas, las lluvias (Dt 33,14) e incluso el destino del hombre (Job 38,33). La media luna servía de adorno (Is 3,18) o de amuleto para animales (Jue 8,21) que garantizaban fertilidad. El Sal 121,6 habla del influjo nefasto de la luna. Pero también se es sensible ante su belleza (Cant 6,10).

3) *El culto de la luna.* En todo el antiguo Oriente próximo el culto a la luna ocupó un lugar importante. (→) Ur y Jarán, ciudades relacionadas con Abraham (Gén 11, 31) eran centros de culto al dios lunar Sin. Las grandes → fiestas israelitas estaban de acuerdo con los ciclos lunares. Cuando en el s. VIII/VII a.C., por influencia asiria, el culto de las estrellas amenazaba sofocar la religión de Yahveh (2Re 17,16; 21,3ss), Yosías intentó en vano acabar con él (2Re 23,5). Dt 4,19; Sab 13,2 y los profetas (Is 13s; Os 2,13) previenen contra él.

4) *Escatología.* El oscurecimiento de la luna ocupa un lugar entre los horrores cósmicos que acompañan la ira de Dios: en la caída de Babilonia (Is 13,10) y de Egipto (Ez 32,7), en la destrucción de Jerusalén y fin del mundo (Mc 13,24 par).

Luto → Enterramiento.

Luz → Bet-El.

Lluvia → Palestina I; Agua.

M

Macabeo. I. Macabeo (del hebr.: *makkabān* martillo [?]) fue originariamente sobrenombre de Judas, el tercer hijo de Matatías (1Mac 2,4) que más tarde, seguramente por la influencia de autores cristianos, se aplicó a sus hermanos y a toda su época (cf. 2Mac 7).

1) Después de la muerte de Matatías, *Judas* (166-160) organizó en → Mispá la resistencia judía contra los sirios para recuperar la libertad religiosa. Consiguió tomar Jerusalén, a excepción de la acrópolis, y restaurar el culto judío. Para poderse mantener contra la opresión de los helenistas, aliados de los sirios, hizo un pacto de amistad con los romanos. Pero la ayuda romana llegó demasiado tarde y Judas cayó en la batalla de Elasá (1Mac 3,1-9,22; 2Mac 8-15; Ant. 12,6-11).

2) Su hermano *Yonatán* (160-143) tomó la dirección y supo recuperar el prestigio perdido. En 153 fue nombrado sumo sacerdote por el sirio Alejandro Balas y en 150, jefe militar y civil. Junto con Judá, le fueron asignados otros territorios (Eqrón, Efraím, Lod, Ramatayim [→ Ramá]). El creciente poder de Yonatán ocasionó que Trifón mandara arrestarle y ejecutarle (1Mac 9,23-12,53; Atn. 13,1-6).

3) Simón (143-134) se alió con Demetrio, enemigo de Trifón, y consiguió de él la independencia práctica de Jerusalén. Expulsó la guarnición siria de la ciudadela de Jerusalén (142). Por votación popular, fue elegido en 141 στρατηγός y ἐθνάρχης de los judíos «para siempre» (1Mac 14,41).

Con ello fue fundada la dinastía de los hasmoneos. Simón fue asesinado por su yerno Ptolomeo. Le sucedió su hijo Juan Hircano (16,11-24; Ant. 13,6s).

II. LOS LIBROS DE LOS MACABEOS relatan la guerra del judaísmo contra el helenismo. El segundo libro no es continuación del primero, sino que los dos se ocupan de la misma época (1Mac: 175-135; 2Mac: 175-161 a.C.).

1) El libro *1Mac* se conserva en griego, pero ciertamente es una traducción del arameo (o quizás del hebreo). La interrupción abrupta del libro (16,22) hace pensar que el autor dejó la obra sin concluir y que luego pasó todavía por las manos de algún editor. En 1Mac se incluye un gran número de documentos y cartas (p. e., 5,10-13; 8, 23-32; 10,18-20.25-45). Estos documentos coinciden las más de las veces con el intercambio diplomático de la época y con las recientes investigaciones históricas, esto es, pueden considerarse auténticos. Su precisión topográfica y cronológica que resiste a toda crítica es también prueba de su historicidad. Es posible que sirvieran de fuentes para el libro una crónica real de los Seléucidas y una «vida de Judas». Seguramente 1Mac se publicó hacia el año 100 a.C. El autor parece ser un judío instruido de Jerusalén, admirador de la dinastía de los hasmoneos. Su postura es más bien propagandística. A sus ojos, la re-

Macabeo

belión de los Macabeos fue un acontecimiento de importancia internacional (p. e., el número increíble de los ejércitos enemigos). Muchos exegetas consideran el libro como escrito profano sin valor teológico. Se echa de menos el contacto del hombre con Dios que es característica de los otros libros del AT (el nombre de Dios no sale para nada en todo el libro). En cambio, la ley mosaica ocupa un lugar central: el celo valiente y auténtico por la ley acarrea felicidad y prosperidad (cf. en particular 14,1-15).

2) El libro 2Mac se editó en griego. El autor desconocido quiso resumir en su libro una obra en cinco partes de un tal Jasón de Cirene. Este Jasón, seguramente, había concluido su obra antes del año 161 y 2Mac se habría escrito en 124 a.C. (cf. la carta 1,1-10). El libro es un ejemplar típico de historiografía patética (construcción gramatical, números exagerados, improperios contra los enemigos de la ortodoxia judía) que usa todos los medios para obtener el grado de la fantasía y sentimientos de los lectores. A pesar de ello, 2Mac posee también un gran valor histórico. 1Mac subraya la actividad personal del hombre como medio de conseguir la felicidad; 2Mac, en cambio, insiste en la necesidad de la oración para obtener la ayuda indispensable del cielo. Además la vida de ultratumba desempeña un papel muy importante (7,14,46; 15,11-16).

3) 3Mac y 4Mac son apócrifos judíos. 3Mac trata de una persecución de los judíos en Egipto (finales del s. III a.C.). A pesar de ser una narración patética (escrita seguramente en el s. I a.C.) es posible que tenga por base algún acontecimiento histórico. 4Mac es una obra didáctica que trata del poder soberano de la piedad inteligente sobre los apetitos de la carne. Se escribió seguramente al principio de la era cristiana, en griego.

Macedonia, región de la costa septentrional del mar Egeo, habitada por tribus griegas que residían en el país desde los tiempos más remotos. En el AT se menciona Macedonia como patria de Alejandro Magno (1Mac 1,1) y de Hamán (Est 16,10.14). Tropas macedonias sirvieron en el ejército de Antíoco el Grande (2Mac 8,20). En la época del NT, Macedonia formaba una provincia romana. Pablo la visitó en su segundo (Act 16,9-12; 18,5) y tercer viaje misional (20,1-3) y la menciona con frecuencia.

Macpela → Makpelá.

Mádaba → Medebá.

Madera. La palabra hebrea que significa madera sirve para indicar toda clase de madera para la construcción (Ag 1,8), leña para quemar (Lev 1,7) y madera para muebles (Dt 10,1); también indica la picota (Gén 40,19 etc.) el asta y el mango. El AT conoce la madera de acacia, de roble, de pino, de sicómoro, de cedro y de ciprés. Los israelitas aprendieron a trabajar la madera, en parte, de los fenicios (2Sam 5,11; 1Re 5,20); bajo Yoás y Yosiyyá, parece que ya se hicieron independientes en estos trabajos (2Re 12,12). Sus herramientas eran: hacha, taladro, martillo, escoplo, clavos y sierra. Por el sentido deshonroso que, ya en el griego profano, tenía la palabra madera (como instrumento de castigo se llegó al significado neotestamentario de madero como equivalente de cruz (Act 5,30; 10,39 etc.). Ap 2,7 y 22,2 se remonta a la representación del AT del → árbol de la vida.

Madián, madianitas, confederación de tribus nómadas árabes (Gén 25,2), cuyas dehesas han de buscarse en el lado oriental del golfo de Akaba. Varias veces se menciona (Ptolomeo VI, 7, 2.27 etc.) una región llamada Madián. En el AT, los camellos son características de los madianitas, que hacían el oficio de guías de caravanas por los caminos del desierto hacia Egipto (Gén 37,28.36; 37,25, 27f) y Palestina (Núm 10,31). Se ha demostrado que ya muy pronto Israel mantuvo relaciones con Madián. Moisés, al huir del faraón, se estableció en Madián y allí se casó con la hija de un sacerdote (Éx 2,15-22) y celebró con él una comida sacrificial «junto a la montaña de Dios» (18,1-12). Sobre los conflictos bélicos entre ambos pueblos relatan Núm 25,16-18; 31,1-12; Jos 13,21; Jue 6-8 (Gedeón); cf. Is 9, 3: «el día de Madián». → Quenitas; Moisés. Fig. 16.

Madre → Matrimonio.

Mágdala, seguramente idéntico con Tariquea («Salmueras para el pescado»), pueblo de pescadores en la ribera noroeste del lago de Genesaret, y con Magadán (Mt 15,39), así como con Dalmanuta (Mc 8,10). Patria de → María (II. 1) Magdalena (Mt 27,56.61; 28,1 par). Fig. 15 y mapa PN C3.

Magdalena → María (II, 1).

Magedo → Meguiddó.

Magia designa originariamente el arte de los magos, tribu meda o casta sacerdotal persa, que se dedicaban a la astronomía y a la astrología y por ello eran tenidos como administradores de las fuerzas sobrenaturales. En sentido peyorativo, magia significa el arte secreto del brujo de atribuir a hombres, objetos o ritos unas fuerzas misteriosas que obligan fatalmente. La magia no era ciertamente desconocida del israelita (Gén 30,14.37s; Jer 27,9; Ez 13,18-20; Miq 5,11, etc.; amuletos: Is 3,18-21) pero estaba expresamente prohibida por la ley (Dt 18,9-13). Los israelitas sabían distinguir claramente entre los milagros obrados por Yahveh y los prodigios de los hechiceros. Acciones como las que se atribuyen a Moisés (Éx 7, 8-13; 15,22-25), Josué (Jos 8,18), Elías (1Re 17,17-24) y Eliseo (2Re 2,19-22; 4,18-44) pueden tener o la verdad parecido con las prácticas mágicas, pero se las interpreta en sentido yahvista. La magia es irreconciliable con la fe en un solo Dios Yahveh. Lo mismo hay que decir de la maldición y bendición, de la purificación y sacrificio cultuales, como también, del juicio de Dios: todo ello, es sólo eficaz por la intervención de Yahveh. En el NT, por influencia del helenismo, había hechiceros judíos por todo el mundo grecorromano. En Éfeso, después de la predicación de Pablo, se quemaron libros de magia (Act 19,18s). Gál 5,20 cuenta la magia entre las «obras de la carne».

Makpelá (probablemente hebr.: doble cueva) terreno junto al → Hebrón (se supone que en el sitio de la actual mezquita) con una gruta que, según una tradición antigua, Abraham compró al hittita Efrón para sepultura familiar, frente a Mamré (Gén 23,9.17.19; 25,9; 29,30; 50,13). Según la tradición bíblica se enterraron en la cueva Sara, Abraham, Isaac, Rebeca, Leá y Jacob.

Malaquías (hebr.: mi mensajero).
I. Malaquías no fue originariamente ningún nombre de persona, sino que se tomó de Mal 3,1 («mi

Malaquías

mensajero») y se añadió después del título anónimo «Oráculo. La palabra de Yahveh a Israel» (1,1) como si fuera el nombre del autor del libro. No ha existido nunca un profeta menor llamado Malaquías, autor del libro que lleva su nombre.

II. El LIBRO DE MALAQUÍAS se divide en seis partes, todas ellas en forma de diálogo entre Yahveh o el profeta y el pueblo que intenta justificarse. *Contenido*. 1) El gran amor de Yahveh a Israel 1,2-5); 2) crítica contra los sacerdotes por su abandono en el culto sacrificial (1,6-2,9); 3) el mal de los matrimonios mixtos (2,10-16); 4) anuncio del día del juicio (2,17-3,5); 5) bendiciones por la entrega de los → diezmos (3,6-12); 6) el justo juicio de Yahveh sobre justos y pecadores (3,13-21); amonestación final y promesa de la venida de Elías antes del día de Yahveh (3, 22-24). Malaquías se considera obra de un *anónimo* de la primera mitad del s. v a.C., después de 515 (restauración del culto del templo) pero antes de la nueva reglamentación de Esdras y Nehemías. Se discute la *autenticidad* de 1,11-14 (promesa de un sacrificio puro) y de 3,22-24 (amonestación final). A diferencia de los otros profetas, para Malaquías la escatología afecta sólo a los israelitas. El nuevo Israel lucha por su existencia: la perduración de un servicio litúrgico puro y de la sociedad (matrimonio) son problemas más urgentes que el de un futuro lejano.

Malta, isla del Mediterráneo, dominio romano desde 218 a.C. Su población hablaba, además de su lengua materna púnica, griego y latín. La nave de Pablo camino de Roma encalló en Malta (Act 28,1), donde fue recibido amistosamente y se ganó la simpatía de Publio, *princeps municipii*, o gobernador de la isla (Act 28,7).

Mambré → Mamré.

Mamré (hebr.: tal vez: casa del que da alimento = Baal), uno de los santuarios más importantes de Palestina del sur, con encinas sagradas (Gén 13,18; 18,1). El Génesis relaciona el lugar con Abraham e Isaac. Su localización preferida es *rāmet el-ḫalīl*, 4km al norte de → Hebrón.

Maná, el «pan del cielo» (Sal 105, 40), del que se alimentaron los Israelitas en el desierto (Éx 16,4-35; Núm 11,6-9; Sal 78,24) hasta su llegada a Canaán (Jos 5,12), alimento que los israelitas no siempre apreciaron (Núm 11,6). El maná se hallaba por la mañana en el desierto. Era blanco como semilla de cilantro, granoso (Núm 11,8 se molía o machacaba con molinos de a mano, se cocía y se preparaba como tortas) y dulce como tortas de miel. Un jarro con maná tenía que estar ante el → arca de la alianza. El maná es un fenómeno característico de todo el sur del desierto del Sinaí: una excrecencia del tamarisco mannífero producida por las picaduras de las cochinillas, que cae al suelo y aún hoy día sirve de comida de los beduinos. En la literatura rabínica se desarrolla una interpretación que tiende a espiritualizar el hecho. En el NT, el maná sirve de explicación del manjar eucarístico (Jn 6,32.49), sirve de tipo de la celebración eucarística (1Cor 10,1-22) y se anuncia como alimento del futuro tiempo de salvación (Ap 2,17).

Manasés (hebr.: el que hace olvidar). 1) Manassés, → epónimo de la tribu que lleva este nombre, hijo mayor de José (Gén 41,51), más tarde, después de haber perdido el derecho de primogenitura, fue adoptado por Jacob (48,1-20); → Efraím.

2) La tribu de Manassés no figura en las bendiciones de → Jacob, y en las bendiciones de → Moisés aparece junto con Efraím en la bendición referida a José. Según Núm 32,33 y Dt 3,12-15, una mitad de la tribu se instaló en la Transjordania (en parte hasta la región del Líbano; 1Par 5,25-26), adoptó la religión de la población pagana y fue deportada por Tiglat-Piléser III. La otra mitad avanzó hasta la Cisjordania (Jos 17,1-10) junto con Efraím (Jue 1,27). Según otra opinión, su marcha tomó la dirección contraria, de la Cisjordania a la Transjordania. Mapa PA C5.

3) Decimocuarto rey de Judá (696-642), hijo de Ezequías (2Re 21,1-18; 2Par 33,1-20); pagó tributo a Asiria. La influencia asiria se mostró en su toleración del culto en los santuarios locales y del culto a Baal, a Aštarté y al ejército del cielo (Jer 7,18; 8,2; 44,19). La oposición fue cruelmente exterminada. 2Par 33,11 informa sobre una deportación pasajera de Manasés a Babilonia, donde hizo penitencia y se convirtió. A este suceso se refiere el apócrifo «Oración de Manasés» (incluida como apéndice en la mayoría de las ediciones de la Vulgata), elegía o salmo penitencial de origen judío, de la época entre el s. II a.C. y el s. I d.C.

Manto → Vestidos (1).

Manuscritos bíblicos. Antes del descubrimiento de la imprenta, el texto bíblico se difundía en manuscritos (mss), que se distinguen considerablemente entre sí por su antigüedad, cualidad, integridad, escritura y material. Su número asciende a varios miles. Aquí se mencionan sólo los mss más importantes del AT hebreo, del NT griego y del AT griego.

1) Mss del AT hebreo. Éstos conciernen al trabajo de los masoretas (→ Texto de la Biblia) y se dividen en dos grupos, el oriental (babilónico) y el occidental (palestinense), de acuerdo con las dos escuelas masoréticas y sus distintos sistemas de vocalización. En el judaísmo, la tradición palestinense consiguió validez oficial. Los más importantes mss de este grupo son: el códice cairota de los profetas de Mošében-Ašer (895; el más antiguo ms fechado) y el llamado códice de Alepo de Ahron-ben-Mošében-Ašer (hacia 930; hasta hace poco, era éste el ms más antiguo de la Biblia hebrea; a causa de los trastornos políticos de 1947-49 y el traslado del ms a Israel, se perdió cerca de una cuarta parte del mismo). El códice B 19A de la biblioteca pública de Leningrado (1008; actualmente el manuscrito completo más antiguo) constituye la base de la tercera edición de la Biblia de Kittel (1937) y de la Biblia Hebraica Stuttgartensia que se está publicando. La → Guenizá del Cairo nos ha proporcionado un material considerablemente más antiguo (en parte se remonta al s. VI o V). Además nos ofrecen un texto cuya fijación de consonantes se remonta hacia el año 100 d.C. Mayor importancia tienen todavía los mss hallados en → Qumrán.

2) Mss del NT griego. Se clasifican en papiros, mss unciales y mss minúsculos, así como leccionarios (colección de perícopas para uso litúrgico). Los más importantes mss unciales son: el códice Vaticano (B ó 03; s. IV), el códice Sinaítico (א ó 01; s. IV) y el códice Alejandrino (A ó 02; s. V). pa-

Manuscritos bíblicos

piros no abarcan tanto como los unciales, pero en parte los superan en antigüedad (son dignos de mención los papiros de la colección Chester Beatty y Bodmer). 3) Mss del AT griego (→ Versión de los Setenta). Hoy se conocen más de 1500 mss. Los más importantes son: el códice Vaticano, el códice Sinaítico, el códice Alejandrino y varios papiros de las colecciones Chester Beatty y de Bodmer.

Mañana → Día.

Maqueronte, fortaleza judía al este del mar Muerto, arrasada en el 57 a.C. por el procónsul romano de Siria y fortificada por Herodes el Grande (contra los nabateos), entre los años 25 y 13. Según Flavio Josefo (Ant. 18,5,2) fue el lugar donde Herodes → Antipas hizo encarcelar y ejecutar al Bautista (Mt 14,3-12; Mc 6,21-29). No se menciona en el NT. Mapa PN D7.

Mar. Las afirmaciones de la Biblia sobre el mar se limitan al 1) Mediterráneo, llamado en el AT «el gran Mar» (Núm. 34,6), «el mar de los filisteos» (Éx 23,31) o «el mar de occidente» (Dt 11,24); 2) el → mar Muerto; 3) el → mar Rojo, y 4) el mar de Galilea (= lago de → Genesaret). → Puerto; Comercio; Nave. Según la concepción oriental, que también aparece en la Biblia, en el mar primitivo posan los orígenes del ser. → Leviatán; Abismo.

Marca de jarra. En Palestina se encuentran asas de grandes jarros para almacenar víveres con marcas o signos grabados procedentes, las más antiguas, de la edad de hierro. Las llamadas marcas privadas designan, sin duda, el nombre del alfarero o productor. Las llamadas marcas reales (se han hallado más de 800 procedentes de los s. VIII-VII a.C. con indicación del nombre del rey poseedor o destinatario de la jarra y nombre de la localidad) tienen además un → escarabeo o un sol alado. Posiblemente estos jarros contenían aceite, vino o trigo de las propiedades del rey. Las marcas de jarra del tiempo posexílico (s. IV-II a.C.) contienen indicaciones sobre la provincia administrativa persa o ptolomeica. Indican el nombre de la provincia persa (Yehud = Judá) o el nombre de su sobera-

Fig. 26. Marcas de jarras con inscripciones hebreas antiguas

no. En cambio las marcas de jarra con la estrella de cinco puntas y las letras *jršlm* (Jerusalén) indican su entrega al templo. Fig. 26.

Marcos (lat. nombre de persona: hombre [?]). Los llamados en el NT Marcos (Act 15,39; Col 4,10; Flm 24; 2Tim 4,11), Juan Marcos (Act 12,12.25; 15,37) y Juan (13,5.13) son una misma persona con nombre doble. Marcos era hijo de una tal María, en cuya casa se reunía la primitiva comunidad de Jerusalén (12, 12). Posiblemente, Marcos se crió en Jerusalén y vivió el tiempo de Jesús, si bien no participó en todos sus sucesos y tal vez ni siquiera fue nunca discípulo de Jesús. Su primo Bernabé (Col 4,10) y Pablo lo tomaron consigo hasta Antioquía (Act 12,25) y luego en el primer viaje misional. Pero él regresó pronto solo a Jerusalén. Por culpa suya, Pablo se separó más tarde de los dos primos y Bernabé y Marcos marcharon juntos a Cipre, pero pronto se juntaron de nuevo con el Apóstol: Col 4,10 y Flm 24 afirman que Marcos acompaña a Pablo en Roma. La tradición afirma una estrecha relación de Marcos con Pedro (1Pe 5,13). Marcos es tenido por autor de Mc.

Marcos (Evangelio de). I. ESTRUCTURA Y DISPOSICIÓN. La estructura del Evangelio está determinada por algunos puntos teológicos esenciales que obtienen su importancia por la significación que tienen en la vida de Jesús o por la visión del Evangelio. Lo primero vale para Mc 11-16: Jesús en Jerusalén; lo segundo, para el «camino de Jesús» a Jerusalén 1,10, en el cual ciertas escenas de los discípulos (1,16-20; 3,13-19; 6,7-13; 8,27-33) adquieren un significado especial. Con los discípulos se comienza cada nuevo pasaje, pero de tal forma que el pasaje anterior y el que le sigue se interpretan mutuamente. Así muestra Marcos la siguiente estructura: 1,1-15: el horizonte; en el camino de Jesús irrumpe el mundo de Dios en el mundo de los hombres. 1,16-3,12: la nueva situación del hombre fundada en el poder de la palabra de Jesús que le llama y redime. 3,13-6, 6a: el misterio del reino de Dios y la incomprensión del hombre. 6, 6b-8,26: la salvación perfecta y definitiva del hombre como meta de la obra de Jesús. 8,27-10,52: la forma del seguimiento creyente es el camino de la cruz. 11,1-12,44: Dios busca (cf. 11,12s) en la misión de su hijo (12,1-6) no la riqueza del hombre (12,13-17), ni el prestigio del hombre (12,38ss), sino el amor del hombre (12,28-34.41-44). 13: la historia del hombre sale al encuentro del día de la última cosecha, ello exige del creyente una gran vigilancia. 14-15: Jesús, aceptando la decisión de su muerte, da testimonio de la verdad de su evangelio a sus adversarios, testimonio que halla su respuesta en la confesión del centurión romano. 16,1-8: perspectiva; por la resurrección de Jesús, todos los creyentes son llamados a un seguimiento viviente de Jesús.

II. CARÁCTER TEOLÓGICO. Marcos representa el primer intento comprensible para nosotros de transmitir un evangelio que no sólo recoge las palabras de Jesús como las de un Rabí ilustrado o relata sus prodigios como hazañas de un «hombre divino» que sobrepasan las palabras de todos los otros predicadores ambulantes y los hechos de todos los taumaturgos, y no sólo anuncia la significación salvadora del Resucitado y Glorificado, sino que une claramente la poderosa realidad del Resucitado con la vida terrena de Jesús. Con ello obtiene también la vida del creyente su sentido decisivo. El destino terreno de Jesús se convierte en exigencia del Glorificado a la comunidad que le sigue y que experimenta la presencia viviente del Resucitado en este Evangelio significativo. Por este motivo, Marcos, a pesar de la forma histórica de su presentación, no intenta simplemente relatar la vida pasada de Jesús, sino interpretar la actualidad (apremiante) del creyente desde el punto de vista del camino de Jesús, en lo cual hay que observar dos puntos: por una parte la situación del creyente está determinada por el hecho de que él se convierte en participante de la salvación definitiva, es decir, de una comunidad pura con Dios (2,1-12.14-17), gracias a la eficacia que Dios ha dado de una forma particular al obrar de Jesús (1,22.27; 2,12), y, de esta manera, puede vivir de la misma fuerza de Dios (4,26-32). La vida de Dios en el hombre es primeramente imperceptible porque el hombre no puede estarse ante el poder de Dios sin ser prendido por el temor (4,41; 5,14-17.33.42). Por esto, el que a la vista del abandono aparente duda de la fidelidad de la obra divina de la salvación (6,53-56), muestra que su corazón no ha llegado todavía a comprender (6,45-52). Éste no ha comprendido todavía que Dios presupone una sola cosa (7,1-23): la palabra dirigida a Jesús en plena conciencia de la propia indignidad (7,24-30). Por otra parte, Mc no deja que la comunidad ponga en duda de que el creyente se halla ahora ante nuevas exigencias radicales (9,32.35.42-50; 10,9.21.43s), sólo comprensibles desde el camino de la cruz de Jesús como Mesías. Así como Jesús, el Mesías, en su camino hacia la cruz, interpreta el pensamiento de Dios (8,31ss; 9,30ss; 10,32ss), también el creyente debe entender que para él no existe otro camino hacia Jesús en la gloria de Dios (8,34-9,1; 10,39). El hecho de que Dios se ha acercado en su hijo (9,2-13), no significa que el camino a través del mundo se haya acortado (9,5s), en el cual el poder del mal ha de ser quebrantado por el poder del creyente (9,14-29). Este desarme del mal acontece concretamente por medio del servicio desinteresado del creyente (9,33-42; 10,1-12.41-45) que a menudo trae consigo la separación dolorosa de todo mal en la propia vida por amor del otro (9,42-50). Esta consecuencia es incomprensible para el que no sabe que en la comunidad de Jesús sólo puede entrar el que es como un niño, pues sólo se puede pertenecer del todo a Dios (10,13-31; cf. 35-40); pues Dios, por ser el viviente (12, 18-27), no espera otra cosa del hombre que su amor incondicional y su entrega (12,13-17.32s.38-44). Sólo esto conduce al reino (12,28-34).

III. *Origen.* La tradición unánime que llega hasta Clemente de Alejandría señala Roma como lugar de la composición del Evangelio, dato que es aceptado por la mayoría de los exegetas. Sin embargo, también sería posible alguna comunidad paganocristiana de oriente. Mc se escribió seguramente antes del año 70, pues no se hace ninguna alusión a la destrucción del templo de Jerusalén. Mc 13 deja, no obstante pensar que la guerra judía estaría ya próxima. Según el testimonio del obispo Papías de Hierápolis (hacia 100), Mc fue redactado por Marcos, el «intérprete de Pedro», después de la muerte de éste. A pesar de algunas dudas que suscita esta noticia (no parece que Marcos tenga una idea clara de la geografía de Palestina; tendencias antijudías) muchos investigadores tienen por seguro que la redacción de Mc es obra de Juan Marcos, pues, por otra parte, sería inexplicable por qué el Evangelio se habría atribuido a un autor que no había sido discípulo, ni apóstol.

Mardoqueo (hebr. *mordekay:* perteneciente a → Marduk), padre adoptivo de → Ester (Est 2,5.7), judío de Benjamín, deportado a Babilonia junto con el rey Yoyakín. Su negativa a rendir homenaje a Hamán ocasionó un decreto contra los judíos; pero por la intervención de Ester, Mordekay es recompensado por haber descubierto una conjuración palaciega (2,21-23) ocupando el puesto de Hamán, caído en desgracia (3,1-10,3).

Marduk, originariamente dios de la ciudad de Babilonia que se convirtió en dios del imperio bajo → Hammurabi. Según el prólogo del código de Hammurabi, los dioses supremos Anú y Elnil confirieron a Marduk el dominio sobre el mundo porque él (como explica el mito de la creación *Enuma-Eliš)* fue el único que se distinguió como vencedor de la batalla contra el monstruo del caos, Tiamat, el cual le concedió el título de Bel (= Señor; cf. Is 46, 1; Jer 50,2; 51,44; Bar 6,40; Dan 14,1-22). Su templo principal era el *Esagila* con la torre llamada *Etemenanki* (→ Torre de Babel). Su fiesta principal era la del año nuevo, que se celebraba en primavera. Su antiguo carácter de fiesta de la vegetación perduró en el ἱερὸς γάμος de los griegos.

Mareša (hebr.: lugar en la cima), localidad cananea, situada en un importante cruce de caminos en la → Šefelá, asignada a Judá (Jos 15, 44), patria del profeta Eliézer (2Par 20,37) y acaso también de Miqueas (Miq 1,1). En el s. III a.C. se insta-laron en ella colonos sidonios y macedonios. Judas Macabeo la atacó sin resultado en 164 a.c. (1Mac 5,66; 2Mac 12,35), en 110 a.c. fue sometida por Juan Hircano I, pero Pompeyo la libró en 63 a.C. y en 40 a.c. fue destruida por los partos. Mapa PA B7.

Marfil. El marfil se importaba desde Ofir (1Re 10,22; 2Par 9,21) y Put a Tiro, a Canaán y a los pueblos egeos y se usaba para objetos de lujo. El AT alude al trono de marfil de Salomón (1Re 10,18), al palacio de marfil (1Re 22,39), a lechos de marfil (Am 6,4), a una torre de marfil (Cant 7,5). El Cant compara el cuerpo del esposo (5,14) y el cuello de la esposa (7,5) con el marfil. Los hallazgos de las excavaciones en Samaría (s. VIII a.c.) y en Meguiddó (s. XIII) son revelaciones: figuras de dioses y animales, incrustaciones de marfil en cajitas de madera, relieves, objetos de juego, peines y platos de balanza.

Mari, antigua ciudad importante de Babilonia, junto a la orilla occidental del Éufrates medio, mencionada ya en las listas de los reyes sumerios. Es de gran valor para la historia de la antigua Babilonia (ca 1750-1700 a.C.) el → archivo hallado en el palacio real que contenía unas 20 000 tablillas de escritura cuneiforme; ellas nos dan información sobre la situación política del tiempo (→ Hammurabi) y sobre las relaciones comerciales de Mari con Elam, Babilonia y Siria y sobre el papel desempeñado por los → nómadas y sobre la organización de sus tribus (→ Amorreos). También merecen una especial atención sus textos sobre la actividad de los → profetas. Mari fue destruida en 1693 a.C. por Hammurabi y luego quedó abandonada. Fig. 4.

María

María (forma del NT para → Miryam).

I. MARÍA, LA MADRE DE JESÚS. El NT afirma de ella lo siguiente:
1) *Pablo.* La mención más antigua de María en el NT (Gál 4,4s) se halla en un contexto estrictamente cristológico. Pablo se refiere a ella para describir la realidad de la redención: el Hijo enviado de Dios tomó la naturaleza («nacido de una mujer») y la historia («sujeto a la ley») de los hombres.
2) *Sinópticos y Act.* Aparte los Evangelios de la infancia, los sinópticos relatan un solo encuentro de Jesús con su madre quien, junto con los hermanos y hermanas de Jesús, acude a Cafarnaúm en su búsqueda (Mc 3,31-35 par). Jesús en esta ocasión contrapone el parentesco carnal al parentesco creado por la obediencia a Dios (cf. Lc 11,27s). A pesar del comportamiento extraño de Jesús en esa escena, María y los hermanos de Jesús forman parte de la comunidad de discípulos de Jesús después de la resurrección (Act 1,14). La mayor parte de la información del NT sobre María procede del Evangelio de la infancia, Lc 1s. Según éste, María vivía en Nazaret. En ningún lugar se afirma que fuera de la casa de David, ni tampoco era necesario, ya que José era de la casa de David (Mt 1,16; Lc 3,23) pues según la ley de Israel ello se comunicaba sólo a través del padre. Después de sus desposorios (unión definitiva según el derecho judío) le fue anunciado el nacimiento de Jesús. La anunciación contiene tres motivos: quién es el niño (Hijo del Altísimo), cómo tiene que nacer (por el Espíritu creador) y el consentimiento de María. También Mt (1,18) confirma la concepción de Jesús por el Espíritu Santo, aludiendo a Is 7,14.

Contra la interpretación de un *parto virginal* historicobiológico, se han propuesto las siguientes objeciones: *a)* los Evangelios de la infancia no son relatos históricos, sino narraciones (midrašim) que quieren afirmar la significación salvadora de Jesús. *b)* Les sirven de ejemplos antiguos mitos de dioses que engendran hijos con seres humanos. *c)* Aparte estos Evangelios de la infancia, el NT (principalmente Pablo y Mc) desconocen por completo el parto virginal. *d)* Una tal intervención milagrosa de Dios no es sostenible desde un punto de vista teológico. En todo caso, la discusión sobre el parto virginal ha puesto en claro su único significado teológico importante: el nacimiento de Jesús es el signo, obrado por el Espíritu, de un nuevo comienzo en la historia de la salvación (cf. Gén 1,2). Esta nueva acción de Dios, esta nueva forma de estar «Dios con nosotros», es el milagro; el signo del parto virginal de Jesús está por entero al servicio de la cristología y de la soteriología.

Las otras afirmaciones sobre María en los Evangelios de la infancia (nacimiento de Jesús en Belén, huida, circuncisión, Jesús en el templo a los doce años) muestran lo mucho que María está incluida en la acción de Dios, celebran su fe ejemplar, pero, sin embargo, no ocultan que el obrar de Dios, en último término, está más allá de ella.

3) *El Evangelio de Juan.* En Jn, María está al principio y al final de la actividad pública de Jesús. En el milagro del vino (2,1,11), María es la primera en experimentar que la esperanza en una salvación terrena, que tienen los hombres cuando salen al encuentro de Jesús, tiene que ser substituida por una mayor esperanza en Jesús mismo. Ella es ejemplo de fe. La interpretación de la escena al pie de la cruz (19,25-27), en la cual Jesús confía su madre

al discípulo preferido, es discutida. Si la escena fuera histórica, apenas tendría explicación por qué los Evangelios más antiguos callaron la presencia de María. La interpretación simbólica que dice que María representa al cristianismo judío que tiene que encontrar su nueva patria en la iglesia paganocristiana (el discípulo), no satisface. Quizás pueda aceptarse que Jn con la presencia de María quiere simplemente situar junto a la cruz, punto culminante de la vida y doctrina de Jesús, a una de las autoridades esenciales de la fe cristiana.

II. OTRAS MUJERES con el nombre de María son:

1) María Magdalena (= de → Magdala). Lc 8,2 la nombra entre las mujeres curadas por Jesús que le servían con sus bienes. Ella es una de las mujeres que están al pie de la cruz (Mc 15,40s par), junto al sepulcro (15,47) y son testigos del Resucitado (16,1-8 par); Jesús se le aparece a ella sola (Jn 20,14-18) o junto con otras (Mt 28,9s).

2) María de Betania, según Jn, hermana de Marta y de Lázaro. María (a diferencia de su afanosa hermana) es una de las «necias» que el mundo no puede comprender y que precisa la defensa de Jesús (Lc 10,41s; Jn 12,17). Jn 12,1-8 la identifica con la mujer que ungió a Jesús. Se ha discutido mucho la cuestión de la identidad de María Magdalena, María de Betania y María la pecadora de Lc 7,36-50. La Iglesia occidental, desde Gregorio I, ha identificado estas tres mujeres, en cambio la investigación moderna ha intentado demostrar su diversidad.

3) María, que Mc 15,40 presenta como madre de → Santiago (3) y de José, en otros pasajes más precisada a través de sus hijos. Es cierto que no hay que identificarla con la otra María (mujer, madre o hermana) de

Cleofás; en cambio es ella una figura clave en la cuestión de los «hermanos del Señor».

Mar Muerto, Mar interior de Palestina (85 × 15,7km, hasta 491m de profundidad). El nombre de mar Muerto (en él no hay vida animal ni vegetal) procede del s. II d.C.; en la Biblia se llama: el mar del desierto (por el Arabá), mar de oriente (para distinguirlo del Mediterráneo) o mar de la sal. El nombre árabe *(bahr lūṭ)* alude a la narración de → Lot (Gén 19,23-29). El agua tiene un gusto aceitoso y amargo; su contenido de sal, a consecuencia del calor y de la sequedad del ambiente, es seis veces superior que el del océano. El nivel (1965: 398m bajo el nivel del mar) permanece constante a pesar de la gran cantidad de agua que entra (6,5 millones de toneladas de agua en 24 horas) del Jordán y de otros ríos, pero en estos últimos años disminuye a causa de la explotación sistemática de minerales y del transvase de las aguas del río. Se conocen dos pequeños puertos, en la orilla norte y este, de la época romana, que posibilitaban el paso a través del mar hacia las instalaciones balnearias de Herodes en Calirroe. → Asfalto; Pentápolis; Sal; Desierto de Judá. Mapa PA/PN C6-8. → Qumrán.

Mar Rojo. El nombre de mar Rojo (por la piedra rojiza del país colindante) está en los LXX y en el NT (Act 7,36; Heb 11,29) como traducción del hebreo *yam-sūf,* con cuyo término hay que entender el mar al este de la península del Sinaí, el actual golfo de Aqabá (Éx 23,31; Núm 14,25; Jue 11,16; Jer 49,21), o como nombre del escenario del milagro del paso del mar en el → éxodo de los israelitas de Egipto (Éx 13,18 entre otros), lugar que se ha

Mar Rojo

de buscar al oeste de la península del Sinaí que originariamente sería un golfo pantanoso del Mediterráneo. Fig. 16.

Masadá (hebr.: rocas firmes), fortaleza en la vertiente oriental de las montañas de Judá, cerca del mar Muerto y no lejos de En-Guedí, situada en un escarpado rellano de piedra, fue imponentemente reedificada por Herodes y último punto de apoyo en la guerra judía contra Roma (66-73 d.C.). Mapa PN C7.

Masebá → Masselá.

Masfá o Masfat → Mispá.

Masoretas → Texto de la Biblia (1).

Massebá (hebr.: lo que está derecho), piedra derecha y generalmente sin labrar que sirve de monumento (2Sam 18,18), piedra sepulcral (Gén 35,20), obelisco (Jer 43,13) o hito fronterizo (Gén 31,45). Pero las más de las veces, los massebás servían para finalidades de culto, ya fuera como monumento (Gén 28,18; 35, 14; Jos 4,3) o como piedra sagrada junto con un altar o utilizada ella misma como → altar (Éx 24,4; Dt 27,2), ya fuera como representación de alguna divinidad masculina (seguramente como alusión al miembro viril, reminiscencia del culto cananeo de la fertilidad). Su uso fue combatido como práctica pagana (Éx 34,13; Dt 16,22; 2Re 17,10 y con frecuencia en los profetas).

Massot → Ácimos.

Mateo (forma griega del hebreo Mattai, forma abreviada de Mattanya: regalo de Dios, o: el fiel). Según se deduce de los relatos de la vocación, seguramente tenía el nombre doble de Mateo Leví. Era hijo de Alfeo y aduanero de oficio en Cafarnaúm (Mc 2,14-17 par), esto es, en el territorio de Herodes Antipas. No se sabe si estaría al servicio del rey (cf. Lc 8,3; Jn 4,46) o si habría arrendado los tributos de esta ciudad; en todo caso, no era funcionario romano. Aparte de estos relatos, Mateo es mencionado únicamente en las listas de los apóstoles (Mc 3,18 par). Llevan su nombre:
1) → Mateo (Evangelio de),
2) el llamado Seudo-Mateo (primera mención del buey y del asno junto al pesebre),
3) los actos de Mateo de época más tardía.

Mateo (Evangelio de). I. Contenido y disposición. Mt sigue en lo esencial el esquema historicocronológico de Mc al que también amplía y enriquece en lo que se refiere a las palabras de Jesús y ordena sistemáticamente. Sugiere la siguiente disposición:
1) La *prehistoria* sobre el precursor del Mesías y bautismo de Jesús (3,1-4,11), ampliada con la → genealogía de Jesús y el Evangelio de la infancia (cap. 1s).
2) La *actividad en Galilea* (4,12-13,58; según el esquema de Mc 1, 14-6,6a) con un resumen de la doctrina del Mesías y de las obras de Jesús, además de la misión de los discípulos con las instrucciones correspondientes.
3) *Camino de Jesús hacia la pasión* (cap. 14-20; según el esquema de Mc) con la confesión de Pedro, las tres predicciones de la pasión, la transfiguración de Jesús y un discurso sobre la persecución.
4) *Jesús en Jerusalén* (cap. 21-28; con mucho más fondo de palabras de Jesús que en Mc) con los importantes discursos contra los fariseos y escribas y sobre el fin del

mundo y el juicio, la historia de la pasión, los relatos sobre el sepulcro vacío y apariciones del Resucitado.

II. CARÁCTER LITERARIO Y TEOLÓGICO. 1) Las *fuentes* escritas de Mt son: Mc y la llamada fuente Q. Aproximadamente la mitad del material de Mt no tiene paralelo en Mc y cerca de una cuarta parte es material exclusivo suyo (tal vez tradiciones orales de la Iglesia primitiva), el resto coincide con Lc, quien igualmente utilizó la fuente Q (Mt desconoce a Lc). Todo habla en favor de que Mt fue redactado en griego.

2) Mt *elabora* su material con omisiones, transposiciones y «composiciones». Temas de contenido parecido se coordinan entre sí sin tomar consideración de su transcurso histórico. Son típicas las seis composiciones de discursos: el sermón de la montaña, las instrucciones a los discípulos, el discurso de las parábolas, el discurso sobre la comunidad eclesial, el discurso contra los fariseos y escribas y el sermón escatológico. Procede de una manera semejante en los relatos de milagros (p.e., cap. 8-9: tres milagros + dos discursos + tres milagros + dos discursos + tres milagros). No concede ningún valor a la exactitud cronológica y geográfica (cf. 15,21.29 par). Los hechos de Jesús se reducen a pruebas del cumplimiento del AT, en cambio sus palabras se reproducen con gran fidelidad a la tradición.

3) El *carácter teológico* de Mt se manifiesta sobre todo en sus ampliaciones: actualiza el fondo de la tradición (p.e., 18,4.14.35). Como seguramente el problema más candente de la iglesia de Mateo era la fe en el Mesías, Mt subraya los tributos mesiánicos de Jesús y el cumplimiento de todas las profecías del AT en su persona. La ley antigua

Mateo (Evangelio de)

no ha sido abrogada, sino que prosigue en la nueva economía (5,21s). Las antítesis del sermón de la montaña sirven también para señalar la actualización y radicalización de la voluntad de Dios que culmina en el mandamiento del amor (7,12; 9,13; 12,7; 22,40; 23,23).

4) Como Mt es el evangelio de una Iglesia que no reniega de su procedencia judía, Mt suprime las aclaraciones de Mc destinadas a lectores paganocristianos (Mc 7,3s) y lo completa en el sentido del *pensamiento judeocristiano* (24,20 par). Pero al mismo tiempo la iglesia de Mt es Iglesia universal (cf. los textos de la fundación de la Iglesia: el título honorífico *ekklesia;* el título universal de «el Señor» para Jesús, etc.).

III. ORIGEN. Mt fue escrito para la segunda generación cristiana, cuando las diferencias entre cristianos paganos y gentiles ya no desempeñaban ningún papel. La iglesia posee una marcada autocomprensión, conoce ministerios y reglamentaciones, como también desamor y traición, arribismo, tibieza y mundanería. El testimonio más antiguo sobre el autor de Mt procede de Papías (hacia 130). Según él, los padres de la Iglesia identificaron al autor de Mt con → Mateo Leví. No obstante la dependencia de Mt de escritos no apostólicos, sus particularidades literarias y teológicas, su *Sitz im Leben* y su griego señalan como autor a un cristiano desconocido que habría sido una especie de «escriba cristiano» (13,52). A causa del uso de Mc, Mt no pudo ser escrito antes del 70 y a causa del uso que hace Ignacio de Mt, Mt no pudo ser escrito después del 100. La separación de la sinagoga y las referencias a la caída de Jerusalén dejan suponer que la redacción final de Mt tendría lugar entre el 80 y 90 d.C.

Matías

Matías (hebr. forma abreviada de Matatías: don de Yahveh) fue elegido → apóstol en lugar de Judas Iscariote, al tocarle la suerte que había de decidir entre él y José Barsabbá (Act 1,23-26).

Matrimonio. I. EN EL AT. 1) Tanto en el hebreo como en el griego falta una palabra para significar el matrimonio. Como en todo el antiguo oriente, el matrimonio no es asunto religioso ni público, sino puro asunto privado entre dos familias. El padre elige la esposa para su hijo (Gén 24,2ss; 38,6; Dt 7,3) y logra el consentimiento del padre de la esposa pagándole el precio de la esposa. En ocasiones, la hija, que se separa de la familia, recibe una dote o, a veces, el mismo precio de la esposa (Jue 1,14ss; 1Re 9,16). También se da el caso de que el hijo elige la esposa contra la voluntad de sus padres (Gén 26,34s) o se casa por amor espontáneo (Gén 29, 11.20; 1Sam 18,20s; Cant). Sólo en Tob 7,13 se empieza a hablar de un contrato matrimonial escrito. En el judaísmo primitivo se considera edad núbil los 12 años para las muchachas y 13 para los jóvenes, pero normalmente se casan a los 18 años. Una vez pagado el precio de la esposa, ésta pasa a ser propiedad del marido. Y cuando ésta entra en casa del esposo, se la considera casada. El hombre tiene la obligación de mantenerla y protegerla. A pesar de tener el matrimonio esta forma de compraventa, éste no es en Israel un matrimonio por compra, porque el marido no puede disponer de su mujer en la misma forma que de un objeto adquirido por compra.

2) En general, la estirpe y gran familia domina con sus intereses sobre los matrimonios particulares. Por ello el matrimonio es perfecto cuando da descendencia a la familia del marido (Gén 29,31-30,24; Sal 113,9). De ahí que la esterilidad se considere grave desgracia y castigo de Dios (Jer 18,21). Esta concepción explica el fenómeno de la poligamia y del → matrimonio por levirato. No obstante, la esposa es considerada compañera (Gén 2,23s) y no simple criadora de hijos, es persona a la que se quiere en serio. Ella ayuda al esposo en el ámbito personal (Gén 1,27s) y también en el económico (Gén 2,18b).

3) El matrimonio es polígamo (Gén 4,19-25 etc.). Dt 21,15 presupone como cosa normal que el hombre posea dos mujeres. El número de mujeres está sólo condicionado por razones económicas. Sin embargo Gén 2,24 recomienda la monogamia y funda el matrimonio no primariamente en la procreación, sino en la soledad del hombre, sin ayuda de nadie. Primero se le presenta a elección el hacer comunidad con los animales. Pero no en ellos, sino sólo en la mujer encuentra el hombre la pareja que le corresponde. La representación profética de las relaciones de Yahveh con Israel se apoya también en la monogamia (Os 2,18-23; Jer 2,2; Ez 16,8; Is 50,1). En tiempo de Jesús, la poligamia había desaparecido casi del todo y era corriente la idea de que Yahveh ostentaba el dominio sobre el matrimonio del pueblo y que toda violación de su voluntad equivalía a un adulterio (Mt 12,39; 16,4).

4) Que un hombre o una mujer hubiera de abstenerse del matrimonio es un pensamiento ajeno al AT. Sólo más tarde (Jdt 16,22) se alaba a una viuda por haber rechazado segundas nupcias. Los motivos por qué grupos religiosos del judaísmo tardío (entre otros, los esenios) en parte se abstenían del matrimonio no están satisfactoriamente claros.

II. EN EL AT. 1) Para Jesús, que permaneció soltero, el matrimonio es único e indisoluble (Mc 10,6-9). Sólo la dureza del corazón humano, más atento a lo suyo (Mc 10,5) que a la voluntad de Dios (Mc 10,9) conduce a la práctica mosaica del divorcio. Por ello se condena también el desear a otra mujer (Mt 5,27s). Siempre habrá hombres que renuncien al matrimonio por amor al reino de Dios (Mt 19,12.29). De los jefes y → diáconos de la comunidad cristiana se exige únicamente que sean ejemplares en su vida familiar (1Tim 3,3s; Tit 1,6). Según Lc 14,20 la unión al cónyuge no debe impedir su disponibilidad para las cosas de Dios. Mt 19,9 (5,31s) se refiere al matrimonio entre parientes, usual en el judaísmo, contraído antes del bautismo. En la comunidad de Mateo sólo este matrimonio es considerado disoluble.

2) Para Pablo tanto el matrimonio como la virginidad son gracia de Dios (1Cor 7,7). A pesar de no haberse casado (1Cor 7,7) y de estar decidido a seguir guardando celibato por amor de su fe en el retorno del Señor (1Cor 7,26-35), Pablo toma muy en serio el común acuerdo en el matrimonio (1Cor 7,4s.11s; 11,11s). Él presupone también el divorcio, «pues Dios no ha llamado a la paz» (1Cor 7,15), es decir, según Pablo, la unión matrimonial no se ha de entender naturalmente, sino sólo a partir de la vocación del hombre. Por ello Pablo no da ninguna ley matrimonial, sino una consigna para los llamados al matrimonio (1Tes 4,3ss; Ef 5,25), para los que han recibido el don del matrimonio.

Matrimonio por levirato es un uso cuya existencia se puede demostrar en todo el antiguo oriente. Se funda en el derecho hereditario, el cual establece que la viuda debe pasar siempre a la familia del marido. En el AT se pone en primer plano el pensamiento de que el hermano debe engendrar hijos para que el nombre del difunto perdure (Gén 38,8). Dt 25,5-10 hace del matrimonio por levirato una obligación de ley, cuyo cumplimiento puede ser exigido por la viuda. Si el difunto había dejado hijos, las relaciones sexuales con la cuñada caían dentro del ámbito de la ley del incesto (Lev 18,20). El uso del matrimonio por levirato existía aún en tiempo de Jesús (Mt 22,24).

Madebá, ciudad moabita en la Transjordania, al sur de Jesbón (Jos 13,16 asignada a Rubén). Fue conquistada por Omrí para Israel y liberada por Mešá (Is 15,2) y fortificada. Más tarde fue nabatea y hostil a los judíos (1Mac 9,36). Fue sometida por Juan Hircano I (hacia 128 a.C.) y abandonada por Hircano II. Muy importantes para la topografía de Palestina son los fragmentos de un mapa en mosaico descubiertos en 1896 en el suelo de una antigua iglesia bizantina (16 × 6m) del s. VI d.C. Mapa PA/PN D6.

Mazuzá → Mezuzá.

Médico. 1) En el antiguo oriente, el arte de la medicina iba a la par con la magia, por esto *en el AT* se habla poco de los médicos. Yahveh da la enfermedad y la salud (Éx 9,15; Dt 32,39). Las curaciones y resurrecciones de muertos se cuentan entre los milagros de los profetas (1Re 17,17-24; 2Re 4,18-37 etc.), pero a éstos no se les llama nunca médicos. Eclo 38,1-15 es el primero que intenta poner al médico en su sitio: las habilidades y los remedios (→ Bálsamo) del médico proceden de Dios.

Médico

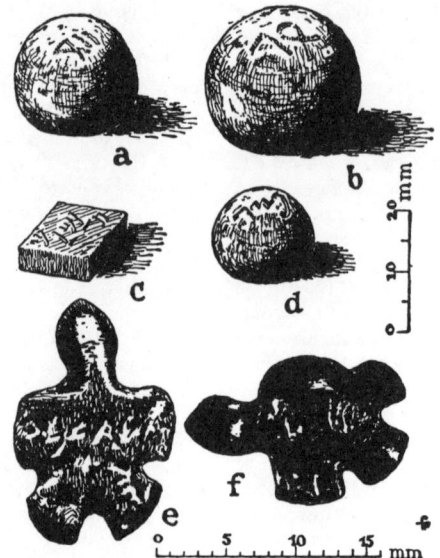

Fig. 27. Pesas de piedra y bronce: *(a)* y *(b)* de piedra; el número 8, bien patente, significa posiblemente la unidad de peso (11,5 g); las rayas añadidas al número significan que el peso es la mitad o, respectivamente, la cuarta parte de la unidad; *(c)* de bronce con la inscripción: *2* (unidades de 11,14 g) *para el rey; (d)* de piedra; *(e)* y *(f)* de bronce, en forma de tortuga 16 × 12 mm, 2,63 g

2) *En el NT.* Incluso para Jesús la enfermedad es castigo de Dios (Jn 5,14), pero no necesariamente existe relación causal entre el pecado y la enfermedad (9,3; 11,4). Jesús cura a los enfermos, pero sólo en sentido figurado es llamado médico (Lc 4,23 par; Mc 2,17 par). Según la tradición, Lucas era médico (Col 4,14).

Medidas y pesos. I. Medidas de longitud:

1) *hebreas* (Ezequiel tiene en parte medidas propias):

Codo *('ammā):* 0,4 (Ez: 0,5) m
Palmo *(zeret):* 1/2 codo: 0,2 (Ez: 0,25) m
Palmo menor *(ṭofaḥ)* 1/6 codo: 0,07 m
dedo *('esba'):* 1/24 codo: 0,018 m

2) *griegas:*
Milla (μίλιον): 1572 m
Estadio (στάδιον). 213 m
Braza (ὀργυιά): 1/750 milla: 2,13 m
Codo (πῆχυς): 1/3000 milla: 0,53. m
Pie (πούς): 0,35 m

II. Medidas de capacidad:

1) *hebreas:* (dos sistemas distintos de medidas)

para sólidos:
ḥomer (kor): 393 (ó 229) kg
letek: 1/2 *ḥomer:* 196 (ó 114) kg
'ēfā: 1/10 *ḥomer:* 39 (ó 22) kg
sᵉāh: 1/30 *ḥomer:* 13 (ó 7,6) kg
'omer (o *'issārōn):* 3,9 (ó 2,2) kg
qab: 2,18 (ó 1,27) kg

para líquidos:
kor: 393 (ó 229) l

bat: 1/10 kor: 39 (ó 22) l
hin: 6,5 (ó 3,8) l
log: 0,54 (ó 0,31) l

2) *judiopalestinenses* de la época del NT:

para sólidos:
medida (κόρος): 218 kg
fanega (σάτον): 7,28 kg
fanega (μόδιος): 8,73 kg
medida (χοῖνιξ): 1,31 kg

para líquidos:
medida (βάτος). 21,8 l
jarro (ξέστης): 0,54 l
medida (μετρητής): 39,29 l

III. PESOS:
Mina de 50 siclos (o de 60 siclos):
Talento *(kikkār)*: 34 272 (41 126) gr
mina *(māneh)*: 571,2 (ó 685,44) gr
siclo *(šeqel)*: 11,42 gr
beqaʽ: 5,71 gr
gērā: 0,57 gr
libra (λίτρα): 327 (ó 273) gr

Medos, tribus de las montañas del noroeste del Irán. Aparecen primero como súbditos asirios, pero pronto alcanzaron gran potencia (Heródoto designa al fundador de la dinastía con el nombre de Deyoces, hacia el 700 a.C.). Su capital era Ekbátana. Con la ayuda de los medos, Nabopolassar, rey neobabilónico, conquistó Nínive, la capital asiria (612 a.C.). Los medos extendieron sus dominios hasta Armenia y la región de el Halys. En el 550 a.c., el rey medo Astiages fue derrotado por Ciro y la Media fue incorporada al imperio persa: *En el AT,* los medas son descendientes de Jafet (Gén 10,2). Se refieren a los medos en la época asiria 2Re 17,6; 18,11; en cambio Is 13,17 y Jer 51,11 aluden a su lucha contra los babilonios; Ez 27,3 dice de su comercio con Tiro; en Dan, los medos son men- cionados con frecuencia. En Esd 6,2, se menciona a Media como provincia del imperio persa. → Persas; Escitas.

Meguiddó, antigua fortaleza cananea, situada al oeste de la entrada de la llanura de Yizreel que dominaba la gran vía comercial de Egipto a Babilonia. Meguiddó fue conquistada por Tutmosis III (hacia 1468 a.C.) y a partir de este momento desempeñó un papel muy importante en la historia egipcia. Es posible que la ciudad no cayera en manos de los israelitas hasta David (Jos 17,11). Salomón la erigió en capital de distrito (1Re 4,12; 9,15). En el 733 fue conquistada por los asirios, pero en tiempo de Yosiyyá estuvo transitoriamente en poder de los judíos (2Re 23,29s). En la época persa y helenística no se menciona. Los romanos se establecieron en sus cercanías y fundaron una colonia con el nombre de *Legio,* seguramente entonces Meguiddó ya había sido abandonada. Los arqueólogos distinguen veinte estratos de población que alcanzan hasta la primera mitad del cuarto milenio. Es interesante para la ciencia bíblica el muro de circunvalación edificado por Salomón con puerta de tenazas y un túnel para el abastecimiento de aguas de la ciudad. Las famosas caballerizas (1Re 9,15) deben ser del tiempo de Ajab. Fig. 11 y mapa PA C4.

Meguillot (→ libro). A partir del → Talmud, se llaman así los cinco libros del AT que se leen íntegros en las cinco fiestas principales de los judíos: (→) Cant en la fiesta de Pascua, Rut en Pentecostés, Lam en el día 9 del mes ab, como conmemoración de la destrucción del templo, Ecl en la fiesta de los tabernáculos y Est en la fiesta de los *purim.*

Melquisedec

Melquisedec (hebr.: rey es [el dios] Sedec, o: [el dios] Meleq es justo).
1) *En el AT* se habla dos veces de Melquisedec. Según Gén 14,18, fue rey de Salem (= Jerusalem [?]) y sacerdote de →El-Elyón (el dios supremo). La figura de Melquisedec sirve en este pasaje para relacionar la tradición de Abraham con Jerusalén y motivar el pago del = diezmo a los sacerdotes del templo. El episodio del sacrificio de Melquisedec (pan y vino) es probablemente una leyenda del santuario de Jerusalén que se israelizó bajo David. Los reyes israelitas, como todos los reyes orientales, se consideraban sacerdotes sucesores del sacerdocio jerosolimitano. A ello alude el oráculo divino del Sal 110,4. →Sadoq.
2) *En el NT.* Heb (5,6.10; 6,20; 7 passim) interpreta cristológicamente este oráculo. Los paralelos entre Jesús y Melquisedec se llevan tan lejos que Melquisedec representa una figura perfecta de Jesús. Con ello se quiere demostrar la supremacía del sacerdocio de Jesús sobre el sacerdocio levítico que, en Abraham, pagó el diezmo a Melquisedec.

Menahem → Menajem.

Menajem (hebr.: consolador), decimosexto rey de Israel, 747-738 (2Re 15,14-23), natural de Tirsá. Con la ayuda de Tiglat-Piléser III, a quien pagó tributo, se apoderó del trono matando a su rival →Šaḥum. Es condenado por Re a causa de su crueldad.

Menfis (egipcio: casa de los espíritus de Ptah), famosa ciudad egipcia, en la ribera occidental del Nilo, al sur del Cairo. Tomó el nombre de la pirámide y ciudad aneja Pepi I (hacia 2400 a.C.). Durante el imperio antiguo fue residencia de los faraones por ser el lugar del gran templo de Ptah y metrópolis del Egipto inferior. A causa de su importancia, la ciudad fue sucesivamente conquistada por los etíopes (Pianji 730 a.C.), asirios (Asarhaddón 671, Assurbanipal 666) y persas (Cambises 525). Desde el punto de vista de la historia de la religión, Menfis es importante por su doctrina sobre la creación (creación por la palabra) y por el toro sagrado de Ptah, Apis, que era enterrado en el Serapeum. Desde el s. VII a.C. muchos extranjeros se establecieron en Menfis y después de la destrucción de Jerusalén, también muchos judíos (Jer 44,1). Fig. 14.

Meretriz. El comercio sexual con mujeres, por dinero, era corriente en Israel (Gén 38,15-23). Había meretrices notorias en toda la ciudad (Jos 2,1; Jue 16,1; 1Re 3,16), cuya conducta no se consideraba reprochable. La ley del AT (Dt 23,18s) se pronuncia decisivamente contra la prostitución cultual, practicada por hombres y mujeres, en el santuario, en honor de algún dios. En el NT, las meretrices pertenecen a la clase baja de la sociedad: el hijo pródigo derrochó su dinero con meretrices (Lc 15,30); Pablo previene contra ellas (1Cor 6,15s). Ap 17,1-6 y 19,2 presenta a Roma (Babilonia), en cuanto asiento de la idolatría bajo la imagen de una «gran» meretriz. Pero justamente las meretrices (junto con los publicanos) por su fe son justificadas más que los fariseos (Mt 21,31s; Heb 11,31; Sant 2,25).

Mes → Calendario; Luna.

Mešá (hebr.: ayuda [de Dios] o salvador), rey moabita hacia el 840. La estela con inscripciones descubierta en Dibán el año 1868 (actualmente en el Louvre) que fue erigida para la consagración de un santuario de culto en los lugares altos al dios Kemóš de Karjó, relata su victoria sobre Israel y el botín conseguido en ella. La expedición de Yosafat mencionada en 2Par 20,1-30 y la campaña militar aliada de Yosafat y Yoram contra Mešá (2Re 3,4-27) pueden acoplarse seguramente a los datos de la estela de Mešá. → Moab.

Mesías, forma helenizada que sólo aparece en Jn 1,41; 4,25 del arameo $m^e s\bar{\imath}\underline{h}\bar{a}$ (= ungido). En este sentido la palabra se refiere a:
1) el rey regente que en su entronización era ungido con óleo (1Sam 10,1; 2Sam 2,4; 1Re 1,39 etc.). La unción confería una relación especial con la divinidad y daba autoridad divina; por ello el rey era llamado el «ungido de Yahveh» y tenido por sacrosanto (1Sam 24,7; 2Sam 1,14 etc.);
2) el sumo sacerdote (Lev 4,3.5. 16), porque él, de forma análoga al rey, era también ungido (cf. Éx 29,7; Lev 8,12);
3) los → patriarcas (1Par 16,22; Sal 105,15) para caracterizar sus relaciones con Dios;
4) el redentor prometido, aparte del Sal 2,2, a partir del s. I a.C.

Mesfe → Mispá.

Metal. En el orden que da el «catálogo de los metales» (Núm 31,22): oro, plata, bronce, hierro, estaño, plomo, se expresa la estimación que de ellos se hacía. Casi todos los metales tenían que importarse, en parte, de la Transjordania (Dt 8,9) y sobre todo del Asia Menor. El metal era extraído de pozos y galerías por presos de guerra o condenados quienes atados con cuerdas ablandaban la piedra calentándola (Job 28,5). En el crisol, calentado con carbón, se probaba la pureza del metal (Is 1,25; Prov 17,3). Aparece con frecuencia en el lenguaje metafórico (Dt 4,20; Jer 11,4; Ez 22,18-22; Zac 13,9). Is 48,10 habla incluso del crisol del sufrimiento. El metal derretido tomaba la forma del molde al enfriarse. Luego el herrero elaboraba el material bruto.

Mezuzá (hebr.: jamba de la puerta), cajita fijada en las jambas de las puertas de las casas judías, que contiene un trocito de pergamino, en el que está escrito, según la prescripción del Dt 6,9 y 11,20, en veintidós líneas, el texto de Dt 6, 4-9 y 11,13-21. En la cara posterior de este pergamino se escribe el nombre de Dios, visible por un pequeño agujero practicado en la cajita. Al entrar y salir de casa, se toca con los dedos que luego se besan. Una línea adicional de letras servía para evitar el confundir las dos caras. La costumbre de la mezuzá, que se apoya en una interpretación literal de la Escritura, se implantó después de la cautividad y no se menciona ni en el AT ni en el NT. En cambio, la menciona Flavio Josefo (Ant 4, 8,13) y la confirma un hallazgo en Qumrán. Todavía se practica en el judaísmo actual. → Filacterias.

Micol → Mikal.

Midráš, explicación edificante de la Sagrada Escritura, hecha por los rabinos posteriores, en forma de comentarios o sermones. La forma más antigua de midráš data del s. II d.C. Después de terminado el → Talmud babilónico (s. VI), desapareció este género literario. Los midrašim que se conservan fueron compilados en el s. XI.

Miel. En el AT era la miel uno de los productos más apreciados que incluso se exportaba (Gén 43,11; Ez 27,17). Se estimaba tanto que podía

Miel

regalarse a un profeta (1Re 14,3) y ofrecerse a Yahveh (Lev 2,11s). La miel se comía sola (1Sam 14,25-27; Is 7,15) o se usaba para endulzar. Se sacaba de abejas silvestres (Dt 32,13; Jue 14,8; Mc 1,6 par etc.). No es seguro que en la época helenística existiera la cría de abejas. La expresión que se repite en todo el AT «leche y miel» es una hipérbole para significar Canaán como tierra de promisión.

Mikal (hebr.: quién es como Dios?), hija de Saúl (1Sam 14,49) y esposa de David (18,20-27) a la que éste tuvo que abandonar al huir de Jerusalén (19,11-17) y más tarde la reclamó de nuevo (2Sam 3,13-16). En el traslado del →arca de la alianza se burló de David por haber danzado, por ello su matrimonio fue estéril (6,16.20-23; 1Par 15,29).

Mileto, una de las más importantes ciudades griegas, situada en la costa del Asia Menor junto al Meandro, cuya época de apogeo fue durante los s. VII-VI a.C., como centro de comercio y de filosofía natural (Tales, Anaximandro) y de historiografía. Era lugar del templo principal de Dionisos y Apolo. En el tercer viaje misional, Pablo pronunció en Mileto su →discurso de despedida a los ancianos de la comunidad de Éfeso (Act 20,15.17-38). En Mileto dejó Pablo a su compañero Trófimo que había caído enfermo (2Tim 4,20).

Miḷḷó (hebr.: terraplén, altura).
1) Parte de las fortificaciones de Jerusalén que se remonta a los tiempos de Salomón (1Re 9,15.24); Ezequías mandó restaurarlo (2Par 32,5). No está claro si se trataría de una muralla o de una torre, del terraplén del ángulo suroeste de la ciudad o de una gran terraza para la construcción del templo y palacio real.
2) El Miḷḷó de Sikem (Jue 9,6.20) sería tal vez una especie de acrópolis sobre la que se hallaba el templo de Baal-Berit (9,4.46).

Minas → Metal.

Mineos → Sabeos.

Miqueas (hebr. forma abreviada de: quién como Yahveh?).
I. El más importante portador de este nombre es uno de los llamados profetas menores, contemporáneo de Isaías. Era originario de Moréset-Gat (1,14) y actuó bajo los reyes judíos desde Yotam (756-741) hasta Ezequías (725-697; cf. Jer 26, 18). Como Isaías, fustigó los abusos sociales en Samaría y en Jerusalén.
II. Libro de Miqueas. El contenido se dispone en cuatro partes: 1-3 anuncio del juicio; 4-5,8 promesas a Judá; 5,9-7,7 anuncio del juicio; 7,8-20 promesa y oración. El libro, en su forma actual, no puede proceder de Miqueas. Del esquema antitético de anuncio de salvación y de desgracia que incluye contradicciones, de la coincidencia de Miq 4,1-5 con Is 2,2-4 (seguramente proverbio de algún anónimo incluido en ambos escritos) y de otras particularidades se puede deducir que dos o tres colecciones de escritos fueron reunidos por algún redactor y ampliados con pasajes secundarios (p.e,. 2,12s, la mayor parte de los cap. 4-7) procedentes del tiempo postexílico (se presupone la diáspora, la destrucción de Jerusalén y el final de la monarquía). De los atributos de Yahveh se subrayan su ira y su misericordia. Miqueas es más moralista que teólogo; atribuye un valor a la religión sólo en la medida en que ésta ocasiona la justicia social en el individuo y en la sociedad. Sus

ideas escatológicas culminan en la profecía de Efratá (5,1-5), una de las más concretas del AT.

Mirra, resina olorosa de árboles balsámicos que se importaba del sur de Arabia. La mirra era un ingrediente del santo óleo de la unción (Éx 30,22-33) y se consideraba un regalo de gran valor (Mt 2,11). Mezclado con aceite de olivo, produce un perfume muy apreciado por los esposos (Cant 1,13; 5,5.13). El → vino con un poco de mirra produce una bebida embriagadora (Mc 15, 23). Jn 19,39 menciona una mezcla de mirra con áloe como bálsamo para el cadáver de Jesús.

Miryam (significado inseguro), presentada como hija de Amram y hermana de Moisés y Aarón (Núm 26,59), pero seguramente no idéntica con la hermana anónima de Moisés (Éx 2,4-10). Éx 15,20s la designa como profetisa que cantó un cántico de victoria junto al mar de los Juncos. Según Núm 12,1ss, ella, junto con Aarón, murmura contra el matrimonio de Moisés con una kušita y es castigada con lepra. Fue enterrada en Qadéš (Núm 20,1). Seguramente la figura de Miryam fue relacionada posteriormente con Moisés.

Mišná (hebr.: *šānā*: repetir, enseñar), designa toda la doctrina transmitida oralmente, fijada por escrito en el s. II d.C. y recogida en el → Talmud. La ley mosaica (la Torá) necesitaba, en el curso de los tiempos, de nueva explicación, precisión y adaptación a las nuevas condiciones de vida. Estas aclaraciones de los escribas se transmitían en las escuelas rabínicas y finalmente compiladas en colecciones, p.e., en la «tradición de los ancianos» (Mt 15,2) que está vinculada con el nombre de Rabbí Aqibá (ca 130 d.C.) y Rabbí Meír. En ella se apoya la colección, convertida en oficial, del Rabbí Yehudá Hannasí, considerado simplemente como el Rabbí. La mišná se divide en seis partes que comprenden 63 tratados, 523 capítulos y 4187 parágrafos. Su afán es cumplir la voluntad de Yahveh incluso en las pequeñeces.

Mispá (hebr.: atalaya). El lugar más conocido con este nombre es la Mispá de Benjamín, 13 km al norte de Jerusalén. Aparece como centro político y religioso de las tribus israelitas (Jue 20s; 1Sam 7; 10). Fue fortificada por el rey de Judá Asá (1Re 15,22). Después de la destrucción de Jerusalén, fue residencia del gobernador Guedalyá (2Re 25,23-25), asesinado luego allí mismo (Jer 40s). Según 1Mac 3,46; fue centro de la rebelión contra los Seléucidas. Excavaciones en *tell en-nasbe* han descubierto el mejor puesto de defensa del tiempo de la monarquía israelita (→ Fortificaciones; Puertas de ciudades). Fig. 35 y mapa PA A1.

Mito. 1) *Concepto.* Los antiguos griegos y romanos entendían por mito una narración, diversamente acreditada, sobre las hazañas de los dioses, héroes y otras figuras del pasado lejano. Como su cronología era incierta y los transmisores, inseguros, el mito fue por lo general no considerado por la historiografía antigua que se limitó a la historia contemporánea más próxima. Sin embargo no se niega un fondo de realidad en la tradición mítica. Para otras culturas, así como para la etnología, el mito es una historia de los tiempos primitivos, tenida por verdadera, que explica y fundamenta los fenómenos del medio ambiente, de la historia, de la sociedad y de la vida humana.

Mito

A diferencia del mito, la saga se desarrolla en un pasado determinado. Algo parecido puede aplicarse a la leyenda, donde predomina el interés religioso y edificante. El cuento relata un suceso típico intemporal; con frecuencia contiene elementos religiosos, míticos o mágicos, pero sin pretender la veracidad.

2) *En el AT*. A causa del carácter sincretístico de la religión israelita, es de antemano probable que en el AT en encuentren vestigios de mitos, sobre todo de procedencia cananea. Cuando la evolución llegó a un grado de monoteísmo, todo elemento chocante fue rechazado o recibió otra interpretación. Una transferencia de motivos míticos a Yahveh significa fundamentalmente una limitación del terreno de poder de los dioses extranjeros. La orientación sincretista, representada en la exuberancia poética de algunos salmos y, sobre todo, en la historiografía (identificación del Dios de los padres con El y con Yahveh) fue combatida por una orientación radical yahvista (sobre todo Amós y Oseas). La reinterpretación e inclusión de elementos religiosos extranjeros tiene a veces un carácter desmitologizador.

3) En el NT (desmitización). La nueva ciencia bíblica trabaja, en parte, no con el concepto antiguo de mito, materialmente determinado, sino con un concepto mucho más amplio y universal. Según R. Bultmann, en teología formal, «mitología» es todo hablar de Dios y de sus obras, de forma objetiva y disponible, y todo hablar de la fe como ciencia especulativa; en términos generales, mitología es toda representación del más allá. Según esto, son mitos todos los conceptos de cielo e infierno, de poderes sobrenaturales buenos y malos, de creación y prodigios como historias de milagros, conceptos que proceden del judaísmo ortodoxo o gnóstico, o del cristianismo helenístico. En primer término, toda la escatología (p.e., doctrina de los eones, dualismo, preexistencia, resurrección, etc.) es sometida a una nueva interpretación a fondo. Como forma especial de desmitización podría entenderse la formación de la Iglesia sacramental que realizaba el mito escatológico en la epifanía cultual. El programa de la desmitización se puede apoyar en las reinterpretaciones y espiritualizaciones y crítica mutua dentro del AT y NT. La crítica a las ideas de Bultmann se refiere a cuestiones particulares, como p.e., la exactitud de sus análisis de las fuentes y problemas generales, como es, p.e., el problema de si los límites de la desmitización no se han trazado arbitrariamente. También hay que advertir que el mismo hablar desmitizante está sujeto a las leyes del pensamiento y hablar humanos que son siempre objetivantes. Si ello es así, entonces no se puede excluir de raíz la conveniencia relativa de otras maneras de hablar objetivantes.

Moab, moabitas, conjunto de tribus emparentadas con los israelitas (cf. Gén 19,30-37). Los moabitas, originariamente nómadas, se establecieron hacia el s. XIII a.C. en la Transjordania, en una fértil altiplanicie, entre el mar Muerto, el desierto siroarábigo y el Arnón (cf. 1Sam 22,3s; Rut 1,1s). Los moabitas extendieron a veces sus dominios hacia el norte (Núm 21,26-30; 32) o hacia el oeste hasta Jericó (Jue 3,12-30). La ley del Dt 23,4 subraya la distinción entre moabitas e israelitas: los hijos de un israelita y de una moabita no pueden, ni siquiera en la décima generación, ser adscritos a la comunidad israelita; no obstante dichos matrimonios eran muy frecuentes (Esd 9,1; Neh 13,23; → Rut). Después de varias batallas en tiempo de Saúl (1Sam 14,47), los moabitas fueron sometidos por David (2Sam 8,12). Sólo el rey de Moab → Mešá (s. IX) consiguió rechazar a los israelitas (2Re 3,4-27; Par 20,1-20), lo que ocasionó que los profetas pronunciaran oráculos de desgracias contra Moab (Is 15; Jer 48; Ez 25,8-11 etc.). Más tarde, Moab fue sometido por los asirios y finalmente pasó al reino árabe de los → nabateos. Los moabitas llegaron a formar una monarquía antes que los israelitas; su religión era politeísta (dios principal: Kemóš; Aštar y → Baal-Peor: Núm 25,3; 31,16); su lengua se distinguía muy poco del → hebreo. Mapa PA D7-8.

Moisés (nombre de etimología discutida; es probable que provenga del egipcio *msí* = dar a luz; cf. Tutmosis, Ramsés y otros). La Biblia es la única fuente de información sobre Moisés, pero los datos bíblicos no nos proporcionan una imagen uniforme sobre él.

1) *En → Egipto*. La presencia de semitas durante el imperio nuevo está históricamente bien comprobada. Son en su mayor parte presos de guerra ocupados en los trabajos de las minas y de la construcción. Pero también aparecen como empleados y militares. Parece que Moisés fue destinado para la carrera de escribano egipcio (cf. Act 7,22). Según la tradición (sobre todo Éx 2,10; Jos 24,5), Moisés nace de padres hebreos. Su educación egipcia no rompe los lazos que le unen a sus compatriotas. En Egipto debió conocer las costumbres tradicionales de su pueblo, así como al Dios de Abraham. Un momento crítico de su vida es la huida al país de los madianitas (a la tribu de Kuš). Aquí descubre las tradiciones de los padres, intactas de influencias egipcias (cf. Éx 4,24-26). La Biblia relaciona la estancia de Moisés en Madián con la revelación del nombre de Yahveh. No obstante, la tradición bíblica considera que el momento decisivo de la evolución religiosa de Moisés fue su encuentro con Dios en la montaña santa (Éx 3).

2) *Éxodo y estancia en el desierto*. Seguramente un cambio de gobierno hizo posible el regreso de Moisés a Egipto. Moisés solicita del «nuevo faraón» (sobre el «faraón de la opresión» → éxodo) el permiso de hacer con su pueblo un viaje de tres días hacia el desierto con el fin de ofrecer allí un sacrificio (fiesta de primavera de los nómadas; → pascua). Los israelitas reconocieron palpablemente en las circunstancias del éxodo la protección de Dios y convirtieron esta fiesta de primavera en aniversario de la liberación de Egipto. Durante la estancia en el desierto, Moisés no aparece como caudillo de guerra, sino como orante y taumaturgo (Éx 15,22s). Entre las estaciones en el desierto se destacan sobre todo el Sinaí y Qadéš. El → Sinaí (en el Dt y en la fuente P, llamado Horeb) está marcado por la presencia de Yahveh, que se manifiesta aquí a la manera del dios semítico de la tempestad (Éx 19). En el Sinaí contrae Yahveh la alianza con los israelitas, Moisés les manifiesta la → Ley de Yahveh (→ Decálogo) y la pone por escrito. → Qadéš (1) es el lugar donde Moisés aparece como juez en los casos contenciosos entre familias y tribus; desde aquí se emprende el intento de penetrar en Canaán por el sur. Antes de su muerte, que una firme tradición pone en el monte → Nebó (1; cf. Dt 32,49) parece ser que Moisés se ocupó todavía de la organización de las tribus.

3) Para el *judaísmo*, Moisés es la

Moisés

figura más importante de la historia de la salvación del AT; sin embargo, apenas se le menciona en los libros proféticos y en los salmos. En torno a su persona se origina un gran número de leyendas. Se le ensalza como mediador de la revelación, como *el* maestro de Israel. Moisés entra en la literatura escatológica y llega a ser figura del Mesías; la liberación de Egipto se interpreta como prototipo de la redención mesiánica.

4) *En el NT,* Moisés es, en primer lugar, siervo de Dios, intermediario de la ley y el profeta que vaticinó a Cristo. Representa una novedad la crítica hecha por Jesús a Moisés.

Se atribuyen a Moisés el → Pentateuco y los apócrifos *Apocalipsis de Moisés* y *Asunción de Moisés* (ambos del s. I d.C.).

Moisés (bendiciones de), colección de diez bendiciones (Dt 33,6-25), puestas en labios de Moisés y encuadradas dentro de un himno. Cada una de las diez bendiciones (sólo falta la de Simeón) existió por separado antes de formar un conjunto. Sus elementos son más recientes que los de las bendiciones de → Jacob (en parte, seguramente, del tiempo de Yeroboam II, y en parte del tiempo anterior a la monarquía), pero ambas colecciones debieron formarse en una misma época.

Molok (sem.: rey). Una divinidad semítica (seguramente infernal), *mlk,* comprobada desde el s. XXI/XX. Con la penetración de los asirios en el s. VIII/VII, el culto a este dios tuvo una gran influencia en Israel (2Re 23,10; Jer 32,35): sacrificio de niños en el Cedrón y valle del Hinnom (2Re 16,3; 17,17; 2Par 33,6; Ez 16, 21), no obstante es probable que ya antes fuera conocido en Israel (cf. Gén 22; Jue 11,30-40; prohibición de su culto en Lev 18,21; 20, 2-5). Los nombres teóforos formados con *mlk* que se encuentran en todo el oriente semítico y llegan hasta Malta y Cerdeña indican la difusión de su culto.

Momificación (embalsamamiento) de cadáveres en Egipto está demostrada desde la dinastía IV. Los métodos cambian considerablemente a través de las distintas épocas. Originariamente, el cadáver era secado en la arena del desierto. Más tarde se extraían los sesos y las partes blandas del cuerpo, que se guardaban en cuatro jarros puestos en las esquinas del sarcófago, y se untaba el cuerpo con natrón o se llenaba la cavidad abdominal con lienzos empapados con resina. Luego se fajaba y deponía en el ataúd. En la época grecorromana, se llenaba el cuerpo del difunto con resina o asfalto. Los únicos ejemplos de momificación en la Biblia son Jacob y José que murieron en Egipto (Gén 50,2s.26).

Moneda, dinero garantizado por el Estado. Las primeras monedas mencionadas en la Biblia son las dracmas persas de oro (Esd 2,69; Neh 7,69ss) y el darico de oro (1Par 29, 7), ambas de igual valor. La unidad monetaria era el siclo.

1) *Monedas judías.* Según el derecho persa, la provincia de Yehud (Judá) podía acuñar sus propias monedas de plata. La moneda judía más antigua procede del s. V. El derecho de acuñación propia fue abolido por Alejandro Magno, y así entraron en curso monedas extranjeras. Hasta después del año 140 no consiguió Simón Macabeo el derecho de acuñar, permitido por Antíoco VII Sidetes (1Mac 15,6); de este tiempo se conocen monedas de cobre con

inscripción hebrea. Desde Alejandro Yanneo, las monedas traen la inscripción en dos lenguas y desde Herodes el Grande, sólo en griego. Desde Herodes, las monedas representan motivos mitológicos, como el águila romana e imágenes de la familia real herodiana.

2) *Monedas extranjeras.* A partir de Alejandro Magno, la dracma griega de plata es la unidad monetaria (Lc 15,8s). Estaban en curso didracmas de oro y más tarde también didracmas y tetradracmas de plata (Mt 17,24). Con la ocupación romana, el denario de plata (Mt 18,28) se convirtió en unidad monetaria. En tiempo de Jesús, el denario tenía el valor de dieciséis ases (Mt 10, 29; Lc 12,6) y el as valía cuatro cuadrantes (Mt 5,26; Mc 12,42). El denario llevaba impresa la imagen del emperador (Mt 22,20s); las monedas más pequeñas, en consideración a los judíos, llevaban otros motivos, p.e., una palma, una espiga, entre otros. Las monedas mencionadas en el NT no se pueden aprovechar para solucionar problemas de fechas. Fig. 39.

Monte 1) *En el AT* se entiende por monte una sola montaña o todo un país montañoso. Es así como se llama «monte» a toda la cordillera que atraviesa Palestina. Esta cordillera se distingue de los montes del (→) Líbano, Négueb, Šefelá y Arabá (Dt 3,25; Jos 9,1; 10,40 etc.) y se reparte en el país montañoso de Neftalí (Galilea superior), Efraím (país montañoso samaritano) y Judá (Jos 20,7). En la Transjordania se distinguen las montañas de Bašán, Galaad y Seír (Gén 36,8s). Las montañas particulares más importantes que se mencionan son (→) Ebal, Garizzim, Hermón, Horeb, Carmelo, Moriá, Nebó, monte de los Olivos, Sinaí, Tabor, Sión. Los montes son lugares de refugio (Gén 19,17.19; cf. Mt 24,16 par etc.), lugar donde moran los dioses (→ Culto en los lugares altos); sobre un monte se dio la ley de Dios a Moisés (Éx 19, 11ss; 20,18ss) y se pactó la alianza (24,1s.9-11; 34,27s).

2) *En el NT* se mencionan expresamente los montes Sinaí, Sión y el de los Olivos. Jn 4,20s se refiere al monte Garizzim. El monte de las tentaciones (Mt 4,8), el del sermón de la montaña (5,1; 8,1; Jn 6,3), el de la oración de Jesús (Mt 14,23 par) y el de la transfiguración (Mt 17, 1.9 par) no se pueden localizar, pues en estos casos se trata en parte de una expresión metafórica.

Monte de los Olivos, parte de una sierra (de unos 800 m) que rodea Jerusalén por el norte, nordeste y este; en medio está el valle del Cedrón. La sierra proporciona abrigo contra los vientos del norte y este (cf. Sal 125,2); al mismo tiempo hace que los vientos del mar ocasionen lluvias al oeste del Jordán (→ Desierto), con lo que se aseguran en Jerusalén las lluvias indispensables.

1) *En el NT,* 2Sam 15,30-16,14 describe la huida de David hacia el monte de los Olivos. Sobre él, Salomón erige lugares de culto a los dioses extranjeros de sus mujeres (1Re 11,7). En él (no mencionado por su nombre) posa la gloria de Dios (Ez 11,23) y los pies de Yahveh lo pisan en la teofanía del fin de los tiempos (Zac 14,4) y hacen resquebrajarlo (→ Valle de Josafat). Aquí se quemó la vaca roja (cf. Núm 19,1-10) y desde aquí se indicaba con señales de fuego para el *alexandreion* el comienzo de cada mes.

2) *En el NT* se relaciona con frecuencia al monte de los Olivos con Jesús. Aquí pernoctó Jesús (Lc 21, 37; Jn 8,1), desde aquí hizo su en-

Monte de los Olivos

trada en Jerusalén (Mc 11,1 par; → Betania; Betfagué), aquí pronunció su discurso sobre el fin del mundo (Mc 13,3) y oró en → Getsemaní antes de su arresto. Finalmente, Lc sitúa en el monte de los Olivos la ascensión de Jesús.

3) *Más tarde*, Elena y Constantino construyeron la basílica de la Eleona sobre una gruta ya venerada antes; la memoria de la ascensión se localizó antes del año 378 en una cima situada al norte, la basílica del Imbomón. Con el tiempo, el monte de los Olivos atrajo sobre sí nuevos recuerdos de sucesos que nada tienen que ver con él (monte de la transfiguración, del sermón de la montaña, del padrenuestro). Los numerosos monasterios de la época bizantina sufrieron la incursión persa del año 614 y desaparecieron en el tiempo de los árabes.

Moriá (hebr. según la etimología popular: Dios ve). Según Gén 22,2, Abraham se dirige al país de Moriá para sacrificar allí a su hijo. Según 2Par 3,1, Salomón edificó un templo sobre el monte Moriá en el sitio donde se hallaba la era de Ornán. La tradición posterior identificó lo que en su origen eran dos lugares distintos.

Mosto → Vino.

Muerte. 1) *Fenómeno fisiológico.* En el AT, la muerte no es (como para nosotros por influencia del pensamiento griego) la separación de alma y cuerpo, sino la pérdida de la fuerza vital (Gén 35,18; Lev 17,11; 2Sam 1,9; 1Re 17,21; Jer 15,9 etc.). El difunto es sólo una sombra en el reino de los muertos (Sal 28,1; 30,4; Is 14,15; 38,18 etc.). La literatura posterior considera con frecuencia la vida como efecto del espíritu divino; cuando Dios lo quita, proviene la muerte (Job 34,14; Sal 104, 29s; Ecl 12,7 entre otros). En Sab se nota la influencia helenística, aquí el hombre es un compuesto de alma y cuerpo que en la muerte se separan (3,1ss; 8,18s; 9,15). En el NT, perduran las ideas del AT. Aquí también el principio de la vida es el Espíritu dado por Dios que se devuelve en la muerte (Mt 27,50 par; Jn 19,30; Act 7,59). Cuando el espíritu vuelve, los muertos resucitan (Lc 8,55). Se nota influencia helenística en Mt 10,28.

2) *Sentido teológico.* La muerte del hombre significa también el fin de su actividad religiosa: ya no piensa más en Yahveh (Sal 6,6; 88, 13; Is 38, 18), incluso Dios, a pesar de ser señor del mundo de los muertos (Job 26,6; Sal 139,8; 7,11), parece que no se preocupa de ellos (Sal 88,6). En esto está precisamente el horror que los justos sienten ante la muerte. Esta concepción se explica por la idea colectiva de Israel, según la cual el individuo es sólo objeto del homenaje de Yahveh en cuanto a miembro de una comunidad. La vida es un beneficio de Dios (Dt 30,15-20), que se pierde por el pecado (Job 15,32; Prov 2, 18; Jer 17,11 etc.), pero que se puede salvar por medio de la justicia y de la limosna (Tob 4,10; Prov 10,2 etc.). En muchos pasajes, la muerte como castigo por los pecados personales, significa un rechazo de Dios, una maldición. La muerte expresa el estado de enemistad con Dios, estado que perdura en la otra vida (sobre todo en Sab). En el NT la palabra muerte tiene con frecuencia este sentido espiritual: consecuencia de la falta de fe y del pecado (Jn 5,24; Rom 7,10; 2Cor 7,10, etcétera).

Mujer. El AT considera fundamentalmente que la mujer es en esen-

Mula

cia igual al hombre (Gén 1,27; 2,18), sin embargo, de hecho, ella está subordinada a él (3,16: «él te dominará»). La mujer realiza trabajos subordinados, sus derechos y su participación en el culto son muy limitados.

Incluso en las cartas del NT, se exhorta a la mujer a que esté subordinada al marido (1Cor 11,3-15; 14,34-36; Ef 5,22-33; 1Tim 2,9-15; Tit 2,4s; 1Pe 3,1-6). Esta apreciación de la mujer está sin duda condicionada por el tiempo, y destaca de manera peculiar las distintas funciones y los distintos terrenos de responsabilidad del hombre y de la mujer. En la vida comunitaria de la Iglesia primitiva, la mujer desempeñaba un papel importante (Act 16,13-15; Rom 16,1s etc.).
→ Matrimonio; Virginidad; Vestidos (2).

Mula, cruce de asno y yegua. La cría de mulas estaba prohibida en Israel (Lev 19,19). Esta práctica se había introducido a través de Tiro (Ez 27,14). No obstante las mulas eran muy estimadas por su fuerza y prudencia y se utilizaban como montura (2Sam 13,29; 1Re 1,33) y

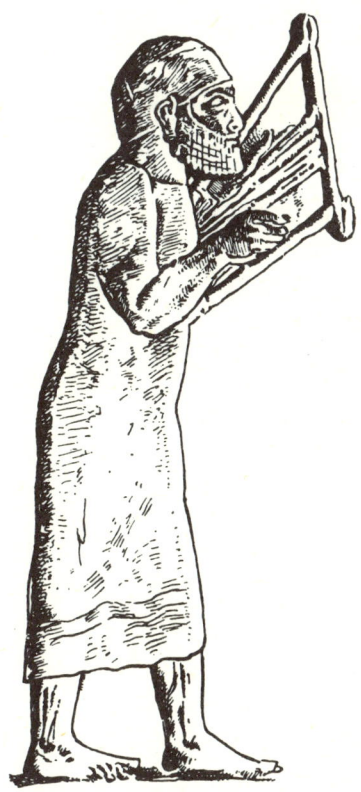

Fig. 28. Prisionero de guerra tocando la lira (relieve de un palacio de Nínive)

Mula

como animal de carga (2Re 5,17; 1Par 12,40; Is 66,20). Salomón recibió un regalo de mulas (1Re 10,25; 2Par 9,24). Absalón fue asesinado montado en una mula (2Sam 18,9).

Música (instrumentos de). Como la melodía estaba subordinada al texto, los instrumentos músicos no tenían la función de solistas, sino la de acompañar. Por falta de material arqueológico, los nombres hebreos de los distintos instrumentos musicales no siempre se pueden precisar con exactitud. Como instrumentos de viento se conocían la flauta doble o larga que era tocada por pastores y por coros de profetas (1Sam 10,5) y durante los festines (Is 5,12); el cuerno, usado generalmente como toque de señal de los sucesos más importantes (guerra: Jos 6,5; comienzo de la batalla: Jer 51,27; victoria: 1Sam 13,3, y otros), y la cornamusa.

Los instrumentos de cuerda servían para acompañar el canto y eran: la lira, la cítara y el arpa (su distinción no está clara). El sistro, un instrumento egipcio de percusión, el címbalo, el timbal y el tambor se usaban sobre todo en el culto durante las danzas rituales (1Sam 18,6; 2Sam 6,5; 1Par 13,8; Sal 68,26 etc.) como instrumentos rítmicos. Fig. 28.

N

Nabateos, tribu semita de origen sudarábico. Su historia antigua nos es desconocida. Los hallamos por primera vez en territorio edomita, en los alrededores de → Petra (cf. Mal 1,1-5), donde son combatidos por el rey sirio Antígono, en el 312 a.C. El dominio de los más importantes caminos de caravanas, los convirtió pronto de nómadas en el más importante pueblo comercial del norte de → Arabia. Su época de esplendor fue entre los siglos II a.C. y I d.C.; en este tiempo, desempeñan también un papel importante en la historia bíblica. Son conocidos sus reyes Aretas I (2Mac 5,8), Aretas III (87-62) que conquistó Damasco, y Aretas IV (9 a.C. - hacia 40 d.C.) del cual Pablo tuvo que huir (2Cor 11,32). Trajano convirtió en 105 d.C. el reino de los nabateos en la provincia romana de Arabia. Muchas inscripciones permiten reconocer su lengua como dialecto arameo con marcados matices árabes. Su dios principal, Dušará, era un dios solar; junto con él, se adoraban las diosas Alat y Uzzá, así como el dios del cielo Baal-Semín. El arte nabateo (→ Petra) muestra una fuerte influencia griega. Mapa PN A-8D8.

Nabucodonosor (babilonio: Nabú protege al heredero), nombre de dos reyes de Babilonia.

1) En tiempos de Nabucodonosor II (605-562), el imperio neobabilónico vivió su máximo esplendor. Siendo todavía príncipe heredero, venció decisivamente a los egipcios, con el ejército de su padre Nabopolasar, en → Karkemíš (605). Después de varias campañas militares en territorios siropalestinenses, conquistó Jerusalén en el 597, deportó al rey Yoyakín, a su madre y a los principales del país (también a Daniel y acaso Ezequiel, cf. 2Par 36, 5ss y Dan 1,1s). Once años más tarde, Nabucodonosor conquistó Jerusalén por segunda vez, después de un sitio que duró dos años, destruyó la ciudad y deportó gran parte de la población a la cautividad. → Daniel. Para su campaña militar contra Egipto en el año 568 cf. Jer 42,8-13 y Ez 29,17. Numerosas inscripciones se refieren a sus obras de construcción de edificios profanos o para el culto llevadas a cabo en Babilonia durante su gobierno.

2) Un rey asirio también llamado Nabucodonosor (Jdt 1,5) es desconocido. Seguramente el autor de Jdt combinó en una narración libre varios elementos de la antigua historia oriental. → Judit.

Nadab → Abihú.

Naftalé → Neftalí.

Nahúm (hebr. forma abreviada de: Yahveh consuela).

I. Uno de los profetas menores, originario de Elqós, que anunció la caída de Nínive entre los años 664 (cf. 3,8ss) y 612 a.C. Es autor del

II. LIBRO DE NAHÚM. A continuación del título (1,1), sigue un poema, en parte acróstico, a Yah-

Nahúm

veh, vengador de sus enemigos y protector de los piadosos (1,2-8). Sigue una sección con muchas transferencias en el texto (1,10-2,3), que contiene una promesa a Judá y una amenaza contra Nínive que luego, en la parte principal del libro (2,4-3,17), se desarrolla en forma de visión y culmina en las palabras de Yahveh. Termina con una irónica canción fúnebre (3,18s). En total, canciones, advertencias, anuncios de salvación y de amenaza y de sátira están de tal modo combinados, que se puede afirmar que se trata de una colección de oráculos hecha bajo la impresión de la caída de la ciudad (612 a.C.). La autenticidad del libro, excepto el himno introductorio, no se pone en duda; si Nahum fue un profeta del culto, incluso el himno podría atribuírsele. Desde un punto de vista teológico, el pensamiento fundamental es el poder de Yahveh sobre la historia universal (cf. 2,14). Como patriota, Nahum celebra la fidelidad de Yahveh para con su viña (2,3). Nahum, a diferencia de los grandes profetas de la historia, no habla para nada del pecado de Judá, por ello muchos le han considerado uno de los profetas de salvación combatidos por Jeremías, y se le ha tenido en poco. En → Qumrán se halló un comentario a Nah que abarca 1,3b-6 y 2,12b hasta 3,13, comentario importante por los nombres históricos exactos que contiene.

Nardo, nombre no semítico de una hierba originaria de la India, de cuyas raíces y partes inferiores del tallo se extraía el aceite de nardo. Con frecuencia se elaboraba con él un ungüento (Cant 1,12; 4,13s; Mc 14,3; Jn 12,3).

Natán (hebr. forma abreviada de: don de Yahveh). El más importante portador de este nombre es el profeta Natán que ejerció una gran influencia sobre David (cf. 2Sam 7,11-16; Eclo 47,1). Reprendió al rey por haber seducido a Bat-Seba (2Sam 12,1-12), le impidió la construcción del templo (7,1-7) y consiguió la sucesión del trono para Salomón (1Re 1,10-40). Sin duda era jerosolimitano; en todo caso, le encontramos primero en Jerusalén, junto a David, en contraste con → Gad (2). Según 1Par 29,29, escribió una historia de David, y según 2Par 9,29, también una de Salomón.

Natanael (hebr. → Natán), discípulo de Jesús, de Caná de Galilea (Jn 21,2), llamado junto con Felipe (Jn 1,43-51) y por lo demás desconocido. A partir del s. IX, se le identifica generalmente con Bartolomé.

Nave. A pesar de que los israelitas, en contraste con los egipcios y fenicios, no tenían aptitudes ni afición para la navegación (las empresas marítimas de Salomón fueron realizadas por marinos fenicios: 1Re 9,26s; 10,22; → Comercio), tenían, sin embargo, idea de la navegación (Is 33,21-23; Ez 27,3-9) y sobre todo de las naves de Tarsis (1Re 10,22; 22,49; Is 2,16 etc.). Ez menciona a los esclavos remeros, timoneles, marineros y artesanos como tripulación de la nave (cf. viaje marítimo de Jonás: Jon 1,3-16 y el viaje romano de Pablo: Act 27). En el lago de Genesaret había sólo embarcaciones de pesca (Mt 8,23; Mc 3,9 Lc 5,2). → Puerto.

Nazaret, pequeña aldea de Galilea, sólo conocida por los sucesos del NT. Aquí recibió María el anuncio del nacimiento de Jesús (Lc 1,26-38), aquí vivió Jesús hasta el comienzo de su vida pública (2,39.51s; Mt 2,

23; 21,11; Act 10,38). La escena de Lc 4,16-30 (postura hostil de los habitantes de Nazaret contra Jesús) tiene un carácter típico y no permite sacar de ella conclusiones cronológicas o sicológicas. La mención escrita de Nazaret, que mucho tiempo se consideró su documento más antiguo, procede del s. v d.C., sin embargo, investigaciones arqueológicas han demostrado que el lugar estuvo habitado ya en la segunda edad del hierro. Mapa PN C3.

Nazireo (del hebr.: segregado, consagrado), originariamente, al igual que los profetas (cf. Am 2,11), hombre llamado por Dios que por ello debía abstenerse de ciertas cosas (Jue 13,5.14 1Sam 1,11). Posteriormente, los nazireos formaron una institución reglamentada por la ley (Núm 6,1-21): un voto temporal, que duraba generalmente treinta días (cf. 1Mac 3,49; Act 18,18; 21,23). Las mujeres no estaban excluidas. En el NT, Juan Bautista tiene los rasgos de un nazireo carismático (Lc 1,15; 7,33).

Nebó 1) El monte, desde cuya cima Moisés vio la tierra prometida. Dt 32,49 sitúa el monte en Moab, en cambio, Dt 34,1 dice que es una cumbre del monte Pisgá, frente a Jericó. El nombre del monte proviene acaso del dios babilónico Nabú (hijo de → Marduk, dios de la sabiduría y de la elocuencia) que tendría allí su santuario (cf. también 2Mac 2,4-6). Fig. 31.
2) Ciudad en la falda meridional del monte Nebó (1), asignada a Rubén (Núm 32,38 etc.), estación de los israelitas en el desierto (33,47), conquistada y destruida por → Mešá y que quedó en poder de los moabitas (Is 15,2).
3) Ciudad de Judá (Esd 2,29, etcétera).

Neftalí (hebr. cf. etimología popular Gén 30,8), hijo de Jacob y de Raquel (a través de su esclava Bilhá), → epónimo de la tribu de Neftalí. Los proverbios sobre la tribu (Gén 49,21; Dt 33, 23; Jue 5,18) reflejan un desarrollo que va de una fase bélica a una situación pacífica. La tribu se instaló en el límite oriental de las montañas de Galilea, al oeste del mar de Tiberíades y del valle superior del Jordán; las fronteras del territorio (ciudad principal Quedeš) se describen en Jos 19,32-39. Se destacó poco (excepto Jue 4) y se menciona raramente (p. e., Jue 7,23; 1Re 15,20; 2Re 15,29; Is 8,23; cf. Mt 4,13-16). Su centro cultural fue seguramente el → Tabor (Sal 89,13; Os 5,1). El protagonista de la narración de → Tobías era de la tribu de Neftalí (1,1.4; 7,3). Mapa Pa C-D3.

Négueb (hebr.: terreno seco), el país de la frontera meridional de la Palestina poblada. Por falta de manantiales, era cultivable sólo en algunas pocas zonas, pero en la época preisraelita había sido una región intensamente poblada, sobre todo bajo influencia egipcia. En el AT, el Négueb se distinguía según las tribus que lo habitaban; así se habla del Négueb de los queritas, de los quenitas, de Judá, de Kaleb y de Yerajmeel. A causa de esta división política, el Négueb era la región ideal para bandas amalequitas y edomitas (incluso en tiempos de David) que hacían inseguros los importantes caminos de caravanas. Después de la caída del reino de Judá, el Négueb fue poblado principalmente por edomitas y por → nabateos. Romanos y bizantinos consiguieron incluso hacer del Négueb una región fértil. Más tarde, la mala administración árabe convirtió de nuevo el Négueb en un desierto.

Négueb

Hoy se realizan nuevos esfuerzos por parte de los israelís. Mapa Pa A-B8.

Nehemías (hebr.: Yahveh consuela). El más importante portador de este nombre es el hijo de Jakalyá, copero del rey de Persia en Susa, uno de los más activos reorganizadores de la comunidad judía postexílica. Con la autorización de Artajerjes I (464-424), en el año 445 a.C., reedificó en 52 días las murallas de Jerusalén contra la oposición de los → samaritanos y de otros enemigos de los judíos (Neh 6,15). Como gobernador persa, Nehemías se distinguió por su desinterés (5,14-19) y por su prudencia (7,1-3). Defendió los intereses de sus conciudadanos empobrecidos (5,1-13) y cuidó para que la ciudad fuera más intensamente poblada. En el año 433 volvió a la corte persa; después, otra vez en Judá, tomó medidas contra la profanación del sábado, para una reforma tributaria, etc. (13,15-31). Su suerte ulterior es desconocida. → Esdras. Sobre el libro de Nehemías, → Crónicas.

Nekó, rey de Egipto (609-594). Por una parte fomentó la inmigración griega, por otra trabajó en la restauración del antiguo Egipto. Para esto invadió Palestina en el 609, derrotó al rey de Judá Yosías en Meguiddó (2Re 23,29; 2Par 35,20s) y conquistó Siria hasta el Éufrates. Poco después impuso tributo a Judá (2Re 23,33-35). En sus luchas contra Nabucodonosor, perdió en 605 sus conquistas asiáticas (2Re 24,7) y en adelante se dedicó a la colonización de los países vecinos del sur.

Nicodemo (gr.: el que vence con el pueblo), → fariseo, miembro del → sanedrín, uno de los pocos representantes oficiales del pueblo que tomó en serio el caso de Jesús (nõ se excluye la posibilidad de una tipificación). Su conversación nocturna con Jesús (Jn 3,1-21) tiene por tema la regeneración del hombre por el agua y el Espíritu como condición necesaria para entrar en el reino de Dios. En Jn 7,50, Nicodemo interviene en favor de Jesús; en Jn 19,39, contribuye a la sepultura de Jesús con mirra y áloe. Nicodemo se menciona como autor del evangelio apócrifo de Nicodemo, llamado *Actos de Pilato*, que se escribió hacia el año 400 d.C.

Nilo, uno de los ríos más largos del mundo (6497km), el «río» que con sus periódicas inundaciones suministraba agua y limo y garantizaba así a Egipto su existencia. El Nilo, como elemento organizador, regulador y centralizador, dio al país su sello propio. Desempeñó un papel importante como arteria de tráfico, suministró alimento al pueblo (pesca) y fertilizó el país. Sin embargo, el Nilo nunca se estableció como divinidad con culto propio y altar. Hasta la época romana, la subida del agua se celebraba con grandes fiestas populares.
En el Antiguo Testamento, el Nilo se menciona sobre todo en el Éx (estancia de los israelitas en Egipto) y en los profetas (personificación de Egipto). Fig. 14.

Nínive, extenso lugar de ruinas en la orilla oriental del Tigris. La historia más antigua de Nínive es oscura. Según Gén 10,11, la ciudad fue fundada por Nimrod. Hammurabi la enumera entre una de las grandes ciudades de su reino; hacia el s. XVI cayó en manos de los hurritas; a mitad del s. XIV estuvo en poder de los asirios. Nínive empieza a tener importancia política a partir del rey Senaquerib (s. VIII) que la escogió como lugar de residencia (2Re 19,36) y la ensanchó con edificios suntuosos. En el año 612, la ciudad sucumbió al ataque de los medos y babilonios (cf. la profecía de Nah 1-3 y Sof 2,13-15). En Nínive predicó Jonás (3,1-4,11) y fue lugar de residencia del anciano Tobías (Tob 1,10). Las excavaciones descubrieron, entre otras cosas, la → biblioteca de Assurbanipal. Fig. 4.

Nisán → Calendario.

Noche → Día.

Noé (hebr.: descanso), en las tradiciones más antiguas (J) representado como viñadores (Gén 9,20-27), perteneciente pues al círculo de los cainitas, dados a la agricultura; pero sobre todo en P, Noé es el protagonista justo del diluvio (emparentado como tal con Utnapištim de la epopeya de Guilgaméš), hijo de Lamek, de la lista de los setitas (→ Set), el décimo de los patriarcas bíblicos y padre de Sem, Cam y Jafet. Después del diluvio edificó un altar de holocaustos (8,20) y Dios concluyó con él una alianza, cuyo signo era el arco iris (9,17; Is 54,9; Eclo 44,18). Los oráculos de Noé (Gén 9,25-27) seguramente no pertenecen a su contexto actual. El NT (Mt 24,37-39; Lc 17,26s; Heb 11, 7; 2Pe 2,5) trabaja con los datos conocidos del AT.

Nómadas (gr.: pastores trashumantes) o beduinos, pueblo de ciertos semidesiertos o estepas que rondaban como mendigos, cazadores o pastores para proporcionarse un sustento de vida. Los principios de la historia de Israel se caracterizan por las incursiones de tribus nómadas y están en relación con los movimientos nómadas del próximo oriente en el segundo milenio a.c. Los → patriarcas no fueron propiamente nómadas, sino pequeños ganaderos (Gén 30,37-43) de las regiones limítrofes del desierto y agricultores principiantes (26,12; 33,19; 37,6), esto es, seminómadas en camino de convertirse en sedentarios. Desde un punto de vista religioso y sociológico, ciertas circunstancias fundamentales del nomadismo repercutieron en la historia posterior: concentración en una (→) tribu, hospitalidad, derecho de asilo, venganza de la sangre, adoración del dios del cielo y un santuario transportable. En los profetas se encuentran vestigios de un ideal nómada (Jer 2,2; Os 2,16s etc. Am 2,10), pero en estos textos se trata más de la conducta de los nómadas que de su forma de vida. Según Heb 11,13-16 y 13,14, los cristianos son como nómadas que peregrinan hacia el país del cielo.

Nuevo Testamento → Canon (III).

Números (libro de los), cuatro libros del → Pentateuco.

1) *Contenido y disposición.* Núm es una mezcla incoherente de sucesos y leyes. Por razón de sus escasos datos cronológicos y geográficos, resulta la siguiente división: estancia en el desierto del Sinaí (1, 1-10,10); camino por el desierto hacia Qadéš y sus alrededores (10, 11-22,1); estancia en el territorio de Moab (22,2-36,13). Núm presupone como sabidas la llegada al Sinaí y la consiguiente revelación de Dios.

2) *Origen.* Si bien faltan duplicados característicos, las fuentes del Pentateuco se dejan descubrir también en Núm. Seguramente Núm representa para la redacción final del Pentateuco la conclusión de todo

el conjunto. Son indicaciones de ello: la muerte de Aarón (20,22ss) y de Miryam (20,1), el anuncio de la muerte de Moisés (27,12), el traspaso del poder a Eleazar y Josué (27,15-23). Los redactores hicieron uso abundante de las fuentes de una tradición P propia, pero también usaron J y E. Para la historia de Bileam (22-24), p. e., se usó tanto E como J.

3) *Teología.* El Pentateuco representa para Israel su imagen ideal, no en una visión del futuro (como Ez 40-48), sino por la construcción ideal de una situación en el pasado, en particular, de la época del desierto. Núm muestra cómo el pueblo, organizado por tribus, se agrupa en torno al santuario y toma parte activa en el culto. Los levitas no son mencionados con las otras tribus, sino que forman un grupo aparte; ellos están destinados al servicio del santuario, pues ellos pertenecen a Yahveh como substitución de todos los primogénitos que propiamente debieron ser sacrificados. Los levitas están claramente subordinados a los sacerdotes, los hijos de Aarón. Repetidamente, Yahveh toma medidas enérgicas contra la conducta del pueblo («murmuración»). La larga estancia en el desierto y la prematura muerte de Moisés se interpretan también como castigo y expiación por la desconfianza. Por otra parte, no son raras las veces en que Yahveh se deja aplacar ante las súplicas de Moisés y Aarón. Con ello ya se llama la atención sobre la autoridad religiosa de Moisés (12,7s). Se subraya mucho el pensamiento de la jerarquía y de su sucesión: el Espíritu de que reposaba sobre Moisés se reparte entre los setenta ancianos (11,16s); Moisés entrega a Josué su vara de caudillo (27,12s) y reviste a Eleazar con las enseñas de Aarón (20, 25-29).

Nuzu, Estado → hurrita de Mesopotamia, a 12km al sur de Kerkuk. Excavaciones arqueológicas (1925-1931) sacaron a luz, entre otras cosas, más de 4000 tablillas de barro, la mayor parte de las cuales proceden de la época hurrita (entre 1480 y 1355 a.C., caída de Nuzu), en parte del archivo de palacio y en parte de archivos particulares. Son textos administrativos y jurídicos que con frecuencia contribuyen a la aclaración de los usos matrimoniales y hereditarios del Gén (designación de la esposa de Abraham como hermana suya, terafim, etc). Los paralelos no son ni casuales ni únicos, sino que provienen de la concordancia de diversas prácticas. Prácticas semejantes en todo el antiguo oriente están testificadas documentalmente. Por ello, los textos de Nuzu son de un inapreciable valor para el estudio del derecho jurídico y contractual del antiguo oriente. Fig. 19.

O

Obadya → Abdías.

Obispo (gr.: ἐπίσκοπος: inspector). En el NT aplicado una vez a Cristo (1Pe 2,25) y cuatro veces designa a dignatarios de la comunidad cristiana (Act 20,28 Flp 1,1; 1Tim 3,2; Tit 1,7). ἐπίσκοπος y πρεσβύτερος (anciano) se emplean indistintamente (no es seguro que los «ángeles» de las siete iglesias de Asia Menor [Ap 1,3] se hayan de entender como obispos). Las dos funciones pueden ser desempeñadas por varias personas. Sin embargo, los apóstoles se reservaban la máxima autoridad o la delegaban a colaboradores de confianza (p. e. [→] Timoteo, Tito). Más tarde los obispos ganaron en influencia (sucesión apostólica) y se desarrolló el episcopado monárquico (cf. cartas de Ignacio de Antioquía). → Anciano.

Océano (usado en hebreo como nombre propio sin artículo). Se encuentra en la parte inferior de la tierra (Gén 49,25; Dt 33,13) que Dios cimentó sobre él. El océano penetra en la superficie de la tierra con sus fuentes abundantes (Gén 7,11; 8,2) y es alcanzado por las raíces del árbol poderoso (= aguas subterráneas: Ez 31,4); pero sobre todo el océano se manifiesta en las masas de agua del mar (Éx 15,8; Is 63,13; Sal 135,6). Su profundidad se equipara a veces con el reino de los muertos (Sal 71,20; Jon 2,6; Ez 31, 15). Aparece como fuente de desgracias, pues, a pesar de estar sometido por Yahveh, los monstruos rebeldes representantes del caos (el dragón; → Leviatán; cf. los mitos del imperio antiguo babilónico) se asocian con él (Is 51,10; Sal 148,7). En el NT, en el lugar del océano aparece el abismo como lugar de estancia de los → demonios (Lc 8,31; Ap 9,1.11; 11,7 etc.). En el estado de salvación definitiva, el mar desaparece (Ap 21,1).

Ococías → Ajazyá.

Ofel (hebr.: hinchazón) es, en la terminología de las fortificaciones bíblicas, un cerro. Se menciona sobre todo el ofel de Jerusalén, en la parte sudeste de la montaña del templo (llamado «el» ofel en Is 32, 14 y Miq 4,8). Yotam, Manasés y Nehemías emprendieron trabajos de restauración de dicho ofel (2Par 27,3; 33,14; Neh 3,27), más tarde sirvió de vivienda de los servidores del templo (Neh 3,27). Samaría (2Re 5,24) y → Dibón poseían también un ofel.

Ofir. Los buques israelitas se dirigían desde → Esyón-Guéber hacia Ofir, sobre todo en tiempos de Salomón (1Re 9,28; 10,11), para ir a buscar oro y plata (Is 13,12; Sal 45,10), marfil y piedras preciosas, sándalo y tal vez también monos y pavos. La más probable es que el emplazamiento de Ofir (cf. Gén 10,29) se haya de buscar al sur de → Arabia.

Og (hebr.: significado incierto), «rey de Basán». Introducido por prime-

Og

ra vez por la historiografía deuteronomista y casi siempre mencionado junto con → Sijón, el «rey de los amorreos». La victoria de los israelitas sobre Og, les permitió ocupar la Transjordania (Dt 1,4; Jos 2, 10; etc. 1Re 4,19; Núm 21,33-35 es un añadido posterior). El reinado de Og no se ha comprobado por otras fuentes y no se puede fijar su cronología. La gigantesca tumba de Og, un dolmen de basalto, se mostraba en Rabbá (Dt 3,11).

Olivo, árbol frutal, siempre verde y muy resistente, característico de toda la región mediterránea. Los olivares se encuentran principalmente en las laderas, sobre todo en la → Šefelá (1Par 27,28), en el golfo de Akkó (Gén 49,20; Dt 33,24) y en los alrededores de Jerusalén (cf. Getsemaní, Monte de los Olivos). Su madera dura es muy apreciada. Sus frutos, las aceitunas, se recolectan en octubre sacudiendo el árbol con varas (Is 17,6; 24,13). De las aceitunas se saca, de diversas maneras, el aceite. El aceite más refinado se elaboraba machacando las aceitunas en un mortero y luego exprimiéndolas con una piedra pesada. Esta forma más antigua de elaborar el aceite sigue siendo usual en el culto: como combustible para las lámparas y para el candelabro en el tabernáculo y en el templo (Éx 27,20; Lev 24,2), como aceite para ungir y como ofrenda para el sacrificio del holocausto (Éx 29, 40s). Una clase menos refinada se obtenía pisando las aceitunas en un trujal. Los molinos y lagares de aceitunas se conocieron por primera vez en la época helenística y romana. El aceite exprimido se usaba para preparar la comida, como ungüento, como medicamento y como combustible. Se conservaba en jarros (1Re 17,12ss; 2Re 4,ss), cuernos (1Sam 16,1) o vasos de alabastro (Mt 26,7) y era un importante artículo de exportación (1Re 5,25; Ez 27,17). Fig. 29.

Omrí. El más importante portador de este nombre es el sexto rey de Israel (882 [878]-871), quizás de origen árabe. Jefe del ejército israelita, fue proclamado rey, a la muerte de Elá, pero sólo cuatro años más tarde, después de la muerte de su rival Tibní, se convirtió en gobernante único del país (1Re 16, 21s). Fue uno de los reyes más hábiles de Israel. Fundó la ciudad de → Samaría, puesto importante en el aspecto político y estratégico y con ello dio un centro al reino de Israel. Puso fin a las contiendas fronterizas con Judá y estableció alianza con las poderosas ciudades marítimas y comerciales por medio del casamiento de su hijo Ajab con Izébel, hija del rey de Tiro, Etbaal. Contra los arameos no fue tan afortunado; en cambio, la estela de → Mešá menciona una venturosa campaña suya contra Moab. En lo religioso siguió la política de Yeroboam y por ello apenas merece la atención del relato bíblico (1Re 16, 16-18).

On → Heliópolis.

Oráculos. Al igual que los otros pueblos antiguos hacían con sus dioses, también los israelitas consultaban a Yahveh sobre el éxito de sus empresas o sobre el futuro en general. Si acaecía un suceso que antes ya se había predicho, era esto considerado como señal divina (Gén 24,12-14.27.50s; 1 Sam 14,8-10). Pero sólo estaba permitido practicar el oráculo por medio de un sacerdote (Dt 33,8), por medio de un profeta (18,15) o por sueños (Núm 12,6).

1) La decisión del sacerdote tenía la validez de un oráculo divino (Dt 17,8-12). Éste trasmitía los oráculos por medio de los → urim y tummim (Dt 33,8), como también por medio del → efod (1Sam 14,3.8 entre otros). Ambos pertenecen a la categoría del echar a suertes que se usaba mucho para investigar la voluntad divina (1Sam 10,19-21; Act 1,26), para descubrir a un culpable (Jos 7,12-18) o para repartir algo (Jos 18,11-20; 19). Oráculos en ocasión de un sacrificio aparecen probablemente en salmos litúrgicos (p. e., 60,8-10; 20,7-9). Además de los sacerdotes, sobre todo los profetas y videntes transmiten la respuesta de Dios, así, p. e., Samuel (1Sam 10,2), Natán (2Sam 7,1-7), Isaías (Is 38, 1-4), etc. Entre los israelitas, el sueño tenía también el valor de una revelación divina sobre el futuro (p. e., Gén 37,5-10), sobre una verdad oculta (Job 4,12-21) o de amonestación (Job 7,14; Mt 27,19). Es posible que se practicara también la incubación, pero no se puede demostrar.

2) Otros medios eran los → terafim; el susurro de los árboles (2Sam 5,24; cf. Gén 12,6 etc.); la inspección del → hígado (Ez 21, 26; seguramente no usual entre los israelitas); la evocación de los muertos, practicada en Israel (1Sam 28,3-25; Is 8,19), pero prohibida por la ley (Dt 18,11; Lev 19,31).

Oro → Metal; Monedas; Alhajas.

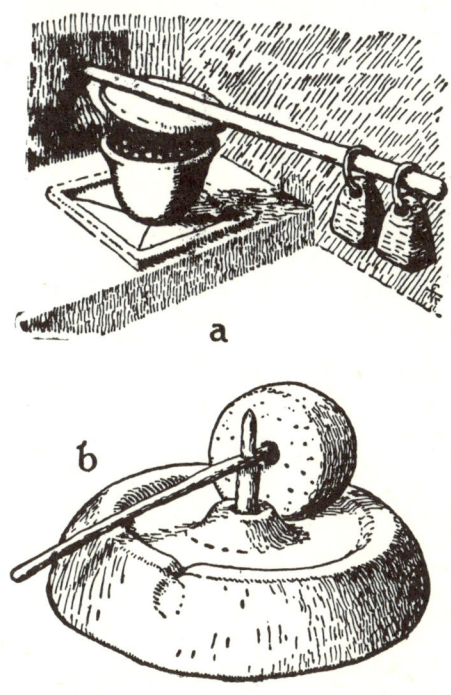

Fig. 29. Prensa y molino de aceite

Osario

Osario, recipiente de arcilla, de madera o de piedra caliza en el que se depositaba la osamenta de los difuntos después de la descomposición de las partes blandas del cuerpo (unos doce meses después del entierro) lo que constituía un segundo entierro. Se han hallado osarios de arcilla en la planicie costera, generalmente en forma de casitas o de jarros de almacenaje, procedentes del calcolítico (3400-3150 a.C.). Del tiempo entre el s. II a.C. y s. II d.C. se hallaron centenares de osarios, sobre todo en la necrópolis de Jerusalén, que revelan una producción en serie, con adornos geométricos entallados. Como corresponde al trilingüismo del tiempo del NT, se han hallado en ellos inscripciones hebreas, griegas y ⁺arameas. Ellos han demostrado la existencia de los nombres corrientes en el NT (Jairo, Lázaro, Natanael, Matías, Simón, María, Marta, etc.). Fig. 30.

Oseas (hebr.: Yahveh ha salvado).
I. Uno de los profetas menores, oriundo del reino del norte, donde ejerció su profesión, entre los años 750 y 735, tiempo de desorden político y de decadencia religiosa y moral. La dinastía de Lehú ocupaba todavía el trono (1,4) y antes de la destrucción de Samaría. Su matrimonio tuvo un proceso trágico (v. infra). Su lenguaje complicado y fuertemente emocional le

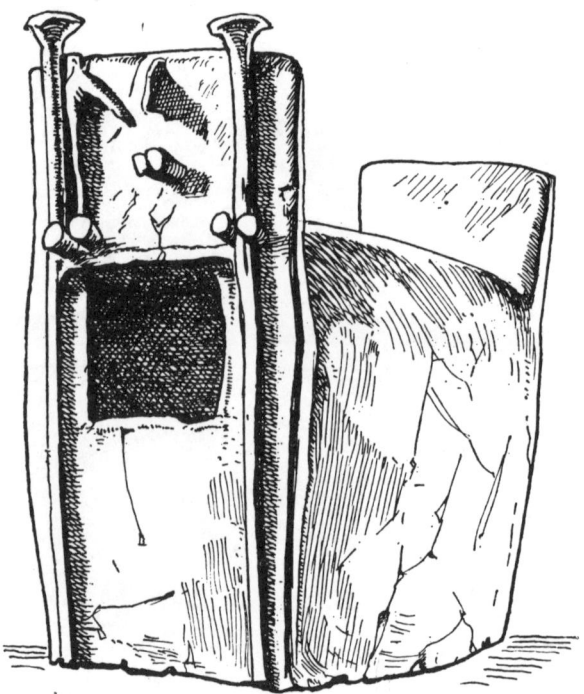

Fig. 30. Osario procedente de '*āzōr,* final del calcolítico (anchura, 60 cm; altura total, 67 cm)

hacen con frecuencia difícil de entender, su lirismo sobrepasa incluso a Isaías en intensidad.

II. OSEAS (LIBRO DE). Su contenido se divide en tres partes:
1) Narración del matrimonio del profeta (cap. 1-3): Oseas se casa con una mujer libertina que le engaña. Él impone nombres simbólicos a sus tres hijos. La mujer le abandona y luego cae en la esclavitud y él la redime. Durante un tiempo de prueba debe ella demostrar su fidelidad. Los comentaristas se inclinan hoy a considerar esta narración como destino real del profeta y no como pura alegoría.

2) Reprensiones contra Israel y contra sus sacerdotes y jefes a causa de las anomalías que reinan en el culto y en la política (4,1 hasta 9,9).

3) Discurso sobre el pasado pecaminoso de Israel (9,10-14,1) y liturgia penitencial (14,2-10).

La *autenticidad* del libro (uno de los más difíciles del AT) apenas se pone en duda. Es posible que haya que distinguir dos colecciones distintas (cap 1-3 y cap 4-14) reunidas posteriormente por algún redactor.

El *tema principal* (bajo la metáfora del matrimonio) es el desengaño amoroso de Yahveh ante su pueblo. Después de su elección, permaneció el pueblo fiel por corto tiempo (el idilio del desierto), pero luego fue acumulando deslealtad sobre deslealtad. Yahveh, sin embargo, le exige amor y fidelidad. El castigo tiene por finalidad conducir de nuevo Israel a la alianza del desierto, al amor de los días del noviazgo.

Oseas (para el nombre, el del profeta → Oseas), último rey de Israel (732-724), usurpador del trono de → Péqaj (2Re 15,30). Fue hecho vasallo por Tiglat-Piléser III y tributario por su sucesor (2Re 17,3). Más tarde se desprendió del dominio asirio y se alió con los egipcios, lo que tuvo por consecuencia el sitio y caída de Samaría (2Re 17, 4-6).

Óstraka (gr.: cascos de arcilla), denominación de los fragmentos de vasos de arcilla que servían como material de escritura. Los hallazgos en Palestina ostentan todas las escrituras y lenguas desde las protoalfabéticas hasta las árabes. Los más importantes y antiguos óstraka proceden de → Arad (sobre la administración en Judá), de → Bet-Šemeš (inscripción con signos verticales prealfabéticos), de Jerusalén (lista de nombres del s. VII a.C.), de (→) Lakíš (s. VI a.C., cartas de contenido militar), de Ašdod, de Petra, de Samaría, de Esyón-Guéber (en general, textos económicos y listas de nombres), del → Desierto de Judá (fragmentos del tiempo de la rebelión de Bar-Kokba).

Oveja → Ganado (cría de).

Ozías → Azaryá.

P

Pablo. I. Fuentes y cronología.
1) Las *fuentes* para la biografía paulina son sobre todo sus cartas y Act. Es seguro que proceden de Pablo: Rom, 1/2Cor, Gál, Flp 1Tes, Flm. La mayoría de los exegetas admiten también la autenticidad de 2Tes y Col; en cambio, las opiniones se dividen con respeto a Ef (cf. los artículos correspondientes). Finalmente, las → Cartas pastorales se tienen casi seguro por no paulinas. En las divergencias entre Act y las cartas paulinas, se da preferencia a estas últimas.

2) En ninguna de las cartas paulinas se nos da una fecha que posibilitaría una *cronología* segura para la vida de Pablo. Sólo dos fechas de Act constan con seguridad: la muerte de Herodes Agripa (44; Act 12,20-23) y el proconsulado de Galión (51/52 ó 52/53; Act 18,12-17). Si Pablo fue citado ante Galión en junio/julio del 52, tendría que haber llegado a Corinto a finales del 50 ó a principios del 51 (18-11). Entonces podría fecharse el concilio de los apóstoles (15 = Gál 2,1-10) en el año 49 y la conversión de Pablo 14 (ó 17) años antes (Gál 2,1; cf. 1,18) es decir en el año 35/36 ó 33/34. Así podría haber empezado sus tres viajes misionales en el año 53. Dichos viajes duraron aproximadamente cinco años, de los cuales, tres los pasó en Éfeso (Act 19,8.10; 20,31) tres meses en Acaya (Act 20,3) y acabaron en Jerusalén, donde Pablo fue arrestado. Dos años estuvo preso en Jerusalén y Cesarea en poder de Félix (52-59) y de Festo (24,27). Luego fue enviado a Roma, a donde llegó en la primavera del año 61 y siguió todavía dos años en prisión moderada (28,17-31). Esta cautividad acabó seguramente con sentencia absolutoria (Flm 22). Para los años siguientes hasta el martirio poseemos sólo las noticias que nos dan las cartas pastorales. En general, se sitúa su muerte en el año 67 (ya desde Eusebio). Las cartas más antiguas (1/2Tes) datan del 51/52; Gál y 1Cor, del 54/57; 2Cor, del 57; Rom fue escrita a finales del 57 o principios del 58 y las → cartas de la cautividad, hacia 61/63.

II. Vida. 1) *Origen y juventud.* Pablo nació en Tarso de Cilicia, centro de cultura y ciencia griegas (Act 21,39), de una familia acomodada (22,28) judía (Flp 3,5) que hablaba arameo (Act 13,9). Cuando Esteban fue martirizado (33/34 ó 35/36), Pablo era todavía «un joven», es decir, de unos 30 años de edad y por tanto debió de haber nacido en los primeros años de la era cristiana. Al día octavo de su nacimiento fue circuncidado (Flp 3,5) y recibió el nombre de Saúl (el nombre romano Paulus, cf. Act 13,9). En su juventud aprendió griego, lengua usual en Tarso. Marchó a Jerusalén cuando tendría unos 15 años y se hizo partidario entusiasta de los fariseos (22,3; Gál 1,14). De acuerdo con la costumbre judía, Pablo aprendió un oficio manual (fabricante de tiendas, Act 18,3) que siguió ejerciendo durante su actividad pastoral para ganarse el sustento (18,3; 1Cor 4,12; 1Tes 2,9) y vivir con independencia (1Cor 9, 15).

2) Pablo estaba convencido de que por su fe debía perseguir a los partidarios del cristianismo incipiente. Pero el hecho más importante fue su *conversión*. Tanto según Pablo (1Cor 15,8; Gál 1,15s; cf. 1Cor 9,1) como según Act (9,3-6; 22,6ss; 26,13-18), la conversión fue operada por medio de una revelación especial de Cristo que al mismo tiempo lo llamaba a ser apóstol de los gentiles (cf. Rom 15,15s; Gál 2,7ss). Para Pablo, esta revelación del Resucitado es el fundamento de que su apostolado es equivalente al de los otros apóstoles más antiguos (2Cor 10-13; Gál 1s).

3) *El Apóstol.* Según Gál 1,17, inmediatamente después de esta vivencia en Damasco, Pablo se dirigió a Arabia, esto es, al territorio de los nabateos. Más tarde regresó a Damasco de donde se despidió no por propia voluntad, sino para escapar del gobernador del rey Aretas hacia Jerusalén (2Cor 11,32s). Después de corto tiempo, regresó al territorio de Siria y Cilicia, sin haber podido conseguir un contacto personal en las comunidades judaicas (Gál 1,18-24). Desde Tarso, → Bernabé le llevó a Antioquía, donde ambos trabajaron durante todo un año con celo y éxito (Act 11,25s). Desde aquí, Pablo emprendió sus distintos viajes misionales.

a) En el primer viaje misional (44-49; Act 13,1-14,28), Pablo y Bernabé se dirigieron primero a Chipre y luego a Derbe, pasando por Iconio y Listra y por el mismo camino regresaron a Antioquía. La cuestión discutida sobre si debía exigirse a los paganocristianos la observancia de la ley y en particular la circuncisión se decidió en el llamado → concilio apostólico (49) en el sentido defendido por Pablo. Asimismo Pablo fue reconocido como apóstol de los gentiles, así como Pedro era apóstol de los judíos (Gál 2,7).

b) En su segundo viaje misional (49-52; Act 15,36-18,22), Pablo, acompañado de Silas y Timoteo, avanzó hasta territorio europeo, pasando por Asia Menor. En Filipos, fundó una comunidad que constaba casi exclusivamente de paganocristianos (16,11-40; 1Tes 2,2); en Tesalónica, se atrajo la fuerte enemistad de los judíos quienes le acusaron ante las autoridades de la ciudad, tuvo que abandonar la ciudad y siguió camino de Atenas. Su fracaso en Atenas le entristeció profundamente (1Tes 3,3s) y desanimó (cf. 1Cor 2,3). Con la firme decisión de renunciar a hacer uso de los medios de la oratoria y ciencia humanas, llegó a Corinto (1Cor 2,2s), donde vivió en casa de Áquila y Priscila. Convirtió a algunos judíos y a muchos paganos, sobre todo de las clases inferiores del pueblo (1Cor 1,26). Seguramente a mediados del 52, fue acusado por los judíos ante Galión por propagar una religión «contraria a la ley». Galión desestimó la acusación. Después de este incidente, Pablo se dirigió a Antioquía.

c) Desde aquí partió para su tercer viaje misional (53-58; Act 18, 23-21,14) que, atravesando el Asia Menor, le llevó a Éfeso, donde permaneció tres años y donde «se le abrió una puerta grande e importante» (1Cor 16,9). En Éfeso escribió Gál y 1Cor. Las persecuciones le obligaron a partir. Llegó a Corinto pasando por Macedonia (Act 20,3). Con el producto de una colecta, abrumado con sombríos presagios (20,13-21,17), se dirigió a Jerusalén donde quería estar presente para la fiesta de Pentecostés. Allí fue arres-

Pablo

tado a causa de una presunta profanación del templo (21,27-34).

4) *Cautividad* (58-63; Act 21,17-28,31). Desde Jerusalén, Pablo, escoltado por una fuerte guardia, fue mandado al procurador Félix de Cesarea, donde pasó dos años de prisión. Cuando Félix fue sustituido por Festo, Pablo apeló al César y por ello tuvo que ser mandado a Roma (60; Act 23,23-28,14). En Roma, escribió las llamadas cartas de la cautividad: Éf. Col, Flm y tal vez también Flp. En las dos últimas, se vislumbra la esperanza de una próxima liberación (Flp 1, 26; 2,24; Flm 22). Act parece también indicarlo. Para los años restantes, aparte las noticias que tenemos de Clemente Romano, dependemos de las declaraciones ocasionales de las cartas pastorales.

III. LA PERSONA. 1) El *hombre* Pablo sólo puede entenderse a partir de la llamada experiencia de Damasco. Captado hasta lo más íntimo por la revelación de Cristo (Gál 1,15s; 2,20; Flp 3,12), como «servidor de Jesucristo» (Rom 1,1; Gál 1,1), su conducta ante los otros hombres fue también determinada por esta experiencia divina (1Cor 9,22; cf. Rom 15,1-3; Flp 2,1ss).

2) Las *cartas* de Pablo quieren ser, en primer término, ayuda para las comunidades correspondientes. Por ello, en las cartas sólo se tratan determinadas cuestiones que, a veces, se responden muy impulsivamente. Ello explica muchas desigualdades estilísticas, frases interrumpidas, etc., pero también contradicciones aparentes entre distintas afirmaciones de cada carta.

IV. LA TEOLOGÍA. 1) Las *fuentes*. No se puede negar la relación estrecha entre el pensamiento paulino y el del fariseísmo palestinense (pensamiento antitético; interpretación de la escritura: Rom 3,10-18; 1Cor 10, 1-5; Gál 4,21-30). También hay que contar con la influencia de determinadas corrientes apocalípticas (Rom 5,14; 1Cor 15,26-28.45) como también con la influencia de la teología que conocemos por los escritos de → Qumrán. A diferencia de los trabajos de principios del s. xx, hoy se juzga con reserva la dependencia de Pablo de la piedad mistérica del → helenismo. En cambio, se reconoce cada día con mayor empeño que el pensamiento de Pablo está muy determinado por la antigua tradición apostólica (1Cor 11, 23-27; 15,3-7; Flp 2,6-11; cf. Rom 1,3s), con lo que naturalmente la relación de Pablo con el Jesús histórico resta muy problemática (2Cor 5,8).

2) *El mensaje*. Aun cuando a partir de las cartas no sea posible desarrollar un sistema de su teología, con todo se marcan algunos pensamientos fundamentales decisivos para Pablo. La clave de toda la teología lo forma el Cristo crucificado y resucitado. Dios le llamó y capacitó para ser apóstol de este Cristo (Gál 1,15). Por ello, Cristo es el único contenido de su evangelio (Rom 1, 16s; 1Cor 1,17). Sólo en él se ilumina para Pablo el verdadero conocimiento de Dios (2Cor 4,6). En la pasión y muerte de Cristo se revela la incondicional voluntad salvadora de Dios (Rom 3,25; 8,3s) y su resurrección y exaltación son señal y prenda de la victoria definitiva de la misericordia de Dios (Rom 8,31-39) que nos quiere reconciliar a todos con Él (2Cor 5,18-21). Por este motivo, Pablo no se cansa de afirmar la gratuidad de la redención (Gál 2,16) que libra al hombre de la exigencia tiránica de la ley (Gál 3,10.13; Col 2,14). Únicamente la fe confiada corresponde al obrar todavía gratuito de Dios (Rom 1,17; 3,28; 4,18ss etc.). Ello no significa

antagonismo respecto a Sant 2,14-19, como se puede comprobar por Rom 7,4; Gál 5,22; Flp 1,11 etc. y como se reconoce hoy en general. La ilimitada acción salvadora de Dios significa también para Pablo que cada individuo participa de la salvación divina en cuanto a miembro de una humanidad única (Rom 5,12-19; 1Cor 15,21-23.45-49), miembro que Cristo incorpora y edifica en su cuerpo (Ef 2,16; Col 1,18). Por esto, la unidad de la Iglesia es una de las grandes preocupaciones del Apóstol (1Cor 1,10ss; 3,3s; 11, 17-22; cf. Rom 15,5; Flp 2,1-5; Ef 4). En último término, todo el servicio de Dios es llevado por la conciencia de estar en camino hacia este Dios de la salvación y hacia Jesucristo, su Señor (Flp 1,23; 2,16). Aun cuando su esperanza del retorno de Cristo experimentó un cambio (cf. Flp 1,23; 1Tes 4,15ss), una cosa queda segura para Pablo: que Dios, al final será «todo en todos» (1Cor 15,24-28).

Palacio. La arqueología designa como palacio a una → casa grande que ocupa un lugar preeminente. La Biblia menciona o presupone:
1) El palacio de Salomón en Jerusalén (1Re 7,1-12). De su descripción incompleta e imprecisa, se deduce que palacio y templo estaban rodeados por un muro común y que los edificios del palacio estaban agrupados alrededor de dos patios interiores. Se menciona la *casa del bosque del líbano* (probablemente una especie de arsenal construido con madera de Líbano), el palacio de la vivienda de Salomón y el palacio de la hija del faraón, todo construido con grandes pilares.
2) El palacio de «marfil» de la dinastía de Omrí (1Re 22,39) en → Samaría.

3) El palacio de Herodes el Grande, en Jerusalén (cf. Fl. Jos., B.J. 5,4.3). En parte, se conserva la torre angular, llamada «Fasael». Las fortalezas de (→) Maqueronte y Masadá tenían igualmente palacios reales (Mt 14,3s par), así como su residencia de invierno en → Jericó.

Palestina, nombre que dieron los griegos y romanos a la provincia de → Judea; ya en el s. v a.C. aparece el nombre παλαιστινόι para designar a los → filisteos que habitaban en la costa oriental del Mediterráneo, al sur del Carmelo.
I. Geografía. El aspecto morfológico del país está determinado por la depresión del Jordán, que corre de norte a sur, depresión que al llegar al → mar Muerto, con 392m bajo el nivel del mar, consigue la mayor profundidad de la corteza terrestre y que luego continúa hacia el sur en forma de imponente valle desértico hasta el golfo de *el-'aqabá*. La depresión del Jordán divide Palestina en dos partes. La Transjordania es una meseta en rápido declive hacia el valle del Jordán, cortada por varios valles. La Cisjordania se caracteriza por una cadena montañosa, que la recorre de norte a sur, dividida en dos partes por la llanura de Yizreel. El macizo norte se llama cordillera de Galilea (elevación máxima: *ŷebel ŷermaq* [en israelí *har mērōn*], la cordillera sur está formada por la región montañosa samaritana, sistema de llanuras y valles (elevaciones mayores: Ebal 940m y Garizim 868m) rodeado de montañas periféricas (macizo de Guilboá, Carmelo) y por las montañas de Judá, una sierra con el monte Scopus (819m) y el → monte de los Olivos (818m). En la parte oriental, el sistema montañoso declina gradualmente hacia el valle del Jordán; en la parte árida

Palestina

del sistema se halla el →desierto de Judá. Al sur del Hebrón, las montañas judeas acaban en el → Négueb; al oeste, la → Sefelá constituye el paso hacia la llanura costera que desciende poco a poco hasta el Mediterráneo. Toda la cordillera forma a la vez la línea divisoria de las aguas. Los más importantes afluentes del Jordán en su ribera izquierda son el Yarmuk y el → Yabboq; en su ribera derecha, el *nahr ŷalūd* (israelí: *naḥal ḥărot*). Son muy numerosos los valles secos que sólo tienen agua en la época de las lluvias. En toda la región montañosa occidental no hay ningún río perenne. Esta pobreza de agua está determinada por la estructura geológica del país (suelo poroso calcáreo) y sobre todo por el clima: sólo llueve entre octubre y abril. Fig. 31 y 32, y mapa PA/PN.

II. HISTORIA DE LA CULTURA. Nuestro conocimiento de la prehistoria de Palestina se apoya únicamente en los hallazgos de las excavaciones. La cultura relativamente unitaria de toda la región que media entre la cadena montañosa de Amano y el Sinaí no permite transferir a la historia del país su división política posterior en Siria y Palestina. Las distintas épocas se pueden señalar como sigue, de acuerdo con los hallazgos más importantes:

Paleolítico (antes del 10 000 a.C.). Cazadores y habitantes de cavernas; generalmente del tipo Neandertal, junto al Carmelo también el *homo sapiens;* utensilios y armas de piedra y pedernal.

Mesolítico (10-000-7000). Primeras casas y primer uso de trigo y cereales; pulimiento de los utensilios de piedra: cuchillos, hoces y puntas de lanza, etc.

Neolítico (7-5 milenio). Agricultura, poblados, inicios de cerámica, primeras fortificaciones (→ Jericó).

Calcolítico (4 milenios). Primer florecimiento urbano y agrícola; algunos objetos y armas de cobre; frescos historiados en *telēlāt ghassūl;* → Osarios en forma de casa.

Bronce antiguo (3100-2200). Emplazamientos de → ciudades y → fortificaciones, formación de ciudades estado según modelo extranjero (apogeo ca 2600), luego destrucción paulatina de casi todas las grandes ciudades y decadencia general de la cultura; la cerámica de *chirbet-kerak* esmaltada en rojo y negro (ha-

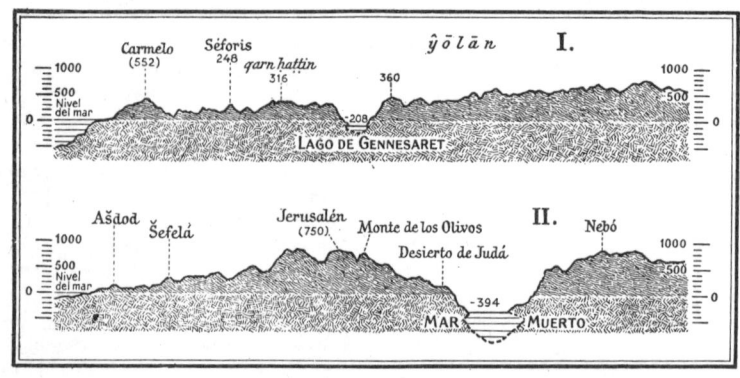

Fig. 31. Alturas de Palestina. Para ambas secciones, véase la fig. 32

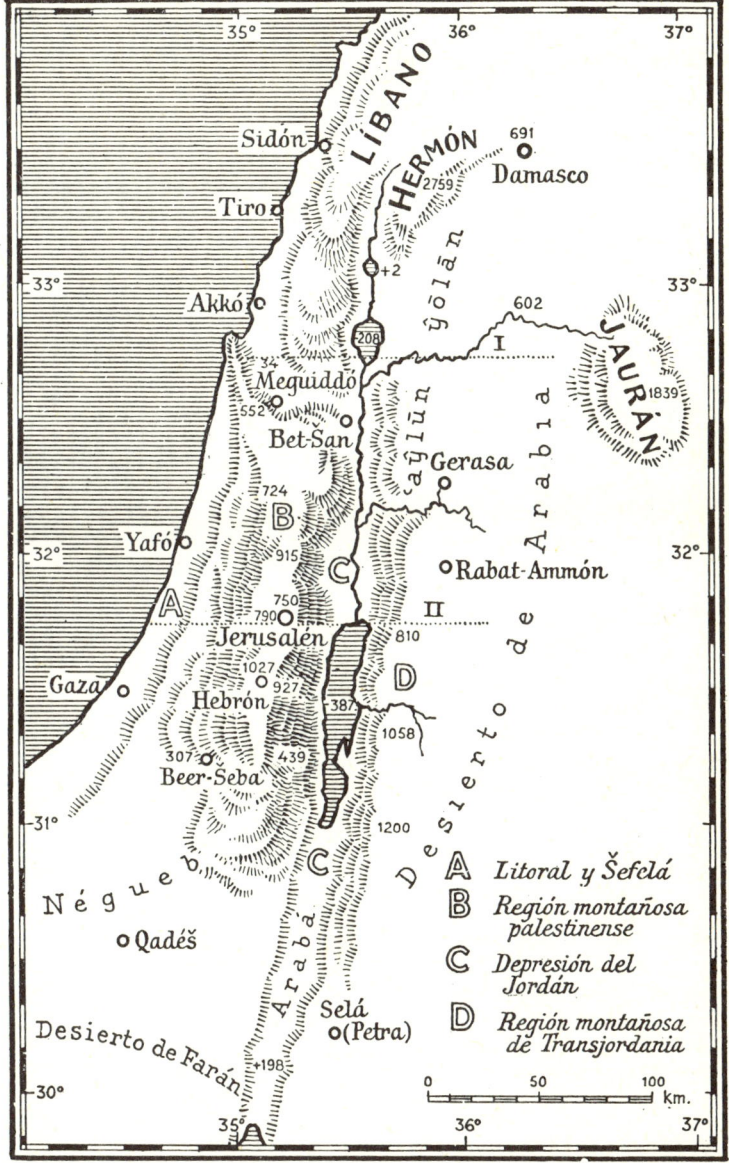

Fig. 32. Regiones de Palestina

Palestina

cia 2600) permite deducir relaciones con la Anatolia oriental. La época de transición hacia el bronce medio señala una decadencia cultural y económica: aldeas pequeñas, poblados abiertos, nómadas, formaciones de grupos y bandas (Jabiru; → Hebreos).

Bronce medio y tardío (1950-1200). Ciudades estado fortificadas, florecimiento de la cultura palestinense primitiva, influencias de Egipto, Chipre y de los pueblos del mar Egeo; importante hallazgo de textos: Textos de proscripción (ca 1800), textos de → Ugarit (s. XV-XII) y → Amarna (s. XIV).

Edad de hierro (1200/1150-600). Grandes ciudades, en parte, con centros administrativos (Meguiddó, Samaría, entre otras) y fortificaciones resistentes. Uso del hierro para utensilios y armas; invención del torno de alfarero; innumerables hallazgos de → escarabeos, sellos anulares, tallas de marfil, piedras preciosas; hallazgos de textos: → Óstraka de Lakíš y Arad.

Época persa (600-300). Decadencia de la cultura urbana; casas pequeñas y pobres; invención del techo de bóveda, inicios de la influencia griega.

Época helenística y romana (300 a.C.-300 d.C.). La influencia griega abarca todos los aspectos: cerámica, arte, arquitectura, fortificación, trazado de las ciudades (sistema rectangular de calles), utensilios, lámparas, joyas, etc. De esta época provienen los hallazgos de → Qumrán. La época romana se destaca por su abundante actividad constructora. De Herodes el Grande (37-4 a.C.) proceden: el templo de Augusto, el foro y estadio de Samaría; el muelle, anfiteatro, teatro y estadio de Cesarea; el templo y la torre → Antonia de Jerusalén; el palacio de Herodes en → Masadá.

III. HISTORIA. 1) *Época prebíblica.* Las cartas de Amarna muestran que Palestina en el s. XV/XIV a.C. estaba dividida en un sinnúmero de ciudades estado que en política exterior estaban sujetos a la soberanía de Egipto. Pero, al menos a partir de Amenofis II (1402-1364) la relación de vasallaje es cada vez más nominal. Desde un punto de vista etnológico, la población es diversa. El AT menciona de tres (Éx 23,28) a diez (Gén 15,19-21) pueblos distintos, los más importantes de los cuales son los (→) amorreos, cananeos, hittitas, jivveos, perizeos, yebuseos.

2) *Época del AT.* Con los israelitas llega a Palestina un nuevo elemento étnico. El desplazamiento de la población indígena se consigue muy poco a poco (Jue 1,16-36). Saúl y David fueron los primeros que consiguieron crear un reino unitario de las distintas tribus en que el país estaba dividido, cuya administración organizó luego Salomón (ca 965-926; 1Re 4,7-19). La división del reino (926) partió el imperio en el pequeño Estado del sur, Judá, y el reino más extenso del norte, Israel. Las fronteras de los dos Estados se desplazaron según las relaciones de poder. En 734 cayó Galilea y en 721 (después de la conquista de Samaría por Sargón II, 722-705) el resto del reino del norte en manos de los asirios. Gran parte de la población fue deportada y substituida por colonos asirios. Durante el reinado de Yosías (639-609), que primero había sido venturoso, el reino del sur, después de la derrota de Meguiddó (609) cayó primero bajo la soberanía egipcia y luego bajo la babilónica. Repetidos levantamientos acabaron finalmente con la destrucción de Jerusalén por Nabucodonosor y con la → cautividad (586). La restauración bajo Ciro

(559-529) creó el distrito administrativo persa Yehud. Después del corto gobierno de Alejandro Magno (332-323), Palestina cayó primero en manos de los ptolomeos y luego en manos de los seléucidas (198 a.C.). El país fue dividido en eparquías. La sublevación de los →macabeos, motivada por la política de helenización forzada de Antíoco IV Epífanes (175-164), tuvo éxito al principio. Pero la incapacidad y depravación moral de los → hasmoneos motivaron la intervención romana; en 63 a.C., Pompeyo incorporó Palestina a la provincia de Siria.

3) *Época del NT.* Después de difíciles desórdenes internos, el idumeo Herodes el Grande (37-4 a.C.) consiguió, con la ayuda de Roma, proclamarse rey. Sus dominios abarcaban la Cisjordania y algunos territorios al este del Jordán. Sus fronteras eran al sur el reino de los →nabateos, al norte la →Decápolis. Después de su muerte, el reino fue dividido entre sus hijos: →Arquelao recibió Judea y Samaría, Herodes → Antipas, Galilea y Perea, → Filipo, Iturea y la Traconítide (cf. Lc 3,1). En el año 6 d.C., Arquelao fue depuesto y Judea y Samaría se convirtieron en distrito de administración romana, su procurador más conocido fue Poncio → Pilato (26-36). Las otras provincias cambiaron de fronteras y de gobernantes según el antojo de los emperadores romanos. La sublevación judía (66-70), que acabó con la destrucción de Jerusalén y de su templo, condujo a la pérdida definitiva de la independencia política. El levantamiento de Bar-Kôkbâ (132-135) no pudo cambiar la situación. Jerusalén se convirtió en la colonia romana Aelia Capitolina. → Judaísmo.

Palmira, llamada en hebreo Tadmor, ciudad en el desierto siroarábigo que se supone que fue fortificada por Salomón (2Par 8,4; cf. 1Re 9,18: Tamar), la Tadmur de los árabes, la Palmira de los griegos y romanos.

Pan, casi siempre hecho de harina de cebada (Jue 7,13; Jn 6,9 etc.), el pan de harina de trigo era un lujo. La preparación del pan formaba parte del trabajo diario de la mujer. La harina se amasaba en una artesa con levadura y sal, la masa se metía en un horno o se colocaba simplemente sobre ceniza caliente (1Re 19,6; Ez 4,12.15). Más tarde se usaron planchas de hierro (Lev 2,5) o también hornos cilíndricos de barro (Os 7,4) en cuyas paredes interiores se pegaba la pasta. Los panes ya cocidos se colocaban sobre un palo o en cestas (Gén 40,16; Éx 29,3.23; Mc 6,43 par). No se cortaba el pan, sino que se partía (Is 58,7). Comer el pan con otro significa simplemente comer (sobre todo la comida de la alianza; Gén 31,54; Lc 14,15). El pan de las lágrimas, en el Sal 80,6 simboliza el castigo de Dios. Jesús se llama a sí mismo pan del cielo (Jn 6,30-36), pan de vida (6,35.48), pan viviente (6,51; → Maná).

Papiro, planta acuática muy extendida en el antiguo Egipto (Éx 2,3) y que hoy apenas se encuentra. Se usaba para trenzar cestas (Éx 2,3), para fabricar canoas (Is 18,2) y sobre todo como material de → escritura (cf. «papel»). Con las fibras interiores sobrepuestas en forma de cruz, prensadas y satinadas, se hacían hojas que luego se pegaban unas a continuación de otras para formar rollos o volúmenes. Fig. 33.

Papiros. La era de la papirología empezó en 1877, cuando se encontraron varios milenares de fragmentos

Papiros

de papiros en el Fayyum (junto a la antigua ciudad de Arsinoe). El número total de papiros asciende hoy al menos a 10 000. Los más antiguos proceden de las dinastías V y VI egipcias (2500-2200 a.C.). La mayoría son de la época entre ca 500 a.C. hasta 1000 d.C. Los papiros son una valiosa fuente de información sobre historia, literatura, derecho y relaciones económicas del mundo grecorromano y del judaísmo primitivo. Los papiros han proporcionado una contribución esencial para el conocimiento del griego corriente y sus relaciones con el → griego bíblico, de la tradición del → texto de la Biblia, de la → diáspora judía y de la gnosis. Para la ciencia bíblica son importantes los siguientes papiros:

I. Los papiros bíblicos (conocidos desde finales del s. XIX).

1) Antes de los hallazgos del desierto de Judá (v. III), el papiro más valioso del *AT hebreo* era el papiro Nash (se supone que del tiempo de los macabeos). Contiene el decálogo (Éx 20,2-17) y el Šemá (Dt 6,1-5) en una hoja para uso litúrgico.

2) Sobre papiros del *AT y NT griegos* → manuscritos bíblicos. Textos bíblicos en lengua copta hicieron posible una edición crítica del NT copto.

II. Los papiros de Elefantina. Hallados en gran parte entre los años 1898-1908, contienen sobre todo actas matrimoniales y de negocios, la mayoría de ellos escritos en arameo. Abarcan el tiempo que va del año 494 hasta 400 a.C. y proceden de los archivos de una colonia militar judía, establecida en la isla del Nilo en tiempo del dominio persa. Estos papiros nos han permitido reconstruir la vida interna de una comunidad judía de la diáspora (templo propio de Yahveh [→ Templo I.2] con práctica de sacrificios) y han contribuido a un mejor entendimiento de los libros Esd y Neh. Pero en estos papiros no se hallaron ni manuscritos bíblicos ni citas bíblicas.

III. Los papiros del desierto de Judá. 1) → Qumrán. De las once grutas de los alrededores de *chirbet kumrān* en las que se hallaron manuscritos, las grutas 1, 4, 6, 7 y 9 contenían papiros. De la gruta 4 poseemos unos 1600 fragmentos de papiros no bíblicos. En el rico inventario de la gruta 6, predomina el papiro, incluso para el texto bíblico, una prueba de que también en el judaísmo palestinense estaba permi-

Fig. 33. Transportando haces de papiro (de un sepulcro egipcio del siglo XX a.C.)

tido escribir textos canónicos sobre pergamino. 2) *murabba'at:* papiros hebreos y arameos de los s. VIII a.C. al s. I d.C. y también de la época del segundo levantamiento judío. Dos cartas proceden de Simón ben Kosba (Bar Kôkbâ). Los restantes son contratos matrimoniales y de compraventa. También se hallaron fragmentos griegos y árabes. 3) *chirbet mird* (1952/53): primer papiro hallado en Palestina, escrito en arameo palestinocristiano (carta de un monje del s. VII d.C.). 4) *nahal heber:* papiros nabateos y arameos. Además, catorce cartas de Simón ben Kosba sobre papiro (en arameo, hebreo y griego), también el archivo personal de Babata, la hija de Bar Kôkbâ (35 papiros en nabateo, arameo y griego) y varios papiros sobre el segundo levantamiento judío. 5) → Masadá: papiros latinos de la guarnición romana. IV. LOS PAPIROS DE NAG' HAMMĀDI 13 códices coptos (1014 páginas), descubiertos en 1945 y no publicados todavía. La colección comprende textos herméticos, gnosticopaganos y gnosticocristianos. Nuevas representaciones de la historia primitiva del AT, de los patriarcas, de Jesús y de muchas otras personalidades del NT. El Evangelio de Tomás despertó un vivo interés porque es el que está más próximo al NT.

Parábola. I. VOCABULARIO Y PRESENCIA EN EL NT. Con el término griego παραβολή, el NT indica los discursos de parábolas de Jesús (48 veces) en los evangelios sinópticos (Jn usa cuatro veces el término παροιμία de contenido idéntico). Los LXX traducen con esta palabra el hebreo *māšāl* que puede significar proverbios y comparaciones de distintas clases. En cambio, *māšāl* indica propiamente una máxima en general corta y de sentido alegórico. Las parábolas en sentido estricto son raras en el AT y nunca se llaman *māšāl*. II. LAS PARÁBOLAS DE JESÚS. 1) *Su sentido original.* De acuerdo con el método didáctico de los rabinos, le gustaba a Jesús revestir su predicación de formas plásticas que descubren lo pensado y al mismo tiempo dejan en un difuso estado enigmático. En las parábolas de Jesús se trata de verdades estrictamente religiosas, enseñadas y reveladas. Su auditorio son los judíos contemporáneos que no creen en su misión. Las parábolas tienen la finalidad de abrir su entendimiento para que comprendan que Jesús es el Mesías de Israel y en qué sentido lo es y para que vean que con su venida irrumpe el reino de Dios. Son afirmaciones que se refieren a una situación concreta y que tienen por finalidad arrancar su consentimiento y su fe. Por ello, los motivos de las parábolas se sacan del mundo y ambiente de los oyentes. Imagen y realidad se conjugan entre sí, a diferencia de la alegoría donde los dos planos se unen sólo en un pensamiento fundamental (*tertium comparationis*). Según prueba el NT, Jesús no habló nunca en forma de puras alegorías. Sin embargo se encuentran también en las parábolas algunos elementos alegóricos, pues Jesús usa con frecuencia comparaciones y forma ya fija, tomadas del AT (p.e., la viña para indicar Israel, el ajuste de cuentas para significar la recolección y el juicio). Jn sólo refiere el discurso parabólico del buen pastor (10,1 hasta 5. 11-13) y la parábola de la mujer en dolores de parto (16,21). La figura de la viña (15,1-6) es un discurso de revelación.

Parábola

2) por su *forma*, se distinguen parábolas simples con una sola idea fundamental; parábolas con dos ideas fundamentales, donde el punto esencial de la afirmación recae siempre en la segunda de las dos ideas («el peso de la atención», p.e., en la parábola del hijo pródigo, Lc 15,11-32); parábolas dobles, donde dos narraciones paralelas de imágenes distintas ilustran una misma idea fundamental (p.e., las parábolas del grano de mostaza y de la levadura, Mc 4, 30-32 par); las parábolas ponen de relieve al mismo tiempo una cierta totalidad en el campo de aplicación de lo que se afirma. A partir del material metafórico y del modo de argumentar, las parábolas se pueden dividir en parábolas propiamente dichas (la afirmación se basa en un suceso que pasa de forma singular), narraciones ejemplares (sólo en Lc; una afirmación precedente se ilustra con un ejemplo) y parábolas en sentido estricto (la metáfora es un hecho tomado de la naturaleza o de la vida diaria). Pero lo enigmático no está en esa forma de predicación, sino en su

3) *contenido*. Se pueden resumir en los siguientes grupos:

a) Las parábolas del reino de Dios tratan de la índole y de la venida del reino de Dios que ya empieza con la venida de Jesús, pero que sólo en la parusía llegará a su plenitud (parábolas del sembrador, del gran convite, etc.).

b) Parábolas de opción y de juicio que muestran el carácter decisivo de la venida de Jesús y exigen conversión y fe (la parábola de los niños que juegan, la de los talentos, etc.).

c) Las parábolas de vigilancia que se refieren al cumplimiento del reino de Dios (la parábola del administrador astuto, la de las diez vírgenes, etc.).

d) Las parábolas del justo comportamiento para con Dios (la parábola del campesino rico, la del fariseo y del publicano, etc.).

e) Parábolas del justo comportamiento para con el prójimo (la parábola del buen samaritano, la del libertino y del pobre Lázaro, etc.).

4) *La tradición del NT* nos ha transmitido con relativa fidelidad las parábolas, consideradas en sí mismas. No obstante, ellas formaban originalmente una parte orgánica dentro del discurso de Jesús, mientras que en los evangelios se encuentran en otro contexto, intercaladas con ayuda de fórmulas introductorias y finales, que indican la interpretación y uso que hizo de ellas la tradición de la Iglesia primitiva: después del acontecimiento de pascua, las parábolas adquieren más y más el carácter de discursos didácticos y parenéticos. Finalmente, las parábolas sufren su última transformación (elección, contexto, forma definitiva) al ser incluidas en cada uno de los evangelios: parábolas emparentadas entre sí se reúnen en colecciones (Mt 13), se les añaden exhortaciones de tipo religiosomoral (Lc), se alegorizan rasgos insignificantes (Mt), se ponen de relieve determinadas tendencias teológicas. Todo ello muestra que las parábolas de Jesús fueron para la Iglesia primitiva palabra viva y no tradición muerta.

Paraíso (palabra tomada del antiguo persa). En el AT, paraíso significa parque, huerta, quinta de recreo (Cant 4,13; Ecl 2,5; Neh 2,8). En los LXX, la palabra se usa exclusivamente para indicar el jardín donde Dios puso al hombre antes del pecado (Gén 2s).

1) *El paraíso terrenal*. El relato yahvista Gén 2,4b-3,24 sitúa al primer hombre en un jardín con

agua abundante y plantado de hermosos árboles, entre los cuales está el →árbol de la vida, cuyos frutos dan la inmortalidad. Gén 13,10; Is 51,3; Ez 31,8s; Eclo 40,27 entre otros mencionan este paraíso como símbolo de una vegetación exuberante; Ez 28,13s nos da una representación distinta. Pero tampoco todos los elementos de Gén 2s concuerdan entre sí: contiene duplicados (2,8 y 2,9; 3,17-19 y 3,23s). El agua que brota de la tierra da origen al río del Edén, dividido en cuatro brazos. Como dos de estos ríos son el Éufrates y el Tigris, se situó el paraíso al norte (reminiscencia de la montaña divina del dios El, Is 14,13; Sal 48,3 [?]); en cambio, 3,24 y 4,16 presuponen que el paraíso está al occidente. El hecho de que el árbol de la vida y el de la ciencia se nombren (2,9) sugiere que se trata de un motivo duplicado. Esto (y otros detalles) hace pensar que Gén 2s reúne distintas representaciones del paraíso: el motivo de la fertilidad idílica de la tierra que se pierde por el pecado (2,5s.9; 3, 17ss) y el motivo de un lugar de felicidad (cf. el país venturoso en la epopeya de Guilgameš; las islas Hespérides de la mitología clásica). →Edén. Es muy probable que 2,10-14 corresponda a una primitiva imagen del mundo, según la cual, la tierra está regada por cuatro ríos que la dividen en las cuatro partes del mundo de la cosmología oriental. Junto a su fuente común, origen de la fertilidad, se situaba el paraíso. Esta concepción debió prevalecer hasta el s. x (cf. la elección de la ciudad Assur como punto de orientación). Como una parte considerable del material reproduce concepciones populares, no se puede tratar de una representación objetiva del ambiente real en que vivió el primer hombre. Mejor hay que decir que él usa el motivo del paraíso para revestir la idea de que el sufrimiento y la muerte son consecuencia del pecado y que al final de los tiempos no habrá más pecado y por ello mismo, tampoco sufrimiento y muerte. En esta esperanza está el carácter específico de Gén 2s.

2) *El paraíso escatológico*. La esperanza de salvación que tenían los israelitas pinta la felicidad futura, muchas veces, con colores paradisíacos (cf. la caracterización de los príncipes: Gén 49,10ss; Is 11, 6ss; 51,3; Ez 36,35; la «larga vida»: Is 65,17-25). En la literatura apócrifa y rabínica se habla con frecuencia de un paraíso (1Hen 61,1ss; TestLev 18; 4Esd 7,123 etc.) al que irán a parar los justos de los tiempos mesiánicos o los del eón futuro. La mayor parte de los textos hacen coincidir el paraíso escatológico con el paraíso terrenal. En el NT (Ap 2,7), Cristo promete al vencedor el fruto del árbol de la vida que se encuentra en el paraíso de su Dios. Por medio de la comunidad con Cristo, el creyente puede alcanzar esta felicidad ya desde ahora (escatología anticipada; cf. también Ap 22,1ss).

3) *El paraíso del tiempo intermedio*. La identificación del paraíso terrenal con el escatológico presupone que éste sigue subsistiendo. La doctrina de la retribución que intenta diferenciar la suerte de los muertos, coloca en el paraíso, ya antes de su resurrección, a los justos, patriarcas y elegidos (1Hen 60,8; Jub 4,23). También en el NT, el paraíso es el lugar provisional de residencia de los justos (Lc 23,43). Pero así como en la representación judía, éstos reposan en el seno de Abraham (Lc 16,23), Jesús constituye ahora el punto central de la comunidad de los muertos (Flp 1,23). Se puede deducir de Mc 13,27 que

Paraíso

se tenía la idea de que este paraíso estaba en el cielo (cf. Lc 16,26; 2Cor 12,2ss). → Historia primitiva.

Paralipómenos → Cronista.

Pascua (hebr.: *Pesaḥ*, aram.: *pasḥā*, gr.: πάσχα. Significado original: saltar; luego: saltar, danzar en el culto; [en sentido traslaticio] Éx 12,13.23.27; Is 31,5: pasar de largo, perdonar la vida).
I. *En el AT*. Los textos bíblicos más antiguos dan la impresión de que el rito de la pascua ya era practicado por las tribus israelitas en tiempo de → Moisés (Éx 3,18; 8,21-24; 10,7-11.24.26 entre otros). La investigación ve los orígenes de la pascua en una fiesta de primavera de pastores trashumantes en la que se sacrificaban cabezas de su ganado (se discute si se trataría de un sacrificio de → primicias). Con su sangre se pintaban los dinteles de las puertas, su carne se comía como banquete sacrificial de la familia con pan sin levadura y no se podía romper ningún hueso del animal (significado expiatorio). Cuando Israel relacionó esta fiesta nómada con el → éxodo de Egipto y la convirtió en memorial del hecho salvador de Yahveh, tomó como punto de partida este rito pastoril. La consecuente reinterpretación de los ritos en un sentido de historia de la salvación era absolutamente legítima (Éx 12,14.23.27.31). La prescripción 12,1-14, a pesar de pertenecer a la capa más reciente de P, nos ha conservado el rito en su forma más antigua: el mes de primavera es considerado, de acuerdo con el uso nómada, como comienzo del año (→ Calendario); la fiesta se celebra como fiesta familiar y no se habla para nada de un sacerdote en funciones. Cuando Israel se convirtió en pueblo sedentario, se combinó la noche pascual con la semana festiva de los panes ácimos (→ Massot) que, a diferencia de la fiesta nómada de la pascua, era una fiesta campesina de primavera (sobre su desarrollo, cf. Éx 12,21-23; con Dt 16,1-8 y Ez 45,21). En la legislación deuteronomista, se pierde el carácter familiar y nómada de la fiesta que ahora debe tener lugar en el templo. Antes sólo estaba permitido usar ganado menor, ahora se permite también el ganado mayor. Sin embargo, estas innovaciones no se imponen (Éx 12,1-14; Lev 23,5-8; costumbre en Elefantina). En la época postexílica, la pascua se celebraba en una forma que combinaba la legislación sacerdotal con la deuteronomística: sacrificio de los animales en el templo y a continuación comida sacral en el círculo de la familia o en grupo, como la que formó Jesús con sus discípulos. A partir de la destrucción de Jerusalén (70 d.C.), el rito nómada fue observado únicamente por los (→) samaritanos en el monte Garizzim. Entre los judíos, la cena tomó el aspecto de un banquete griego o romano: durante la comida del cordero, se bebía vino (cuatro copas) y se comían hierbas amargas, frutas y pan ácimo. Entretanto se leía el relato del éxodo y se cantaba el → aHel. Durante la fiesta debe «cada uno y en cada época entenderse a sí mismo de tal modo, como si él mismo hubiese salido de Egipto» (Pes. 10,5): el hecho pasado de la salvación de Dios se vuelve presente en la pascua y se une con la esperanza escatológica. Con ello, la pascua tenía un carácter sacramental.
II. EN QUMRÁN. Sabemos que la comunidad de Qumrán celebraba la pascua por su calendario festivo. Pero como este calendario no coincidía con el oficial del templo de Jerusalén y la comunidad evitaba

todo contacto con el templo, la pascua tenía que celebrarse sin el ritual del sacrificio del cordero pascual y substutirse por alguna otra comida sacral.
III. EN EL NT. Para la tradición sinóptica la eucaristía es la pascua de la nueva alianza, pues entiende la última cena de Jesús con sus discípulos como cena pascual (Mc 14, 12-16 par; Lc 22,14-16). En cambio, para Pablo y Jn, la pascua del AT se consuma en la muerte de Jesús en la cruz (1Cor 5,7; Jn 19,14.30s [Jesús muere mientras en el templo se sacrifican los corderos pascuales]. 36). Esta tradición se ha impuesto en la Iglesia: el nombre de pascua ha quedado para designar la fiesta del memorial de la muerte y resurrección de Jesús. Pero como este memorial se celebra sacramentalmente en la eucaristía, ésta se puede llamar con razón la cena pascual del NT. → Cena (última).

Pastor. Los pequeños propietarios guardaban ellos mismos su ganado (Ez 34,15) o encargaban este trabajo a sus hijos (Gén 31,38-40) o a sus hijas (Gén 29,6). Para ganados más numerosos se contrataban pastores. Se pagaba al pastor con dinero (Zac 11,12) o con una parte del ganado (Gén 30,28-43; 1Cor 9, 7). El pastor debía buscar lugares de pasto y agua (Sal 23,2s) y proteger el rebaño de animales de rapiña y de ladrones (1Sam 17,34s; Jn 10,12), por ello iba armado con cayado, bastón y honda. El pastor tenía que restituir los animales perdidos (Gén 31,39; otras disposiciones en Éx 22,9-12). A causa de su fidelidad y cuidado para con el rebaño, el pastor se convirtió en figura de príncipe; pastor es un título frecuente entre los reyes asirios y judíos (Ez 34,1-10; Zac 11,4-14) y también se aplica a Dios (Sal 23,1-4;

Ez 34,11-22). Los profetas refieren esta figura al rey davídico de los tiempos de la salvación (34,23s; 37, 24). En el NT se llama pastor no a Dios, sino a Jesús (Mt 2,6; Jn 10,11-16).

Patmos, pequeña isla rocosa de las Espóradas, en el mar Egeo, frente a la costa de Caria, lugar donde fue desterrado el autor del Ap (1,9).

Patriarcas (gr.: padre del linaje). En el uso normal de la palabra, se llaman patriarcas a (→) Abraham, Isaac y Jacob; en sentido más amplio, llámanse también patriarcas los diez cabezas de linaje desde Adán hasta Noé (Gén 5) y desde Noé hasta Abraham (11,10-26). Los hechos decisivos de la existencia de Israel aparecen ya en germen en los patriarcas: elección, adoración de Yahveh, alianza, revelación, concesión del país (Gén 12-50). Como lazo de unión entre los patriarcas y el pueblo de Israel, la adoración de un mismo Dios desempeña sobre todo un papel importante (Gén 12, 7s; 13,14.18 etc.): Yahveh es el «Dios de los padres» (Éx 3,6; 6,3 etc.) que les prometió una numerosa descendencia y la posesión del país de Canaán. En ellos se trazó de antemano la suerte futura de Israel (Gén 15,13-16). Para ello, entre los patriarcas y los «hijos de Israel» debía existir un lazo genealógico. Este lazo se anudó haciendo derivar las doce tribus de Israel de los doce hijos de Jacob, y con ello también de Jacob, de Isaac y finalmente de Abraham, quien, de esta forma, se convirtió en padre universal de todo el pueblo de Israel. Las lagunas dentro de este relato esquemático y poco histórico se disimularon (p.e., cambio del nombre Jacob por el de Israel, Gén 32,29, donde seguramente se trata

Patriarcas

de los relatos distintos en su origen; el paso de Jacob/Israel al pueblo de Israel no es más que un juego de palabras, Éx 1,1-7). Las figuras de los patriarcas, en el relato bíblico, se relacionan con los antiguos santuarios cananeos (Sikem, Bet-El, Mamré/Hebrón, Beer-Šeba). Es evidente que las antiguas tradiciones de estos santuarios fueron asumidas por las tribus israelitas cuando tomaron el país e implantaron el culto a Yahveh y que transfirieron las tradiciones de unos santuarios a otros, así, p.e., en Sikem y Bet-El, originariamente lugares de Jacob, aparece también Abraham. Al mismo tiempo hay que observar la tendencia de relacionar toda tradición de los tiempos antiguos con las tres figuras de los patriarcas. Sin preocupación por relaciones cronológicas, tradiciones antiguas y más recientes se mezclan entre sí y los personajes se combinan en una relación genealógica. En todo caso, la transposición de los temas fundamentales de la teología israelita a la historia de los patriarcas es el resultado de la asimilación de materiales y tradiciones preisraelitas operada en las tribus al tomar el país y de su interpretación hecha por los redactores de las fuentes escritas. Según todo esto, es imposible situar a los patriarcas en un tiempo determinado («el tiempo de los patriarcas»). El mismo AT da datos contradictorios en lo que se refiere a fechas (cf., p.e., Éx 12,40 con Gén 15,13 y Éx 6,14ss). A partir de datos toponímicos y onomásticos, históricos étnicos y sociológicos, y por las relaciones jurídicas (textos de → Nuzu) o por los movimientos migratorios que se presuponen, se los sitúa entre los s. XIX y XIV a.C. Todo intento de poner fecha a las narraciones de los patriarcas tendría que corresponder a una época que hubiese tomado parte en la formación de los relatos y a través de ella obtener una parte de la verdad.

Pedro (de la traducción gr. del aram. *kēfā:* roca), discípulo y apóstol de Jesús. Su nombre era Simón, hijo de Jonás (Mt 16,17) o de Juan (Jn 1,42; 21,15), hermano de Andrés (Mt 10,2) y pescador como éste (Mc 1,16). Nacido en Betsaida (Jn 1,44), en el momento de su encuentro con Jesús en → Cafarnaúm (Mc 1,29; Lc 4,38). Era, junto con Juan y Santiago, uno de los discípulos predilectos de Jesús (Mc 5,37; 9,2; 14,33); negó a Jesús (Mc 14,66-72 par), pero fue también el primer testigo de su resurrección (Mc 16,7; 1Cor 15,5). La autenticidad de la promesa hecha a Pedro (Mt 16,13-20) fue largo tiempo impugnada por exegetas protestantes que veían en ella una producción de la comunidad primitiva, pero hoy se reconoce cada día más. Después de la muerte de Jesús, Pedro tomó la dirección de la comunidad naciente de Jerusalén (Act 1,15-5,32) y visitó los cristianos de Samaría, Lidda, Yaffá y Cesarea (8,14-11,18). Después de la ejecución de Santiago el Mayor (44), Pedro fue arrestado, pero en Act 15, aparece de nuevo en Jerusalén. A causa de su postura ambigua en la cuestión de la circuncisión, Pablo le reprendió públicamente (Gál 2, 11). No conocemos más sobre la actividad posterior de Pedro. Su estancia en Roma y su martirio en tiempos de Nerón (entre 64 y 67) debe tenerse por seguro, aun cuando las excavaciones llevadas a cabo (1940-49) bajo la basílica de San Pedro de Roma no pudieron demostrar convincentemente haber hallado el sepulcro de Pedro. Llevan el nombre de Pedro dos cartas (→ Pedro [cartas de]) y varios apócrifos

(*Hechos de Pedro, Apocalipsis de Pedro, Evangelio de Pedro, Predicación de Pedro*).

Pedro (cartas de). Dos cartas del NT atribuidas a Pedro (→ Cartas católicas).

1) *Primera carta de Pedro*, carta consolatoria, escrita en tiempos difíciles, en forma de circular. El escrito no da a entender una disposición clara. Sin embargo se podrían distinguir dos partes principales: *a)* La acción salvadora de Dios y la respuesta del hombre (1,3-2,10). *b)* La relación del cristiano con el mundo: sus obligaciones, el sentido escatológico del sufrimiento, amonestaciones (2,11-5,11). La carta se dirige a «los extranjeros en la dispersión» (habitantes de Asia Menor). Los argumentos alegados contra la paternidad literaria de Pedro (1,1; dependencia paulina, lengua, estilo y conocimiento de LXX, situación impensable antes de Domiciano [† 96]) se desvirtúan en gran parte si se admite la colaboración de Silvano como secretario (5,12). La fecha de composición (hacia el 60 [?]) y el lugar donde se escribió la carta («Babilonia» = Roma [?]) son datos que permanecen inciertos.

2) *Segunda carta de Pedro*. Después del saludo y de los votos de bendición, siguen exhortaciones a comportarse en cristiano (1,3-21), prevenciones contra los herejes (2,1-3, 16) y conclusión (3,17s). La carta gira en torno del problema de cómo se puede combinar la certeza del juicio final con la demora de la parusía.

La respuesta (*spatium poenitentiae* 3,8s) podría definirse como judeocristiana. Las coincidencias entre Sant y 2Pe (de los 25 vv de Sant, 19 se encuentran del todo o en parte en 2Pe) sólo se pueden explicar por la dependencia de 2Pe de Sant. Las objeciones contra la paternidad literaria de Pedro tienen fundamento. Seguramente la carta se escribió en la segunda o tercera generación cristiana; en todo caso, después de la caída de Jerusalén y de la destrucción del templo.

Pentápolis, territorio de las «cinco ciudades» (Sab 10,6) en la Transjordania: Sodoma, Gomorra, Admá, Seboím y Bela (Soar). Formaban una cierta coalición y luchaban contra el enemigo común (Gén 14) y fueron destruidas (excepto Soar, cf. Jer 48,34) a consecuencia de una catástrofe (Gén 19). La situación de la Pentápolis es discutida; unos la buscan al sur del mar Muerto, apoyados en el testimonio de autores tardíos (Ant 4,8,4; Onomastikon 42, 1; mapa de → Medebá), otros la buscan al norte del mismo (Gén 13,10).

Pentateuco. I. CARÁCTER DEL PENTATEUCO. Las cinco partes de la ley judía (Torá), (→) Génesis, Éxodo, Levítico, Números y Deuteronomio forman una unidad. La tradición señala a → Moisés como autor literario del Pentateuco. La palabra griega πεντάτευχος significa: el libro «de cinco estuches», es decir, el libro dividido en cinco estuches, por constar de cinco rollos o volúmenes. La característica del Pentateuco es la mezcla de narraciones y leyes. Las narraciones dominan en Gén y en la primera parte de Éx, mientras que en la segunda parte prevalecen los textos de género jurídico. Tanto narraciones como leyes se ordenan a la edificación del pueblo de Dios y a la revelación de los preceptos divinos que pueden otorgar al pueblo la vida (Dt 6,24). La estructura literaria del Pentateuco es muy compleja: pasos bruscos (Gén 20,1; Éx 20,1), retrocesos y repeticiones (Gén

Pentateuco

2,4b; 5,1) llaman en seguida la atención, en lo que hay que observar que las repeticiones nunca transcurren sin divergencias (Gén 12; 20; 26).

II. Crítica del Pentateuco. 1) *Historia.* Los trabajos de crítica empezaron en el s. xvi. Con R. Simon (1678) se empiezan a bosquejar los primeros métodos críticos propiamente dichos: búsqueda de manuscritos, análisis de los textos por secciones, etc. Simon sostenía la tesis de que el Pentateuco en su totalidad no podía haber sido escrito sólo por Moisés. Poco a poco se descubrió la importancia que significa el hecho de faltar el nombre de Yahveh en Gén 1 y las diferencias literarias entre Gén 1 y Gén 2s; por una parte los textos que usan Yahveh y por otra parte los textos que usan Elohím forman dos conjuntos distintos al interior del Pentateuco (hipótesis de los documentos).

Otros entendieron el Pentateuco como una colección de los fragmentos más distintos (J.S. Vater, 1802), mientras que los partidarios de la hipótesis de los suplementos (H. Ewald) defendían la unidad del Pentateuco distinguiendo un escrito fundamental elohísta en el cual un redactor habría añadido suplementos posteriores yehovistas. La hipótesis de los documentos recibió nuevo impulso con la distinción de un elohísta primero (como escrito fundamental), un elohísta segundo, un yehovista y el Dt (Hupfeld, 1853). J. Wellhausen, en 1876, dio la forma clásica a la teoría de las fuentes del Pentateuco: el escrito fundamental elohísta de antes se convirtió en el código sacerdotal (P) y debía considerarse la fuente más moderna; el Dt (D) pertenecía al s. vii; la fuente tercera fue la yehovista: una fusión de las dos fuentes más antiguas, la fuente J (s. ix, reino del sur) y la fuente E (s. viii, reino del norte).

2) *Impugnación.* El sistema de Wellhausen, con la consiguiente esquematización del desarrollo espiritual de Israel, pareció a muchos como un pretexto para eliminar de la historia bíblica lo sobrenatural. De parte católica reaccionó en contra el magisterio eclesiástico. También, fuera de la Iglesia católica, los círculos pietistas se manifestaron adversarios de tal hipótesis.

3) *Desarrollo.* Junto a estos exámenes de los resultados literarios, se intentaron también nuevos caminos. Se empleó con más intensidad la historia de las religiones, la arqueología de Palestina (importante para el Pentateuco: el código de →Hammurabi, las leyes hittitas y asirias) y la investigación de los géneros literarios (→Historia de las formas) proporcionaron nuevos elementos. Apareció, al fin, claro que en el Pentateuco tenía que contarse con una evolución orgánica, condicionada por las exigencias sociales de los distintos períodos culturales por los que atravesó el pueblo de Israel. En la exégesis del Pentateuco, la religión no se redujo ya a un exangüe esquema de desarrollo, por ello la Iglesia católica aflojó paulatinamente su reserva (→*Divino afflante Spiritu*, 1943; carta de la Comisión Bíblica al cardenal Suhard, 1948).

No obstante, muchos resultados de antaño se ponen hoy en tela de juicio. P.e., se ha vuelto insegura la cuestión de la época de origen del Dt; la escuela escandinava (Engnell, Nyberg) subrayó con insistencia la tradición oral; sin embargo, la crítica literaria conserva sus derechos. J. Pedersen y M. Noth entienden que el núcleo del Pentateuco es la narración cultual que en las fiestas principales israelitas renueva la memoria de la opresión en Egipto y de la liberación. Según G.v. Rad, la teología se habría separado después de estas narraciones cultuales y las habría transformado en un testimonio de la actuación de Dios en la historia, y precisamente en la redacción de J. Se ha intentado situar las fuentes del Pentateuco en las circunstancias históricas y sociales del pueblo israelita: J, que indiscutiblemente tiene que ver con la narración de la sucesión del trono de David (2Sam 13ss) y con los problemas del tiempo de Salomón, quiere demostrar la legitimidad de Salomón y del templo fundado por él. Sólo las promesas a los patriarcas y la liberación obrada por Moisés aseguran la salvación de Dios para el pueblo. E está mucho más alejado de la ideología monárquica (relaciones con el movimiento profético). Entiende la salvación del pueblo y la garantía divina en la forma de un contrato de alianza. Los elementos fundamentales del Dt, así como los de E, proceden del reino del norte. Pero los libros de los Reyes, que dependen de Dt, están de acuerdo con el santuario davídico de Jerusalén. De ello se deduce que la primera redacción parece proceder de sacerdotes o levitas del norte que se habían refugiado en la corte de Ezequías. P pone a salvo las funciones salvadoras del sacerdocio. Esquematizando, esta historia muestra las instituciones de un Israel que, en medio de pueblos paganos, permanece fiel a la fe de los padres y espera un nuevo éxodo. Después de la cautividad, P fue completado con añadidos sobre todo de contenido litúrgico. Así concluyó el documento fundamental de la religión judeoisraelita, en el comienzo del cual (sea de la forma que fuere) está Moisés y cuya historia abarca casi más de un milenio.

Pentecostés (del gr. πεντηκοστή = el día 50.º). La fiesta de Pentecostés, la segunda de las fiestas en las cuales todo israelita debía comparecer en el santuario ante Yahveh (Éx 34,23; Dt 16,16), recibió distintos nombres a lo largo de su historia. Éx 23,16 la llama fiesta de la cosecha; Éx 34,22, fiesta de las primicias del trigo; Dt 16,10 y Núm 28,26, fiesta de las semanas porque se celebraba siete semanas después de la fiesta de los → ácimos. Más tarde recibió el nombre de fiesta del día quincuagésimo (después del sacrificio de la gavilla [Lev 23,9-14], Tob 2,1; 2Mac 12,31s; Act 2,1). En su origen fue una fiesta agrícola, más tarde (hay testimonios desde el s. II d.C.) se convirtió en fiesta histórica que recordaba la promulgación de la ley del Sinaí. Pentecostés estuvo también bajo el signo del Sinaí en Qumrán. Se celebraba como fiesta de las semanas, sesenta días después de Pascua y es la única fiesta de Qumrán de la que tenemos un ritual. El primer día de Pentecostés después de la resurrección de Jesús bajó el Espíritu Santo sobre la comunidad de Jerusalén (Act 2,1-13).

Péqaj (hebr. forma abreviada de → Peqajyá), decimoctavo rey de Israel (735-732) que había sido guardia personal de Peqajyá al que eliminó en una conjuración (2Re 15, 27-30). Péqaj se alió a una coalición antiasiria, dirigida por Damasco, pero, después que los asirios conquistaron gran parte del territorio de Israel y deportaran a sus principales, fue derrotado y asesinado por Oseas (2Re 16,5-9; Is 7,1-16).

Peqajyá (hebr.: Yahveh ha abierto [los ojos]), decimoséptimo rey de

Peqajyá

Israel (737-736), hijo de Menajem, fue asesinado por su guardia personal Péqaj (2Re 15,23-26).

Perea (gr.: el país del otro lado), país al este del Jordán cuya capital era Gadará. La Perea fue judaizada por Juan II Hircano (135-104) y por Yanneo (103-76). Después de la reorganización del reino judío bajo el romano Gabinio (63 a.c.), no quedó de Perea más que la faja desde Pella hasta Maqueronte. Después de la muerte de Agripa II, se incorporó a la provincia romana de Siria. PN D4-D7.

Pergamino → Pérgamo.

Pérgamo, antigua capital de Misia, al norte de Éfeso, residencia de los atálidas hasta el año 133 a.c., desde el 129 capital de la provincia romana de Asia, residencia de un procónsul y centro del culto imperial. Pérgamo fue célebre por su altar a Zeus en la acrópolis (hoy en Berlín) y por sus procedimientos locales de fabricar con pieles de animales el «pergamino» (→ Escritura [material de]). Ap 1,11 menciona Pérgamo entre las siete iglesias del Asia Menor (cf. 2,12-16).

Perro, como animal doméstico y de caza se conoce en Israel desde tiempos antiguos. El perro vagabundo y sin dueño que se alimenta de carroña (Sal 68,24) se tenía por impuro (Éx 22,30) y peligroso (Prov 26,17; Éx 11,7). La palabra perro se emplea también como injuria (1Sam 17,43; 2Sam 3,8; Is 56,10s etc.), designa a los prostituidos (Dt 23,19; Ap 22,15), a la escoria de la sociedad (Prov 26,11; 2Pe 2,22). Pablo llama así a los judaizantes (Flp 3,2) que ponen desorden en la comunidad. Mt 15,26: Jesús compara el derecho del hijo con el del perro.

Persas, pueblo iranio que entre 538 y 333 dominó el oriente próximo.

1) *Historia.* La historia más antigua de los iranios (= medos y persas) es muy oscura. La primera formación de un Estado conocida es el de los → medos. Al lado, el persa → Ciro el Grande (559-529) amplió su poder y derrotó en 550 el dominio de los medos. Con la conquista de Babilonia (539), del imperio neobabilónico y del Asia Menor, surgió el gran imperio persa. Su tolerancia religiosa fue sobre todo favorable para los judíos deportados a Babilonia los cuales por el edicto de 538 pudieron regresar a Judá (cf. Esd/Neh y Dan). Darío I (521-485) fue el que más ensanchó las fronteras y dividió el imperio en 29 satrapías, de las cuales una estaba formada por Siria y Palestina. Su sucesor fue → Jerjes. Bajo Darío III acabó la gran potencia persa: en la batalla de Isos, el poder e imperio persa cayeron en manos de Alejandro Magno. El AT menciona a Ciro, Darío, Jerjes y Artajerjes (→ Esdras; Nehemías).

2) *Cultura y religión.* Las lenguas iranias pertenecen a la rama aria del grupo de lenguas indogermánicas. En la antigüedad se distinguía el persa antiguo de las escrituras cuneiformes y la lengua de Avesta, a la que pertenecen los Gatas, los cantos sagrados de Zarathustra. Si bien éstos se fijaron por escrito en los primeros siglos d.C., por su lengua y contenido deben ser muy antiguos. La adoración de las antiguas divinidades arias fue relativamente pronto desplazada por Zarathustra (Zoroastro). Éste predicó a un «creador de todas las cosas» que premia a los buenos después de la muerte con el paraíso y castiga a los malos con el infierno. Mientras para Zarathustra los impulsos buenos y malos son puras

funciones o fuerzas del alma, en la época siguiente se personificaron y convirtieron finalmente en «arcángeles». Como más tarde, de las fuerzas del alma se formara un dios que se opuso al dios anciano que entretanto se había entumecido, surgió un dualismo que se trataba de superar por medio de un superdios («tiempo infinito»; s. VIII/VI a.C.).

Pesebre, recipiente para la comida del ganado (Job 39,9; Is 1,3). Según el Evangelio lucano de la infancia, Jesús, después del parto, fue colocado en un pesebre (tal vez cavado en piedra y completado con barro, como es usual en las grutas de Palestina) que le sirvió de cuna (2,7).

Pesos → Medidas y pesos.

Petra, nombre griego de la capital de los → nabateos, quienes la tomaron de los edomitas lo más tarde en el s. IV a.C. Sin excluir la posibilidad de una falsificación, podría ser que ya desde el tiempo del cronista se hubiese identificado con la ciudad edomita de → Sela. Los nabateos erigieron en Petra edificios suntuosos, cuyo estilo denota influencias asirias, egipcias, árabes y grecorromanas. Después de ser conquistada por los romanos (106 a.C.), la ciudad experimentó un nuevo florecimiento, pero luego sucumbió ante la competencia de la recién fundada → Palmira. Petra se descubrió de nuevo en 1812. La investigación arqueológica descubrió imponentes ruinas: tumbas, templos lugares de sacrificio, calles suntuosas, arcos de triunfo, etc.

Pez (pesca). La palabra hebrea para designar pez es un nombre genérico que sirve para toda clase de animales marítimos.

1) El AT habla muy poco de peces. Con todo, la puerta de los peces en Jerusalén (Neh 3,3; Sof 1,10) indica la importancia del comercio del pescado. El pescado era traído del Mediterráneo a través de Fenicia (Neh 13,16). Según la ley, sólo era lícito comer pescado de aletas y escamas (Lev 11,9-12; Dt 14,9s). Algunos profetas toman sus metáforas de la pesca (Is 19,8; Jer 16,16; Ez 26,5.14; 29,4-6; 32,3-5).

2) En el NT, el lago de Genesaret, rico en peces, forma el marco de muchas narraciones (Mt 4,18,20 par 13,47; 14,17; Lc 24,42; Jn 21,3-14). Junto al lago había entonces una fábrica de salazón (→ Mágdala). Se pescaba con anzuelos (Am 4,2; Mt 17,27), con esparavel (Mt 4,18) o con red barredera (Mt 13,47). En el cristianismo primitivo el pez se convirtió en símbolo de Cristo (la palabra griega ἰχθύς = pez, contiene las letras iniciales griegas de Jesucristo, Hijo de Dios, Salvador).

Piedra. 1) En el *terreno profano,* la piedra tuvo muchas aplicaciones. Sirvió de herramienta o arma (Éx 21, 18; 2Sam 16,6; Zac 4,10), de peso (Prov 16,11; Jer 51,63), pedernal (2Mac 10,3), para cerrar una cueva (Gén 29,2-10), cubo (Zac 5,8) o sepulcro (Mt 27,60), como piedra de molino (Dt 24,6) y como pileta de prensar en el lagar. También se usó como piedra fronteriza o como recuerdo (de un contrato: Gén 31,44-52, del paso del Jordán: Jos 43.20s). Pero sobre todo la piedra fue importante como material de construcción. Ya en el milenio VII, las murallas se construían con piedras (→ Fortificaciones; Jericó). Las piedras grandes servían de fundamento (1Re 5,31) y de piedra angular. Las piedras del templo se labraron de modo particular (6,7-7, 12 etc.). Desde siempre las piedras

Piedra

tuvieron importancia religiosa (→ Massebá). Objetos de culto, hechos piedra eran, entre otros, las dos tablas de la ley (Éx 24,12) y el cuchillo para la circuncisión (4,25; Jos 5,2). El → altar tenía que ser de piedra sin labrar (Éx 20,25; 1Sam 14,33).

2) En *sentido figurado,* la piedra simboliza lo inanimado, lo que no tiene gusto, como en las antítesis: Dios - piedra (Act 17,29), hombre - piedra (Mt 3,9; 19,40), carne - piedra (2Cor 3,3) y pan - piedra (Mt 4,3). Dios puede suscitar hijos de las piedras (Mt 3,9 par; cf. Is 51,1s). Se compara la dureza de la piedra con la dureza del corazón (Job 41, 16; Ez 11,19 etc.), Jesús se tiene a sí mismo como piedra angular que los hombres han echado (Mc 12,10; cf. Sal 118,22). Este pensamiento se desarrolla en Ef 2,20-22, donde la comunidad es representada como templo y Cristo, como su piedra angular. El que tropieza contra la piedra, se precipita en la perdición (Lc 20,18 par); en Cristo, «piedra de escándalo» se decide la salvación o la perdición del hombre (Rom 9, 32s; 1Pe 2,8). En 1Cor 10,4 la piedra que manaba agua es figura del Cristo preexistente.

Piedras preciosas. En el AT se enumera dos veces una serie de doce piedras preciosas: sobre el pectoral del → sumo sacerdote (Éx 28,17-20 = 39,10-13) y sobre el vestido del habitante del paraíso (Ez 28,13). Ap 21,19s nos ofrece un grupo parecido. En las excavaciones de Palestina se han encontrado las siguientes: cornalina, amatista, jaspe, malaquita, zafiro, ágata, ónice, turquesa, crisólito, cristal de roca, hematita, nefrita, esteatita, serpentina, obsidiana, diorita y lapislázuli. Las piedras eran trabajadas para la confección de (→) alhajas, → escarabeos y → sellos

(Eclo 32,5s). La Biblia dice que se hallan piedras preciosas en Arabia (1Re 10,2.10; Ez 27,22), en Ofir (1Re 10,11), en Javilá (Gén 2,12) y en Sebá (1Re 10,1s). Pero la mayoría de estos lugares eran sólo puestos de comercio de piedras preciosas procedentes de Egipto. En la misma Palestina no aparece ni una sola piedra preciosa.

Pilato (lat.: el pelado o calvo [?]), Poncio, procurador romano (→ Gobernador) de Judea (26-36; Lc 3,1). Los antiguos historiadores profanos (Filón, Fl. Jos., Tácito) lo pintan desconsiderado y cruel. Hirió los sentimientos religiosos de los judíos haciendo desfilar por Jerusalén estandartes con la imagen del emperador y exponiendo escudos votivos con el nombre del emperador. Tomó del tesoro del templo para la construcción de un acueducto. Finalmente fue citado a Roma y depuesto de su cargo a causa de su crueldad contra los → samaritanos. En los Evangelios, donde desempeña un papel decisivo como juez del proceso de Jesús (Mc 15 par; Jn 18s), toma una postura imprecisa y poco clara frente a los judíos (aparte su enemistad con Herodes → Antipas, 23, 12). En los primeros tiempos del cristianismo corrieron varios escritos apócrifos sobre Pilatos: *Mors Pilati* relata su suicidio, una carta de Pilato a Claudio (= Tiberio) sobre la inocencia de Jesús (sobre *Acta Pilati* → Nicodemo), y finalmente, la *Tradición de Pilato* cuenta su martirio como cristiano penitente. Fig. 34.

Pitom (egip.: templo del [dios] Atum), ciudad egipcia, edificada para ser «ciudad almacén» en tiempos de Ramsés II por los israelitas en trabajos de prestación personal (Éx 1,11). Se la identifica con Heroópolis, al este de *vādi ṭumēlāt*.

Pobreza

Fig. 34. La única mención de Poncio Pilato hallada hasta la fecha en una inscripción (en 1961 en el teatro de Cesarea, donde la piedra había sido utilizada de nuevo como peldaño): ...]S TIBERIEVM PO]NTIVS PILATVS PRAEF]ECTVS IVDAE[AE

Plagas. Según la concepción bíblica, Dios castiga a sus enemigos por medio de plagas o sufrimientos, así, p. e., a los egipcios que impedían el éxodo de los israelitas, por medio de ranas, mosquitos, tinieblas, langostas, pedrisco y otras, en parte, fenómenos característicos de Egipto (Éx 7,14-12,36; Sal 78,43-51; 105, 26-36); a los filisteos (1Sam 6,4), o a los israelitas infieles (Núm 11,33 etcétera). Las plagas sirven de advertencia y muestran a su vez el poder de Dios. Las plagas del Ap (cap. 9 y 16) están inspiradas en parte por las plagas de Egipto.

Plañideras → Enterramiento.

Plata → Metal; Monedas; Alhajas.

Plato → Cerámica.

Plomo → Metal.

Pobreza. 1) *En el AT*. Tanto la pobreza como la riqueza provienen en última instancia de Yahveh, los dos conceptos son correlativos y se entienden más en sentido ético que en sentido económico (Prov 30, 8s, etcétera). Desde el punto de vista «natural», la pobreza es sin duda un mal, del cual —aparte de la siempre imperante causalidad divina— el hombre puede tener la culpa (1Sam 2,7; Prov 22,2; 29,13). Como causas de la pobreza se dan la ociosidad (Prov 6,9-11; 24,30-34; Ecl 10,18) y el afán de placeres (Prov 21,17; Eclo 18,33; etc.). Sin embargo, el AT simpatiza en general con los pobres (Job 5,15; Sal 72,12-15; Eclo 35,13-24), los profetas intervienen a favor de los po-

Pobreza

bres y la →Ley intenta mitigar su suerte. El AT no conoce la pobreza voluntaria.

2) *El NT* no pronuncia ningún juicio de valor sobre la pobreza, pero manifiesta una expresa simpatía por los pobres (cf. Sant 2,2-6; Lc 16, 19-31; Mc 12,41-44 par). Pablo se consagra al cuidado de los pobres, a cuyo propósito recuerda la pobreza de Jesús (Rom 15,26s; 2Cor 8,9; cf. Mt 8,20 par). Los pobres a quienes se les participa la buena nueva (Mt 11,5; Lc 4,18), los pobres de espíritu (Mt 5,3) no deben juzgarse desde un punto de vista social, sino religioso. Ellos son, como en los Sal e Is 29,18s, los humildes, los conscientes de su propia insuficiencia (Ap 2,9). El NT conoce la pobreza voluntaria (Mc 10,21s par). →Limosna.

Pozo de Jacob, escenario del diálogo de Jesús con la samaritana, al pie del Garizzim, junto a Sikem (Jn 4). La identificación arqueológica y literaria del pozo de Jacob con el pozo situado 2km al este de *nāblus* corresponde a los datos bíblicos.

Precio de la esposa →Boda.

Pretorio es el nombre del cuartel general de un campamento militar romano, o también nombre del consejo de guerra o de la guardia de corps; en el terreno civil, pretorio es la residencia del gobernador romano de una provincia y en sentido amplio, todo edificio principesco. *En el NT* aparece la palabra pretorio en tres significados distintos:
1) Residencia del procurador Pilato (Mc 15,16 par; Jn 18,28-33; 19,4s.9.13). El interrogatorio de Jesús tuvo lugar al interior del pretorio; en cambio la sentencia y flagelación, en el patio anterior, pues los judíos se negaron a entrar en el pretorio. No se puede precisar con seguridad qué «palacio» se quiere decir con la palabra pretorio (Mc 15,16). Desde el s. XII, se busca el pretorio con preferencia en la torre →Antonia, al noroeste de la plaza del templo. El descubrimiento de un gran enlosado pasó por ser confirmación de esta tradición, este enlosado sería el *lithostrotos* de Jn 19,13. Otros, recurriendo a Filón y a Fl. Jos., buscan mejor el pretorio en el antiguo palacio de Herodes, lo que más tarde se convirtió en ciudadela turca, sobre la colina occidental, donde se ha comprobado que vivían los procuradores romanos cuando iban a Jerusalén. Fig. 25.
2) El pretorio de Herodes en Cesarea (Act 23,35), residencia del procurador romano, donde Pablo estuvo arrestado en poder de Félix.
3) El entendimiento de la palabra pretorio en Flp 1,13 depende de lo que antes se haya decidido como lugar de composición de la carta. Si fue en Cesarea o en Éfeso, entonces se trataría de la residencia del gobernador; si Pablo escribía desde Roma, entonces pretorio podría significar la vivienda de la guardia de corps que guardaba a Pablo.

Primicias. Como acto de agradecimiento por la cosecha, los campesinos ofrecían a Dios parte de los frutos. En un principio se trataba de los primeros frutos, más tarde, con frecuencia, se ofrecía la mejor calidad (en especial cereales, uvas, aceitunas, lana). Las primicias se daban para el santuario o para los sacerdotes (como una especie de → tributo) sobre todo en las fiestas de la cosecha. La plegaria que se recitaba en esta ocasión (Dt 26,5-10) honraba a Dios como dador de la tierra fértil (disposiciones concretas en Núm 15,17-21; 18,12s; Lev 19,24 etc.). En el NT se encuentra el concepto primicias sólo en sentido figurado referido a Cristo (1Cor 15,20.23), al Espíritu (Rom 8,23) y a los cristianos (16,5; 1Cor 16,15; Sant 1,18). → Primogénito.

Primogénito. La ley de Israel contiene diversas disposiciones sobre los primogénitos tanto de hombres como de animales. A causa del → matrimonio polígamo, hay que distinguir entre el primogénito del padre (Gén 49,3; Dt 21,17) y el primogénito de la madre (Éx 13,2). El primogénito del padre poseía el derecho de primogenitura (→ Herederos): Porción doble de los bienes paternos, una cierta autoridad sobre sus hermanos y hermanas y las bendiciones especiales del padre (Gén 27,33-36). El primogénito de la madre debía ser consagrado a Yahveh (Éx 13,2.11-16; 22,28; 34,19s); la justificación de este uso era que Yahveh había preservado a los primogénitos de Israel en Egipto (13,14ss; Núm 3, 12). Los primogénitos eran rescatados (Éx 34,20 etc.). Según Núm 3, 41ss, los → levitas, sirviendo en el santuario, compensaban por los primogénitos. También los primogénitos machos de los animales pertenecían a Yahveh (Éx 34,19s), pero tenían que ser puros y sin mancha, los que no lo eran se mataban o sustituían (Dt 15,21ss). En sentido figurado, primogénito significa preeminencia entre iguales (Sal 89,28; Job 18,13; Is 14,30). En este sentido, Yahveh llama primogénito suyo a Israel (Éx 4,22; Jer 31,9) y Cristo es designado como primogénito entre muchos hermanos (Rom 8,29), el primogénito de la creación (Col 1, 15).

Priscila → Áquila 1.

Profeta. I. EN EL AT. 1) *Términos*. La palabra profeta proviene del griego προφήτης: intérprete y predicador de oráculos. El hebreo *nābī'* tiene el mismo significado fundamental; pero parece que en los tiempos más antiguos, el término se limitó para designar a los que anunciaban extáticamente las alabanzas de Dios (1Sam 10,5.10). Los que transmitían un oráculo de Yahveh eran denominados videntes *(rō' eh* o *ḥōzeh)*. *Nābī'* tuvo incluso un sentido despectivo y la mayoría de los escritores proféticos evitan darse este título. El profetismo marcó decisivamente la vida espiritual de Israel durante cerca de un medio milenio. Conocemos una serie de profetas sólo a través de los libros históricos (Samuel, Natán, Ajiyyá, Elías, Eliseo).

2) *Profetas fuera de Israel.* Jer 27,9 muestra que en Israel se contaba también con las manifestaciones proféticas de los países semitas vecinos. En Egipto, la «profecía» es parte integrante de la sabiduría, aquí ya no se trata de una predicación carismática, sino del convencimiento de que la historia sigue su curso según normas fijas y conocibles que hace posible que hombres inteligentes puedan incluso predecir el futuro. Es probable que lo mismo valga para los hittitas. En cambio, el término *maḫḫû* de los textos akkadios parece que indica a extáticos. El *muḫḫû (āpilum)* de los textos de Mari (ca 1700 a.C.) muestra una cierta semejanza con los profetas del AT (espontánea aparición en escena), pero su mensaje se refiere exclusivamente al destino del rey y no se dirige al pueblo con exigencias éticas. Una comparación con el profetismo de fuera de Israel es sólo posible con los profetas de oficio del AT, no con los profetas de vocación.

3) Estos *profetas de oficio* se contaban, al igual que los sacer-

Profeta

dotes, sabios y reyes, entre los guías del pueblo de Israel; con frecuencia estaban contratados en la corte o en algún santuario y se ganaban la vida anunciando la palabra de Dios. Aun cuando también los profetas de oficio, en circunstancias especiales recibían un encargo de Yahveh (Samuel, Elías, Eliseo), se distinguía, sin embargo, la falta de una vocación especial de Yahveh de los profetas de oficio.

4) *Falsos y verdaderos profetas.* Algunos profetas de oficio se comportaban manifiestamente más por el afán de ganar que por el amor a la verdad. Dt 13,6; 18,20 amenaza a los profetas que apartan al pueblo de Yahveh por medio de sus anuncios o milagros, o que hablan en nombre de Yahveh sin tener encargo suyo. El verdadero profeta sólo se puede distinguir como tal, si su predicación coincide con las exigencias de la alianza. Si se trata de predicciones de salvación nacional, sólo su cumplimiento brinda un criterio seguro.

5) *Formas de revelación.* Los profetas apelan pocas veces a sueños, es más frecuente que se refieran a visiones que podían ir unidas con éxtasis (Jer, Ez, Dan). Pero en la mayoría de los casos, los profetas dicen haber recibido una palabra que Yahveh les ha confiado.

6) *Las formas de expresión.* El mensaje de los profetas se puede subrayar por medio de gestos o posturas corporales. Las palabras de los profetas más antiguos nos han llegado en la forma corta y métrica de los proverbios. Es característica la fórmula introductoria (oíd la palabra de Yahveh; así habla Yahveh). Se usan los géneros poéticos corrientes (cantos de brindis, satíricos, elegíacos, himnos, discursos de acusación o de amenaza, discusiones). Para comprender a los profetas es indispensable tener conocimiento de su medio ambiente histórico y geográfico.

7) *Contenido* de la predicación profética *son* las exigencias morales que se originan de la (→) alianza y del decálogo. Los profetas precaven la infidelidad con reprimendas y amenazas de juicio; sólo en la fidelidad a Yahveh está la felicidad de Israel. Pero siempre proponen a la vista del pueblo nuevas posibilidades de salvación. Dios castiga sólo para salvar. En la profecía tardía, el pensamiento de la salvación aparece con más fuerza; la iniciativa del hombre va perdiendo espacio, la salvación de Yahveh se eleva a la categoría de obra exclusiva de Yahveh.

II. EN EL NT. 1) *Los profetas del AT* (sobre todo Isaías) se citan con frecuencia como testigos de la revelación salvadora realizada en Jesús. La interpretación de cada una de las palabras de los profetas está decidida por la inteligencia de la fe de la comunidad de Jesús. Las palabras de Zacarías, Isabel, Ana y Simeón (en Lc) son «proféticas» porque, al igual que los oráculos proféticos del AT, provienen de una revelación de Dios y se refieren al misterio de la salvación de Jesús. Juan Bautista, «profeta del Altísimo» (Lc 1,76), «más que un profeta» (Mt 11,19), representa, con su aparición, bautismo y predicación de juicio, conclusión y consumación de la profecía veterotestamentaria. Jesús anuncia claramente que su destino es el destino de los profetas (Mc 6,15; Lc 13, 33). Es seguro que sus contemporáneos le consideraron profeta (Mc 6,15 par; 8,28 par; Mt 21,11.46; Jn 4,19 etc.).

2) En la *comunidad cristiana,* el profetismo obtiene una eficacia especial por medio del don carismático del Espíritu prometido y envia-

do por Jesús. Este don, que es una señal de que el tiempo de la salvación ha llegado a su cumplimiento, está a disposición de todos, aun cuando sea ejercido de un modo particular por algunos. En los Hechos de los apóstoles se da testimonio de algunos casos de particular talento profético (Ágabo, las cuatro hijas del evangelista Felipe). Pablo no se presenta nunca a sí mismo como profeta, sino como apóstol; no obstante, afirma que él mismo posee también el Espíritu (1Cor 7,40). Seguramente el grupo de profetas del NT en la Iglesia primitiva ocupaba un puesto paraoficial. Los escritos más tardíos muestran cómo el auténtico profetismo poco a poco fue desapareciendo a medida de que la Iglesia se iba institucionalizando.

Proverbio. Las verdades generales o sabiduría de la vida se expresan en forma de proverbios de estilo sentencioso, aforístico y con frecuencia rítmico y solemne. Sirven de ocasión, p. e., el nacimiento (Gén 35,17), la boda (24,60), la muerte (Job 1,21). Estaba muy extendido el proverbio irónico jactancioso (1Sam 14,12; Sal 42,4.11). Las tribus israelitas son caracterizadas por medio de proverbios que aluden a sus nombres (Gén 49). Los proverbios jurídicos se combinan a veces con una acción simbólica (Dt 25,9), los proverbios jurídicos apodícticos se reúnen con frecuencia en grupos de diez o doce (así el → Decálogo Éx 20,2-17 y el dodecálogo Dt 27, 15-26). Entre los proverbios cultuales, el proverbio divino ocupa el primer lugar: Dios habla por medio de un sacerdote en forma de oráculo. Además hay proverbios en los que Dios mismo manifiesta sus propios atributos y sus exigencias de cara al pueblo (Lev 11,44 etc.). Forma parte del proverbio cultual, el proverbio de bendición (Núm 6,24-26). Los proverbios de saludo son en general de tipo religioso (Rut 2, 4; 1Sam 1,17) y también los proverbios proféticos y sapienciales (→ Proverbios [libro de los]; Sabiduría). En el NT, Jesús reviste con frecuencia sus comparaciones de reino de Dios con proverbios cortos.

Proverbios (libro de los). Este libro contiene una colección de proverbios que antiguamente se atribuyeron a Salomón (de aquí su título de *Proverbios de Salomón*). Ellos son la expresión poética (en general dísticos de paralelismo antitético) de la enseñanza de los sabios. No están ordenados por su contenido, pero por su forma se pueden distinguir al menos nueve colecciones: 1) cap. 1-9 tienen por tema principal (excepto la introducción 1,2-9) la prevención ante la mujer extraña y la → sabiduría personificada junto a la necedad. 2) 10,1-22,16 muestran aspectos prácticos del saber vivir, vistos en la conducta del sabio (piadoso) y del necio (impío). 3) 22,17-24, 22, en general, poemas de varios versos de contenido general, de los cuales una parte (22,17-23,12) se remonta al libro sapiencial egipcio de Amen-em-ope, redactado a principios del primer milenio. 4) 24,23-34 sobre la parcialidad y la pereza. 5) 25-29, por su forma y contenido, parecida a (2). 6) 30,1-14 su tono y estilo recuerda a Job. 7) 30, 15-33 cinco sentencias numéricas. 8) 31,1-9: amonestaciones de una madre a su hijo en forma de proverbios de varios versos. 9) 31,10-31: poema acróstico en elogio de la mujer virtuosa.

Originariamente, estas colecciones eran independientes como resulta de sus títulos y su distinto or-

Proverbios

den en los LXX (1-2-3-6-4-7-8-5-9). Los duplicados en algunas colecciones (sobre todo en la [2]) demuestran que éstas, por su parte, surgieron por reunión de colecciones menores. Se puede, pues, deducir que el libro es obra de varios coleccionadores que, en parte, pudieran ser de la época preexílica. La colección más antigua podría ser la (2) junto con la (5) y la más moderna la (1). Lengua y estilo indican una época después del s. v a.C.

Ptolomeos, nombre de los reyes egipcios de la dinastía XXXI (323/305-30 a.C.) tomado de su fundador Ptolomeo I Soter, general y guardia personal de Alejandro Magno. Los Ptolomeos son mencionados en los libros más tardíos del AT. En el s. III a.C., Palestina está casi siempre bajo el dominio egipcio, pero en el s. II, después de varias guerras entre egipcios y sirios (Dan 11, 6-30) cayó en poder de los seléucidas. Ptolomeo VI Filométor (180-145) intervino en la lucha entre Alejandro Balas y Demetrio II (1Mac 10,51-58) y permitió a los judíos la erección de un templo en Leontópolis. A su hermano y sucesor, Ptolomeo VIII Evergetes (145-116), se dirige la carta de 1Mac 15,16-21.

Publicano. El impuesto sobre mercancías importadas (→ Tributo) fue conocido en Israel desde la época persa (Esd 4,13.20; 7,24); pero sólo en la época romana se cobró sistemáticamente. Iba a parar al fisco del Estado, pero algunas ciudades determinadas o príncipes autorizados por Roma (p. e., Herodes Antipas; cf. Mc 2,14) tenían derecho propio de aduana. Los tributos se arrendaban a particulares, que tenían, a su vez, empleados a su servicio (jefe de publicanos y publicanos). Como muchas veces las tarifas se fijaban arbitrariamente, los publicanos eran odiados por la población (cf. «publicanos y pecadores»: Mc 2,15 par; «publicanos y paganos»: Mt 18,17; «publicanos y meretrices»: Mt 21,31). El trato con ellos se consideraba un escándalo. → Zaqueo.

Puertas (de ciudades). La puerta es una parte esencial de la → fortificación de una ciudad. Originariamente fue una mera abertura en la muralla; a más tardar en la edad del bronce medio, se convirtió por medio de una techumbre en cuerpo propio de edificio (puerta sur de Guézer). La construcción de la techumbre como obra de fortificación dio por resultado el llamado *migdol* (= torre), como por ejemplo, el de Bet-Šan (s. XV-XIV a.C.). El edificio se hace más fuerte por medio de salientes en forma de tenaza que le da un aspecto de torre y que con frecuencia dispone de cámaras y cuartos de guardia (Ez 40,10). Este tipo domina desde la edad del bronce medio hasta la época persa. Además había puertas dobles y puertas con un baluarte (una especie de atrio anterior amurallado). Las hojas de la puerta eran por lo general de madera, con frecuencia, con refuerzos de bronce. El espacio libre ante la puerta era regularmente la única plaza de la ciudad y por ello, la puerta era el punto de reunión para cuestiones políticas, jurídicas o de negocios (Gén 23,18; Rut 4,1-11; Sal 127,5 etc.). Fig. 35.

Puerto. Para el comercio israelita de ultramar, prácticamente, sólo se contaba en la costa mediterránea con el puerto de la ciudad no israelita de → Yaffá (1Re 5,9; Esd 3,7). Sólo bajo Simón Macabeo vino este puerto a manos israelitas (1Mac 14, 5). Se comprende que los israelitas

Puro e impuro

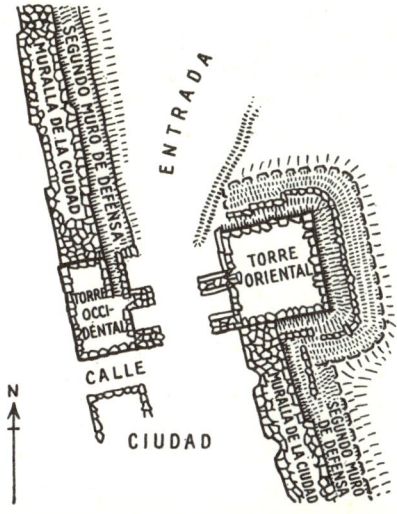

Fig. 35. Puerta de la ciudad en Mispá

buscaran en el golfo de Aqabá, en →Esyón-Guéber (1Re 9,26; 2Par 8,17s; 20,36) un sucedáneo.

Puntos cardinales. En el AT, los cuatro puntos cardinales reciben distintos nombres según distintos principios. Si el punto de orientación es la salida del sol, se llamaba oriente delante, occidente detrás, norte a la izquierda y sur a la derecha. Desde un punto de vista topográfico, el Mediterráneo o el Mar era el norte; el Negueb era el sur; «el desierto» era el este, y para el norte no poseía este sistema designación alguna que se conozca; quizás se llamara «el oculto». En la práctica se usan indistintamente los nombres sistemáticos y los topográficos (p. e., Gén 13,14). El NT tomó los nombres del griego.

Purim (del akk.: suerte), fiesta que los judíos celebraban el 14 y 15 de adar, en recuerdo de la liberación de los judíos por Mardoqueo y Ester, en tiempos del rey persa Jerjes (485-465). La fiesta es mencionada en 2Mac 15,36 con el nombre de día de Mardoqueo (→Ester). Originariamente, la historia de la liberación no tenía nada que ver con el nombre y fecha de la fiesta. Probablemente, los judíos de la diáspora oriental participaron en alguna fiesta persa de primavera, en el mes de adar, fiesta que luego fue judaizada transformando también su nombre (propiamente «primero»; cf. primavera). Purim era una fiesta alegre que se celebraba con banquetes y regalos a amigos y pobres (Est 9,19.22). Fuentes posteriores refieren incluso que se celebraba con mascaradas y usos parecidos a los de un carnaval. En la sinagoga se leía el rollo de Ester.

Puro e impuro son conceptos que Israel comparte con la mayoría de las religiones antiguas. En sentido mágico, señalan todo lo que está cargado de fuerzas sagradas o peli-

Puro e impuro

grosas y que, por tanto, se ha de evitar (el tabú): ciertas personas (p. e., la mujer en su menstruación o parto, los difuntos), objetos, animales (serpientes) o acciones (comercio sexual). En sentido religioso, la impureza ritual o ética se considera obstáculo para acercarse a la divinidad. Con frecuencia, en esto entra en juego un elemento mágico. Existe una relación estrecha entre santidad e impureza: así como lo santo es transferible (Éx 29,37; 30,29; Ez 44,19), también la impureza es contagiosa (Lev 15,4-12.20-28 etc.); así como por contacto con objetos sagrados (Núm 19,1-8) uno se puede volver impuro, también la eliminación de la impureza significa santificación (Jos 3,5; 1Sam 16,5), en lo cual, «puro» indica mejor la condición y «santo» la disposición interna que autoriza el acceso a la divinidad. Causaba la impureza el trato con los muertos y con los espíritus (Lev 19,31), la prostitución sagrada (19,29) y todo lo extranjero, como la adoración de dioses extranjeros (Jer 2,7; Ez 36,17; Dt 7,5), pueblos extranjeros (Is 52,11), manjares extranjeros (Ez 4,13), objetos de culto y finalmente también el botín de guerra (Núm 31,21-24).

1) Las *leyes de pureza del AT* se refieren sobre todo a

a) Actos sexuales, que se relacionaban con fuerzas misteriosas o peligrosas.

b) La muerte: en los tiempos más antiguos, los muertos no se consideraron impuros (Gén 50,1; 1Sam 25, 1; Éx 17,16), pero posteriormente se tuvo la idea de que causaban la impureza durante siete días (Núm 19,11s) a todo el que los tocaba (incluso tocar un sepulcro hacía impuro: 19,16). Los guerreros tenían que lavar sus vestidos después de la batalla (31,19-21). Estas leyes se explican por el temor ante los espíritus de los difuntos y ante los → demonios que acarrean enfermedad y muerte y también por el miedo ante la corrupción del cadáver que se tenía por incompatible con el culto al Yahveh viviente.

c) → Lepra (Lev 13s; 2Re 7,3): probablemente porque se tenía por castigo especial con el cual Dios hería al pecador (Núm 12,9s; Dt 28,35; 2Par 26,20; Job).

d) Animales y manjares (Lev 11, 1-31; Dt 14,3-10): los animales impuros no podían ser materia de sacrificio ni de don de primicias (Lev 27,27; Núm 18,15-17) ni se podían usar como comida; los cereales sólo se podían comer después del ofrecimiento de la gavilla de la primicia (Lev 23,14) y los frutos de los árboles, sólo después de cinco años (19, 23-25).

Las leyes de la pureza no tenían la *finalidad* de promover la higiene o la moralidad, sino la de santificar al pueblo que pertenecía al Dios santo (Lev 11,44; 20.7). Por medio de la renuncia a todo lo extranjero, dichas leyes contribuyeron al mantenimiento del monoteísmo. Por otra parte, incluían el peligro del formalismo, contra el cual los profetas ya protestaron (Is 1,10-17; Jer 7,21-23; Os 6,6; Am 5,21-25; → Sacrificio) y ante el cual sucumbió el → judaísmo tardío por su exagerada preocupación por la pureza ritual.

2) Jesús echó en cara de los → fariseos dicho formulismo (Mt 23, 25-28; Mc 7,1-13 par). Para Jesús, la pureza ritual no significa nada, según Él, lo decisivo es la conducta moral. Jesús libra de la ley (Gál 5,1) a la que está sometido el judaísmo (4,3). En su economía de salvación, no hay nada que sea impuro de por sí (Rom 14, 14; Act 10,15; 11,9).

Q

Qadéš (hebr.: la santa).
1) Qadéš o, su nombre completo, Qadéš-Barnea (Núm 32,8; 34,4; Dt 1,19 etc.), localidad en la frontera sur de Israel al este de Guerar (Gén 20,1), con una fuente (Núm 20,2-11), morada de los patriarcas (Gén 16,14) y de las tribus israelitas (Núm 13,26 etc.). La fuente estaba seguramente en posesión de los amalequitas (Gén 14,7) y fue conquistada por los israelitas. Es digna de mención una fortaleza que procede del s. IX u VIII a.C. Fig. 16.
2) Qadéš junto al Orontes, mencionada varias veces en las cartas de → Amarna, campo de batalla de los faraones Setí I y Ramsés II contra los hititas. Fig. 23.

Qatná (o Qatana), cerca de Qadéš junto al Orontes. Excavaciones (1924-1929) descubrieron que el lugar había sido una pequeña fortaleza en el tercer milenio. En tiempos de Hammurabi (hacia 1800) ganó en importancia (cf. alusiones en las cartas de Mari y en la literatura de Amarna, Ugarit y Alalaj). Después del tiempo de Amarna, perdió su hegemonía economicopolítica en el imperio de los → hititas. Fig. 23.

Qóraj (hebr.: calvo).
1) Linaje edomita, «hijo» de Esaú (Gén 36,5,41; 1Par 1,35) o de Elifaz (Gén 36,16).
2) Levita de la familia de Quehat (Éx 6,21; 1Par 6,7.22) que se sublevó contra Moisés (Aarón) y fue aniquilado en un juicio de Dios (Núm 16, 1-17,15; → Abiram).
3) Hijos de Qóraj, autores de salmos (Sal 42; 44-49; 84s; 87s), porteros (Par 9,19; 26,1) y cantores del templo en tiempos de Yosafat (2Par 20,19). Se trata seguramente de distintas funciones de una misma familia levítica (Núm 16s).

Quenitas, tribu nómada, cuyo epónimo es representado por → Caín. Habitaba en el extremo sur de Palestina y pertenecía al grupo de los → amalequitas (Núm 24,21s; Jue 1, 16). En tiempos de Saúl se introdujeron en la tribu de Judá (1Sam 15, 6) y algunos de sus grupos nómadas llegaron hasta Galilea (Jue 4,11. 17). Al parecer se distinguieron como artesanos (Caín = herrero [?]) y adoraban a Yahveh. Parece que Moisés habría estado emparentado con ellos (Jue 4,11).

Querubín. La palabra $k^e r\bar{u}b$ está probablemente relacionada con el verbo akkadio $kar\hat{a}bu$ (bendecir); el participio $k\bar{a}ribu$ designa en Mesopotamia a una divinidad de segundo orden.
1) *En el AT,* los querubines aparecen en distintas ocasiones. En Gén 3,24 guardan el camino que lleva al árbol de la vida (cf. Ez 28,14.16). Los querubines son representados plásticamente sobre o al lado del → arca de la alianza (Éx 25,18-20. 22; 37,8s; 1Re 8,6 etc.) e indican la presencia de Yahveh (de ahí el epíteto: «que se sienta sobre los querubines», 1Sam 4,4; 2Sam 6,2; Is 37,16 etc.); a ellos corresponden más tarde los dos querubines del

Querubín

templo de Salomón (1Re 6,23-28). Los querubines son los que sostienen a Dios en las teofanías (2Sam 22,11; Sal 18,11); en la visión de Ezequiel (1,4ss 9,3; 10; 11,22) forman ellos mismos una carroza viviente para Yahveh. De esta representación de los querubines (animales con cuatro alas y cuatro caras) provienen los cuatro seres vivientes del Ap 4,6-8.

2) *En el antiguo oriente* existen muchos paralelos con los querubines bíblicos. En Asiria, sobre todo, los *kâribi,* semidioses, espíritus protectores que guían los creyentes al dios principal; de antiguo se representaron en figura humana, más tarde con alas y distintivos de águila, león o toro. En Egipto representan genios puestos en cuclillas, con las alas extendidas, uno enfrente del otro, protegen un sarcófago. Los querubines hallados en Palestina tienen influencias de ambos tipos. Los *querubines del AT* son sin duda un eco de representaciones míticas (cf. el motivo del → árbol de la vida). Pero no poseen ningún atributo divino, ni tampoco desempeñan en el culto ningún papel de mediadores. Son más bien apariciones que acompañan a la divinidad y al mismo tiempo la protegen de todo contacto con lo profano. A partir de la apocalíptica judía, los querubines se consideran ángeles de orden superior y como tales entraron en la teología y liturgia católicas, sin tener en cuenta su origen mitológico.

Quišón, torrente al pie del Carmelo que sólo en su curso inferior lleva siempre agua. Desemboca en el Mediterráneo al nordeste de Haifa. Los alrededores del Quišón, muy pantanosos en tiempos de lluvias podían ser peligrosos para los carros de guerra (Jue 4,7.13; 5,21; Sal 83,10). Allí extirpó Elías a los sacerdotes de Baal (1Re 18,40). Mapa PA C4.

Qumrán. En la primavera de 1947, unos pastores encontraron los primeros «rollos de Qumrán» en la parte oriental del desierto de Judá, 3km al norte de *'ēn fesšḥa* y cerca de las ruinas de un gran edificio situado en la ribera norte del mar Muerto, llamadas por los árabes *ḥirbet qumrān.* Más tarde se hallaron otros manuscritos en *wadi murabba'āt,* 18km al suroeste. Después de una investigación sistemática del desierto, se hallaron manuscritos en un conjunto de once grutas. La publicación de todo el material absorberá muchos años todavía. Las investigaciones arqueológicas (1952-1956) confirmaron que en *ḥirbet qumrān* se hallaba el centro de la comunidad de Qumrán (que la mayoría de los investigadores identifica con el movimiento de los → esenios). Una expedición israelí halló en *naḥal ḥeber* y en → Masadá textos bíblicos y profanos, entre otros, algunas cartas de Bar Kôkbâ del tiempo de la segunda guerra de liberación judía (132-135; → Papiros). Mapa PN C6; fig. 36.

I. Descubrimientos de manuscritos. A) *Manuscritos bíblicos.*

1) El manuscrito más importante es el rollo casi completo de Isaías, hallado en 1947 y publicado en 1950; además el texto bíblico del comentario de Hab 1-2. La gruta 4 contribuyó con fragmentos de todos los libros del AT, con la excepción de Est. En la gruta 11 se hallaron importantes restos de un rollo del libro de los salmos, hasta ahora el segundo en importancia de los textos bíblicos de Qumrán. Las otras cuevas contenían fragmentos bíblicos menores. La ley (en particular Dt), Isaías y los salmos son los libros más representados, seguramen-

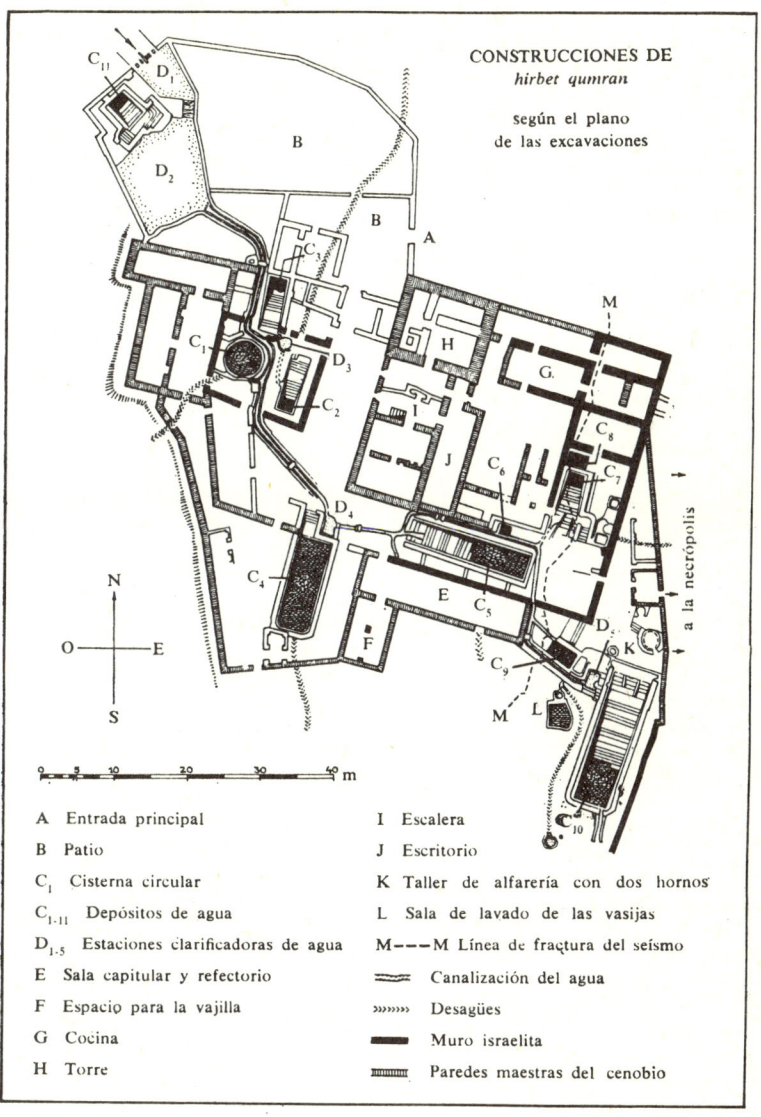

A Entrada principal
B Patio
C_1 Cisterna circular
C_{1-11} Depósitos de agua
D_{1-5} Estaciones clarificadoras de agua
E Sala capitular y refectorio
F Espacio para la vajilla
G Cocina
H Torre
I Escalera
J Escritorio
K Taller de alfarería con dos hornos
L Sala de lavado de las vasijas
M---M Línea de fractura del seísmo
≈ Canalización del agua
»»»» Desagües
▬ Muro israelita
▥ Paredes maestras del cenobio

Fig. 36.

Qumrán

te los preferidos de la comunidad.
2) Para la ciencia bíblica es sobre todo importante la cuestión de la *fecha*. Se tiene por seguro que la mayor parte de los manuscritos proceden de los dos últimos siglos a.C. o del s. I d.C. Todo indica que los textos se depositaron en las grutas antes del año 68 d.C. Muchos podrían pertenecer al siglo I o II a.c. y algunos fragmentos podrían ser todavía más antiguos (s. III o IV a.C.).
3) *Valor*. Los manuscritos de Qumrán ofrecen un → texto de la Biblia cuya copia es alrededor de un milenio más antiguo que los más antiguos códices hebreos que teníamos hasta ahora. No obstante, en general su texto no es mejor que el texto masorético. Demuestran que el texto masorético es mucho más antiguo de lo que hasta ahora se había supuesto. También la ortografía, importante para el estudio de la historia del hebreo, es distinta en los textos. Además algunos fragmentos demuestran que los LXX, en pasajes donde parecían haber traducido libre o arbitrariamente, se pueden remitir a textos hebreos. De los descubrimientos se deduce que el texto hebreo del AT, en el año 68 d.C., no se había fijado todavía; hacia los años 132-135 se tenía un texto unitario, que en general coincidía con el masorético; pero no era el único.

B) *Manuscritos no bíblicos*. Proceden seguramente de la misma época que los manuscritos bíblicos, pero en ellos hay que distinguir entre la antigüedad de los manuscritos y la antigüedad de los textos.

1) *Comentarios*. En la comunidad de Qumrán debió de darse una literatura bastante extensa de comentarios a las Sagradas Escrituras. La exégesis es peculiar y se aparta de los tipos de midráš conocidos hasta ahora. La comunidad de Qumrán gusta de referir las palabras de la Escritura a su tiempo que considera que es el último. El comentario más extenso es el llamado comentario de Habacuc (sobre Hab 1-2). El contenido es en extremo interesante por las alusiones que contiene a la época de su autor. De otros comentarios (Os, Miq, Sal, Is) sólo se conocen fragmentos.

2). *Reglas*. La más importante es la *regla de la comunidad* o secta que sus primeros editores (1951) la titularon *manual of Discipline*. El texto (11 columnas) se conserva bastante intacto. Instruye a los miembros de la comunidad, cómo deben vivir según la ley, conforme a la interpretación de sus jefes. A esta regla de la comunidad, que, según parece, sólo constaba de miembros varones, se le añadió un apéndice que habla también de mujeres y de niños. Se trata seguramente de una regla para el futuro tiempo de la salvación, pues en ella se habla, por ejemplo, sobre la posibilidad de que el Mesías esté presente durante la comida. Se ha demostrado que el *documento de* → *Damasco* por su contenido y estilo pertenece a la literatura de Qumrán, por el hecho de que en las grutas de Qumrán se hallaron diversos ejemplares del mismo. El documento procede seguramente de otro período que la regla de la comunidad. La llamada *regla de la guerra* intenta describir la guerra que harán los hijos de la luz, es decir, los miembros de la comunidad contra todo el mundo restante, al final de los tiempos. En dicha guerra, los sacerdotes desempeñan un papel muy importante.

3) *Salmos*. La comunidad de Qumrán recitaba, además de los salmos bíblicos, sus salmos propios. Son, a la verdad, himnos que desde un punto de vista literario forman

un mosaico de palabras sacadas de los salmos bíblicos, pero revelan una concepción teológica propia y por ello seguramente pueda considerarse obra de un solo autor. Nos son de gran interés en cuanto a expresión del pensamiento religioso de Qumrán.

4) *Textos restantes.* Entre ellos ocupan un amplio espacio los testimonios de una vasta literatura apocrifoapocalíptica. Pertenecen a este grupo escritos antes ya conocidos (Jub, Hen, Test XII), así como escritos desconocidos hasta ahora, p.e., una descripción de la Jerusalén Nueva, una oración del Nabonid y otros tres fragmentos del ciclo de Daniel. Llama la atención el gran número de textos litúrgicos que en cierta manera pueden considerarse precursores de Heb y Ap: liturgia y templo en el cielo aparecen como modelo para la liturgia y templo de la tierra.

C) *Significado y valor de los documentos.* Los descubrimientos de Qumrán han echado nueva luz sobre el judaísmo de Palestina en el paso de la época del AT a la del NT. Ahora sabemos que el judaísmo del tiempo de Jesús tenía muchos más aspectos de lo que hasta ahora habíamos supuesto. Los textos posibilitan el conocimiento de nuevas facetas del medio ambiente en el cual nació el cristianismo. En muchos pasajes del NT, en los cuales hasta ahora se habían visto influencias del helenismo, se piensa ahora mejor en influencias en el interior mismo del judaísmo.

II. TEOLOGÍA. A pesar de que desconocemos el fundador de la comunidad de Qumrán (se le llama simplemente «maestro de la justicia») así como la ocasión concreta que dio lugar a la fundación (manifiestamente jugó en ello un papel importante la cuestión del «calendario recto»), los escritos hallados dejan descubrir una marcada concepción teológica: la comunidad de Qumrán, convencida de que Dios le había abierto de nuevo y regalado formar comunidad con Él y con sus ángeles, estaba particularmente animada por el esfuerzo de parecerse a Dios en todo. Por este motivo, la comunidad se sentía obligada, no sólo a observar atentamente las instrucciones emanadas de Dios, sino a separarse de todos los pecadores y de todo lo pecaminoso. Así como Dios mismo odia el espíritu de las tinieblas, también el miembro de Qumrán podía odiar todo lo pecaminoso y rechazarlo lejos de sí. Por ello, el miembro de la comunidad que transgredía un precepto de la ley, esto es, que daba entrada al espíritu del sacrilegio, era excluido de la comunidad temporalmente o para siempre. Asimismo, la posesión del espíritu de cada uno determinaba el lugar que debía ocupar en la comunidad, en la cual tenía que reflejarse el «orden celeste»: nadie debía ocupar un lugar inferior ni superior al que le había sido designado (por Dios). Sin embargo, las instrucciones manifestadas por el espíritu de Dios no bastaban como norma. Con la ayuda de un puro calendario solar, tenido por «calendario celestial», se esforzaba cada uno en dar a su propia vida una estructura ordenada. El calendario tenía que ayudar a la comunidad a responder en el tiempo justo a la venida de Dios. Como la comunidad de Qumrán se consideraba a sí misma llamada por Dios e interpretaba esto como don puro y gratuito, sus miembros se esforzaban en no pecar por presunción en la realización de dicha comunidad, sino en seguir por el camino que Dios les había abierto en su ley.

R

Rabbá o Rabbat-Ben-Ammón, capital de los → ammonitas, conquistada por David (2Sam 12,27-29; 1Par 20, 1), pero que siguió con rey propio (2Sam 17,27). En el s. III a.C. fue helenizada por Ptolomeo II Filadelfo y se la cambió su nombre por el de Filadelfia. A partir del 63 perteneció a la → Decápolis. Hoy, 'ammān, capital de Jordania. Sus majestuosas reinas pertenecen en gran parte al tiempo de los romanos. Recientes excavaciones han descubierto dos sepulcros de los siglos XVIII/XVI y un templo del s. XIV/XIII, con lo que se ha podido demostrar la continuidad de su colonización. Fig. 12 y mapa PA/PN D-E6.

Rabbí (hebr.: mi señor; además las formas: *rabbán, rabbón, rabboni*: Mc 10,51; Jn 20,16), título usual en el tiempo del NT con el que se designaba a los escribas. En el NT, muchas veces no se traduce (Mt 23, 7s; Mc 9,5; Jn 1,38 etc.), o se traduce por «señor» (Mt 8,2.6 entre otros), por «maestro» (Mt 8,19; Jn 1,38 y otros) o por «preceptor» (Lc 5,5 etc.). Hacia finales del s. I d.C., Rabbí se convirtió en título propio de los maestros de la ley.

Rahab → Rajab.

Rajab (significado desconocido), → meretriz de Jericó (Jos 2) que salvó a dos exploradores israelitas y por este motivo fue respetada junto con su familia (6,17-25). En el NT es alabada por su fe (Heb 11,31; Sant 2,25). En Mt 1,5, aparece en la genealogía de Jesús. La literatura rabínica la hace madre de innumerables sacerdotes y profetas.

Ramá (hebr.: altura), nombre de lugar.
1) Ramá en Benjamín (Jos 18,25), al norte de Guibá y Jerusalén (Jue 19,13; Is 10,29). El rey Basá de Israel intentó en vano fortificarla contra Judá (1Re 15,17-22). Después de la cautividad fue poblada por judíos (Esd 2,26; Neh 7,30). Mapa PA A1.
2) Ramá en Aser (Jos 19,29). Mapa PA C3.
3) Ramá en Neftalí (Jos 19,36), acaso idéntica con (2).
4) Ramá en Efraím, patria y lugar de residencia del profeta Samuel (1Sam 1,1; 7,17 etc.), llamada más tarde Ramataím (1Mac 11,34) y Arimatea (Mt 27,57; Jn 19,38). Se discute su situación. Mapa PN B5.
5) Ramá en Galaad (2Re 8,29). → Ramot.
6) Ramá en el Négueb (Jos 19,8).

Ramot (hebr.: lugar alto) en Galaad (2Re 8,29 Ramá) con un antiguo santuario y por ello ciudad de → asilo (Dt 4,43; Jos 20,8) y sacerdotal (1Par 6,65; Jos 21,38). Capital de un distrito de Salomón (1Re 4,13), disputada entre los israelitas y los arameos (1Re 22,3-29 par) y ganada definitivamente por Yehú (2Re 9,1-14). Su situación se discute. Mapa PA E4.

Ramsés, nombre bíblico de una de las ciudades almacenes de Egipto (o tal vez territorio: Gén 47,11), en su fundación los israelitas tuvieron que realizar trabajos de prestación (Éx 1,11); fue asimismo punto de partida del →Éxodo de Egipto (Éx 12,37; Núm 33,3.5). La mayoría de los topógrafos la identifican con Avarís, antigua capital de los hiksos que fue reconstruida con magnificencia por Ramsés II. Fig. 16 y 21.

Raquel (hebr.: oveja), hija de Labán, segunda y predilecta esposa de Jacob; por medio de su esclava Bilhá, madre de Dan y Neftalí, luego ella misma madre de José y Benjamín, en cuyo parto murió (Gén 29,6-30,24; 35,16-18). Fue enterrada en Efratá (Gén 35,19 identificado con Belén) cerca de Bet-El. Según 1Sam 10,2, su sepulcro estaba cerca de Selsá, según Jer 31,15, entre → Ramá y Bet-El. La crítica histórica reúne las tribus de José (Efraím y Manasés) y Benjamín bajo el nombre de tribus de Raquel, en contraposición con las tribus de → Leá.

Râs Šamrâ → Ugarit.

Rebeca (hebr. tal vez: vaca), hija de Betuel (Gén 22,23), hermana de Labán (24,29), esposa de Isaac (24, 12-67; 26,7-11), madre de los gemelos Esaú y Jacob (25,21-24). Con su ayuda, Jacob consiguió por astucia la bendición de primogenitura (27, 5-17) y se salvó de Esaú (27,42-28,5). Fue sepultada en el sepulcro familiar de → Makpelá (49,31).

Rey. Una divinización del rey, como era corriente en el antiguo oriente, sobre todo en Egipto, no fue posible en Israel a causa de su idea de un solo Dios personal. Todos los argumentos que podrían alegarse en favor de una divinización del rey (relaciones entre Yahveh y los príncipes, su filiación divina, vestigios de un culto real) sólo afirman que el rey de Israel era representante del Dios de Israel (2Sam 14,7) y su existencia se debía exclusivamente a la gracia de Dios (cf. Eclo 10,4). Sobre todo el Mesías es una «contrafigura de Yahveh» (Mowinckel), pues nadie está más cerca de Dios que él (Is 9,5). Por la unción e investidura, el rey se convierte en un hombre nuevo (1Sam 10,6), revestido de la santidad e inviolabilidad de Dios. Esto vale en particular para David y, a través de él, para sus sucesores (Sal 18.51; 45,7 etc.). La autoridad real tiene sus raíces en la realeza de Dios. Por ello el rey es el guardián de los derechos de los «pobres» (Sal 45,7; 72,1s. 4.12). El rey significa salvación y victoria en la guerra santa (1Sam 8,20) y es también en cierto sentido sacerdote, como primer plenipotenciario representante del culto. Como «pastor» de los suyos, el rey crea las condiciones de existencia para el pueblo (Lam 4,20). De ahí que el Mesías se represente sobre todo como rey ideal (Sal 72,7.16; Jer 23,5; Ez 34,23s etc.).

Reyes (libros de los), originariamente formaban un solo libro, su división en dos fue introducida por los LXX que los añaden a los libros de Samuel como 3Re y 4Re. Hoy se denominan normalmente 1Re y 2Re. Los libros de los reyes narran la historia de los reyes de Judá y de Israel desde la muerte de David hasta la destrucción de Jerusalén (586). El relato sobre cada rey se adapta al siguiente esquema: *a)* fijación del comienzo de su gobierno por medio de la indicación del año de gobierno del rey vecino (sincronismo); *b)* edad del rey a su subida al trono (esto vale sólo para Judá); *c)* duración del gobierno; *d)* nombre y origen de la madre del rey

Reyes

(sólo para Judá); *e)* juicio teológico; *f)* indicación de fuentes; *g)* muerte y lugar de sepultura; *h)* nombre del sucesor. Además de estos relatos esquemáticos, Re contiene largos pasajes tomados de fuentes antiguas: 1) últimos días de David e historia de Salomón (1Re 1,1-11,40); 2) historias de origen profético (sobre Jeroboam, Elías, Eliseo, Isaías y sobre las guerras de Ajab); 3) Hallazgo del libro de la ley por Ezequías y reforma y Yosías (2Re 22,3-23,24). El autor de Re en su forma actual, es más compilador y comentarista que autor. No se puede precisar cuántas fuentes usaría, no obstante son patentes las diferencias literarias y de contenido existentes entre los anales, historias de profetas y otros relatos. Seguramente el libro se escribió bajo la impresión causada por la destrucción de Jerusalén, es decir, en Palestina y poco después de 586. Por imponderados e incompletos que sean los libros de los Reyes según los criterios de la historiografía moderna (los números de años y de gobierno no coinciden con nuestra cronología), sin embargo es el primer libro coherente de historia que nos ha transmitido el oriente medio.

Roboam (tal vez hebr.: el pueblo se ha extendido), hijo de Salomón y primer rey de Judá después de la división del reino (926-910) en la que Yeroboam fue proclamado rey de Israel (1Re 12,1-19; 2Par 10,1-19). Por consejo del profeta Semayá se abstuvo de hacer la guerra contra Israel, pero se ocupó seguidamente de fortificar su territorio por todas partes (1Re 11,26-12,24; 2Par 10,1-11,12). 1Re 14,25-28 relata una incursión del rey Šošaq de Egipto contra Jerusalén.

Roguel, fuente al sureste de Jerusalén, junto a la frontera entre Judá y Benjamín (Jo 15,7; 18,16), que sirvió de escondrijo en la rebelión de Absalom contra David (2Sam 17,17). En el relato sobre el fracasado golpe de estado de Adoniyá (1Re 1,9), se la menciona como lugar de culto. Fig. 25.

Roma. Como en muchas grandes ciudades helenistas del Mediterráneo, había también en Roma judíos establecidos allí desde mitades del s. II a.C. Por este tiempo también, bajo los →macabeos Judas, Yonatán y Simón, el judaísmo de Palestina entró por primera vez en relaciones políticas y diplomáticas con Roma (161-140). Los prisioneros de guerra que llegaron a Roma después de la campaña militar de Pompeyo en Palestina (63 a.C.) aumentaron mucho el porcentaje de la población judía. Cicerón (pro Flacco 28) confirma que por este tiempo había una numerosa colonia de judíos ricos que hablaban latín. Su influencia creciente produjo ocasionalmente posturas hostiles de los romanos contra ellos. Así, en el año 19 d.C., probablemente por orden del odiado Seyano, 4000 judíos fueron deportados a Cerdeña y los restantes expulsados. Después de la muerte de Seyano (31) se abrogaron dichas medidas. Nuevas órdenes y prohibiciones de culto siguieron en tiempo de Claudio (49/50); seguramente, ésta fue la ocasión que hizo que →Áquila y Priscila marcharan a Corinto donde se encontraron con Pablo (Act 18,2). Entretanto, los cristianos de Roma en tiempos de Nerón se hicieron tan numerosos (por la predicación de [→] Pablo y Pedro, quienes sufrieron martirio hacia el 65) que Tácito (Ann. 15,44) puede hablar de una «inmensa multitud» que Nerón mandó ejecutar por la sospecha de que ellos habían incendiado la ciudad. A pesar de haber perdido su centro nacional (70 d.C.), los judíos conservaron una cierta independencia dentro del imperio romano. En tiempos de Domiciano, judaísmo y cristianismo habían penetrado en los círculos más elevados de la sociedad. Las persecuciones contra los cristianos, provocadas por las tensiones de la política interior de este tiempo, estaban en contradicción con el derecho romano, pues el Estado politeísta permitía todo culto extranjero mientras sus miembros no cometieran acciones delictivas o no se hicieran reos por oposición al poder estatal o por fomento de la corrupción de costumbres. Sólo bajo Decio y Diocleciano se ordenó una persecución general por medio de un edicto imperial. En la era constantiniana (311; 313) el cristianismo se convirtió en religión del Estado.

Romanos (carta a los). Carta del apóstol Pablo a la comunidad de Roma.

I. OCASIÓN Y OBJETO. Pablo, a la vista de sus grandes proyectos de misionar en España (15,24.28), se ve precisado de presentar su posición teológica y corregir de paso muchas falsas interpretaciones de su doctrina por parte de cristianos, tanto judíos como paganos. Además, en la comunidad de Roma había tensiones a causa de ciertos mandamientos de abstinencia y de observancia de días determinados. Seguramente una consulta de la comunidad dio pie a la exhortación de Pablo de que los «fuertes» (los libres de la ley, seguramente los paganocristianos) admitan a los «débiles» (los que no se apartan de la ley, seguramente los judeocristianos) con caridad (14,1-15,13).

II. COMPOSICIÓN Y AUTENTICIDAD. Pablo escribió Rom hacia finales de su actividad en oriente (15,25-28), hacia el 58 d.C. y probablemente en Corinto. La autenticidad de la carta se tiene por demostrada, sólo existen dudas en torno a la doxología final (16,25-27). En lo que se refiere a la lista de saludos (16,3-16), a las recomendaciones (16,1s) y amonestaciones (16,17-20) se propone la cuestión de si esta parte perteneció ya desde el principio a Rom o si se le añadió más tarde.

III. FORMA DE PRESENTACIÓN Y DISPOSICIÓN. La carta dictada (Pablo desarrolla sus pensamientos al tiempo que dicta) en lengua griega a un tal escribano Tercio (16,22), en cuanto a su vital originalidad y dinamismo, se resiente de falta de sistematización de su doctrina. En general domina el estilo de sermón que mezcla exposiciones teológicas con secciones parenéticas (cf. 6,1-14). La interpretación del AT, que, a veces, parece extraña, era un procedimiento hermenéutico del todo legítimo en el judaísmo de aquel tiempo. Se descubre claramente la *disposición* de la carta: 1) introducción: saludo y relación con Roma (1,1-17); 2) parte principal: *a)* el evangelio de la justicia de Dios y la justificación de los hombres por la fe (1,18-8,39); *b)* la situación de Israel en el plan salvífico de Dios (9,1-11,36); *c)* instrucciones prácticas (12,1-15,13). 3) Final: saludos y recomendaciones (15,14-16,24) y doxología (16,25-27).

IV. INTENCIÓN. El núcleo de Rom está incluido en la frase: sólo por medio de la acción salvadora de Dios que proviene de su amor, puede el hombre ser justificado (3, 21-26): sin la observancia judía, sólo por la fe en Jesucristo quien por su muerte propiciatoria lo ha redimido todo. Abraham sirve de prueba escriturística de ello (cap. 4). Desde un punto de vista universal, Pablo pone todo el género humano en relación con Abraham y con

Cristo (muerte y vida). Pero como la inclinación al pecado perdura a pesar de haberse conseguido la salvación por la justificación, el cristiano no está dispensado de un obrar eticomoral. El segundo tema (cap. 9-11) resulta de la cuestión de por qué Israel, el pueblo elegido y predestinado a salvación, no ha aceptado la salvación en Cristo. Pablo cree que Dios, al final, tendrá compasión de su pueblo.

Rubén (tal vez hebr.: ver), hijo mayor de Jacob y de Leá (Gén 29,32), por su incesto con Bilhá perdió el derecho de primogenitura (35,22); es →epónimo de la tribu de Rubén que originariamente se estableció en la Cisjordania (Jos 15, 6; 18,17) pero más tarde fue expulsada y se instaló en la Transjordania (Jos 13,15-23). Rubén sobresale poco en la historia de Israel (cf. 1Par 5,1-10.26; 2Re 10,33). Mapa PA D4-5.

Rut (libro de). La judía Noemí, que había emigrado a Moab, regresa a Belén después de la muerte de su marido junto con su nuera Rut que también había enviudado. Después de una negociación judicial en la cual otro pariente renuncia a su derecho sobre Rut, →Booz se hace su «rescatador» y la consigue como esposa. Construcción, estilo y caracterización de los personajes hacen del libro de Rut una obra de arte literario que muy bien podría designarse como «novela corta». El libro se ha interpretado de distintas maneras; no obstante, es cierto que en él está subyacente la afirmación teológica de que Dios guía a todo aquel que confía en Él (2,12). La narración popular que sirve de base al libro de Rut podría haberse originado en el tiempo de los reyes, el libro mismo procede del tiempo postexílico (s. IV a.C.). Rut es uno de los cinco →MeguiHot y se encuentra, por esto, en la última parte del canon hebreo; en Vg. y LXX está después de Jue (porque su narración se desarrolla en tiempo de los jueces); se lee en la sinagoga durante la fiesta de las semanas (→ Pentecostés).

S

Saba → Sabeos.

Sábado, día séptimo de la semana. 1) *Origen*. La etimología de la palabra no se ha explicado satisfactoriamente. Muchos investigadores deducen la palabra sábado del verbo *šābat* (= cesar de hacer algo; Jos 5,12; Neh 6,3; Job 32,1; Is 24,8 etc.); otros, fundados en el estricto ritmo de siete días, la relacionan con *sebá‘* (= siete). Además existe una coincidencia llamativa entre sábado y el akkadio *šabbatu* (el segundo día séptimo [?]). De hecho, el calendario mesopotámico demuestra que el período de siete días, con ciertas limitaciones, también se conocía en Mesopotamia. Pero, al contrario del sábado bíblico, no eran éstos días de descanso festivo, sino días de desgracias *(dies nefasti)*. Es posible que en la época nómada de Israel el sábado coincidiera con las fases lunares (cf. el paralelismo entre el sábado y la fiesta de luna nueva en 2Re 4,23; Is 1,13; Ez 46,1 etc.), pero con el paso a la vida agrícola (según Éx 23,12 ya antes de la monarquía) el sábado se hizo independiente de ellas.

2) *Ley y práctica del sábado*. Todos los libros de la ley del AT prescriben celebrar el sábado interrumpiendo el trabajo diario. El precepto más antiguo del sábado (Éx 23,12) fundamenta la prohibición del trabajo en motivos humanitarios: descanso para el hombre y el animal. Dt 5,15 relaciona además la institución del sábado con la salida de Egipto. Durante la cautividad empezaron los judíos a ver en el sábado, junto con la → circuncisión, el «signo» por el cual Israel se distinguía de los demás pueblos (Éx 31,13-17; Ez 20,12.20). El sábado era sagrado y con el trabajo se profanaba (Éx 20,8-11 referido a Gén 1,1-2,4a). Así como antes de la cautividad el sábado había tenido un carácter alegre y festivo (se visitaba el santuario: Is 1,12s; se consultaba a los profetas: 2Re 4,23), después del destierro, Nehemías (13, 15-22) tuvo que imponer a la fuerza la observancia del estricto descanso sabático. La importancia del sábado fue en aumento constante (Is 56,2-6; Jer 17,24-27). En tiempo de los Macabeos, los judíos se dejaban matar por sus enemigos sin oponerles resistencia para no violar el descanso del sábado por medio de la lucha (1Mac 2,37s; 2Mac 6,11; 15,1s). Los escritos rabínicos representan una interpretación exageradamente severa del descanso sabático: una sutil casuística convierte el sábado en carga pesada (cf. Jub 2,17-33; 50,6-13). Se contaban 39 actividades prohibidas, entre otras, arrancar algo (Mt 12,2) y llevar cargas (Jn 5,10); un médico sólo podía ayudar en peligro de muerte (de ahí la oposición contra las curaciones de Jesús: Mc 3,1-5 par; Jn 5,1-6 etc.). En Qumrán, el sábado se tiene como tiempo predilecto para la oración. Allí las prescripciones también eran severas (p.e., no se permitía salir más de mil millas fuera de la ciudad [camino de sábado], no se podía sacar ganado de un foso [cf. Lc 14,5]

Sábado

ni hablar del trabajo del día siguiente), pero se observan tendencias moderadoras. Jesús partió del principio de que el sábado no es finalidad de sí mismo, sino medio de ayuda en la vida (Mc 2,27). Más de una vez, provocó discusiones sobre el sábado (Mt 12,10-14; Lc 13,10-17; Jn 5,8-18) y se tomó la libertad de obrar el bien en sábado o de abolirlo del todo (Mc 2,28). De Mt 24,20 se puede deducir que los primeros cristianos siguieron observando el sábado, al igual que otras costumbres judías (Act 2,1.46; 3,1; 10,9). Parece que Pablo no impuso a los paganocristianos la celebración del sábado (Gál 4,9s), pero determinó el primer día de la semana para el servicio litúrgico (Act 20,7; 1Cor 16,2).

Sabeos, pueblo del reino de Saba al sur de Arabia, clasificados genealógicamente de distintas maneras (Gén 10,7.28; 25,3). La Biblia conoce a los sabeos como pueblo de mercaderes, proveedores de → incienso, especias, oro y → piedras preciosas (1Re 10,1-13 par: reina de Saba; Is 60,6 Jer 6,20). Seguramente los sabeos emigraron en el segundo milenio a.C. del noroeste de Arabia. Las inscripciones sabeas más antiguas (el antiguo árabe del sur pertenece a la rama suroeste de las lenguas semitas) es posible que alcancen hasta el s. XI a.C. En las fuentes asirias del 715 a.C. (Sargón II) y 685 a.C. (Senaquerib) se mencionan sus relaciones comerciales con el rey Salomón y dos príncipes sabeos como tributarios. Después de una transitoria confederación del sur de Arabia bajo la hegemonía de Saba hacia el 400 a.C., las distintas partes del reino se hicieron independientes de nuevo. En el s. I a.C., Saba se desintegró a causa de luchas dinásticas.

Sabiduría. I. *En el AT.* La literatura sapiencial israelita coincide mucho con la de los pueblos vecinos. Se apreciaba la sabiduría de → Edom (Jer 49,7), Egipto (Gén 41,8; 1Re 5,10; Is 19,11; Act 7,22), Babilonia (Is 44,25; Jer 50,35; Dan 1,20) y Arabia (Prov 30,1). De ello se puede deducir con certeza que esta literatura sapiencial influyó en Israel (Prov 22,17-23,11, p.e., depende, al menos indirectamente, del libro sapiencial de Amen-em-ope de Egipto). La sabiduría es por una parte la conducta del hombre condicionada por la educación y la experiencia, y, por otra parte, es una propiedad reservada a los dioses quienes la confieren gratuitamente a algunos (cf. Gén 2,17; 3,5.22; Job 15,8; Ez 28,1-7). En el AT, parece que ambos aspectos son igualmente antiguos y que corren a la par, no obstante tienen origen distinto. El primer aspecto se desarrolló en la aristocracia a base de la experiencia práctica de la vida y pasó luego a las escuelas de los doctores de la ley; el segundo aspecto procede de una determinada idea de Dios y aparece sobre todo en los profetas y en las narraciones populares. Más tarde, ambos aspectos se mezclan en los libros sapienciales (Job, Prov 1-9, Ecl, Sab, Bar).

1) La sabiduría es en primer término conocimiento práctico, un arte de vivir (Prov 21,20 etc.). Sabio es el hábil (Éx 28,3; 1Re 7,14; Ez 27,8), el consejero inteligente (2Sam 13,3), el erudito (Jer 2,8; 8, 8s), el «escribano» de la corte (2Re 25,19). Los sabios son una de las clases directoras de la sociedad (Is 3,2s entre otros) y transmiten su experiencia a sus hijos en forma de proverbios (Tob 4,2; Prov 13,1). Más tarde los sabios se reclutan de entre los doctores de la ley. Enseñan el sentido común, el conocimiento

y el arte de ser felices en la vida (p.e. 14,15s). Pero también se llama sabiduría a la conducta moral y religiosa. El sabio hace lo que agrada a Yahveh (6,16), cumple la ley (Tob 4,6; Sal 1,2).

2) En Gén 2s se niega al hombre el «conocimiento del bien y del mal», porque ello hace semejante a Dios. Los profetas alaban la sabiduría de Dios (p.e., Is 28,29; 31,2; cf. Job 12,13-14) que se concede a unos pocos privilegiados: José (Gén 41,8.38), Moisés (Núm 11,17), David (2Sam 14,17), Daniel (Dan 1, 17), entre otros. Sabiduría significa aquí un conocimiento sobrenatural obrado por Dios y análogo al Espíritu de Dios (Gén 41,8; Is 11,2-5 etc.).

3) En los libros sapienciales más recientes (vide supra), la sabiduría se queda como propiedad natural del hombre, desarrollada por la experiencia y la instrucción, pero prestada por Dios como don (Job 11,6; Sal 32,8 entre otros), de forma que los sabios ocupan el puesto de los profetas (Sab 7,27). Más tarde, la sabiduría, al igual que otros conceptos (p.e., necedad) se personifica (Prov 9,13) y se le adjudica una función de consejera en la creación del mundo (Sab 7,22-8,1; cf. Eclo 24,1-24). No se trata de una persona realmente distinta de Dios, sino más bien de una propiedad de Dios personificada.

II. *En el NT* raras veces se alaba la sabiduría humana (Mt 12,42; Act 7,22; 1Cor 3,10); Pablo rechaza incluso sabiduría, conocimiento y ciencia (Rom 1,22; 1Cor 1,17-29). Como en el AT, la sabiduría es una propiedad (Ap 7,12), pero también un don de Dios (Lc 21,15; Act 6,3; 1Cor 12,8; Ef 1,8s etc.), que hace a los hombres capaces de recibir la revelación (1Cor 2,6; Ef 1,8s). Para el creyente, Cristo (1Cor 1,23s idén- tico con la sabiduría de Dios) es la fuente de la verdadera sabiduría.

Sabiduría (libro de la). El libro de la sabiduría (Vg: Libro de la Sabiduría; en algunos manuscritos gr.: Sabiduría de Salomón) se dispone en tres partes: cap. 1-5 se recomienda la sabiduría por las ventajas que trae; 6-9 presenta la acción de la sabiduría en la vida de Salomón; 10-19 la pondera como guía de la humanidad. El libro intenta demostrar la superioridad de la sabiduría judía sobre la filosofía griega. Su autor (no Salomón, como se pensó antiguamente) es desconocido. Probablemente se trate de un judío de lengua griega de Alejandría (cf. la condena del culto egipcio a los animales: 11,15; 12,23-27; 13,10; 15,18s). En todo caso, el autor está familiarizado con la lengua (7,22), costumbres (4,2) y filosofía griegas (7,22s; 9,15). Como el libro alude a persecuciones de los judíos (11,5-19; 12, 23-27) y a la apostasía de los judíos al paganismo (2,10-20; 5,1-4) y utiliza los LXX, sin caer en las especulaciones sobre el *logos*, que fueron corrientes después de Filón, su tiempo de composición debe de ser el s. I a.C.

Sacerdote. 1) *En el AT,* las fuentes sobre el sacerdocio son de dos clases. Las fuentes no sacerdotales que sólo incidentalmente hablan del sacerdocio y no permiten una visión coherente de conjunto, y las fuentes sacerdotales que contienen datos muy detallados pero tienen la tendencia de medir el pasado con el presente y de allanar desigualdades (cf. Jos 21,4-42 con 1Par 6,39-66). En los tiempos más antiguos de Israel, los sacerdotes eran los cabezas de familia o de tribu, más tarde aparecen los reyes como sacerdotes. Sólo después de la conquista del país, al

Sacerdote

tomar posesión de sus santuarios o al fundar otros nuevos y sobre todo en tiempo de la construcción del templo de Jerusalén, cobró actualidad la cuestión de un sacerdocio oficial. El sacerdocio fue desde un principio hereditario y unido a familias sacerdotales determinadas, primero a la familia de → Moisés en Dan (Jue 18,30) y a la de → Elí en Siló, Nob y Jerusalén. Ambas familias procedían de Egipto y pertenecían a la tribu de → Leví. No sabemos nada de la familia sacerdotal de Moisés; en cambio, la familia sacerdotal de Elí fue incluida en la genealogía de → Aarón. Esta familia fue desplazada, en tiempos de David por el linaje sacerdotal de → Sadoq (1Sam 2,27-36). Los sacerdotes de la tribu de Leví que desempeñaban su función en otros santuarios, después de la reforma de Yosías, pudieron permanecer en el templo de Jerusalén, pero después de la cautividad, sólo se les permitía funciones subalternas. A la cabeza del sacerdocio y del levitado estaba el → Sumo sacerdote. El servicio de los sacerdotes, que estaban divididos en 24 clases, se determinaba echando suertes (1Par 24; Lc 1, 8s). Les incumbía la instrucción en cuestiones religiosas y cultuales, el ofrecimiento del sacrificio, la administración de los bienes del templo y la custodia del mismo. El vestido sagrado más antiguo que llevaba el sacerdote durante el sacrificio era el → efod. Los simples sacerdotes llevaban un vestido corto interior (Éx 28,42s; Lev 6,3), una túnica larga colgante y un gorro (Éx 28,40), todo ello de lino, y un cinturón historiado.

2) *En el NT*. Jesús reconoce la autoridad del sacerdote judío (Mc 1,44 par; Lc 17,14; cf. Lev 13,49). Lc critica una vez indirectamente a los sacerdotes y levitas (10,31s), pero dice también que muchos de ellos se sometieron a la fe (Act 6,7). Los apóstoles y sus colaboradores nunca son llamados sacerdotes. En ocasiones se mencionan → ancianos a los que los apóstoles imponen las manos (14,23). Ellos eran los inspectores de la comunidad (más tarde → obispos; 20,17), predicaban, instruían (1Tim 5,17) y ungían a los enfermos (Sant 5,14). No se los llama sacerdotes hasta los tiempos postbíblicos. Sólo en el pasaje discutido de 1Pe 2,5-10, se habla del «sacerdocio real» (cf. Ap 1,6; 5,10).

Saco → Vestidos (4).

Sacrificio. 1) *Esencia.* Sacrificio es una acción litúrgica por la que se ofrece un don a Dios. Se entiende como signo de sumisión o de homenaje, como súplica de bendición y como protección de desgracias; puede tener por objeto la expiación y borrar impurezas y pecados. Según la idea antigua, en el sacrificio, el hombre se ofrece a sí mismo a la divinidad y su efecto es crear una comunidad entre el oferente y su dios. Por ello siempre se sacrifica una parte de lo que el hombre tiene por más valioso. Más tarde, poco a poco, objetos menos valiosos o simbólicos substituyen el don de sí mismo: el animal del sacrificio representa al oferente.

2) *En el AT.* En el antiguo oriente, se tenía, en un principio, la idea de que la divinidad necesitaba alimentarse y por ello se creía tener la obligación de ofrecerle manjares. A pesar de que la religión de Yahveh prohibía los sacrificios humanos, en algunas ocasiones el israelita primitivo sacrificó a sus propios hijos (Jue 11,29-39; 1Re 16, 34 y otros). Mientras los israelitas fueron nómadas, sacrificaron parte de su ganado. Después de la toma del país y paso del nomadismo a la

vida sedentaria, se cambiaron dones y ritos sacrificiales. Ahora se ofrecen también las → primicias de los frutos del campo. Si bien el influjo cananeo no se puede poner en duda, éste es difícil de determinar. Los profetas no condenan el sacrificio en sí, sino las formas de culto impuestas por ideas y costumbres cananeas y una actitud formalista que ya no ve en el sacrificio la expresión de la sumisión a la voluntad de Yahveh y de la moralidad a la que compromete. En el judaísmo tardío, el sacrificio se entendió siempre más como una obligación impuesta por Yahveh que el justo debía cumplir con exactitud de acuerdo con lo prescrito por la ley. Por la materia ofrecida, la ley distingue el sacrificio de alimentos (harina, aceite, vino), el sacrificio de inmolación (carne de animales domésticos o de ganado), la oblación de bebidas y el sacrificio de incienso; según el modo de la ofrenda, se distingue el holocausto, el sacrificio de combustión, el sacrificio de elevación y balanceo y la libación; por el tiempo, el sacrificio diario, matutino y vespertino.

3) *En el NT.* Jesús no reprobó directamente el sacrificio, él admitió la doctrina de los profetas. Sin embargo, Jn 4,24 habla expresamente de la abolición de la antigua alianza y Jesús vaticina la destrucción del templo y con ello el fin del culto sacrificial. Para él, toda la ley se resume en el mandamiento del amor. Por ello prefiere la reconciliación con el prójimo al sacrificio (Mt 5,23s). Jesús ofrece su propia vida como rescate y sacrificio de expiación para todos (Mt 20,28). Pablo señala a Cristo como → cordero pascual, sacrificado en la cruz (1Cor 5,7) para redimir al verdadero Israel de la esclavitud del pecado y rereconciliarlo con Dios. Heb afirma con insistencia el carácter expiatorio del sacrificio de Cristo que sobrepuja todos los sacrificios a la antigua alianza. También en los escritos joaneos, Jesús es el verdadero cordero pascual que quita los pecados del mundo (Jn 1,29.36).

Šadday → El.

Sadoq, sacerdote de los tiempos de de David y Salomón (2Sam 8,17 -1Re 4,4; → Ebyatar), fundador de la dinastía sacerdotal de los sadoquitas, que más tarde fue la única legítima (Ez 40,46 entre otros). Tal vez Sadoq había sido sacerdote de Sédeq, dios de la ciudad de Jerusalén antes de que fuera de los israelitas (→ Melquisédeq), al que David dejaría seguir ejerciendo sus funciones. Esto explicaría su legitimación tardía como hijo de Ajitub, un descendiente de Aarón (1Par 5,38).

Saduceos, junto con los (→) esenios y fariseos, partido del judaísmo (fundamentalmente político). Sus miembros eran sobre todo representantes de la aristocracia sacerdotal de Jerusalén (seguramente llamados así por → Sadoq). Defendían una conducta de vida más libre y mundana que la de los fariseos, reconocían la torá, pero con su postura conservadora rechazaban la «tradición de los antiguos», la interpretación tradicional y ampliación de la ley. Negaban la resurrección de los muertos (Mc 12,18 par) y divergían de los fariseos en muchas cuestiones rituales y jurídicas. El origen del partido es oscuro, pero tiene ya un cierto perfil en la oposición contra Yonatán (153 a.C.) quien concentró el poder político y religioso en el sumo sacerdocio. Los saduceos conservaron siempre su influencia en el Sanedrín, donde estaban en constante rivalidad con los fariseos. En

Saduceos

los Evangelios se menciona poco a los saduceos (p.e., Mt 3,7; 16,1; Mc 12,18; Lc 20,27), sin embargo, su poder era importante porque ellos elegían el sumo sacerdote y se adaptaban más fácilmente a los romanos. Al principio, apenas tuvieron conflictos con Jesús, pero más tarde le odiaron junto con los fariseos (Mc 12,18-27 par); el saduceo Caifás impuso al fin la pena de muerte. Después del 70 d.C. las fuentes no hablan más sobre los saduceos.

Sal. Los nombres bíblicos: ciudad de la sal (Jos 15,62; → Qumrán), mar de la sal (Gén 14,3; Núm 34,3; Jos 3,16 etc.; → Mar Muerto) y valle de la sal (2Sam 8,13; 1Par 18,12; Sal 60,2) dan testimonio de que ya muy pronto se obtuvo la sal y se comerció con ella. Se podía sacar del mar Muerto en forma de piedra (→ Lot; Sodoma) o de los charcos cerca de la orilla del mar (Ez 47,11). El aspecto desolado de este terreno se interpretaba como maldición y era figura de la devastación y destrucción (Dt 29,22; Eclo 39,23; Ez 47,8-12). El nombre griego de → Magdala confirma que se practicaba la salazón de pescado junto al mar de Genesaret. La sal es uno de los medios más indispensable de la vida (Eclo 39,26). Comer la sal con alguien significa comunidad y obligación mutua (cf. «la sal de la alianza de tu Dios»: Lev 2,13). La sal tenía una importancia particular en el culto: ningún sacrificio sin sal (Lev 2,13; Mc 9, 49). El templo tenía almacenes propios para la sal del sacrificio que, en parte, era suministrada por el rey persa Antíoco II a cargo del Estado.

Salmos (del gr. ψαλμός, hebr. *mizmōr*), cantos acompañados con un instrumento de cuerdas. Los judíos llaman al libro de los salmos $t^ehill\bar{\imath}m$ (cantos de alabanza) o $t^efill\bar{o}t$ (oraciones).

1) *Contenido.* El libro de los salmos contiene, en el texto masorético y en la Vg, 150 salmos; las antiguas traducciones latinas y sirias contienen 151 (uno más, no canónico). La numeración de los salmos canónicos es diversa: los LXX y la Vg reúnen en uno solo $9+10$ y $114+115$, en cambio, dividen en dos los salmos 116 y 147. El libro de los salmos está hoy dividido en cuatro libros, cada uno de los cuales acaba con una doxología.

2) Los *títulos* de los salmos proceden con toda probabilidad de los coleccionadores y no de los poetas mismos. En general, estos títulos contienen el nombre del supuesto autor, las circunstancias en que se escribió el salmo, observaciones sobre su ejecución musical y sobre su uso en el culto.

3) Los *autores* de los salmos no son todos conocidos. En el texto masorético se atribuyen 73 a David, 12 a Asaf, 11 a los hijos de Qóraj, 1 a Moisés, 2 a Salomón y uno a Hemán; 50 son anónimos. La tradición tardía judía y cristiana atribuyó todo el libro de los salmos a David. Para muchos salmos, sobre todo los cánticos cultuales y reales, hay que señalar como época de composición el tiempo de la monarquía. Es completamente posible que David, instaurador y organizador del culto en Jerusalén, compusiera él mismo cánticos para el culto e incluso oraciones individuales. En el curso de los siglos, muchos salmos fueron redactados de nuevo, completados y adaptados para el uso litúrgico *(relecture)*.

4) *Texto y traducciones.* El texto hebreo ha sufrido mucho en el curso de los siglos y en algunos lugares está corrompido sin remedio.

Los hallazgos de manuscritos de → Qumrán, los LXX y otras antiguas traducciones (en particular la pešitta) ofrecen en muchos casos una ayuda valiosa para la crítica textual.

5) *Géneros literarios de los salmos.* El *himno* o cántico de alabanza celebra las grandezas de Yahveh en la naturaleza o en la historia de Israel; la mayoría de ellos son himnos individuales; pero se dan también himnos cultuales (entre otros, cantos de acción de gracias para el ofrecimiento de un sacrificio de acción de gracias).

Los *cantos de entronización* forman un género literario especial entre los cantos cultuales. No se ha podido demostrar que estos cánticos se cantaran en ocasión de una fiesta anual que celebrara en el templo la entronización de Yahveh.

Los *cantos elegíacos del pueblo* son cantos para días de ayuno y penitencia. Las *elegías individuales* son en general oraciones privadas que suplican a Yahveh que libre de alguna necesidad o que perdone los pecados. La opresión angustiosa ocasiona no raras veces que el poeta profiera maldiciones apasionadas contra sus enemigos (salmos de maldición). Otras elegías expresan la confianza del individuo o del pueblo en Yahveh.

Existen además *cantos de peregrinación, cantos de entrada, salmos de oráculos* y *salmos reales.* Algunos salmos pertenecen a la literatura *sapiencial,* porque enseñan o exaltan la sabiduría o la ley.

Salomé. 1) Esposa de Zebedeo y madre de Santiago el Mayor y de Juan, ya en Galilea formaba parte del grupo de Jesús, estuvo junto a la cruz (Mc 15,40) y fue una de las mujeres del sepulcro (16,1); en ocasiones se la identifica con la «hermana de su madre» (Jn 19,25).

2) Hija de Herodías que, a ruegos de su madre, pidió la cabeza de Juan Bautista (Mc 6,21-29 par).

Salomón, rey de Israel (hacia 965-926).

I. PERSONA Y REINADO. Segundo hijo de David y de Bat-Šeba. Por medio de una acción política preparada por su madre juntamente con el sacerdote → Sadoq, el profeta → Natán y el jefe del ejército Benayá, se apoderó del trono cuando aún vivía David, en perjuicio de → Adoniyá que era mayor de edad (1Re 1). Mandó ejecutar a sus enemigos (Adoniyá, Yoab) o desterrarlos (→ Ebyatar). Su política exterior le permitió asegurar la estabilidad de su reino, sus relaciones con el extranjero (con Egipto y Ammón por medio de matrimonios, con Fenicia y Arabia por medio de contactos comerciales) fueron buenas (1Re 5,4s). Más tarde, Edom y Damasco se independizaron (11,14-25). La política interior de Salomón se orientó a conseguir un centralismo más intenso. El país se dividió en doce distritos que con regularidad debían pagar tributo a la corte (4,7-19). Su amplia actividad constructora para la que utilizó los trabajos de prestación personal de israelitas y no israelitas, se aplicó a la defensa, a la corte y al culto. Fortificó muchas ciudades, adoptó para el ejército el carro de guerra tirado por caballos y fundó ciudades de guarnición (9,19; 10,26). En Jerusalén mandó edificar un palacio real, con la casa del bosque del Líbano, sala de columnas y sala del trono, todo él rodeado con una muralla y obra de especialistas fenicios y además un nuevo → templo. Cubrió los gastos con los productos del comercio de ultramar (9,26-28), de las aduanas, de los tributos (12,4)

Salomón

y de la industria del metal. Todo ello tuvo muy poca estabilidad. A su muerte, el reino se dividió y sólo sobrevivieron los edificios y el recuerdo de su riqueza y sabiduría.

II. En épocas posteriores, se atribuyeron a Salomón varias *obras literarias* (1Re 5,9-14; su sentencia judicial 3,15-27 es un motivo que se repite en el antiguo oriente): entre los escritos canónicos Cant, Ecl, Sab y un salmo; además 1) los *Salmos de Salomón*, una colección de 18 salmos del tiempo entre el 63 y 30 a.C. 2) Las *Odas de Salomón*, una colección de 42 cantos del s. II d.C. 3) el *Testamento de Salomón*, en el s. III/IV d.C. obra de algún cristiano sobre la base de un documento judío. Se trata de ángeles y demonios.

Saludo. Para saludar se usa generalmente en hebreo la misma palabra que para «bendecir». El saludo confiere una fuerza bienhechora, cuando la persona saludada es digna de ella (cf. Mt 10,13). No conceder el saludo significa tanto como «maldecir». El oriental saluda de varios modos. Un saludo simple consiste en ponerse de pie (Lev 19,32), apearse de la cabalgadura (Gén 24,64) o salir al encuentro (Gén 18,2). El saludo solemne se practica tocando el suelo con la frente (Gén 33,3). También se usa el caer de rodillas (2Re 1,13; Mt 27,29). A un profeta se le abrazaban los pies, como a un ser sobrenatural (2Re 4,27; cf. Mt 28,9). El beso sólo se usaba para parientes próximos (Gén 29,11) y para amigos (Éx 4,27). En algunas circunstancias el beso formaba parte del ceremonial de la corte. Las fórmulas usuales de saludo eran: «La paz sea contigo» (Jue 19,20), «la paz sea con tu casa» (Lc 10,5), «Yahveh sea contigo» (Jue 6,12) y otros. Jesús recomienda expresamente a sus discípulos que saluden al entrar en una casa (Mt 10,12) y reprende la vanidad de los fariseos que se hacen saludar en las plazas públicas (Mt 23,7) para hacer resaltar así su dignidad.

Samaría, ciudad (y región montañosa) de Palestina, fundada en 870 a.C. por Omrí, rey de Israel, y edificada para ser capital del reino del norte en lugar de Tirsá (1Re 16,24). El emplazamiento estaba muy bien escogido: Samaría resistió el ataque de los sirios (2Re 6) y fue conquistada por los asirios sólo después de tres años de sitio (721 a.C.). Los asirios deportaron treinta mil habitantes de la ciudad y los sustituyeron por colonos propios. Bajo el dominio persa, Samaría siguió siendo capital de provincia, incluso con jurisdicción sobre Jerusalén, hasta que → Nehemías consiguió la independencia de Judá. En 331 a.C. fue helenizada por Alejandro Magno y en 107 a.C. conquistada por Juan Hircano I. Herodes la convirtió en una de las ciudades más bellas de su reino. A honor del emperador Augusto, su nombre fue cambiado por el de Sebaste (Augusta). Este nombre perdura en la aldea árabe *sebaṣty*. El diácono Felipe predicó el Evangelio en Samaría y luego Pedro y Juan visitaron la ciudad (Act 8,5-25). Excavaciones (1908/10, 1931/35 y a partir de 1965) extrajeron valiosos hallazgos: en el estrato de la población romana, restos del foro herodiano, basílica e hipódromo, teatro y calle con columnata; de la época israelita, el → palacio de Omrí (1Re 20,43; 2Re 1,2) que se funda en modelos asirios, la piscina (1Re 22,38), las murallas de la ciudad, gran número de placas de marfil (1Re 22,39; Am 3,15) y → óstraka.

Mapa PA/PN C5.

Samaritanos. Después de la conquista de → Samaría (721 a.C.), gran parte de la población fue deportada y sustituida por colonos asirios. De esta manera se dio origen a una población mezclada (2Re 17,24) que siguió teniendo a Yahveh como Dios del país (17,25-28), pero también adoraba a dioses asirios (17,29-34). Parece que una parte de los indígenas que permanecieron fieles a Yahveh participaba en el culto de Jerusalén (2Par 30,1; 34,9; Jer 41,5). Nehemías rechazó a los samaritanos (Esd 4,2s) y las medidas político-religiosas de Esdras alejaron siempre más judíos y samaritanos que acabaron siendo enemigos mortales. Bajo la dirección de Manasés, los samaritanos se construyeron un templo propio sobre → Garizim que fue respetado por Antíoco IV Epífanes (2Mac 6,2) pero destruido por Juan Hircano I. No obstante, Garizim siguió siendo el lugar de culto de los samaritanos (Jn 4,20). En tiempo de Jesús, samaritano era una palabra injuriosa (8,48), los judíos no tenían relación alguna con ellos (4,9). Jesús habló de ellos con más benevolencia (cf. encuentro de Jesús con la samaritana, Jn 4,4-42, y la parábola del buen samaritano, Lc 10, 30-37) y encargó a sus discípulos que predicaran el Evangelio también en Samaría (Act 1,8; cf. 8,5-8). Los samaritanos reconocían el Pentateuco y esperaban el Mesías como al «que ha de volver», como rey y sacerdote, el que anunciaría la verdadera doctrina (Jn 4,25).

Samuel (significado inseguro).
I. PERSONA. Efraimita de Ramá (1Sam 1,1) y levita según 1Par 6,13. Su mérito fue haber salvado al pueblo de la profunda postración nacional y religiosa que se había originado en tiempo de los jueces a causa de la falta de unidad de las tribus, del avance de los filisteos, de la mezcla de la religión con ideas paganas de Canaán y de corrupción de costumbres, postración que se simbolizaba con la pérdida del arca de la alianza, santuario nacional. El prestigio personal de Samuel y la introducción de la monarquía consiguieron la unidad del pueblo. Su postura religiosa se señala por una obediencia incondicional a la voluntad de Dios (15,22ss). En su lucha contra la enajenación de la religión, Samuel es precursor de los profetas.
II. LIBROS DE SAMUEL. En los LXX y la Vg, Sam se juntan con Re, es decir, aparecen como 1 y 2Re y a continuación siguen los dos libros de los Reyes como 3 y 4Re. Los libros de Samuel no se dividieron en dos en los manuscritos hebreos hasta el año 1448.
1) *Contenido.* Sam trata del final de la época de los jueces y del principio de la monarquía, hacia fines del primer milenio a.C. *a)* Relato sobre el sacerdote Elí y sus hijos, así como sobre Samuel: su infancia y juventud en el santuario de Siló, su talento profético y su administración de la justicia, su lucha victoriosa contra los filisteos y la instauración de la monarquía (1Sam 1-12. *b)* Historia de Saúl y sublevación de David (1Sam 13-31). *c)* Reinado de David (2Sam).
2) *Composición.* Los dos libros plantean problemas difíciles. Duplicados (p.e., 2Sam 8,16-18 y 20,23-26), contradicciones (1Sam 8,1-22; 10,17-25; 12,1-25 y 1Sam 9,1-10,16; 10,26-11,15) y otras interrupciones (p.e., falta de unidad en 2Sam 21-24) hacen pensar que la obra es un conjunto de varias unidades, cuya calidad, alcance y redacción (refundición deuteronomista [?]) se juzga de diversas maneras. Sin embargo, no se puede pasar por alto una cierta técnica narrativa y relación interna:

Samuel

el pensamiento de que, a pesar de la traición, culpa y fallo de los individuos, los planes de Dios para su pueblo se llevan a término. Su época de composición debe ser después del 926 (distinción entre Israel y Judá), pero antes del 586 (destrucción de Jerusalén).

Sanedrín, el supremo consejo de gobierno del pueblo judío durante la época grecorromana, llamado también senado (νερουσία Jdt 4,8; 1Mac 12,6; Act 5,21) o consejo de los ancianos (πρεσβυτέριον Lc 22,66; Act 22,5). El sanedrín se menciona por primera vez en 1Mac 12,6 en tiempos del sumo sacerdote Yonatán (160-143), quien lo reorganizó, seguramente, a base del consejo de los ancianos que en tiempos de Nehemías se hacía responsable del bien común del pueblo judío (Esd 5,9; 6,7; 10,8). En la época del NT, el sanedrín constaba de 71 miembros bajo la presidencia del → sumo sacerdote (conforme a Éx 24,1.9; Núm 11,16). Constaba de tres clases: los ancianos (los representantes más conspicuos del pueblo entre las familias no sacerdotales), los sumos sacerdotes (sumos sacerdotes retirados y miembros de las cuatro familias que ordinariamente ocupaban este cargo; cf. Act 4,5s) y los escribas (en general del partido de los fariseos). El consejo se reunía en el «pórtico de los sillares», en el ángulo suroeste del patio interior del templo. La literatura rabínica no menciona nunca que las sesiones tuvieran lugar alguna vez en el palacio del sumo sacerdote; Mt 26,57. 59-66 y Mc 14,53-64 son seguramente una combinación literaria del interrogatorio de Jesús en el palacio de Anás con el interrogatorio ante el sumo sacerdote a la mañana siguiente (Mt 27,1; Mc 15,1; Lc 22, 66-71). La competencia del sanedrín dependía del poder político del país. En tiempos de Herodes el Grande, la vida del sanedrín era de apariencias pero luego, en tiempos de los procuradores romanos, el sanedrín fue la suprema autoridad administrativa y judicial que tenía la competencia de decidir libremente en los asuntos religiosos, no así en los políticos. Seguramente la pena de muerte sólo se podía ejecutar después de la confirmación del procurador.

Sangre 1) *En el AT,* como en casi todas las religiones antiguas, la sangre es considerada como sede de la vida (Gén 9,5; Lev 17,11 etc.). Como la vida pertenece a Dios, derramar la sangre está severamente prohibido (1Sam 14,31-44; Gén 9, 3s; ley: Lev 3,17; Dt 12,23 etc.). Por otra parte Israel conoce diversos ritos de sangre. Por medio de la aspersión del altar, la sangre se dedica a Yahveh y opera la expiación (Heb 9,22) y sella la → alianza entre Yahveh y su pueblo (Éx 24, 3-8), pues ello significa que el rito hace a los contratantes parientes de sangre. La sangre derramada clama la venganza de Yahveh (Gén 4,10; → Venganza de la sangre).

2) *En el NT.* La fórmula del AT «carne y sangre» significa la persona humana en su condición débil y pecadora (Mt 16,17; 1Cor 15,50; Gál 1,16 etc.). Uno de los teologúmenos más importantes del NT es la sangre derramada de Cristo (Ef 2,13; Heb 9,14 etc.): así como la antigua alianza fue sellada con sangre de animales sacrificados, igualmente la nueva alianza ha sido sellada con la sangre de Cristo (Mc 14,24 par; 1Cor 11,25). Es el precio que redime a los hombres del pecado (Ef 1,7), reconcilia con Dios (Rom 3,25), santifica (Heb 13,12) y justifica (Rom 5,9). La comunidad

de la sangre de Cristo (Jn 6,54-56; 1Cor 10,16) es la expresión de la unión íntima con Cristo (→ Cena [última]). La representación veterotestamentaria del parentesco de sangre entre Dios y el hombre halla aquí su realización definitiva.

Sansón (hebr.: [hijo del] sol), héroe del tiempo de los jueces. La narración de tipo popular (Jue 13-16) narra cómo un ángel de Yahveh anunció el nacimiento de Sansón a Manóaj de Sorá y a su esposa y cómo luego Sansón se casó con una filistea de Timmá. Durante la boda empieza a pelear con los filisteos y la enemistad se torna siempre aguda. Sansón se escapa, pero, por traición de Dalila es arrestado, cegado y hecho esclavo. Recupera su fuerza y con su propia muerte voluntaria hiere a los filisteos con más dureza que antes. Sansón es el héroe popular de las contiendas entre los filisteos y las tribus israelitas de Dan y Judá residentes en la Šefelá. El material narrativo se formó primero en tradición oral: historia de la anunciación, leyendas cultuales, cuentos y bufonadas se combinan en una unidad. Son interesantes algunos detalles de la historia de la cultura, p.e., petición de mano de la esposa (14,1-9), juegos de adivinanzas durante el banquete nupcial (14,10-20), nazireato (13; 16,17). Al ser incluida la narración en la obra histórica deuteronomista, adquirió una tendencia teológica: el estado de opresión filistea a causa de los pecados del pueblo, cambia por medio de un salvador, Sansón.

Santiago (del gallego *Iago*, forma derivada del latín *Iacobus*, → Jacob).

1) el Mayor, hijo de Zebedeo y de Salomé (cf. Mc 15,40 con Mt 27,56), hermano del apóstol Juan, con quien fue llamado al seguimiento de Cristo (Mt 4,21). Los dos hermanos junto con Pedro eran los discípulos predilectos de Jesús (Mt 17,1; 26,37; Mc 5,37; 13,3). Santiago sufrió martirio bajo Herodes Agripa I (Act 12,2), en el año 44.

2) El Menor, hijo de Alfeo (Mt 10,3; Mc 3,18; Act 1,13) y uno de los doce apóstoles. Su confusión con 3), comprobable desde tiempos de S. Jerónimo, se debe a su sbbrenombre.

3) El «hermano» de Jesús (Mc 6,3 par), también por sobrenombre «menor» o pequeño y más tarde llamado «hermano del Señor», era hijo de Cleofás y de María (cf. Mc 15,40 con Jn 19,25). Es probable que se convirtiera después de la cristofanía (1Cor 15,7); él mismo no se llama apóstol (Sant 1,1). Después de la huida de Pedro (Act 12,17), aparece como jefe de la comunidad de Jerusalén (Gál 1,19; 2,9.12) y desempeñó un papel principal en el → Concilio apostólico. En principio reconocía la libertad de la ley (Gál 2;1-10). Acaso su gran prestigio ante los judíos motivó su reserva para con los paganos. En el año 62 fue apedreado a instigación del sumo sacerdote Anás II (Ant. 20.9,1). Es el autor de la → Santiago (carta de).

4) El «Protoevangelio de Santiago» se presenta como «revelación» de un tal Santiago que pasa por ser uno de los hermanos de Jesús, hijo de un primer matrimonio de José. Se puede suponer que el escrito procede de un paganocristiano, redactado en griego en la segunda mitad del s. II. Con motivos del AT, se narra la historia de María, desde su nacimiento hasta la persecución de Herodes. Muchos rasgos de esta mariología popular tuvieron más tarde influencia en la historia de los dogmas, liturgia e iconografía.

Santiago

El escrito fue condenado por la Iglesia occidental y en cambio gozó de gran popularidad en la Iglesia oriental.

Santiago (carta de), la primera de las → cartas católicas, deuterocanónica (Eusebio, p.e., niega su canonicidad), pero que en el s. IV fue aceptada en general por influencia de san Jerónimo y de san Agustín. Su autor sólo puede ser Santiago (3). Su griego es correcto, pero su estilo y contenido hacen pensar en un autor judío. La reacción contra la doctrina paulina de la justificación por la fe (cf. Sant 2,24 con Rom 3,28) haría suponer que Rom correspondientemente ya se habría divulgado lo bastante antes del 62, año de la muerte de Santiago, lo cual es muy discutible. Por ello hay que contar que la parte polémica (2, 14-26) fue añadida más tarde por un redactor griego a la carta que en su origen sería un escrito puramente parenético. La carta se dirige a los «cristianos de la diáspora», por lo que hay que concluir que fue escrita antes del año 70 (después del 70 ya se habían acabado las comunidades judeocristianas) y en Jerusalén, de donde Santiago era obispo. Sant contiene una serie de proverbios, reunidos entre sí por su contenido moral y sin afirmaciones dogmáticas. Se trata más bien de una homilía sobre las tentaciones (1,2-18), sobre la fe (1,19-2,26), sobre el amor al prójimo (3,1-4,12), sobre la riqueza, el cuidado de los enfermos, etc. (4,13-5,20).

Santidad → Código de santidad.

Santísimo o **sancta sanctorum** → Templo.

Santo sepulcro. Según el Evangelio el sepulcro de Jesús estaba situado en un jardín, cerca del lugar de la crucifixión (Jn 19,41) y no lejos de los muros de la ciudad (19,17.20). El año 41 d.C., Herodes Agripa I rodeó el ensanche de Jerusalén con una monumental muralla, con lo que el → Gólgota y el jardín de José de Arimatea quedaron dentro del recinto urbano. El lugar tradicional se señala hoy en la *basílica del santo sepulcro*. Según Mt 27,60, la tumba estaba cavada en la roca y fue cerrada con una gran piedra redonda (Mc 16,4), colocada ante su entrada baja (Lc 24,12; Jn 20,5. 11). Dentro de la misma cámara sepulcral se hallaba un banco de piedra o nicho donde se colocó el cadáver (Jn 20,5-7.12; → Tumba II.4.5). En la reconstrucción de Jerusalén por el emperador Adriano, desapareció el santo sepulcro bajo el foro. En 325, mandó excavar de nuevo el lugar y sobre él edificó una iglesia de cúpula, la Anástasis. El santo sepulcro fue destruido en 1009 por el califa Hākim. Fig 25.

Sara (hebr.: princesa).
1) Medio hermana (Gén 12,13) y esposa de Abraham (11,29-31), madre de Isaac (21,2s), enterrada en la gruta de Makpelá (23,2ss); madre genealógica de Israel (Is 51,2) y modelo de fe (Heb 11,11).
2) Hija de Ragüel de Ecbátana y esposa del joven Tobías (Tob 3, 7-17; 6,10-8,19).

Sardes, antigua capital de Lidia, famosa por su industria de la lana, fue conquistada en 546 a.C. por Ciro y hecha residencia de un gobernador; en el 17 d.C., los terremotos la destruyeron y Tiberio la reedificó. A los cristianos de Sardes se dirige la carta de Ap 3,1-6 en la que se reprende a la comunidad por su mala fama. Excavaciones americanas en 1958ss.

Sarón (del gr.: encina), llanura costera de Palestina, entre → Yaffá y el río del Cocodrilo, Act 9,35 junto a Lidda; en el tiempo del AT, poblada de bosques de encinas (cf. Is 35,2: «majestad» de Sarón; Cant 2, 1s: antítesis entre el narciso y el silvestre Sarón). Los campos de pastos se utilizaban ya en tiempos de David (1Par 27,29). Mapa PA/PN B4-5.

Saúl (hebr.: el deseado), primer rey de Israel (hacia 1012-1004). Genealogía en 1Sam 9,1; 1Par 8,29-33; 9, 35-39. La tradición bíblica sobre Saúl (1Sam 9-31) es una narración anecdótica de sus relaciones con David y Samuel. Fue elegido rey (residencia en → Guibá) gracias a su actuación enérgica en favor de la ciudad Yabés-Galaad contra los ammonitas (11s). A pesar de sus numerosas campañas militares contra los filisteos, no consiguió liberar Israel de su dominio. De su política interior sólo conocemos la expulsión de nigromantes y adivinos (28,3-25). Saúl, que siempre estuvo a la sombra de Samuel y que al fin se enemistó con él (1Sam 13,7-15; 15,1-35), no fue nunca un rey propiamente dicho. Ataques de melancolía y de histeria así como su desconfianza frente a Samuel y David, le indujeron ocasionalmente a tomar medidas tiránicas (22,6-19). No obstante era estimado, incluso por sus enemigos, como demuestra la elegía de David (2Sam 1,19-27).

Sebaste → Samaría.

Sedecías → Sidkiyyá.

Šefelá (hebr.: el terreno bajo), zona entre los montes de Judá y la llanura costera del Mediterráneo (300-400m sobre el nivel del mar), no siempre limitada con exactitud. En los tiempos bíblicos, eran terrenos para el cultivo del olivo y del sicómoro (1Re 10,27; 1Par 27,28). Fig. 31 y 32, y mapa PA B7.

Sehón → Sijón.

Sela (hebr.: «la» roca). En Jue 1,36 es lugar fronterizo de los idumeos, en 2Re 14,7 fortaleza (tal vez ciudad) conquistada por el rey Amasyá, se le cambió su nombre por el de Yoqteel; el cronista (2Par 25,11) seguramente pensó en → Petra (erróneamente). Is 42,11 y Jer 49,16 se refieren mejor al territorio de Bosrá, la capital de los edomitas.

Selah, palabra que sale 71 veces en el libro de los salmos y 3 veces en Habacuc, cuyo origen y significado se discute. Como no tiene nada que ver con el contenido del texto, debe de tratarse de una indicación literaria (estribillo [?]), litúrgica (arrodillarse [?]) o musical (intervalo [?], antífona [?]).

Seléucidas, dinastía de diadocos macedonios, llamados así por su fundador Seleuco I, los cuales gobernaron en Siria desde 312 hasta 64 a.C. y con frecuencia influyeron en la suerte de los judíos. En el AT, se mencionan los siguientes:
1) Seleuco I Nicátor (312-281), general de Alejandro Magno, se apoderó de la satrapía de Babilonia (312) y de Siria (301), tomó el título de rey y gozó en vida de adoración divina (Dan 11,5).
2) Antíoco II Deus (261-246), se casó con Berenice, hija del rey de Egipto y fue asesinado juntamente con ésta (Dan 11,6).
3) Seleuco II Calinico (246-226/ 5), hijo de (2), se vio envuelto en una guerra con Egipto a causa del asesinato de Berenice (Dan 11,7-9).
4) Seleuco III Cerauno (225-223), hijo de (3), (Dan 11,10).

Seléucidas

5) Antíoco III el Grande (223-187), hijo de (3), acabó la guerra contra Egipto con su victoria final, pero fracasó ante la oposición de los romanos y murió en una expedición militar con Elam (Dan 11, 13-19).

6) Seleuco IV Filópator o Soter (187-175), hijo de (5), actuó de forma despótica contra los judíos no simpatizantes con el partido prohelenista. Bajo su reinado tuvo lugar el saqueo del templo por Heliodoro y la lucha entre Onías y Simón por la dignidad de sumo sacerdote (Dan 11,20; 2Mac 3,1-4,7).

7) Sobre otros Seléucidas (→) Antíoco, Demetrio, Alejandro Balas. Los últimos seléucidas se disputaron el trono; en 83 a.C. el reino cayó en manos de los armenios; en 64 se convirtió en provincia romana.

Sello. En todo el oriente medio, la marca del sello servía de rúbrica en los documentos escritos (1Re 21, 8; Is 8,16; 29,11; Jer 32,10) y en los jarros (→ Marcas de jarra). Con frecuencia el sello traía un emblema personal (de aquí la insistencia en su carácter personal: Cant 8,6) y el nombre del poseedor. Muchas veces traían sólo el nombre.

I. Por su FORMA se distinguen:
1) El *sello cilíndrico,* una piedra cilíndrica, taladrada en su longitud. Al hacer rodar el cilindro se obtenía una imagen rectangular. Se podía leer bien cuando se marcaba sobre una tablilla de arcilla; por esto, esta forma de sello se difundió sobre todo en Mesopotamia. Fig. 37.
2) El *sello cónico,* consistente en una piedra puntiaguda, taladrada a lo ancho, a partir del s. VII substituyó el sello cilíndrico.
3) La *forma de* → escarabeo.
4) La *forma escaraboidal,* no tomada de la (3), usada en Siria, Fenicia y Palestina: piedra oval, ligeramente abovedada, con su parte inferior lisa. Estos sellos se llevaban pendientes del cuello (Gén 38, 18; Cant 8,6) o en el dedo como anillo (Jer 22,24).

II. Como MATERIAL se utiliza piedra semifina, sobre todo cuarzo: pero también ónice (Éx 28,9) y esmeralda (Eclo 32,6).

III. Por su LEYENDA se distinguen:
1) *Sellos con nombre.* Éstos llevan el nombre propio solo o con el nombre del padre; nombre con indicación del cargo (siervo, ministro, escribano).

2) *Sellos con emblema* solo o con emblema y nombre. Los procedentes de Palestina y Siria son del primer milenio y muestran grifos alados, dracoleones, esfinges, leones, bueyes o toros, otros animales, figuras orantes, escenas profanas o simples adornos.

Sem → Noé; Tabla etnográfica.

Semana → Calendario; Sábado.

Semitas, pueblos del Asia anterior, llamados así por su parentesco lingüístico, con apoyo en la → tabla etnográfica (Gén 10). Los semitas forman sólo una rama de una familia lingüística mayor, los semitocamitas, cuya mayoría vivía en África. Hoy se tiende a pensar que los semitas del Asia anterior procedían de África, su país de origen y que llegaron a las vecinas regiones culturales de Asia en distintas olas migratorias. Primero se dividieron los → akkadios (semitas orientales). El resto (los semitas occidentales), en el curso de los siguientes milenios, se dividieron en (→) amorreos y arameos (semitas del noroeste) al norte, y árabes, sabeos y etíopes (semitas del suroeste) al sur. Fig. 5.

Serpiente

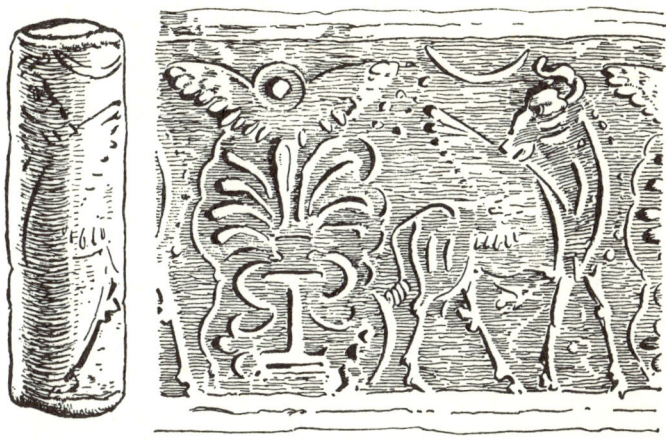

Fig. 37. Sello cilíndrico de Sikem y su impresión: toro alado, árbol estilizado, sol alado, luna y estrellas

Senaquerib (asir.: Sin aumente los hermanos), rey de Asiria (705-681), hijo del gran monarca Sargón, famoso por sus campañas militares y obras culturales. Para la historia bíblica es importante su expedición militar contra Siria y Fenicia, así como la dirigida contra Palestina (→ Ezequías) que tuvo que interrumpir antes de tiempo (2Re 18,13-19, 35 par). Fue asesinado por sus hijos en el templo de Nosrok de Nínive (19,36s par) que había escogido para residencia y restaurado con magnificencia (es importante el relieve de pared, en el palacio, que representa la conquista de → Lakíš). Fig. 28.

Serpiente. La Biblia posee nueve términos distintos para indicar la serpiente. No se sabe qué clase de serpiente indica cada uno de estos nombres. Las serpientes se encuentran entre las piedras y rocas o en la arena del desierto, algunas prefieren lugares húmedos (Neh 2,13: fuente de las serpientes en Jerusalén). Según opinión popular, la serpiente come el polvo de la tierra (Gén 3,14; Is 65,25). Se conoce por su astucia (Gén 3,1) y veneno (Sal 140,4) y sirve de símbolo de falsedad (Gén 49,17), calumnia (Sal 140, 4), peligro mortal (Prov 23,32), maldad (Mt 3,7; 23,33), pero también de sagacidad (10,16). Se conocían conjuros contra las serpientes (Sal 58, 5s; Ecl 10,11; Jer 8,17). La narración popular de la transformación de un bastón en serpiente (Éx 4,2-4; 7, 8-13) debe de estar influida por el bastón en forma de serpiente del faraón. La mitología oriental relaciona la serpiente con los → demonios (Gén 3,1-5; → Leviatán; Job 3,8; Sal 74,13s; Is 27,1), pero también es animal sagrado o símbolo de muchos dioses (p. e., Esculapio, Anat). Se adoraba en Babilonia, Canaán, Grecia y Creta. En la narración del pecado original puede aparecer en contraste con Yahveh como símbolo de Baal y de su culto de fertilidad. El judaísmo tardío vio en la serpiente la encarnación del diablo (Sab 2,24; Lc 10,19; Ap 12,9). En la serpiente de bronce, los israe-

Serpiente

litas adoraron tal vez la imagen de la vida y salvación dadas por Yahveh (Os 6,1s). En todo caso, la etiología de este objeto de culto (Núm 21,4b-9) presupone un concepto de serpiente como animal de vida. Su eficacia, mágica en su origen, más tarde se espiritualizó (Sab 16,7) y tipificó (Jn 3,14s: el Hijo del hombre, elevado como la serpiente de bronce).

Servidumbre, era usual en el antiguo oriente y se distingue de la esclavitud en el hecho de ser un servicio del rey (no de una persona privada) y en general para un tiempo limitado. Los siervos se tomaban de entre los presos de guerra (Is 31,8), de entre los pueblos extranjeros sometidos (Dt 20,11; Jos 16, 10) o también de entre las capas bajas de la propia sociedad. En Egipto, los israelitas edificaban nuevas ciudades bajo el control de intendentes de siervos (Ex 1). En tiempos de la monarquía, la servidumbre se introdujo en Israel. Bajo David y Salomón se emplearon numerosos trabajadores siervos (p. e., durante la construcción del templo), de lo que algunos ciudadanos libres israelitas no quedaban exentos (1Re 5, 27; 11,28; en cambio 9,20-22). Esto fue una de las causas de la división del reino del norte. No está claro que la servidumbre en Israel proceda del modelo egipcio. De todos modos Dt toma fundamento en el recuerdo de la servidumbre en Egipto para fomentar la piedad ante extranjeros y esclavos (15,15; 16,12, etc.).

Set (del hebr.: substituir; Gén 4,25), hijo de Adán. La lista de los setitas (5,1-32: P) menciona los nombres de diez generaciones desde Adán hasta Noé y trabaja con números muy elevados para indicar los años de vida. Estos números son distintos en el texto masorético, en el Pentateuco samaritamo y en los LXX. Esta lista y la de la genealogía cainita (Gén 4,17-24: J), que difiere de ella, probablemente provienen de una fuente común preisraelita.

Sicar → Sikar.

Sidkiyyá (hebr.: Yahveh es mi ayuda), último rey de Judá (597-587); antes se llamaba Mattanyyá. Su genealogía es oscura: o bien fue hijo (2Re 23,31; 24,18; Jer 52,1) o bien fue nieto (2Par 36,10) de Yosías. Su nombre de entronización, Sidkiyyá, le fue impuesto por el rey de Babilonia, después que éste hubo depuesto y deportado a Yoyakín (2Re 24,17). Sidkiyyá se adhirió más tarde a una coalición antibabilónica (2Re 24,20 par; Jer 27) que ocasionó la destrucción de Jerusalén. Fue alcanzado cuando huía, cegado y deportado a Babilonia, donde murió (2Re 25,4-7 par; Jer 52,11).

Sidón (hebr.: lugar de pesca), en los tiempos más antiguos, ciudad principal de los → fenicios, quienes, por ella, recibieron el nombre de sidonios (Is 23,2.12s; también en Homero; según Gén 10,15, Sidón fue el primogénito de Canaán). Se menciona en (→) las cartas de Amarna y en los textos de Ugarit. Más tarde, Tiro la aventajó en importancia. Los asirios empezaron apoyándola, pero luego la destruyeron (677). Jos 19,28 la asigna a Aser, pero, de hecho, los israelitas nunca conquistaron la ciudad. Jesús contrapone Tiro y Sidón a las ciudades de Galilea impenitentes (Mt 11,21s par) y estuvo él mismo en su territorio (15,21; Mc 7,24.31). Pablo pasó por Sidón al empezar su viaje a Roma (Act 27,3). Mapa PA/PN C1.

Sihón → Sijón.

Sijón, rey de los amorreos con residencia en Ješbón (Transjordania), cuyo reinado no se puede fijar cronológicamente. Extendió sus dominios hasta dentro del territorio de los moabitas y según la historiografía deuteronomista (Núm 21,21-30; Dt 2,26-37; Jue 11,19-22) fue vencido por los israelitas juntamente con → Og, en la Transjordania, cuando éstos emprendieron la toma del país. Sin embargo, la victoria no fue completa hasta después de acabada la toma del país.

Sikar, ciudad samaritana (Jn 4,5s) junto al → pozo de Jacob (cf. Gén 33,19; 48,22); es poco probable que se haya de identificar con → Sikem. Mapa PN C5.

Sikem (hebr.: cuello), antigua ciudad entre los montes (→) Ebal y Garizim, importante centro de tráfico, antiguo lugar de culto (terebintos sagrados: Gén 12,6; 33,20; templo de Baal-Berit: Jue 9). Mencionada a partir del s. XIX en los textos egipcios y en las cartas de → Amarna. Los patriarcas Abraham y Jacob se relacionan con Sikem Gén 34). Seguramente la ciudad, en la época de la toma del país, ya estaba habitada por israelitas que no habían tomado parte en el éxodo. Sikem fue centro de culto para Israel (Jos 24) donde se celebraba la fiesta de la alianza (Dt 27) y escenario de los ensayos monárquicos de → Abimélek (Jue 9). Aquí provocó Roboam la división del reino (1Re 12). Sikem fue la primera capital del reino del norte (1Re 12,25). Las excavaciones de 1956-64 proporcionaron una imagen completa de la historia de la ciudad: comienzo de la población hacia el 4000 a.C. En la época de los hiksos, fortificación (puertas de la ciudad, muralla ciclópea) y construcción de un templo fortaleza no cananeo (ca 1600). Después de dos conquistas egipcias (1450-1425), nueva colonización (reconstrucción de las puertas de la ciudad y murallas, templo de estilo cananeo, importantes massebás). En el s. XII destrucción por Abimélek y hacia finales del s. X nueva destrucción por Šošaq (?). Luego el lugar del templo se convierte en silo de cereales (parece que el templo se trasladó entonces a Bet-El). Destrucción por los asirios en 724-23, en 107 a.C. final de Siken relacionado con la destrucción de Samaría. A una cierta distancia se encuentra la nueva ciudad romana Flavia Neapolis (hoy *nāblus*). Mapa PA/ PN C5.

Siló (hebr.: lugar regado), ciudad de Efraím al norte de Bet-El, en los textos más antiguos morada del → arca bajo la custodia de la familia sacerdotal de Elí (1Sam 1,3.9.24). Jue 21,19-24 alude a una fiesta anual a Yahveh en Siló, con danzas de muchachas. El santuario fue probablemente destruido ya en tiempos de los filisteos (cf. Jer 7,12.14; 26,6.9). En textos más recientes, Siló es el lugar donde estaba plantado el → tabernáculo en tiempos de Josué (Jos 18,1) y último campamento común de los israelitas, donde se repartieron los territorios todavía no ocupados entre las tribus (18s), se determinaron las ciudades de → asilo y sacerdotales (20s) y se tomaron medidas contra las tribus transjordánicas (22,9-12). → Samuel y Ajiyyá (2) eran oriundos de Siló. Mapa PA C5.

Siloé (del hebr.: enviar, soltar), canal que conducía las aguas de → Guijón (2) al interior de Jerusalén. En tiempos de Ajaz era un canal

Siloé

abierto que atravesaba la colina sureste (Is 7,3; 8,6). → Ezequías hizo cavar un túnel en forma de ese, de 533m de largo (2Re 20,20; Eclo 48,17). Estas obras de construcción se celebran en una inscripción descubierta casualmente en 1880, la llamada inscripción de Siloé (→ Hebreo). Edificaciones posteriores han tapado la desembocadura de la instalación antigua (→ Jerusalén II). En tiempo del NT, se daba el nombre de Siloé a una piscina, conocida todavía hoy con el mismo nombre, pero se había ya perdido el recuerdo de su relación con Guijón. Jesús envió a Siloé al ciego de nacimiento (Jn 9,7) porque se atribuía a sus aguas una eficacia curativa y purificadora.

Simeón (hebr.: forma diminutiva por: Dios ha escuchado).
1) Hijo de Jacob y de Leá (Gén 29,33) → epónimo de la tribu de Simeón (no mencionado en → Moisés [bendiciones de]). Características en: Gén 49,5-7. Originariamente la tribu se instaló en Sikem, junto con la de Leví, pero no logró afianzarse (34,25-31) y poco a poco fue absorbida por Judá (Jos 15,21-32). La tribu de Simeón era una mezcla de elementos árabes, edomitas, cananeos (Gén 46,10) y tal vez incluso hurritas (Núm 13,5). Sin embargo, la tribu era conocida aún posteriormente (Jdt 6,15; Ez 48,24. 33, Ap 7,7). Mapa PA B8.
2) Anciano testigo de la presentación de Jesús en el templo (Lc 2,25-35).

Simón. 1) Sumo sacerdote (Eclo 50,1-24), seguramente Simón II (hacia el 200 a.C.);
2) hijo de Matatías, → Macabeos;
3) hijo de Jonás, → Pedro;
4) el zelota (Mc 3,18 par);

5) uno de los hermanos del Señor (Mc 6,3 par);
6) el leproso, en cuya casa de Betania fue Jesús ungido por una mujer (Mc 14,3 par);
7) el fariseo, en cuya casa Jesús fue ungido por una pecadora (Lc 7,36-50), seguramente no idéntico con (6);
8) de → Cirene, quien cargó con la cruz de Jesús (Mc 15,21 par);
9) padre del traidor Judas (Jn 6,71);
10) el mago, encantador de Samaría que se hizo creyente por la predicación de Felipe (Act 8,9), trató luego comprar por dinero a los apóstoles el poder de comunicar el Espíritu Santo por la imposición de las manos (8,18-24: simonía);
11) el curtidor de Yaffá, en cuya casa se hospedó Pedro (Act 9,43; 10,6);
12) por sobrenombre Negro, profeta y maestro de la comunidad de Antioquía (Act 13,1).

Sinagoga, nombre griego del edificio que servía a los judíos de lugar de culto, de oración y lectura. Tuvo su origen en la diáspora, donde la sinagoga hizo las veces de templo. A lo más tardar desde la destrucción definitiva del templo (70 d.C.), la sinagoga representó el centro espiritual del judaísmo que, en gran parte, gracias a ella sobrevivió como grupo religioso. Ya en tiempo de la cautividad babilónica (Ez 8,1; 14,1; 20,1) se habla de reuniones de los ancianos en casa del profeta. Dan 6,10 alude a la práctica de orar vueltos hacia Jerusalén. Neh 8,1-8 esboza una liturgia sinagogal. El testimonio escrito más antiguo de la existencia de una sinagoga es del s. III a.C. para Egipto (→ Alejandría), del s. II a.C. para Grecia, del s. I a.C. para Palestina. En tiempo de Jesús, en los países mediterráneos, toda comunidad judía de alguna importancia tenía su sinagoga. Sólo Act menciona varias sinagogas en Jerusalén (6,9; 24,12), una en Antioquía de Pisidia e igualmente una en Iconio, Filipo, Tesalónica, Berea, Atenas, Corinto, Éfeso, Damasco y Chipre. En su *disposición* se pueden distinguir dos fases: en la primera, el armario que contiene la Torá es movible y vuelto hacia Jerusalén de manera que la fachada con sus pórticos puedan estar igualmente vueltos hacia Jerusalén sin que la entrada quede bloqueada. Más tarde el armario de la Torá ocupa un lugar fijo (desde el s. IV d.C.) y se le construye un ábside; la fachada se sitúa en la pared opuesta. A partir de este tiempo, las sinagogas se adornan con mosaicos, frescos, capiteles, etc. A lo más tardar en el s. III d.C., la sinagoga toma la forma de basílica de tres naves o el estilo arquitectónico del tiempo. Por regla general, el atrio anterior tiene una fuente para las purificaciones rituales; en su interior, el armario de la Torá ocupa la pared del fondo y en medio se coloca el ambón para las lecturas. El *culto del sábado* consta de varias partes: «Escucha Israel», → dieciocho oraciones, una lectura del Pentateuco y otra de los Profetas, sermón voluntario de un asistente del culto (Jesús y los apóstoles hicieron uso de esta oportunidad para predicar el Evangelio, p. e., Mt 4,23; Lc 4,44; Act 13,15ss) y bendición sacerdotal. El presidente (Mc 5,35s; Lc 8,49) y los servidores de la sinagoga (Mt 10,17; 23,34; Lc 4,20) eran los responsables para el mantenimiento del orden durante el culto.

Sinaí. En las fuentes J y P, nombre de la montaña sobre la cual Yahveh se apareció a Moisés y contrajo la → alianza con las tribus allí reunidas (en E y Dt, se llama → Horeb, o simplemente «monte» o «monte de Dios»). Es posible que el nombre se relacione con el culto a Sin (→ Luna) que se habría practicado allí. La tradición cristiana (desde el s. IV d.C.) busca el Sinaí en las dos cimas del macizo suroeste de la península del Sinaí. Aun cuando los datos bíblicos no sean concordes, no por ello la tradición del Horeb se ha de considerar forzosamente no histórica y buscar el Sinaí «histórico» fuera de la península (p. e., en Madián, junto a Qadeš o Petra); los rasgos volcánicos de la teofanía de Éx 19 no exigen necesariamente una montaña volcánica. La situación del Sinaí es difícil de determinar a partir de Egipto (Éx 3,18; 5,3: tres días de camino; 15,22ss; Núm 33,5-15: estaciones del peregrinaje; cf. los textos antiguos Dt 33,2; Jue 5,4s; Hab 3,3). En resumen, de los textos no se puede sacar una conclusión segura. Las riquezas del suelo de la península despertaron ya de muy antiguo el afán de expansión de los egipcios. Se han encontrado muchos restos, sobre todo una serie de inscripciones, textos votivos de mineros semitas de los s. XIX-XVIII y XV a.C. en escritura jeroglífica, protoalfabética y cananea vulgar, de gran importancia para la historia de la cultura. Fig. 5.

Sinópticos, nombre que se da a Mt, Mc y Lc, pues sus tres relatos son semejantes en su disposición y vocabulario y a menudo se han imprimido en forma de sinopsis, es decir, en tres columnas paralelas. El AT tiene una información paralela en Re y Par.

Sión, nombre preisraelita, de etimología desconocida, que designaba la colina sureste de → Jerusalén, qui-

Sión

zás restrictivo para la fortaleza al pie del → Ofel que conquistó David (2Sam 5,7) y que dio nombre a la ciudad de David. En la literatura profética (no en Ez Os Jon Nah Hab Ag Mal) y en los cánticos (Sal Lam) sale la palabra Sión, 150 veces no como nombre topográfico, sino referido al monte del templo y residencia de Dios, referido a toda Jerusalén (Is 60,14) como meta de peregrinaje (Jer 31,6). La población es llamada hija de Sión (2Re 19,21). En el tiempo exílico, Sión significa sobre todo Jerusalén como ciudad de la salvación eterna, que Yahveh no olvida en su humillación (Is 49,14s). En el NT, Sión se menciona principalmente en las citas del AT (Mt 21,5; Jn 12, 15; Rom 9,33 etc.). Fl.Jos. (B.J. 5, 4,1) considera (erróneamente) que la Sión original era la colina occidental de Jerusalén. Los cristianos adoptaron esta versión. Según una tradición fidedigna, la primitiva comunidad cristiana tuvo aquí su centro. → Cenáculo. Fig. 25.

Siquem → Sikem.

Sirac → Eclesiástico (libro del).

Siria. El nombre aparece por primera vez en Heródoto como forma abreviada de Asiria. Propiamente se da este nombre a la faja costera entre el Mediterráneo y el desierto siroarábigo. La palabra no aparece en el AT, las traducciones (LXX y Vg) la emplean para traducir Aram. En el NT, Siria designa la provincia romana (Lc 2,2; Act 15, 23.41; 18,18 etc.; Mc 7,26 se refiere a una mujer fenicia de Siria). De su historia antigua es digno de mención el reino de → Alaj-Mukiš bajo un tal Idrimi (s. XV-XIV a.C.). Aparte de ello, antes de la dominación persa existe sólo la historia de las ciudades sirias (Tiro, Sidón, etc.). Los persas incorporaron Siria en la quinta satrapía que, al principio, abarcaba Siria de Mesopotamia y Celesiria (la Siria propiamente dicha). Después de la caída del imperio persa (331), seléucidas y ptolomeos se disputaron la posesión de Siria, hasta que en 198, Antíoco III impuso el dominio seléucida. El intento de anexionar Judea, fracasó ante la oposición de los macabeos. Finalmente, Pompeyo conquistó en el 64 Siria para los romanos y se convirtió en provincia romana (Lc 2,2).

Socot → Sukkot.

Sodoma, ciudad de la → Pentápolis (Gén 10,19; 14,2s; → Amrafel) que es localizada al suroeste del mar Muerto. Patria de Lot (13,12s). Por su corrupción proverbial en el AT (13, 13; Dt 32,32; Jer 23,14; Ez 16,48-50), Sodoma fue destruida (Gén 18, 20-19,29) juntamente con Gomorra (Dt 29,22). Seguramente se trataría de una catástrofe natural (tal vez terremoto con explosión de gas). Esta destrucción quedó para los israelitas como ejemplo típico de castigo de Dios (Dt 29,22; Sal 11,6; Is 1,9; Jer 49,18; Mt 11,23s, etc.). Su nombre perdura en el árabe: *yebel usdum,* y en la Sodoma israelí.

Sofonías (hebr.: Yahveh oculta, protege).

I. *Persona.* Uno de los llamados profetas menores, descendiente del (rey [?]) Ezequías (Sof 1,1), predicó en Judá en tiempo de Yosías (según Sof antes del 622), contemporáneo de Nahum y del joven Jeremías. Llevan su nombre: el libro de Sofonías y un apocalipsis del que sólo se conservan fragmentos.

II. *Libro de Sofonías.* Sof está construido de acuerdo con el esquema tradicional de los escritos proféticos (profecías de desgracias, oráculos contra los pueblos extrànjeros, profecías de salvación): *a)* contra Jerusalén (1,2-2,3): cinco oráculos que anuncian el «día de Yahve» como juicio condenatorio, dos sentencias y una exhortación. *b)* Discursos de amenaza contra los filisteos, Moab, Ammón, Kuš y Assur (2,4-15). *c)* Contra Jerusalén (3,1-8), sobre todo contra sus jefes. *d)* Dos promesas (3,9-13). *e)* Epílogo (3, 14,20). En general se reconoce la autenticidad y unidad del escrito, a parte algunos añadidos postexílicos. Sof es interesante por su estilo (arcaico, denso, sugestivo), para la historia de la cultura (sincretismo religioso en tiempo de Yosías) y para la teología (contra el orgullo, a favor de la absoluta soberanía de Yahveh); representa una conducta de vida sometida a la voluntad divina.

Sol. 1) Según la concepción bíblica, el sol es una lumbrera que Dios colocó en el firmamento para separar, junto con la luna, el día de la noche (Gén 1,14s). La intensidad variante de su color determina las estaciones del año (1Sam 11,9; Neh 7,3). Su fuerza expulsa la niebla (Sab 2,4), abrasa la tierra (Mt 13, 6 par) y quema la piel y los ojos (Cant 1,6; Eclo 43,2-4). El ardor abrasador del sol sirve de argumento para la grandeza de su Creador. Pero la regularidad de su curso es para Ecl 1,5 también prueba de la inmutabilidad monótona de los hechos. En todos los pasajes se presupone una concepción geocéntrica del mundo.
2) El *culto solar* desempeñó un papel importante en todo el antiguo oriente, sobre todo en Egipto. La concepción de la divinidad solar cambió con frecuencia (egip. Re, sumerio Utu, babil. Šamaš, persa Mitra, gr. Helios Eos, Apolo, rom.

Sol, Aurora). Hay que conceder que los israelitas fueron influenciados por el culto solar cananeo (cf. nombres como [→] Sansón, Bet-Šemš). En el s. VIII-VII, cuando apareció en Israel la influencia asiria del culto a las → estrellas, la adoración del sol había perdido en importancia (2Re 17,16; 21, 3ss). A pesar de que este culto estaba prohibido y se castigaba con lapidación (Dt 17,3ss), Yosías intentó en vano acabar con él (2Re 23,5-11). Job afirma no haber echado nunca besos al sol para adorarlo (31,26s).

Sukkot (hebr.: cabañas).
1) Lugar situado en la depresión del Jordán, cerca del Yabboq, por donde pasó Jacob (Gén 33,17). Está cerca de un vado (Jue 8,5.16) y de Sartán (1Re 7,46); Jos 13,27 lo asigna a Gad. Su localización es discutida. Mapa PA D5.
2) Primera estación de los israelitas en el desierto después de su → éxodo de Egipto (Éx 12,37), entre Ramsés y Etam (13,20; Núm 33, 5s), el actual *tell el-maskūṭa.* → Pitom. Fig. 16.

Sukot → Sukkot.

Sulamita → Abišag; Šunem.

Sumer, sumerios. I. NOMBRE. Sumer es un nombre que se usa sólo en los textos semitas para designar la parte sur de Mesopotamia (equivalente sumerio: ki-egi[r], «el país noble»). Su centro político y cultural fue primero la ciudad de Eridu y más tarde → Uruk; en la parte norte, Mesopotamia (en sumerio: *ki-uro,* Akkad), demonio Kiš y luego → Akkad. Si bien la influencia semita se hizo sentir con fuerza en el norte, todo el territorio cayó en la espera de influencia del sur. Por otra parte, la oposición entre Kiš

Sumer

y Uruk es muy importante para la reconstrucción de la historia antigua de Mesopotamia. No se puede determinar el origen étnico de los sumerios, ni su procedencia geográfica. Fig. 7.

II. HISTORIA. Las fuentes para la historia de este territorio son casi exclusivamente de tipo arqueológico. Por ello, hasta hacia el 2700 a.C., no es posible una cronología absoluta. La cultura más antigua se conoce por el nombre de cerámica de *hadŷi-muḥammed* (policromada con figuras generalmente geométricas). Sigue el período de *el-ʽ obēd* (ca 4500 a.C.; cerámica monocromada) que por su parte se separó del período de *Uruk* (estratos Uruk VI-IV), el punto más culminante de la cultura sumeria primitiva. Son testigos de este tiempo los templos y edificios monumentales de Uruk y la → escritura cuneiforme sumeria. El período que le siguió, el llamado *ŷemdet-nasr* (Uruk III) es ciertamente continuación del precedente, pero se discute si la antítesis de sus figuras (geometricoabstractas - naturalistas) es una aparición coetánea o sucesiva.

A partir del período *Mesilim* (hacia 2700 a.C.) empieza la época histórica, pues desde este tiempo disponemos de documentos escritos reales. Mientras en el sur empieza una paulatina decadencia, el elemento semita del norte se torna fuerte. Hay que fechar en este tiempo los llamados escritos presargónicos (Mari, territorio de Diyâla). La pequeña ciudad de provincia Lagáš se convierte en gran potencia. Finalmente, el sur fue dominado cuando su vitalidad no pudo competir más con los akkadios bajo Sargón. A esto siguió el dominio despótico y bárbaro de los guti. La dinastía III de → Ur inició un nuevo renacimiento sumerio. Pero con la infiltración de los → amorreos, el país pronto se desintegró en una multitud de estados minúsculos. Gracias a las dos dinastías semitas de Isin y Larsa se conservaron para la posteridad los restos de la lengua y cultura sumerias.

II. RELIGIÓN. El pensamiento religioso de los sumerios está dominado por el concepto ME, una fuerza suprasensible que los «grandes» dioses ponen o quitan en los seres («ser» en el sentido de «tener fuerza»). Durante el invierno, los seres perdían su fuerza; en la fiesta de año nuevo, el rey celebra las bodas sagradas con una sacerdotisa y la vida vuelve de nuevo. Probablemente, la magia desempeñaba un papel importante en la religión sumeria. El panteón sumerio está en relación con sus ideas cosmogónicas. Éste se compone de fenómenos naturales divinizados. El concepto (prehistórico) fundamental de Dios es monoteísta. En el panteón, que nos es dado a conocer (en la época histórica), los dioses toman formas antropomórficas. Los dioses no son eternos, sino los primeros principios. Incluso la arquitectura del templo se traza según la idea del estado primitivo del mundo. Toda la trabazón del estado sumerio es la de una afictionía sagrada; las ciudades estado se subordinan entre sí como los dioses del panteón. Sargón consiguió crear la unidad política de Akkad sólo por medio de una divinización de su reinado.

Gran parte de los textos literarios de Sumer se concentra en torno de la «boda sagrada» que simboliza un acontecimiento de los tiempos primitivos (la fertilización de la tierra por el cielo) y que se celebraba en la fiesta de año nuevo en medio de una gran solemnidad con juegos cultuales y banquetes. Si bien la divinidad sumeria encarnaba el curso fatal de las fuerzas de la naturaleza sin dejar espacio para una adoración afectuosa o para una mística, está reiteradamente documentada la creencia de que cada sumerio disponía de un dios «personal» (comparable a un «ángel de la guarda» y en general no perteneciente al panteón «teológico») al cual dirigía sus oraciones conmovedoras. Toda la vida estaba construida sobre la base de una reglamentación cultual y por ello toda infracción consciente o inconsciente contra este orden se tenía por el más grande de los pecados.

La concepción que los sumerios tenían de la vida ejerció una influencia enorme sobre los pueblos vecinos. Los primeros capítulos del Génesis utilizan elementos sumerios, pero éstos se hallaban de tal modo separados de su contexto original y se usan de una forma tan arbitraria (de acuerdo con el pensamiento bíblico sobre el mundo y la vida que es completamente distinto) que incluso se puede hablar de una «desmitificación» de la filosofía universal sumeria.

IV. Lengua y literatura. El sumerio no es una lengua semita, sino que pertenece al grupo de lenguas aglutinantes (como p. e., el turco). La sumeriología es una ciencia que todavía está en sus comienzos. Esto vale sobre todo para la investigación de la historia de la literatura. Ésta fue sobremanera rica en formas y contenidos. También en ello fueron los sumerios maestros de todo el antiguo oriente. La mayor parte del material está aún sin interpretar o reposa inédito en los museos.

Sumo sacerdote. 1) *Función.* En la literatura sacerdotal, que refleja la situación del templo postexílico, se sitúa al frente del personal de culto (sacerdotes y levitas) al sumo o gran → sacerdote (Lev 21,10), el ungido (Lev 4,3.5), llamado también príncipe de los sacerdotes (2Re 25,18) o simplemente «el sacerdote» (Éx 29,30). Él tenía a su cargo la vigilancia sobre el templo, culto y personal de culto y era el mediador entre Yahveh y su pueblo y en calidad de tal ofrecía el sacrificio diario (Éx 29,42). Él era el presidente del sanedrín y, sobre todo en tiempo de los hasmoneos, actuó como jefe político. Su cargo era vitalicio. En el caso de los sumos sacerdotes, al mismo tiempo en funciones, de que habla el NT, probablemente se trata de los altos funcionarios del templo junto con el sumo sacerdote propiamente dicho.

2) *Las vestiduras sacerdotales* constaban de una túnica de color azul oscuro, ribeteada de campanillas doradas; sobre la túnica llevaba atado el → Efod con cintas multicolores. Sobre su diadema estaban escritas las palabras «Yahveh es santo». El día de la fiesta de la expiación llevaba una vestidura de lino (Lev 8,7-9; 16, 4,23 etc.).

3) *La historia* del sumo sacerdote está llena de lagunas. Llama la atención el papel político que desempeñaron los últimos sumos sacerdotes. Hasta Onías III que fue asesinado (2Mac 4,33ss) bajo Antíoco IV Epífanes (175-164), los sumos sacerdotes habían sido del linaje de Sadoq - Eleazar - Aarón. Luego, en tiempo de los reyes sirios, se ofrecía la dignidad del sumo sacerdocio al mejor postor. Más tarde, Herodes se arrogó el derecho de nombrar a los sumos sacerdotes y los romanos siguieron su ejemplo. El primer sumo sacerdote nombrado en el NT es Anás (6-15 d.C. Lc 3,2), que tuvo por sucesores a sus cinco hijos y a su yerno Caifás (18-36). Con la destrucción del templo aca-

Sumo sacerdote

bó el cargo de sumo sacerdote. Según Heb 5,1-10; 7,1-8,5, este ministerio se realiza en Cristo.

Sunem (hebr., significado desconocido), antigua localidad cerca de los montes de Guilboa (1Sam 28,4) y del Carmelo (2Re 4,25), mencionada en los textos egipcios y en las cartas de → Amarna; Jos 19,18 la asigna a Isacar y nombrada en las narraciones de las guerras contra los filisteos (1Sam 28,4). → Abišag era oriunda de Šunem (1Re 1,3-5; 2,17s), también una protectora de Eliseo (2Re 4,8-37) y acaso la Sulamita (Cant). Mapa PA C4.

Susana (hebr.: lirio).

1) Hija de Jilquiyá, desempeña el papel principal en la leyenda deuterocanónica de Dan 13. Susana es acusada en falso por adulterio y condenada a muerte, pero → Daniel la salva en el último momento.

2) Una de las mujeres que seguían a Jesús y le ayudaban con sus bienes (Lc 8,3).

T

Taanak (significación desconocida), ciudad real cananea, a 8km al sur de Meguiddó, ya mencionada en textos egipcios y en las cartas de →Amarna; fue sometida (a pesar de Jos 12,21) por David (Jue 1,27; 5, 19) y asignada a Manasés (Jos 17,11; 21,25; 1Par 7,29). En tiempo de Salomón, formó un distrito junto con Meguiddó (1Re 4,12). Excavaciones alemanas en 1902-1904. Las excavaciones americanas de 1963 reportaron más luz sobre la historia de la ciudad: la población más antigua es del s. XXVII/XXVI a.C. Después de diversas peripecias (abandono, nueva colonización, varias destrucciones), fue destruida definitivamente por Šošaq (918). De todos los hallazgos, tienen sobre todo interés doce tablillas de escritura cuneiforme del bronce tardío y una tablilla de arcilla en →escritura cuneiforme alfabética, pero que se aparta de la →ugarítica. Mapa PA C4.

Tabla etnográfica, lista en Gén 10 en la que se numeran 71 (LXX: 73) nombres de pueblos, tribus y ciudades del oriente medio y países limítrofes deducidos genealógicamente de los tres hijos de Noé, Sem, Cam y Jafet. Según la opinión general, la tabla etnográfica no constituye ninguna unidad literaria (duplicados; distintas fórmulas: «hijos de» y «A engendró a B»; paso del singular al plural; trazos anecdóticos en vv 8-12, etc.). Se considera que la tabla etnográfica propiamente dicha está constituida por los vv. 1-7.

20.22s.31s y se atribuye a P; los vv restantes deben de tener diversa procedencia. La división en tres grupos no sigue un punto de vista etnográfico, sino geográfico, en lo cual, la situación histórica y política juega también un papel. Por lo que se puede identificar de los hijos de Jafet, se les asigna los territorios considerados más lejanos al norte y oeste de Canaán (hasta el mar Negro y los países costeros del nordeste del Mediterráneo). Los hijos de Cam reúnen los pueblos del sur (Egipto, Etiopía). Entre estos dos grupos, P sitúa los hijos de Sem: Elam, Asiria y «Arpakšad» que se supone Babilonia. La tabla etnográfica refleja esencialmente la situación de la época de su autor. Ciertos criterios excluyen que la tabla se feche antes del s. VII. La visión universalista de la tabla hace pensar en el tiempo de la cautividad, que fue cuando los israelitas empezaron a repensar sus tradiciones nacionales y religiosas sobre un fondo universal. La deducción genealógica de todos los pueblos a partir de Noé sirve para poner de manifiesto la posición privilegiada de Israel y su misión en la historia de la salvación.

Tabor, monte aislado (588m) al nordeste de la llanura de Yizreel, al sureste de Nazaret, junto a la frontera de Isacar, Zabulón y Neftalí (Jos 19,22), donde Baraq venció a Siserá (Jue 4,6.12.14); fue antiguo lugar de culto (alusión en Dt 33,19) criticado por Os 5,1 y Sal 89,13. La tradición cristiana

Tabor

(seguramente sin motivo) sitúa en el Tábor el lugar de la transfiguración de Jesús (Mc 9,2-13 par). Mapa PA/PN C3-4.

Tadeo (hebr.: el valiente [?]), uno de los → doce en las listas de Mc 3, 18; Mt 10,3, que algunos manuscritos escriben *Lebeo*. Aparte de ello, es desconocido en el NT. Más tarde se relaciona con → Judas (4) (Lc 6,16; Act 1,13; Jn 14,22) de lo que resulta el nombre doble de Judas Tadeo (así desde Orígenes). Según un apócrifo legendario «Hechos de Tadeo», misionó en Edesa.

Tadmor → Palmira.

Talmud (del hebr. doctrina, estudio, enseñanza), nombre que se da al conjunto de la → mišná con la Guemará (= discusiones de los amorreos sobre la *mišná*). Se distingue el Talmud palestinense (jerosolimitano) del babilónico. El primero es más antiguo y tiene mayor valor histórico; procede de las escuelas de escribas de Palestina. El babilónico se concluyó hacia el 500 d.C. en la diáspora y es el que rige todavía hoy en las comunidades judías. El Talmud contiene no sólo reglas y disposiciones para todas las situaciones de la vida (los *halajá*), sino también interpretaciones de la Biblia, proverbios sapienciales, anécdotas y tratados científicos (los *haggadá*). Es un libro de la vida al cual el judaísmo debe su pervivencia.

Tamar (hebr.: palmera), nombre de persona y de lugar.
1) Nuera de Judá, mujer de Er. Después de la muerte de éste, Onán se negó a contraer con ella → matrimonio por levirato. Disfrazada de hieródula, concibió de su suegro dos hijos, Zéraj y Peres (Gén 38; 1Par 2,4), con los que aparece en la genealogía de Jesús (Mt 1,3).
2) Hija de David y de Maaká, fue violada por su medio hermano y vengada por Absalom (2Sam 13).
3) Hija de Absalom (2Sam 14,27).
4) Ciudad al sur de Canaán (1Re 9,18; Ez 47,19).

Tanac → Taanak.

Targum (hebr.: traducción) es la versión del AT al → arameo. El cambio paulatino de la lengua hebrea por la aramea hizo necesario para la praxis sinagogal que la Sagrada Escritura se tradujera a la lengua usual del pueblo. Esta traducción fue primero oral y luego se fijó por escrito. Así se explica el carácter de paráfrasis y de homilía edificante que con frecuencia tienen los targumes. Tienen importancia para el estudio de la lengua de Jesús y en general para la exégesis del NT (su medio ambiente religioso espiritual).

Tarsis, antigua ciudad (Gén 10,4) del Mediterráneo (Jon 1,3; 4,2) que mantenía activas relaciones comerciales con → Tiro (Ez 27,12). Su situación no es segura del todo; lo más probable es que se haya de identificar con Tartesos de España que en la antigüedad era famosa por su riqueza conseguida por el comercio de metales. Los navíos grandes y consistentes de Tarsis se mencionan en contextos que tratan de la importación de metales (1Re 10,22).

Tarso, famosa ciudad antigua, fundada por los fenicios, a orillas del Cidno. Fue helenizada en tiempo de los seléucidas y se hizo famosa por su prestigio científico. En tiempos de Antonio fue capital de la provincia romana de Cilicia. Fue patria del apóstol Pablo (Act 9,11; 21,39) quien, después de su conversión, vivió algunos años en ella (9,30; 11,25; Gál 1,21).

Teatro. Los primeros teatros del territorio siropalestinense fueron construidos bajo la influencia helenística de Herodes el Grande en (→) Cesarea, Sidón, Damasco y Jerusalén. El teatro de Éfeso, mencionado en Act 19,29.31, servía también para mitines públicos.

Tebas, nombre griego de la ciudad egipcia *no(-'amōn)*. La región de Karnak formaba el núcleo de la ciudad antigua, más tarde el centro se desplazó dos kilómetros al sur hacia Luqsor. En tiempo del nuevo imperio, Tebas fue la capital de Egipto, como resulta de las grandiosas ruinas de templos y de sepulcros de faraones. Durante el primer milenio a.C., la ciudad fue sobre todo importante como centro de culto. Su conquista y saqueo por parte de los asirios en 664 causó profunda impresión en el mundo de entonces (Nah 3,8; Jer 46,25; Ez 30,14). Fig. 14.

Teglatfalasar → Tiglat-Piléser.

Tell (arab. *tell),* en los países de lengua árabe, nombre con el que se designa a las colinas bajas, formadas por las ruinas de antiguas ciudades; hebr. *tēl,* cf. Jos 2,28 y Jer 30,18.

Templo. I. EN JERUSALÉN. A) El templo salomónico. De él no queda ningún rastro arqueológico. Estaba situado en la actual plaza del templo, pero se discute si la «piedra sagrada» de la mezquita de Omar era el lugar del santuario o el del altar de los holocaustos. Una muralla circundante incluía templo y palacio. 1Re 6 (no se sabe si relato de construcción e instrucciones para la misma) es el texto que nos da los detalles más precisos del edificio del templo: un edificio alargado que un tabique de madera dividía en dos partes, el santísimo (arca cúbica, sin ventanas, $9 \times 9 \times 9$ m) y el santo ($18 \times 9 \times 13$m), forrado con madera de cedro y de ciprés. Un muro de ladrillos de 2,5m de espesor sostenía un techo de terraza. Las paredes tenían al exterior tres grietas horizontales que sostenían instalaciones difíciles de identificar (tal vez galerías o habitaciones). Los objetos de culto eran: (→) los querubines, el arca de la alianza, el candelabro, el altar del incienso, los panes de la proposición, el tesoro del templo. Al este de esta parte principal del edificio cubierto había una antesala con dos columnas; al este del templo, en un atrio, había el altar de los holocaustos y el «mar de bronce» (pila enorme para las purificaciones; 7,23-26) así como los carros de las calderas (pilas sobre ruedas para las purificaciones de los sacerdotes; 7,27-39). Este templo se mantuvo sin modificaciones de importancia hasta el 586 a.C. en que fue destruido por → Nabucodonosor (2Re 25,13-17; Jer 52,17-23).

B) El segundo templo.
1) *El templo de Zorobabel.* Si bien el edicto del rey persa → Ciro autorizó ya en 538 a.C. la reconstrucción del templo (2Par 36,23), el edificio (cf. los bien fechados oráculos de Ageo) no se llevó a término hasta el 515, bajo la dirección de Zorobabel (Esd 6,15). Este templo estaba en el mismo lugar del antiguo y acusaba las mismas medidas del antiguo. Dinero persa (6,4) y donativos voluntarios (2,68s; Neh 7,69ss) permitieron la construcción de un edificio majestuoso (todavía

Templo

se pueden ver los restos de sus muros fundamentales en la parte sureste del *haram)*, pero le faltaban las dos columnas, el «mar de bronce» y el arca de la alianza. Las antiguas lámparas se substituyeron por un candelabro de siete brazos y el santísimo estaba separado sólo por un velo. Este templo fue el indiscutido centro religioso de la comunidad postexílica, hasta que Antíoco IV Epífanes lo conquistó, saqueó y convirtió en santuario de Zeus (169-167 a.C.; «abominación de la desolación»: Dan 9,27; 11,31; 1Mac 1,54.59 etc.). Judas Macabeo lo reconquistó y lo consagró de nuevo en 164 (4,36-61).

2) *El templo de Herodes*. Después de acabadas sus obras de fortificación y la edificación de su palacio (→ Antonia), Herodes el Grande empezó en el año 19 a.C. a renovar el templo. Se añadieron edificios laterales y se incorporaron pisos superiores, se amplió la antesala y el recinto sagrado se dividió en atrios para los sacerdotes, para los hombres y para las mujeres. Después de diez años de trabajos de construcción, el templo fue consagrado, pero las obras no terminaron del todo hasta el año 64 d.C. y ya en el año 70 d.C. fue destruido por Tito. Fig. 38.

II. FUERA DE JERUSALÉN. 1) Un templo hallado en → *Arad* en 1963, que alcanza hasta el s. X a.C., acusa una distribución parecida a la del templo de Jerusalén. También se comprueba en él la presencia de sacerdotes yahvistas como se ve por nombres bíblicos escritos sobre → óstraka. El descubrimiento de este templo del tiempo de la monarquía es indicado para echar nueva luz sobre el problema de la unidad y de la centralización del culto.

2) En la colonia militar judía de *Elefantina*, existía ya en tiempo de la invasión de Cambises en Egipto (525 a.c.) un templo de Yahú, en el que también se veneraban las divinidades → Bet-El y Anat-Yahú. En 410 a.c. fue destruido y saqueado por los sacerdotes vecinos del dios carnero Knum.

3) En *Leontópolis* en el delta del Nilo, hacia el 160 a.C., el sacerdote Onías IV con ayuda de Ptolomeo IV, convirtió un templo egipcio abandonado en templo cismático de Yahveh, según el modelo jerosolimitano. Este templo duró hasta tiempos de Vespasiano (72/73 d.C.).

Templo (fiesta de la dedicación del)
→ Hanukká.

Tenac → Taanak.

Terafim. El significado de la palabra es inseguro; probablemente en su origen fue un término de magia, más tarde se convirtió en palabra despectiva para ídolo (2Re 23,24). Como dios doméstico, simbolizaba la propiedad de una familia (cf. Éx 21,6). La posesión del terafim legitimaba transferencias extraordinarias de la herencia (Gén 31,19.34s; de forma significativa, el narrador habla del terafim, el poseedor de la figura doméstica de «Dios». Además, es posible que, en forma de máscara (1Sam 19,13,16) sirviera para conseguir oráculos (Ez 21,26; Zac 10,2), al igual que el → efod (Jue 17,5; Os 3,4).

Terremotos tectónicos, no volcánicos, eran frecuentes en Palestina. En el AT se mencionan terremotos en tiempos de Saúl (1Sam 14,15) y del rey Azaryá (Am 1,1; Zac 14,5). Se interpretaban como manifestación de Yahveh (Éx 19,18; 1Re 19,11). Yahveh sacude las columnas de la tierra (Job 9,6) en su aparición o en el juicio (Núm 16,31; Am 8,8; Is 13,

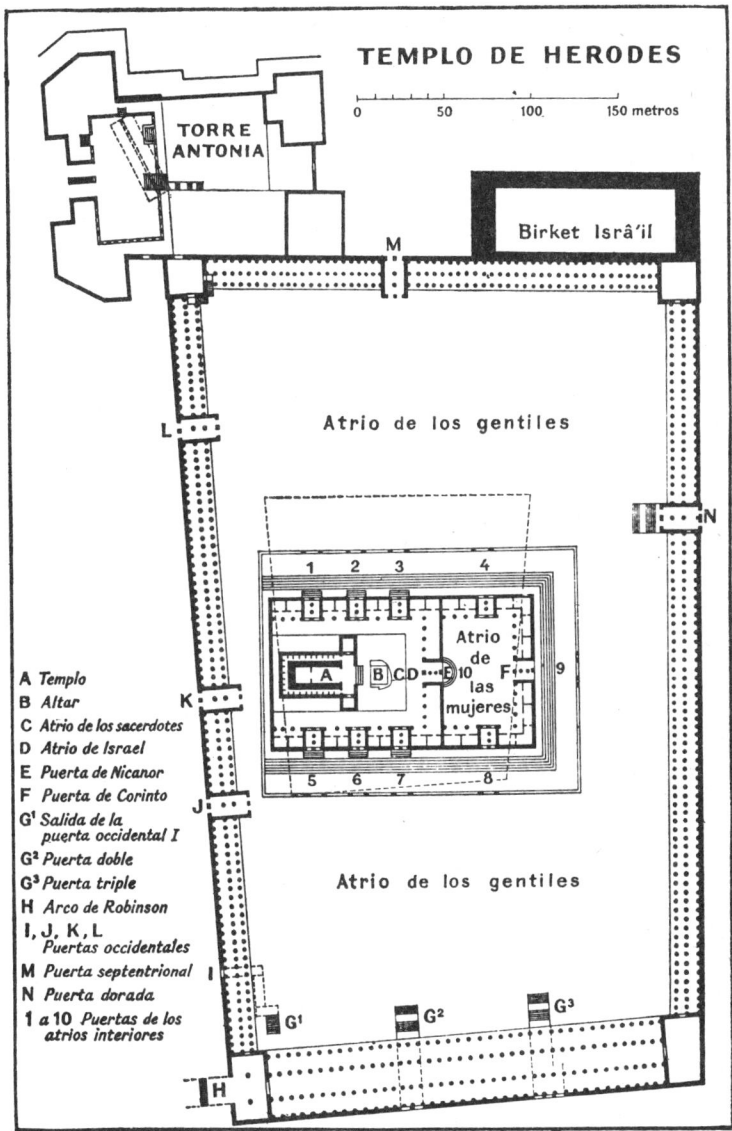

Fig. 38.

Terremotos

13 etc.). En el NT, la tierra tiembla cuando muere Jesús (Mt 27,51) y cuando Pablo es liberado de la prisión (Act 16,26). El terremoto es uno de los horrores escatológicos (Mt 24,7; Mc 13,8).

Tersa → Tirsá.

Tesalónica, ciudad comercial macedónica, en el golfo termaico y muy favorablemente situada sobre la vía Egnacia. Hacia finales del s. IV, Casandro fundó la ciudad y la llamó Tesalónica en honor de su esposa (una hermana de Alejandro Magno). Pero fue en tiempo de los romanos cuando la ciudad llegó a su pleno apogeo (a partir de 146 a.C., capital de la provincia de Macedonia). Después de la batalla de Filipo (42 a.C.). Tesalónica se convirtió en ciudad libre (Act 17,6.8). En la sinagoga judía de Tesalónica (se supone que también había una sinagoga samaritana), Pablo predicó sin éxito en su segundo viaje misional, en cambio, fundó una comunidad formada por griegos; por intrigas de los judíos, tuvo que abandonar la ciudad (51-53; Act 17,1-9). Probablemente la visitó por segunda vez en su tercer viaje misional (20,1-4). Pablo dirigió a la comunidad de Tesalónica sus dos cartas a los → Tesalonicenses.

Tesalonicenses (cartas a los). Pablo pudo fundar en → Tesalónica en su segundo viaje misional (50 ó 51) una comunidad formada sobre todo por paganos (Act 17,1-4; 1Tes 1,9), pero tuvo que huir de la ciudad por las intrigas de los judíos. Desde Atenas, envió Timoteo a Tesalónica (1Tes 3,1-6), quien le trajo a Corinto buenas noticias (3,6) y algunas cuestiones (4,13), lo que fue la ocasión de la 1Tes.

1) *1Tes* se divide en dos partes. En la primera parte (1,2-3,13), Pablo da gracias por la fe de la comunidad (1,2-10), justifica su actuación en Tesalónica (2,1-12), trata otra vez de la vida de fe de la comunidad (2,13-16) y caracteriza su conducta respecto a ella (2,17-3,13). La segunda parte (4,1-5,28) contiene amonestaciones y enseñanzas: Pablo recuerda a los tesalonicenses las obligaciones morales que han tomado sobre sí (4,1-12), toma posición ante la cuestión de la suerte de los muertos antes de la parusía (4,13-18), esto le da ocasión de pedirles vigilancia (5,1-11) y añade exhortaciones sobre la vida de comunidad (5, 12-22). Siguen deseos de bendición y saludos (5,23-28). 1Tes tiene pues sobre todo una intención pastoral: Pablo quiere alentar y fortalecer la comunidad de Tesalónica para que siga adelante en el camino iniciado.

2) En la *2Tes,* Pablo discute sobre todo las malas interpretaciones en torno a la parusía. Después de un saludo introductorio (1,1s), sigue una acción de gracias por la comunidad y súplicas (1,3-12). Pablo amonesta ante el peligro de esperanzas exageradas ante la parusía: antes de que llegue el día del Señor, tiene que venir el Anticristo (2,1-12). Por ello, exhorta la fidelidad (2,13-3,5) y da instrucciones sobre el trato con los desaliñados y perezosos de la comunidad (3,6-15); conclusión (3,16-18).

3) La *autenticidad y unidad* de la 1Tes apenas se discute. Los críticos más antiguos consideraron 2Tes como una falsificación posterior a causa de sus muchas coincidencias con 1Tes en cuanto a disposición y contenido, así como por la corrección en sentido apocalíptico de la idea de parusía (cap. 2). En cambio, los investigadores modernos se pronuncian, en su mayoría, a favor de su autenticidad, pues no es probable

que otro escritor dominara con tanta seguridad el estilo de Pablo. Las coincidencias de las dos cartas quizás se puedan explicar por el hecho de que se sucedieron en poco espacio de tiempo. La carta a los Filipenses de Policarpo ya cita 2Tes, es decir, 2Tes ya se reconocía como paulina a principios del s. II.

Testamento, última disposición escrita. Los israelitas desconocieron el testamento en este sentido. Regía el derecho consuetudinario y las leyes correspondientes (Núm 27,8-11). Sólo los rabinos posteriores de la época helenística adoptaron este término y su contenido (Gál 3,15-17; Heb 9, 16s). Como la palabra hebrea «alianza» con su correspondiente griega διαθήκη se tradujo al latín por *testamentum,* se llegó al uso de los términos Antiguo Testamento para las Sagradas Escrituras de los judíos, y análogamente, Nuevo Testamento para los Evangelios y epístolas apostólicas (cf. 2Cor 3,14s). En el judaísmo, el testamento fue una forma literaria preferida: en boca de algún alto personaje antes de morir se ponían amonestaciones y advertencias para la posteridad, así, p.e., en los testamentos de los doce patriarcas (del s. I a.C. al s. I d.C.).

Tetrarca (gr. príncipe entre cuatro), originariamente, administrador de la cuarta parte de un territorio; más tarde, título de los gobernadores de Asia Menor y Siria; así en el NT, Herodes Antipas (Mt 14,1 par; Act 13,1), Filipo y Lisanias (Lc 3,1).

Texto de la Biblia, el texto de la Sagrada Escritura transmitido en los mss (→ Manuscritos bíblicos), traducciones (→ Versiones de la Biblia) y ediciones. A pesar de que los autógrafos originales se han perdido y de que el texto que hoy poseemos es el resultado de un proceso literario de centurias, en conjunto, el texto bíblico original nos ha sido transmitido sin alteraciones esenciales.

1) *Texto bíblico del AT.* El más importante testimonio de la Biblia hebrea es el texto masorético (TM). El TM es el resultado de la labor de los masoretas, judíos dedicados a la crítica textual (del 750 al 1000 d.C.) que se propusieron fijar el texto hebreo hasta en los menores detalles de ortografía, pronunciación y dicción y protegerlo de toda corrupción. Se tiene por seguro que hacia el año 100 el texto hebreo, en lo que respecta a las consonantes, era uniforme y sustancialmente idéntico con el TM. También es verdad que la → Versión de los setenta supone un texto hebreo que se aparta del TM no sólo en pequeños detalles, sino también algunas veces en el mismo orden del texto y en pasajes añadidos. La tercera edición de la Biblia Hebraica de Kittel (1937) y la Biblia Hebraica Stuttgartensia son las ediciones competentes del TM.

2) *Texto bíblico del NT.* El enorme número de manuscritos se han clasificado por grupos, cada uno de los cuales representa determinada forma de texto. Es así como se distingue la recensión alejandrina (B), la occidental (D) y la antioquena (A; llamada también *koiné*). Desde el s. XIX, es opinión casi general que el tipo B es el que más se aproxima al texto original. No obstante, el tipo A dominó la tradición de manuscritos más recientes y fue el prototipo del llamado *textus receptus* y la base de las primeras ediciones impresas.

Tiberíades, ciudad fundada por Herodes → Antipas entre los años 17 y 22 en la orilla occidental del lago de Genesaret y llamada así en honor del emperador romano de entonces, Tiberio. Fue capital de Galilea (en lugar de Séforis) hasta el año 61. Fue poblada por galileos llevados allá por la fuerza, pues los judíos consideraron impura la ciudad porque en ella se habían hallado sepulcros. En el NT, sólo Jn 6,23 (→ Genesaret) la menciona. A partir del s. II d.C. fue un centro importante de la vida espiritual judía (redacción de la → Mišná, del → Talmud jerosolimitano, del texto masorético [→ Texto de la Biblia]). Fig. 20 y mapa PN C-D3.

Tiberio, emperador romano (14-37), hijo adoptivo y sucesor de Augusto. El año 15 de su imperio, apareció Juan Bautista (Lc 3,1); las monedas del tiempo de Jesús llevaban su imagen (Mc 12,14-17 par). Pilato temía a Tiberio (Jn 19,12s) cuyos últimos años de gobierno estuvieron llenos de denuncias y de ejecuciones. Fig. 39.

Tienda, habitación de los → nómadas y, por tanto, de los israelitas hasta tanto que se convirtieron en pueblo sedentario (Gén 13,5; Éx 16, 16; Núm 19,14). Los toldos de las tiendas (de pieles: Éx 36,19, o de pelos negros de cabras: Cant 1,5) se sujetaban al suelo por medio de cuerdas y estacas (Is 54,2). Después de la toma del país, varias familias siguieron viviendo en tiendas (p.e., los rekabitas: Jer 35,7-10; la aldea de tiendas de Yaír: Núm 32,41; Jue 10,4). El recuerdo de la tienda perduró en proverbios e imágenes (2Sam 20,1; 1Re 12,16). La tienda sagrada o tienda de la alianza (Núm 9,15) es (en P) el punto central del santuario presalomónico, albergaba el arca de la alianza y las tablas de piedra de la ley (cf. Éx 26; 36,8-37).

Tiglat-Piléser III, uno de los más importante reyes asirios (745-726), en el AT, llamado también Pul. Después de su campaña militar contra el noroeste de Siria (738), Menajem de Samaría le pagó también tributo (2Re 15,19). En tiempo de Péjaq, invadió Israel y deportó la población de las ciudades conquistadas (2Re 15,29; 1Par 5,6.26). El intento de sacudir el yugo asirio desencadenó la guerra siroefraimita en la cual, Ajaz de Judá pidió la ayuda de Tiglat-Piléser. Éste conquistó Samaría, cambió Péjaq por Oseas (2Re

Fig. 39. Denario de Tiberio. Anverso: TI[berius] CAESAR DIVI AVG[usti] F[ilius] AVGVSTVS. Reverso: PONTI[fex] MAXIM[us]

15,30) e hizo tributario a Ajaz (16, 7-10). Con ello se convirtió en dominador sobre Siria y Palestina.

Timoteo → Cartas pastorales.

Tiro (hebr.: roca), ciudad fenicia, sobre una isla rocosa, situada en la costa oriental del Mediterráneo (diosa de la ciudad: → Ašerá: 1Re 18,19). Después de una época de dominación egipcia, esta ciudad importante (comercio marítimo, industria metalúrgica, textil, de materias colorantes y vidriería) se hizo independiente. Sus relaciones con Israel fueron primero amistosas: Ajab se casó con Izebel, la hija del rey tirio Etbaal; dominaba un comercio activo (5,1-12; 7,13.40; cf. Act 12,20). Cuando Tiro intentó incluir a Israel en su política exterior, los profetas protestaron enérgicamente (Is 23; Am 1,9s; Ez 26,1-28,19; Zac 9,3s). Sólo en tiempo de Alejandro Magno, Tiro fue sometida y pasó al poder de los Seléucidas, pero en 198 a.C. se declaró de nuevo independiente. Mc 3,8 y Mt 15,21 entienden seguramente por Tiro la zona próxima a la ciudad, la Galilea superior (→ Sidón). Pablo permaneció siete días en Tiro con los discípulos (Act 21, 3s). Mapa PA/PN C2.

Tirsá (hebr.: punto de dirección), antigua ciudad cananea famosa por su belleza (Cant 6,4); Jos 17,3 la asigna a Manasés. Fue la residencia de los reyes israelitas (1Re 14,17) desde Yeroboam hasta Omrí, quien se trasladó a la nueva ciudad de Samaría (16,23s). Tirsá fue el punto de partida del golpe de estado de Menajem contra Sellum (2Re 15,16). Su localización es incierta; excavaciones de la → Escuela Bíblica han demostrado como muy probable su identifiacación con *tell elfār'a,* al nordeste de *nāblus.* Mapa PA C5.

Tito → Cartas pastorales.

Tobías (hebr.: Yahveh es bueno).
I. NOMBRE DE PERSONA. Los más importantes portadores de este nombre son:
1) Tobías, el ammonita, que, junto con el gobernador de Samaría, intentó impedir contra Nehemías la reconstrucción de las murallas de Jerusalén (Neh 2,16-6,19).
2) Tobías el viejo y el joven, los dos personajes principales del libro que lleva su nombre.
II. LIBRO DE TOBÍAS. Tob es un escrito deuterocanónico, redactado hacia el 200 a.C. seguramente en arameo) y que corre en distintas versiones.
1) *Contenido.* Tobías, neftalita fiel a la ley, es deportado a Nínive en tiempo de Salmanassar v (726-722), donde consigue prestigio y riquezas. Tiene que huir a causa de haber enterrado a los judíos muertos por Senaquerib (105-681), pero regresa en tiempo de Asarhaddón (681-668). Se queda ciego y pide a Dios la muerte (1,1-3,6). Al mismo tiempo, en Ecbátana, Sara, la hija de su primo Ragüel, pide también a Dios la muerte, porque se la acusa de haber asesinado a sus siete maridos, muertos por un demonio en la noche de bodas. Dios determina ayudar a Tobías y a Sara por medio del ángel Rafael (3,7-17). El hijo de Tobías, llamado también así, emprende viaje hacia Ecbátana acompañado de Rafael; en el Tigris, coge un pez y, siguiendo la indicación de Rafael, con el corazón y el hígado del pez expulsa el demonio y se casa con Sara. A su regreso a Nínive, con la hiel del pez cura la ceguera del padre (4,1-14,15).
2) *Género literario.* La ingeniosa «novela» es interesante, palpitante y está escrita con intuición sicológica. Es rica en parenesis, oraciones, him-

Tobías

nos y también en motivos legendarios (la noche de bodas) y folklóricos. El autor hace incluso a los demonios y a los ángeles tributarios de su idea. El tema principal es la providencia de Dios sobre los piadosos: el que cumple la ley, ora y practica obras de misericordia, está bajo la protección de Dios, su sufrimiento sirve sólo de prueba. No se puede determinar, si el libro se basa sobre un hecho histórico.

Tolemaida → Akkó.

Tomás (forma helenizada del hebr.: mellizo), uno de los → doce, que los sinópticos sólo mencionan de paso (Mc 3,18 par; Act 1,13). En Jn es caracterizado como desconfiado e impugnador (11,16; 14,5; 20,24-29), pero también es el que profiere la confesión más profunda de fe en el Resucitado. Según la tradición más tardía (la leyenda de Abgar, Eusebio, los Hechos de Tomás), Tomás misionó en Partia o India y fue sepultado en Edesa. Varios apócrifos llevan su nombre. El más importante de ellos es el *Evangelio de Tomás*, una simple sucesión de 114 *logia* de Jesús (esto es, sólo trata de la doctrina de Jesús, no de sus hechos). El libro tiene una fuerte inclinación ascética. La cuestión sobre su unidad (duplicados), fuentes (Evangelios sinópticos, fuente de los *logia*) y carácter (acaso gnóstico) suscita problemas tan grandes que este escrito, fechado hacia 140-150, no contribuye mucho a ampliar nuestros conocimientos sobre Jesús.

Tormentas acaecen en Palestina normalmente sólo en otoño (noviembre-diciembre, inicio del período de lluvias) y en primavera (marzo-abril). En el AT, son señal de la presencia de Yahveh (Job 38,1). Yahveh aparece en las teofanías entre rayos y truenos (Éx 19,16; Sal 77,19; Is 29,6) que se interpretan como acciones directas de Yahveh (Sal 29,3ss; 104,4; 135,7; Jer 25,30 etc.).

Toro. El toro como símbolo de la fuerza (p.e., Núm 23,22; 24,8) y de la potencia generativa es un motivo preferido para grabados en sellos y para estatuillas de marfil y se representa también sobre vasos de metal y de arcilla. Es signo frecuente de divinidades, pero no todas ellas se veneraban en la figura de toro. Los israelitas no practicaron culto al toro, no obstante erigieron imágenes de toros en el desierto (Éx 32,4.8), en Bet-El y Dan (1Re 12,25-33). De antiguo, el toro sirvió de representación de Yahveh; hoy se interpretan, en general, dichas representaciones como animales de pedestal sobre las que se imaginaba que estaba Yahveh invisible; algo análogo hay que decir de los → ídolos hititas, mesopotamios y de Siria del norte. Esta costumbre se critica en Éx 32 (episodio del becerro de oro), Os 8,4-6 y 13,2 y tal vez también en Am 4,4 y 5,5s.

Torre Antonia → Antonia.

Torre de Babel. La narración de la torre de Babel (Gén 11,1-9) forma la conclusión yahvista de la → historia primitiva.

1) *Motivo exterior.* La narración se desarrolla en el país de Sinar, es decir, en la baja llanura babilónica. Emigrantes de este, inventaron allí la técnica de cocer ladrillos y de unirlos con asfalto. La imagen de toda ciudad sumerio-babilónica estaba dominada por la idea de la Ziggurat (de: edificar alto), un templo en forma de torre escalonada que se va estrechando y da la impresión de que remata en el

infinito. El santuario coronaba la cúspide de la torre. La arqueología ha descubierto más de treinta templos en forma de torre de este tipo y se ha confirmado con documentos literarios y representaciones sobre sellos de anillo, amuletos y relieves. El narrador debió de haber visto la Ziggurat de Babel, que, según Herodoto (1,181-183), constaba de ocho pisos y medía 91 × 91 × 91m. Parece que la idea que prevaleció en el fondo para la construcción de dicho tipo era la de significar la sublimidad de Dios.

2) *Sentido religioso.* La narración bíblica es, más que una saga etiológica para explicar el nombre de Babel y la confusión de las lenguas, una crítica de la cultura urbana babilónica vista a través de la fe en Yahveh. La vida en la ciudad cosmopolita de Babilonia con diversidad de lenguas, los majestuosos edificios, la torre del templo lanzada al cielo que al mismo tiempo daba la impresión de incompleta: todo ello era a los ojos de los israelitas una imagen de la lejanía de Dios y de la confusión del orgullo humano. La narración, escrita precisamente durante el apogeo davidicosalomónico, quiere condenar la ambición humana segura de sí misma y ensalzar la seguridad que proviene de la fe en Yahveh.

Trabajo → Agricultura; Artesanía; Esclavo; Asalariado.

Traconítide, la región entre Damasco y los montes de Haurán. En tiempo romano estaba habitada sobre todo por nómadas salteadores. En el año 23 a.C., Augusto la entregó a Herodes, junto con la Batanea y la Auranítide para que pacificara el territorio. Para ello, estableció Herodes en la Traconítide 3000 idumeos y fomentó la helenización. Después de su muerte, el territorio fue asignado a Filipo (Lc 3,1). Fig. 12 y mapa PN E2.

Traducciones de la Biblia → Versiones de la Biblia.

Tribu, unidad social máxima en los pueblos de cultura primitiva. La tribu se divide en linajes y → familias, a cuya cabeza está el jefe de la tribu. La formación de una tribu no tiene sólo lugar por descendencia de un antepasado común, sino también muchas veces por agregación de distintos grupos étnicos (p.e., Éx 12,38); de ahí que la historia de las tribus es en extremo complicada (cf. 1Par 1-9). Las doce tribus de Israel se ordenaron en un sistema genealógico que llega hasta los doce hijos de Jacob, pero históricamente se habrían formado sólo a partir de la ocupación del país.

Tributo. El tributo existió en Israel desde tiempos de la monarquía: voluntario en tiempo de David y Saúl y reglamentado a partir de Salomón quien tuvo muchos gastos en el mantenimiento de la corte y en sus empresas de construcción. Salomón dividió su territorio en doce distritos, a los que tocaba pagar tributo (en productos naturales), un mes cada uno. Las quejas del pueblo después de su muerte (1Re 12, 3s) muestran lo desacostumbrado de este sistema. La pérdida de la independencia política impuso la necesidad de tener que pagar tributo reglamentado u obligatorio. Los persas recaudaron impuesto aduanero, personal y territorial (Esd 4,13.20); los seléucidas, impuestos de aduana, de la sal y de la corona (1Mac 10, 29; 11,35); los romanos, tributos territoriales y distintos impuestos personales (cf. moneda del tributo: Mt 22,19). → Diezmo.

Trigo

Trigo → Agricultura.

Tritoisaías, nombre que se da al profeta anónimo, al cual la crítica (desde Duhm, 1892) atribuye la tercera parte del libro de Isaías (cp. 56-66).
1) *Época.* Is 56-66 no puede ser obra del → Deuteroisaías. Su escenario es Palestina y no Babilonia. El regreso de la cautividad ya no se espera, sino que, al menos en parte, se ha convertido en realidad. El templo ha sido reconstruido. En cambio, muchas casas de la ciudad están en ruinas y sobre todo la muralla de la ciudad no se ha reparado todavía. Con impaciencia se espera su restauración (58,12; 60,10; 61,4; 62,6s). Los discursos tienen que proceder del tiempo que transcurrió entre la restauración del templo (515) y la de la muralla (445).
2) *Tema. a)* La comunidad a la que se dirige el profeta es una comunidad postexílica en la que justos y pecadores conviven. El autor fustiga los intereses egoístas de los jefes del pueblo (56,10-12), el resurgimiento del culto idolátrico (57,5-10; 65,3-5.11s), el formalismo vacío (se ayuna, pero se olvida la justicia social y la caridad: 58,3-7), la violencia, la opresión y el fraude. Llama la atención el interés que suscita en esta comunidad el problema del proselitismo. Durante la cautividad, había aumentado mucho en el país el elemento extranjero. Como el gobierno persa fomentaba la religión judía, muchos extranjeros se incorporaron en la comunidad de culto, pero existía el peligro de ser excluidos de ella si los integristas tomaban el mando. El profeta toma partido en su favor (56,3-8).

b) No obstante, en el libro del Tritoisaías se echa de menos un tema unitario. Sobre todo los cap. 60-62 tienen un tono completamente distinto que los cap. 56-59 y 63-66. En estos capítulos, la mirada del profeta está del todo fascinada por los pecados de sus conciudadanos que mantienen las tinieblas y demoran la aparición de la luz mesiánica (58,9s; 59,9s). En cambio, en los cap. 60-62, no sólo se idealiza el templo y Jerusalén, sino todo Israel, que, a pesar de sus pecados, resplandece a la luz de la gloria mesiánica. Ello significa que el libro debe de contener discursos de procedencia distinta. Con certeza, sólo se puede atribuir al Tritoisaías los cap. 60-62 que forman un conjunto compacto. Su mensaje culmina con su promesa a Jerusalén: «Serán llamados pueblo santo, redimidos de Yahveh, y a ti se te llamará: la codiciada, la ciudad no abandonada» (62,12).

Trono. I. Las distintas FORMAS de tronos se pueden reducir a tres tipos fundamentales. 1) El más antiguo y simple es el *trono de taburete,* generalmente un pedestal cúbico, abierto por medio de puntales que descansa sobre cuatro pies en forma de pezuñas de buey o de garras de león. 2) El *trono de silla* provisto de un respaldo (p.e., el trono tradicional de los dioses y reyes egipcios). 3) El *trono de butaca* con brazos que con frecuencia toman la forma de divinidades aladas protectoras o de animales. El trono de Salomón (1Re 10,18-20) tenía respaldo y brazos, era de madera, recubierto con láminas de oro con incrustaciones de marfil. La parte posterior del respaldo tenía relieves de leones. El trono estaba sobre seis peldaños flanqueados por leones.
II. En el AT, el trono es SÍMBOLO del poder real, se promete duración eterna al trono de David (2Sam 7,16; Sal 132,11; Jer 17, 25 etc.). De acuerdo con la idea

tomada de los cananeos sobre la realeza de Dios, se habla también del trono de Yahveh (Sal 47,9): Yahveh se sienta en su trono en medio de su corte (1Re 22,19, en el cielo (Sal 11,4; Ez 1,26; Is 66,1). El trono simboliza también el poder judicial del rey. Este componente jurídico aparece sobre todo en la imagen apocalíptica del juez del mundo (Dan 7,9; 1Hen 45,3). En el NT, Cristo posee esta función en la parusía (Mt 25,31s; Ap 22,1.3).

Tumba. I. Situación. El enterramiento de los muertos en sentido propio no se puede comprobar antes del paleolítico medio, la época de Nean-

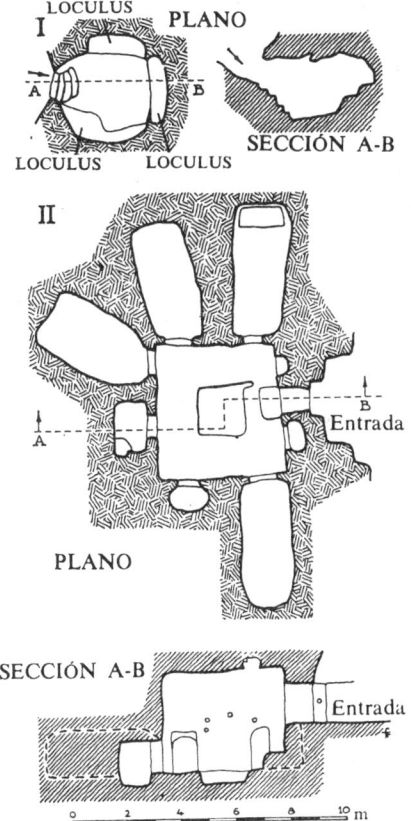

Fig. 40. Tumbas. I: gruta sepulcral, de la edad de bronce, ampliada artificialmente, en Lakíš; utilizada hacia 900 y después de 600 a.c. para más de 50 enterramientos; tumba de banco, II: cámara sepulcral judía de Jerusalén, cavada en la roca (s. I a.c.), con cuatro galerías; los hoyos más pequeños servían de depósito (segundo enterramiento) de los huesos. La escala adjunta es válida para I. Para II, hay que partir por la mitad el valor en metros

Tumba

dertal. Las tumbas se hallan en las cuevas habitadas o junto a ellas. Más tarde, a partir del calcolítico, se prefiere situar las tumbas en necrópolis, fuera del poblado. El uso de aprovechar cuevas naturales como sepulturas está también documentado en la Biblia: la cueva sepulcral de Abraham (Gén 23,19; 25,9; → Makpelá), Jacob (50,5) y José (Jos 24,32), la de Samuel (1Sam 25,1) y otras (cf. también tumba de José de Arimatea Mc 15,46 par). En la fase neolítica de Jericó se sepultaba a los muertos bajo el suelo mismo de la vivienda. Sólo los ricos se podían permitir la posesión de tumbas familiares, cavadas en la roca. Para la gente sencilla había «la fosa común» (Jer 26,23), que, en Jerusalén, estaba situada seguramente en el valle del Cedrón (2Re 23,6).

II. Forma. Para aprovechar el suelo para el cultivo, los enterramientos se practicaban, con frecuencia, en cuevas naturales, a veces artificialmente ampliadas. Por razón de su entrada, instalación y cierre, pueden distinguirse varias formas de tumbas.

1) Desde el calcolítico hasta la edad del bronce reciente se utilizaban cuevas subterráneas o cavernas situadas en las laderas de los montes y se cerraban con piedras o con arena.

2) De la edad del bronce medio y reciente proceden las llamadas tumbas de pozo: el pozo, bastante estrecho, conducía verticalmente hacia abajo, donde había una entrada lateral hacia la cámara; la entrada de la cámara se cerraba con una piedra y luego el pozo se cubría con piedras.

3) En la edad del bronce reciente aparece, tal vez por influencia de los pueblos del mar, la tumba de diván. Al ir profundizando el fondo de la cámara sepulcral, se cavaban a lo largo de las paredes unos bancos, sobre los cuales se colocaban los cadáveres; una escalera abierta conducía hacia la cámara sepulcral, que se cerraba con una piedra colocada verticalmente.

4) En la edad del hierro antiguo y medio, las tumbas tienen por lo general un espacio en el centro y nichos pequeños en las paredes laterales que se cerraban con piedras. A partir de este tiempo, las tumbas se proveen siempre de una antecámara.

5) En la época grecorromana, este tipo de tumba llega a su perfección: la pared anterior se convierte en una fachada monumental. Los nichos son exactamente cuadrados o rectangulares y los bancos están provistos de cojines de piedra. A partir del s. II a.C., aparecen los nichos cavados perpendicularmente en la pared, los nichos de cañón. Además y desde siempre, se practicó el entierro normal en simples fosos cavados en la tierra, que más tarde se tapaban con losas.

III. Monumentos sepulcrales. Al parecer, éstos fueron raros entre los israelitas en los tiempos más antiguos. Como caso especial se menciona en la narración de Jacob el haber erigido una piedra sobre la tumba de Raquel (Gén 35,20). Sólo en los tiempos helenísticos se habla de un monumento sepulcral, el de los macabeos (1Mac 13,27). En la época romana se adornaba la antesala con friso y columnas. En los tiempos del NT, era costumbre blanquear las tumbas en la primavera (Mt 23,27), para no incurrir en impureza ritual pisando la tumba. Fig. 40.

Tummim → Urim y tummin.

U

Ugarit, ciudad fenicia en la costa norte de Siria, hoy Ras Šamra, a once kilómetros al norte de la antigua Laodicea. Ugarit no se menciona en el AT, pero sí en la correspondencia de (→) Amarna y de Mari, como importante ciudad portuaria. Hacia 2000 a.C., estuvo poblada por semitas; en su época de esplendor (s. XV-XII) estuvo primero bajo la influencia egipcia y, luego, antiguo oriente (sumerio, akkadio, egipcio) y en hurrita. La lengua indígena era el ugarítico, dialecto semítico, perteneciente al grupo cananeo y parecido al hebreo del AT. Los textos sumerios están escritos en la conocida → escritura cuneiforme silábica; los egipcios e hittitas, en escritura jeroglífica (→ Jeroglíficos), y los akkadios y hurritas, en escritura cuneiforme en parte silá-

Fig. 41. Tablilla de barro (51 mm de largo) con el alfabeto completo cuneiforme de 30 letras (Ugarit; s. XIV a.C.)

bajo la hittita y en el s. XIII vivió la inmigración de elementos procedentes de Micenas. Las excavaciones, cuya importancia nunca se valorará lo bastante, empezaron en 1929 y descubrieron a la luz, no sólo la ciudad misma con su necrópolis y el inventario pertinente, sino también una extensa literatura que nos proporciona una imagen bastante completa de un centro de cultura fenicia (y con ello, indirectamente, cananea) del tiempo en que los israelitas se establecieron en → Canaán.

1) *Los textos* de Ugarit están escritos en las lenguas clásicas del bica y en parte alfabética (en un alfabeto que antes se desconocía). En este mismo alfabeto están también escritos los textos ugaríticos. Esta escritura se ha de entender como intento de substituir el sistema complicado de escritura por otro más cómodo, apoyado en el principio del → alfabeto, pero no se impuso al alfabeto fenicio que seguramente fue más antiguo. Los textos son en su mayor parte de carácter epicomítico o de carácter administrativo (listas, cartas, documentos jurídicos). Fig. 41.

2) Como los textos de Ugarit acu-

Ugarit

san muchas *coincidencias* lingüísticas y religiosas *con el AT*, han ilustrado muchos pasajes oscuros de la Biblia. → El ocupa la posición dominante en el mundo ugarítico de los dioses. El monstruo del caos → Leviatán vuelve como Lotan en el mito de Baal y de Mot y es descrito con las mismas expresiones de Is 27,1. El Daniel mencionado en Ez 14,14.20 y 28,3 corresponde a uno de los dos personajes principales de la epopeya de Akat. En el terreno cultual se pueden observar correspondencias en la elección de los animales para el sacrificio y en la enumeración de los tipos de sacrificios, pero también reacciones ante las costumbres ugaríticas (Éx 23, 19 par).

Unción con aceite era práctica diaria de aseo corporal y de belleza (Dt 28,40; Est 2,12 etc.). Era señal de alegría y por ello se suprimía en los días de duelo y penitencia (2Sam 14,2; Mt 6,17). La unción de los enfermos (Mc 6,13; Sant 5,14) obraba curación y perdón de los pecados. Desde tiempos muy antiguos se ungían también las piedras, los objetos de culto y el santuario sagrados (Gén 28,18; cf. Os 10,1), (Éx 30,26-28). Como en todo el oriente, en Israel también el → rey era ungido por un profeta. Por esto era llamado hijo de Dios (Sal 2,2s), sacrosanto (2Sam 1,14), dotado de espíritu (1Sam 10,6). Más tarde, la unción del rey se transfirió también al sumo sacerdote (Lev 4,3s). En el NT, Jesús es el Ungido (= Cristo), dotado de Espíritu (Lc 4,18; Act 4,27; 10,38), y por Él, los cristianos son también «ungidos» (2Cor 1,21; 1Jn 2,20).

Ur (o «Ur de los → Caldeos»), importante ciudad del sur de Babilonia, según una tradición patria de → Abraham (Gén 11,27ss), lugar de culto al dios lunar Sin. La ciudad, que poseía dos puertos y que por el Éufrates comunicaba con el golfo pérsico, debía su riqueza a su comercio con el extranjero. Ur ya estaba habitada hacia el 4300 a.C. En el período siguiente (hasta ca 3400) una parte de la ciudad fue destruida por una inundación que duró largo tiempo («estrato diluviano»). Las listas reales del antiguo imperio babilónico cuentan tres dinastías, de las cuales la tercera (hacia 2047-1939) es la más importante: Ur toma la dirección política en el sur de Mesopotamia (administración central, florecimiento de la literatura sumeria, edificios de culto). Las inmigraciones de los → amorreos y la invasión devastadora de → Elam convirtieron Ur en una ciudad sin importancia. Fig. 7.

Urim y tummim (significado oscuro), un oráculo practicado echando las suertes, por el que el sacerdote (Dt 33,8) o el sumo sacerdote (Éx 28,30; Lev 8,8; Núm 27,21) consultaban algo a Dios. La mayoría de los exegetas opinan que los urim y tummim eran dos palitos (cf. Núm 17,17) o piedrecillas de igual forma pero distintos por el color o por alguna letra grabada en ellos de manera que podían servir de respuesta a preguntas alternativas (1Sam 14,41) o de decisión en un sorteo (Jos 7,13ss y Jue 20,18ss entre otros). En ocasiones, no daban respuesta alguna (1Sam 14,36s). Después de la muerte de David y con toda seguridad antes de la cautividad (Esd 2,63; Neh 7,65), los urim y tummim cayeron en desuso.

Uruk, nombrada en Gén 10,10 con el nombre de Érec como ciudad de Nimrod, hoy las ruinas de *warkā* en Babilonia del sur y de gran importancia para la investigación de la historia primitiva sumeria. La población más antigua cae en la época de *el-'obēd* (hacia 4300 a.c.). Cada estrato de sus excavaciones nos permite seguir su rápido desarrollo hacia una cultura superior testificada por majestuosos edificios de culto, distintas formas de arte menor, plásticos, relieves y sellos y las primeras tablillas de escritura cuneiforme del tiempo, hacia 3000 a.C.

Sobre la ziggurat del dios celeste An, gobernaron a partir de 2800 a.C. los reyes fabulosos Dumuzi (Tammuz), Guilgaméš, entre otros, que han dejado sus huellas en textos epicomíticos. Más tarde, Uruk tuvo apenas importancia política. Sólo durante el nuevo imperio babilónico y en la época persa, Uruk consiguió nuevo prestigio como centro de la literatura y de la ciencia (astronomía). Fig. 7.

V

Valle de Josafat, nombre simbólico («Yahveh juzga») que sólo sale en Jl 4,2.12, para indicar el lugar del juicio final (4,9-14), tal vez llamado así en memoria del rey → Yosafat (2Par 20,1-30). Desde el s. IV d.C. (Eusebio), se identifica el valle de Josafat con el del → Cedrón, junto a Jerusalén (cf. Ez 38s; Miq 4, 11-14; Zac 12,2-6).

Velo. La costumbre de taparse con un velo en el antiguo oriente está testificada ya en la segunda mitad del segundo milenio; sin embargo se usó en Palestina mucho más tarde. Originariamente, la mujer iba sin velo (Gén 12,14s; 24,15s entre otros) y se velaba ante su marido sólo en los días de la boda (Gén 24,65; Cant 4,1.3; 6,7). Pablo intentó introducir esta costumbre en la Iglesia.

Venganza de la sangre, obligación sagrada, procedente del estadio cultural de la colectividad, que compromete a los miembros de una tribu o familia a vengar la muerte violenta de algún miembro (Gén 9,5s; Jue 8,18-21; 2Sam 3,27.30 etc.). Su sangre clama al cielo (Gén 4,10; Ez 24,6-8 etc.) y Yahveh la reivindica por medio del vengador de sangre. La institución del → derecho de asilo y la posibilidad de subsanar los daños (Éx 21,30) son los pasos que condujeron a la abolición de la venganza de la sangre. La idea del desquite (ley del talión), motivada por la venganza de la sangre fue abolida por Cristo (Mt 5,38ss).

Versión de los Setenta (LXX), la traducción más antigua e importante del AT en lengua griega. Su nombre proviene de la leyenda que nos transmite la carta de → Aristeas, según la cual 72 judíos habrían hecho la traducción en 72 días.
I. ORIGEN E HISTORIA. 1) La versión de los Setenta se llevó a cabo en → Alejandría para uso de los judíos de la → diáspora de lengua griega. Primero se tradujo el → Pentateuco (mitad del s. III a.C.) y luego, poco a poco, siguieron los otros libros del AT (hasta hacia el año 100 a.C.). La versión de los Setenta se usó muy pronto en las sinagogas como Biblia oficial del judaísmo helenístico; los autores del NT citan normalmente el AT de acuerdo con dicha versión. Sólo después de la destrucción de Jerusalén, la traducción perdió para los judíos el valor indiscutido que había tenido hasta entonces. En sus disputas con los cristianos, los judíos negaban que los LXX fuese traducción fiel del original hebreo (p.e., Is 7,14 y Sal 95,10). Además, la extensión de los LXX no coincidía con el → canon que el judaísmo se había fijado (90/ 95 d.C.). Finalmente, el texto de los LXX no podía satisfacer las necesidades de la escuela del rabbí Aquibá. De aquí que se hiciera una nueva traducción para los judíos del helenismo en el s. II (Áquila, Teodoción, Símmaco; → Versiones de la Biblia I,1, b-d).
2) Conocemos muy poco sobre la historia de los LXX en la Igle-

sia cristiana de antes de Orígenes. Hacia el 200, el texto de los LXX se había dejado de tal modo malparado que Orígenes intentó con las Héxaplas (texto hebreo y traducciones griegas en seis columnas paralelas) eliminar las diferencias textuales y restituir el texto a su forma original. Las Héxaplas y otros intentos posteriores de corregir el texto de los LXX provocaron nuevas recensiones y nuevas formas textuales.

II. VALOR. La versión de los Setenta no forma una unidad y por ello el valor de la traducción es diverso en cada una de sus partes; p.e., el Pentateuco está muy bien traducido, Is y los profetas menores muy mal; Dan es más una adaptación libre que una traducción. La versión de los Setenta está intacta de los esfuerzos por un texto unitario de los s. I/II (→ Texto de la Biblia) y por otra parte es el resultado de los trabajos por uniformar el texto, dictados por intereses litúrgicos. Los descubrimientos de manuscritos de → Qumrán demuestran que en los últimos siglos antes de la era cristiana circulaba una forma de texto hebreo muy próxima al modelo hebreo de los LXX. Cada variante textual se debe examinar por separado. P.e., en la vocalización de los nombres propios parece que LXX tiene prioridad sobre el texto masorético; por otra parte, no siempre el texto de los LXX (más antiguo) es mejor que el texto masorético (más reciente).

Versiones de la Biblia. I. LAS ANTIGUAS VERSIONES DE LA BIBLIA tienen muy diverso valor para la crítica textual.

1) *Versiones griegas.*

a) → *Versión* de los Setenta (LXX).

b) Áquila, contemporáneo del emperador Adriano (117-138), de Si-

nope en el Ponto, judío prosélito, hizo una traducción que logró mucho aprecio y difusión, sobre todo entre los judíos del imperio romano. Es una traducción servil del texto hebreo, algunas veces con total desprecio de las leyes gramaticales de la lengua griega.

c) Teodoción era también un prosélito judío (s. II d.C.). Su traducción parece ser una revisión de los LXX a partir del texto hebreo.

d) Símmaco tradujo el AT a finales del s. II d.C. Su traducción es libre y tiene la tendencia de atenuar los antropomorfismos.

2) *Versiones arameas.* → Targum.

3) *Versiones siríacas* destinadas a lectores cristianos:

a) La pešitta (en siríaco: la simple) es la traducción siríaca más difundida. La traducción del AT es muy desigual; algunas partes se conforman al texto masorético, otras dejan sentir la influencia de los targumes, otras la de los LXX. El texto del NT es muy uniforme y se parece al texto occidental (D).

b) El Diatessaron (armonía de los Evangelios por Taciano), antiguos Evangelios sirios que sólo conocemos por un comentario de san Efrén, traducido en armenio.

4) *Versiones coptas.* Se conservan antiguas e importantes versiones coptas, sobre todo del NT. Tienen por base el texto alejandrino (B, S).

5) *Otras antiguas versiones* son la armenia (primera mitad del s. V a base de la versión siríaca), la georgiana (traducción de la versión armenia), la etiópica, la gótica del obispo Ulfila († 383) y la árabiga.

6) *Versiones latinas.*

a) → Vetus Latina.

b) La → Vulgata.

II. MODERNAS VERSIONES DE LA BIBLIA. Nos limitaremos a las *versiones españolas*. Además de la *Biblia Alfonsina,* traducción de la Vg hecha por encargo del rey Alfonso X el Sabio, se conocen, en mss., seis versiones castellanas anteriores al siglo XV, hechas por judíos sobre el texto original. Se conocen también por lo menos tres traducciones del AT según la Vg. La primera Biblia impresa es una versión catalana (Valencia 1478), al parecer debida a Bonifaci Ferrer. Versiones de la Vg, de Scio de San Miguel (Valencia 1791-93) y de Félix Torres Amat (Madrid 1823-1825; el traductor inicial parece haber sido J.M. Petisco). La primera versión protestante completa es la llamada *Biblia del oso*, de Casiodoro de Reyna (Basilea 1567-69), reelaboración de la traducción latina de Santes Pagnini, posteriormente corregida estilísticamente y publicada por Cipriano de Valera (Amsterdam 1602). La llamada *Biblia de Ferrara* (1553) es obra de dos judíos portugueses, Duarte Pinel y Jerónimo de Vargas, y, publicada en dos ediciones distintas, pero simultáneas, debía servir tanto a los católicos como a los judíos (por lo cual se le llama también *Biblia de los judíos*). Son recientes versiones católicas de toda la Biblia según los textos originales, las de E. NÁCAR FUSTER y A. COLUNGA (Madrid 1944), de J.M. BOVER y F. CANTERA (Madrid 1947), de JERUSALÉN (Bilbao 1969), de L. ALONSO SCHÖKEL y J. MATEOS (Madrid 1975) y de S. DE AUSEJO (Barcelona 1976): en Hispanoamérica, la versión de J. STRAUBINGER (Buenos Aires: NT 1941, AT 1944). Existen dos traducciones catalanas recientes: de MONTSERRAT (Andorra 1966-1969) y de la FUNDACIÓ BÍBLICA CATALANA (Barcelona 1968).

Vestidos. El AT interpreta el origen de los vestidos en relación con el sentido de pudor despertado por el pecado (Gén 3,7.21). Así como el vestido era expresión de la personalidad, la desnudez (incluso el ir sin vestido exterior o con vestido insuficiente, como los pobres: Is 58,7; Job 22,6; Mt 25,36) era vergonzosa (Gén 9,22-25), destino de presos y de fugitivos (Is 20,4; Am 2,16). Los datos bíblicos sobre los vestidos son pocos y confusos. Pero se puede deducir bastante a partir de las representaciones de otros pueblos y de la comparación con los vestidos usados por los beduinos y «fellajs». Las piezas más importantes de vestido son: faldellín, vestido interior, vestido exterior, manto, cinturón, toca, velo y sandalias.

1) El *vestido masculino* consistía ya en los tiempos más antiguos en un faldellín (como presupone Éx 20,26; Jn 21,7 y se puede comprobar en muchas representaciones egipcias). El vestido interior hecho de lino o algodón, con o sin mangas, se llevaba directamente sobre el cuerpo y llegaba hasta las pantorrillas. Se arremangaba durante el trabajo (Éx 12,11; 2Re 4,29). Una forma especial de vestido interior era el vestido de faja: una tira larga que se arrollaba alrededor del cuerpo y con dibujos variados. El vestido superior (o manto) era una pieza de paño cuadrada, de hilo basto, que se llevaba sobre las espaldas y tenía una obertura a cada lado para pasar los brazos. Servía de cobertor para dormir y por ello no estaba permitido embargarlo (Éx 22,25s; Dt 24,13). Se quitaba durante el trabajo (Mc 10,50; Mt 24,18).

2) El *vestido femenino* se componía de las mismas piezas, que, sin embargo, debieron ser distintas (De 22,5). Es posible que su corte fuera más largo, el tejido más fino y los colores más variados. Figuras orientales nos muestran a la mujer en un largo camisón blanco o colo-

rado y en ocasiones una larga toca o pañuelo en la cabeza. Los detalles que nos da Is 3,18-23 no se pueden identificar.

3) *Vestidos de fiesta*. Eran de tejido más fino (Gén 27,15; Mt 22, 11s; Lc 15,22) y con preferencia blancos (Ecl 9,8; Mc 9,3). Para las mujeres eran codiciados los vestidos de *byssus*, de púrpura y de escarlata (Prov 31,22; Lam 4,5; Jer 4,30).

4) Como señal de *luto y penitencia* se ceñía el «saco» (Gén 37, 34; 2Sam 3,31), una pieza basta e informe. Además se desgarraban los vestidos (2Sam 3,31; Job 1,20; 2,12) ante una desgracia (2Sam 13,19) o ante una blasfemia (Jer 36,24; Mt 26,65; Act 14,14).

Vetus Latina es el nombre colectivo de las versiones latinas de la Biblia usadas antes y en tiempos de la → Vulgata. Para el AT, se basa en la versión de los LXX y surgió de la necesidad de tener un texto para el servicio litúrgico en los países donde no se hablaba griego. El nombre antes usual de *Ítala* sirve sólo para una rama de la Vetus Latina. Documentan la Vetus Latina algunos pocos fragmentos de manuscritos y las citas bíblicas en los escritos de Cipriano († 258), Tertuliano († después de 220), entre otros. El texto más antiguo podría ser el africano (s. II). La Vetus Latina se substituyó por la Vulgata, el texto revisado por Jerónimo, pero perduró fragmentariamente hasta la edad media. P. Sabatier († 1742) hizo la primera edición científica de la Vetus Latina. El instituto de la Vetus Latina de la abadía de Beuron se dedica hoy a la colección y edición de los restos de la Vetus Latina.

Viento. Los cuatro vientos (Dan 7, 2; Zac 6,5) pueden significar en la Biblia los → puntos cardinales, las regiones del mundo o las cuatro caras de un territorio (Ez 42,16-20). El viento más frecuente es el apetecido viento del oeste que trae la lluvia (1Re 18,44s). El viento del desierto que viene del este abrasa las espigas (Gén 41,6) y seca las fuentes (Os 13,15). El viento del norte es impopular, es frío (Job 37,9) y tormentoso (Ez 1,4). Las afirmaciones de la Biblia sobre el viento son variadas como la experiencia que se tiene de él: es inquieto (Ecl 1,6), indetenible (11,5), oculto a los hombres en su ir y venir (Jn 3,8), se escapa misteriosamente (Sal 78,39). Juega suavemente con el cabello (Job 4,15), refrigera (Gén 3,8) o llega como tormenta devastadora (Job 15,30; Sal 48,8; Mt 7, 27 etc.). Creados y gobernados por Dios, los vientos tormentosos (Act 2,2) o susurrantes (1Re 19,12) hacen experimentar la presencia de Dios o de su Espíritu (Jn 3,8). Con frecuencia, el viento es imagen de lo vano, engañoso e inconstante (p.e., Job 6,26; 15,2; Ecl 1,14.17).

Vinagre → Bebidas.

Vino. En el AT, el cultivo de la vid se remonta hasta Noé (Gén 9, 20s); el vino era bebida ya conocida por los patriarcas (14,18; 27,25 etc.). Repetidas veces se pondera Palestina como tierra de vino (Dt 6,11; 8,8), en particular se alaban las uvas del valle Eskol junto a Hebrón (Núm 13,23s) y el vino del Líbano (Os 14,8). Plantábanse las viñas en lomas (Is 5,1; Jer 31,5 etc.) y se protegían contra el ganado y animales salvajes (Núm 22,24; Mt 21,33) con muros y cercas y se construían torres o chozas para los guardianes (Job 27,18; Is 1,8; Mt 21, 33). Se cavaba el suelo y se sacaban las piedras (Is 5,2). Los sarmientos se sostenían con palos o se subían

Vino

por los troncos de las higueras; había que podar regularmente las cepas y arrancar las malas hierbas (Is 5,6; Prov 24,31). La vendimia era un tiempo de alegría (Is 16,10; Jer 48,33). En el lagar, generalmente cavado dentro de la misma viña, se pisaban las uvas con los pies (Neh 13,15; Is 63,2s; Jer 25,30; Lam 1,15) y el mosto se recogía en jarras o en odres (Mt 9,17). Eclo 39.26 cuenta el vino entre las cosas necesarias para la vida. Era una de las provisiones para los viajes (Jue 19,19) y alimento fundamental del ejército (2Par 11,11), evidentemente, no faltaba en ninguna fiesta (1Sam 25,36; Jn 2,1-11 etc.). Para darle un gusto más fuerte se le mezclaban hierbas aromáticas (→ Mirra). En el culto desempeñaba un papel poco importante. Lc 10,34 lo considera medicina. La importancia del vino en la vida de Israel se expresa en un rico lenguaje metafórico: Israel es la viña plantada por Yahveh (Sal 80,9-12), es una viña plantada y cuidada por Él (Is 5,1-4). La conducta recta es como el vino puro (Is 1,22). En el NT, la viña sale con frecuencia en las parábolas (Mt 20, 1-16; 21,33-46, cf. la alegoría de la vid y los sarmientos Jn 15,1-8). El vino adquiere su significado más excelso en la institución de la → Cena (última).

Virginidad. Parece que en el ámbito del antiguo oriente no se poseía ninguna palabra especial para designar a la muchacha inviolada; $b^e tūlāh$ (LXX en general παρθένος) sale con frecuencia como epíteto de la diosa ugarítica Anat, que se veneraba como diosa de la fertilidad, por tanto la palabra significa más bien juventud y poder de una diosa. Algo distinto es el uso lingüístico del AT. Si bien $b^e tūlāh$ con frecuencia significa al igual que 'almāh muchacha en la edad del matrimonio, la virginidad se valora altamente (Gén 24,16 etc.) y se defiende legalmente (contrato de matrimonio: Dt 22,13-21; seducción: Éx 22,15s, etc.); infidelidad de los desposados: Dt 22,23s). Los profetas personifican una ciudad o un pueblo como virgen para significar su esplendor y poder (Is 37,22; Jer 31,4 etc.; de Egipto Jer 46,11; de Babilonia Is 47,1). La denominación de virgen referida a Israel, Sión o Judá se ha de poner en relación con el simbolismo de la esposa para significar la alianza entre Yahveh y su pueblo. A causa del alto valor que se daba al → matrimonio y a la descendencia, la muerte de una virgen era particularmente digna de lamentar (Jue 11,37-39). La soltería era vergonzosa (Is 4,1). La influencia helenística condujo poco a poco al ideal ascético de la virginidad ofrecida a Dios como expresión del estar siempre dispuestos para la llegada del reino de Dios. Mt 19,12 enseña Jesús a sus discípulos, que se puede renunciar al matrimonio por causa del reino de Dios; Act 21,9 relaciona virginidad y profecía. Pablo se manifiesta sobre la virginidad sobre todo a partir del punto de vista de la espera de la parusía (1Cor 7); para afirmar la pertenencia exclusiva a Cristo, designa la comunidad como «virgen pura» (2Cor 11,2; de modo semejante Ap 14,4).

Vulgata (Vg), texto latino de la Biblia que tenía que substituir el de la → Vetus Latina. Fue obra de Jerónimo († 420). En 383 publicó una revisión de los Evangelios de la Vetus Latina, en la que no sólo eliminó interpretaciones falsas, sino que además la corrigió en su estilo (en cambio la segunda parte del NT no puede proceder de Jerónimo). A partir del 390, Jerónimo se dedicó a la traducción del AT, no a base de los LXX como se había hecho entonces, sino a base del texto hebreo. También aquí se apartó del original, no sólo por motivos estilísticos, sino también estableció, p. e., varias veces relaciones mesiánicas (Sab, Eclo, Bar 1/2Mac no fueron elaborados por Jerónimo, sino que aquí se adoptó el texto de la Vetus Latina). La tradición medieval muestra gran cantidad de ediciones de las tendencias más diversas. En 1546, el concilio Tridentino declaró la autenticidad de la Vulgata y la hizo texto normativo para la iglesia latina.

Y

Yabboq, afluente oriental del Jordán que nace cerca de la antigua capital amonita de Rabbá, tuerce hacia el norte y luego hacia el oeste y penetra en el hondo lecho del Jordán (descenso desde +758m hasta −350 metros) y desemboca en el vado que atravesó Jacob (Gén 32,23). Mapa PA D5.

Yaffá (hebr.: puerto [?]), ciudad junto al Mediterráneo, poblada ya en la edad de piedra; es mencionada por Tutmosis III (1490-1436), en las cartas de → Amarna y en inscripciones asirias. A pesar de Jos 19,46, Yaffá pertenecía a los filisteos o cananeos, pero los israelitas podían utilizar el puerto de la ciudad, el único de la costa de Palestina. En Yaffá embarcó Jonás para Tarsis (Jon 1,3). Simón Macabeo fue el primero que consiguió conquistar la ciudad en 144 a.C. (1Mac 10,75s, etc.). Pompeyo la incorporó a la provincia de Siria y César la devolvió a los judíos. Pedro vivió largo tiempo en Yaffá (Act 9,43), donde resucitó a Tabita (9,36-42). Excavaciones israelíes (1955ss). Mapa PA/PN B5.

Yahvista (sigla J), una de las cuatro fuentes del → Pentateuco, llamada así porque usa Yahveh como nombre de Dios. Empieza en Gén 2,4b (relato del pecado original) y llega, con interrupciones de las otras fuentes, hasta Dt 34 (muerte de Moisés). La mayoría de los investigadores distingue una fuente yahvista más antigua (J^1) que se muestra reservada ante el culto y no está influenciada por los profetas, de una fuente yahvista más reciente (J^2) que muestra un vivo interés por el culto y está afectada por la introducción del profetismo. Su estilo es gráfico e ingenuo, su concepción histórica es universalista (→ Historia primitiva) y su idea de Dios es antropomórfica. Es opinión casi común que el yahvismo compuso su obra en el reino del sur antes del año 721 y que esta obra fue refundida en el siglo siguiente con la fuente → Elohísta.

Yebuseos, uno de los pueblos preisraelitas de Canaán (p. e. Jos 3, 10) en la ciudad estado de Jerusalén (Jue 19,11; Jos 15,8 etc.). Después de la conquista de la ciudad por David, los yebuseos se incorporaron poco a poco al pueblo israelita. Su origen étnico (Gén 10 16) es inseguro.

El nombre del yebuseo Arauná es de origen hittita, en cambio el nombre de Melquisedec, rey de Jerusalén (Gén 14) es amorreo.

Yefté (hebr.: que Yahveh libre), de Galaad, juzgó a Israel durante seis años, libró a su pueblo de los ammonitas (o de los moabitas: Jue 11,15-27) y fue enterrado en Safón (o Mispá) de Galaad. El relato de sus batallas (10,6-12,7) presupone varias fuentes. El voto de Yefté (11, 30) de sacrificar lo primero que le saliera al encuentro después de la victoria, con lo que perdió a su hija única, es una tradición particular, acaso con carácter etiológico.

Sin embargo, Job le llama ejemplo de la fe (11,32-34).

Yehú (hebr.: Yahveh es él [es Dios]).
1) Décimo rey de Israel (845-818), fundador de la quinta dinastía (2Re 9s; 2Par 22,7-9). Antes había sido general de los reyes Ajab y Yoram. Cuando Yoram fue herido en Ramot (en la guerra contra Damasco), Yehú aprovechó la ocasión para hacerse proclamar rey, asesinar a (→) Yoram, Ajazyá, Ajab e Izébel y extirpar a sus familiares de Samaría (2Re 9,1-10,17). El motivo de este golpe de estado fue más religioso que político y debió ser alentado por los profetas Elías y Eliseo (1Re 19,16; 2Re 9,1-12) quienes veían en Yehú el hombre destinado a poner fin al culto a → Baal, cada día más en aumento en el reino del norte. En efecto, Yehú mandó ajusticiar a los sacerdotes de Baal y destruir su templo (10,18-30). Su política exterior le obligó a pagar tributo a los asirios y más tarde ceder la Transjordania a Jazael de Damasco (Am 1,3; 2Re 10,32). Fig. 42.
2) Profeta que predicó contra los reyes Basá (2Re 16,1-4) y Yosafat (2Par 19,2s).

Yeroboam (hebr.: que aumente el pueblo).
1) Yeroboam I (926-907), primer rey del reino del norte (1Re 11,26-14,20), hijo de Nebat, efraimita de Seredá, nombrado por Salomón inspector de los trabajos obligatorios de la casa de José. Después de un golpe de estado fracasado huyó a Egipto y fue acogido por el rey Šošaq y permaneció allí hasta la muerte de Salomón. Luego regresó a su patria y fue proclamado rey de las tribus del norte (→ Roboam). Para dar un fundamento ideológico a la división del reino fundó dos santuarios estatales (→) uno en Bet-El y otro en Dan, como competencia del templo de Jerusalén. Ésta y otras medidas cultuales (12,26-32) le alejaron del círculo profético que en un principio le había apoyado. En su política exterior tuvo que defenderse constantemente de los reyes de Judá que intentaban recuperar el territorio perdido. Es chocante la campaña militar de Šošaq contra Jeroboam (922), pues hasta enton-

Fig. 42. Yehú de Israel entrega su tributo al rey asirio Salmanasar III

ces los dos monarcas habían sostenido relaciones amistosas. Es probable que Šošaq quisiera aprovechar la situación de guerra civil en Palestina para restaurar de nuevo el dominio egipcio sobre ella.

2) Yeroboam II, decimotercer rey de Israel (787-747), de la dinastía de → Yehú (2Re 14,23-39), hábil gobernante que aprovechó la decadencia de Damasco y de Asiria para restaurar el reino del norte en el alcance territorial que había tenido en tiempos de David. Sin embargo los oráculos de Amós y de Oseas muestran que su política interior fue difícil.

Yerubbaal (hebr.: que Baal se muestre generoso), padre de → Abimélek. Según Jue 6,32, Yerubbaal es sobrenombre de → Gedeón que la etimología popular interpretó como «que Baal pugne contra él» (Baal = Yahveh; cf. 1Sam 12,11; 2Sam 11, 21). Sin embargo, la indentificación con Gedeón debe proceder de fecha más reciente.

Yešúa (hebr.: → Josué) nombre bíblico muy en boga que designa, entre otros, al primer sumo sacerdote de después de la cautividad (Esd 3,2.8; 5,2; Ag1,1; Zac 6,11). Éste nació en Babilonia y regresó de la cautividad con Zorobabel, dirigió las obras de la edificación del altar de los holocaustos (Esd 3,1-6) y del templo (3,8ss). La relación entre Yešúa y Zorobabel, es decir, la relación entre el poder civil y religioso, se describe en Zac 3,1-10 y 6,9-14. Si 6,11, como piensan muchos científicos, no se refiere a Yešúa, sino a Zorobabel, entonces hay que concluir que para la comunidad de Jerusalén la importancia mesiánica recaía no sobre el sumo sacerdote, sino sobre la descendencia de David. El cambio del nombre de Zorobabel por el de Yešúa en dicho texto obedecería al hecho de que el hijo de David no cumplió las esperanzas en él depositadas. La visión 3,1-7 (investidura de Yešúa) afirma la posición importante que tenía el sumo sacerdote en el nuevo Israel. Este entusiasmo por la persona de Yešúa sólo se entiende por la ardiente esperanza mesiánica existente después de la cautividad.

Yessé → Isay.

Yizreel (hebr.: Dios siembra).
1) Gran llanura interior de Palestina (Jos 17,16; Jue 6,33), entre el Carmelo y los montes de Guilboa y los de Galilea. La importante ruta de tráfico de occidente a oriente estaba asegurada ya desde antiguo con fortificaciones (Meguiddó, Taanak, Yibleam, Sunem, Bet-Šan). La llanura de Yizreel era el clásico campo de batalla de Palestina (Jue 4,12-5,31; 2Re 23,29s).
2) Ciudad en el borde oriental de la llanura del mismo nombre que fue lugar de residencia del rey Ajab a causa de su situación estratégica (1Re 18,45; 21,1). Fue escenario del asesinato de Nabot (21, 1-16) y de la extirpación de la familia de Ajab (2Re 9,16-10,11). Mapa PA C4.

Yoab (hebr.: Yahveh es padre), hijo de Seruyá, jefe del ejército de David contra Abner (2Sam 2,13-32; 3, 11-30), contra los arameos (10,7-14), contra los ammonitas (12,26-31) y contra los edomitas (1Re 11, 15s). Asesinó a su rival Amasá (20,4-13), pero nunca ambicionó la corona. En la rebelión de → Absalón permaneció fiel a David (2Sam 18,1-19,9), en las luchas por la sucesión del trono, tomó el partido de Adoniyá (1Re 1,7) y después de su derrota, buscó → asilo junto al altar, pero fue ejecutado por Salomón (1Re 2,28-35).

Yoajaz (hebr.: Yahveh toma [de la mano]) nombre propio o de entronización.
1) Decimoséptimo rey de Judá (609), hijo de Yosiyyá. En realidad se llamaba Sallum (Jer 22,11). Después de tres meses de gobierno fue substituido por su hermano a causa de su conducta hostil a Egipto y deportado a Egipto, donde murió (2Re 23,31-34; 2Par 36,1-4).
2) Undécimo rey de Israel (818-802), hijo de → Yehú. Las guerras arameas bajo Jazael y Ben-Hadad coincidieron con el tiempo de su gobierno y le dieron mucho que hacer. La situación se mejoró cuando los arameos por su parte fueron atacados por los asirios (2Re 13,1-9).

Yoás (hebr.: Yahveh ha dado).
1) Octavo rey de Judá (840-801), hijo de Ajazyá. Escapó de la muerte cuando Atalyá asesinó a su familia. Tenía siete años cuando fue proclamado rey (2Re 11-12; 2Par 22,10-24,27). Al principio mandó restaurar el templo de Salomón, más tarde toleró prácticas paganas e incluso mandó ejecutar al profeta → Zacarías (2Par 24,20-22; Mt 23, 35 par). Sólo pudo evitar la amenaza del rey Jazael de Damasco de invadir Jerusalén entregándole el tesoro del templo. Ello fue probablemente el motivo de la conjura contra él que acabó con su asesinato.
2) Duodécimo rey de Israel (802-787) de la dinastía de → Yehú, hijo de Yoajaz (2Re 13,10-25; 14,15s; 2Par 25,17-24). Tres veces venció a → Ben-Hadad III y recuperó sus posesiones de Transjordania. Finalmente luchó contra Amasyá de Juda.

Yoatam o **Yoatán** → Yotam.

Yonatán (hebr.: Yahveh ha dado).
1) Nieto de Moisés, cuyo nombre, en Jue 18,30 fue deformado intencionadamente en Manasés. Fue sacerdote en el santuario de los danitas.
2) Hijo de Saúl y amigo de David (1Sam 19s). Su actitud ante la lucha entre Saúl y David es oscura. Murió en la batalla sobre los montes de Guilboa (31,2) y fue llorado por David en una elegía (2Sam 1,17-27).
3) El → Macabeo.

Yopé → Yaffá.

Yoram (hebr.: Yahveh es excelso).
1) Quinto rey de Judá (847-845), hijo de Yosafat y esposo de → Atalyá (2Re 8,16-24; 2Par 21). Su mujer le dominó completamente (tolerancia del culto de → Baal, asesinato de sus seis hermanos, escrito de protesta de Elías y Yoram). Fue desgraciado en sus guerras. Con la pérdida de Edom, Judá se quedó privado de su acceso al mar (→ Puerto; comercio). Los filisteos y los árabes irrumpieron, destrozaron el palacio real y arrastraron consigo a sus familiares.
2) Noveno rey de Israel (851-845), hijo de Ajab y hermano de Ajazyá (2Re 3). Mandó retirar las columnas dedicadas a Baal por su padre. Con Yosafat de Judá y el rey de Edom, concertó una alianza contra los moabitas que se habían sublevado con → Meŝá a la cabeza. Después de ser herido en la guerra contra Damasco, fue asesinado en la sublevación de → Yehú. Con él se acabó la dinastía de → Omrí.

Yosafat (hebr.: Yahveh ha juzgado). El más importante portador de este nombre es el hijo de Asá (1Re 22, 41-51; 2Par 17-20), cuarto rey de Judá (868-847). Su gobierno fue feliz. Con el matrimonio de su hijo Yoram (1) con Atalyá, la hija del rey israelita se selló la amistad de

Yosafat

las dos casas reales. Par informa sobre su reorganización de la administración judicial, sobre la fortificación del ejército; Re refiere su intento fracasado de reanudar los viajes de Salomón a Ofir. Participó en las luchas de Ajab contra los arameos, y con Yoram, en la campaña militar contra → Mešá de Moab (→ Yoram 2). → Valle de Yosafat.

Yosías (hebr.: que Yahveh salve), decimosexto rey de Judá (639-609), hijo y sucesor de Amón (2Re 22,1-23,30; 2Par 34s). A los ocho años subió al trono. Aprovechó la decadencia de Asiria para extender sus territorios hacia el norte. Cuando el rey Nekó, en 609, avanzó hasta el Éufrates para salir en ayuda del último rey de Asiria, Yosías, por temor de perder sus territorios que había conquistado de nuevo, le declaró la guerra y fue derrotado en Meguiddó y mortalmente herido. La seguridad política debió favorecer la reforma interior del país; en este campo, la renovación del culto tuvo la primacía. Durante los trabajos de restauración del templo se halló el libro de la ley (→ Deuteronomio), hecho que ocasionó una purificación del templo de todas las imágenes y símbolos de otras divinidades y la remoción de los santuarios de → culto en los lugares altos del país (p. e. → Arad), de forma que el culto se centralizó en el templo de Jerusalén. Por ello Yosías es contado por la tradición deuteronomista entre los reyes mejores y más piadosos. Jeremías le dedicó una elegía que no se ha conservado (2Par 35,25).

Yosiyyá → Yosías.

Yotam (hebr.: Yahveh se ha mostrado justo).

1) Hijo menor de Gedeón que aplicó a los sikemitas una conocida fábula como burla por la elección del rey Abimélek (Jue 9,5-21).

2) Undécimo rey de Judá (756-741) que durante algún tiempo fue corregente con su padre, Azaryá (2Re 15,32-38; 2Par 27,1-9). De él se menciona solamente que construyó la puerta superior del templo, que mandó realizar ciertos trabajos de fortificación y que venció a los ammonitas.

Yoyakín (hebr.: que Yahveh conceda firmeza), penúltimo rey de Judá (598), hijo y sucesor de Yoyaquim (2Re 24,8-17; 2Par 36,9s). Después de tres meses de gobierno fue depuesto del trono por Nabucodonosor y deportado a Babilonia junto con su madre, con su esposa y con otros muchos judíos nobles. En el año 37 de su cautiverio, fue liberado por Amel-Marduk, sucesor de Nabucodonosor (2Re 25,27; Jer 52, 31), pero se quedó en Babilonia. Jer 22, 30 profetizó que sus hijos no ocuparían el trono de Judá, entre ellos Salatiel, padre de → Zorobabel.

Yoyaquim (hebr.: Yahveh erigirá). El más importante portador de este nombre es el hijo de Yosías (2Re 23,34-24,7; 2Par 36,5-8). Fue nombrado rey de Judá en el lugar de su hermano Yoajaz por el faraón egipcio Nekó (608-598), quien cambió su nombre de Elyaquim por el de Yoyaquim. En el año 603/2 tuvo que someterse a Nabucodonosor, pero al cabo de tres años se pasó de nuevo a los egipcios. Murió antes de la conquista de Jerusalén por Nabucodonosor. Bajo su gobierno predicó Jeremías, el cual profetizó que sería enterrado como un burro (Jer 22,13-19). → Sidkiyyá, tío de Y., ocupó el trono después de éste y fue el último rey de Judá.

Z

Zabulón (hebr.: etimología popular: habitar), hijo de Jacob y de Leá (Gén 30,20), patriarca y → epónimo de la tribu de Zabulón (sus características en Gén 49,13; Dt 33, 18). Zabulón, junto con Isacar, se había instalado en la ladera meridional de las montañas de Galilea (Jos 19,10-16), en torno a Nazaret que todavía no existía. El territorio era pequeño, pero fértil y dominaba los caminos que iban de la Transjordania al Mediterráneo (Is 8,23). Zabulón tomó parte en la lucha de Baraq contra Siserá (Jue 4s). No se menciona más en la historia posterior. Mapa PA/PN C3.

Zacarías (hebr. Yahveh se acordó de nuevo). Los más importantes portadores de este nombre son:
1) Zacarías, rey de Israel (743), hijo de Yeroboam II, gobernó seis meses, fue derribado del trono por Sallum y asesinado por Yibleam (2Re 15,8-12).
2) → Zacarías (profeta).
3) Zacarías, hijo del sacerdote Yoyadá (2Re 11,4) que recriminó a los judíos su apartamiento de Yahveh y fue lapidado en el atrio del templo por mandato del rey Yoás (2Par 24,20-22). En su discurso contra los fariseos (Mt 23,35 par) Jesús alude a este asesinato de Zacarías.
4) Zacarías, hijo de Barakías, amigo y testigo de Isaías (8,2).
5) Zacarías, sacerdote de la clase de Abiyyá (1Par. 24,10), esposo de Isabel, padre de Juan Bautista (Lc 1,5-25; 3,2).

Zacarías (profeta). → Zacarías.
I. Profeta, contemporáneo de Ageo, según Zac 1,1, hijo de Berekyá y miembro de la familia sacerdotal de Iddó (Esd 5,1; 6,14). Apareció en tiempo del rey persa Darío I (521-485). Sus oráculos están reunidos en el llamado
II. LIBRO DE ZACARÍAS.
1) *Contenido. a)* cap. 1-8: tres profecías fechadas en el segundo y cuarto año de gobierno de Darío, la segunda de las cuales (1,7-6,8) contiene la famosa historia de las ocho noches: los cuatro jinetes, los cuatro cuernos, el ángel con la cuerda de medir, la purificación de Yešúa, el candelabro de oro, el volumen volante, la mujer dentro de la medida de grano, los cuatro carros de guerra.
b) Cap. 9-14: tres oráculos escatológicos sin fechar sobre la venida del reino de Dios después de procesos correspondientes de purificación (alegoría del pastor).
2) *Autor.* En la primera parte, cuya autenticidad no se pone en duda, se trata de un relato fechado de Zacarías sobre sus experiencias proféticas, ampliado más tarde con algunas palabras de Yahveh (1, 16s; 2,10-17; 3,8-10; 4,6b-10a) y una serie de palabras de Dios sin fecha (6,9-15; 7,4-8,1; 8,2-17.20-23). Contra la autenticidad de la segunda parte se alzan serios reparos literarios y de contenido (faltan títulos y fechas, no se menciona la edificación del templo, etc.). Esta parte procede de uno o varios autores de distintas épocas.

Zacarías

3) *Teología.* En los cap. 1-8, Zacarías se concentra del todo en la construcción del templo, fundamento de su esperanza mesiánica. En ello está influenciado por los profetas más antiguos (en particular Ez) y por su contemporáneo Ag: con la llamada a una renovación ética, une el tema principal de Ag de la venida de la salvación que sólo se realizará una vez concluido el templo. Además subraya la trascendencia de Dios, los ángeles aparecen como mediadores de los hombres. Los cap. 9-14 son una descripción del tiempo escatológico de la salvación que convertirá el profetismo en superfluo. El mesías aparece manifiestamente como protector de los pobres.

Zaqueo (hebr.: forma abreviada de → Zacarías; o: el puro). El más conocido portador de este nombre es el cobrador de impuestos de Jericó, que se subió a un árbol para ver a Jesús y luego le recibió en su casa (Lc 19,1-10).

Zelotas. El NT no habla de los zelotas, miembros de un partido fanático, que actuó principalmente en la rebelión judía del 67-70 d.C. Ocasionalmente el apóstol Simón el Cananeo es considerado como zelota. Algunos autores quieren contar entre los zelotas a los miembros de la secta del → Qumrán.

Zimrí (hebr.: Yahveh ha ayudado). El más importante portador de este nombre fue un oficial del rey israelita Elá, comandante de los carros de guerra. Asesinó a su señor, exterminó toda la casa de → Baša y se apoderó del trono, pero al cabo de siete días fue desbancado por → Omrí (1Re 16,9-20).

Zorobabel (hebr.: vástago de Babel), → gobernador de Judá (ca 520 a.C.) bajo el dominio persa. Su nombre indica su origen babilónico (tal vez nació en la cautividad). Todas sus genealogías (Ag passim, Esd 3,2.8; 5,2; Neh 12,1; Mt 1,12; 1Par 3,19; Lc 3,27), a pesar de sus divergencias, afirman su origen davídico. Fue contemporáneo de Ageo y Zacarías (Ag 1,1.14; 2,2), los cuales pusieron en él grandes esperanzas y le instaron a acelerar la construcción del templo (en Ag 2,20-23 se le presenta como antepasado y tipo del Mesías).

CUADRO SINCRÓNICO I

	PALESTINA	SIRIA	EGIPTO
2100	Bronce antiguo IV Bronce medio I (± 2200 — 2000/1950)		Primer tiempo intermedio Dinastía XI
2000 1900	Bronce medio II A (Hasta ± 1750)		Imperio medio Dinastías XII-XIII (1991 — ± 1730)
1800 1700	± 1800 Textos de proscripción Bronce medio II B/C (hasta ± 1550)	Alalaj	Hiksos (hasta ± 1550)
1600 1500	Bronce reciente I (hasta ± 1400)	Ugarit	Imperio nuevo Dinastía XVIII (1552-1347)
1400 1300	Bronce reciente II (hasta ± 1200) Época de Amarna 1420-1360		Tutmosis III 1490-1436 Dinastías XIX-XX (hasta 1070)
1200 1100	Edad de hierro I (hasta ± 900)	1285 Batalla de Qadéš Estados sucesores hittitas	Seti I 1304-1290 Ramsés II 1290-1224 Merneftah 1224-1204
1000 900	Saúl ± 1012-1004 David ± 1004-965 Salomón ± 965-926 926 División del reino Edad de hierro II (hasta ± 600)	Jiram Estados arameos	Época transitoria y reciente Dinastías XXI-XXVI (hasta 525) Šošaq 945-924
800			
700 600	721 Conquista de Samaría; deportación a la cautividad		664 Destrucción de Tebas Nekó 609-594
500	586 Destrucción de Jerusalén; deportación a la cautividad Época persa (desde 538)		

2100-500 a.C.

HITTITAS	BABILONIA	ASIRIA	
			2100
		Antiguo imperio asirio	2000
Ciudades Estado	Antiguo imperio babilonio (± 1830-1530)	Colonias capadocias	1900
		Mari (1750-1697)	1800
	Hammurabi 1728-1686	Šamši-Adad I 1748-1717	1700
Antiguo imperio hittita (± 1600-1400)			1600
1530 Mursilis I conquista Babilonia Imperio de Mitanni (± 1520-1350)	1530 Destrucción de Babilonia Kasitas		1500
		Imperio medio asirio	1400
Nuevo imperio hittita (hasta ± 1200) Subbiluliumaš 1375-1340			1300
			1200
Estados sucesores hittitas en el norte de Siria			1100
			1000
		Nuevo imperio asirio (912-612)	900
			800
717 Sargón II conquista Karkemíš		Tiglat-Piléser III 745-726 Sargón II 722-705	700
	Nuevo imperio babilonio Caldeos (626-539) Nabucodonosor 605-562	Senaquerib 705-681 Asarhaddón 681-668 Assurbanipal 668-631?	600
		612 Destrucción de Nínive	500

CUADRO SINCRÓNICO II 550 a.C.-70 d.C.

	JUDÁ	SIRIA	EGIPTO	PERSIA
500	Época persa Nehemías/Esdras(?)		525 Egipto se convierte en satrapía persa	Ciro 559-529 539 Conquista de Babilonia Darío I 521-485
400	Esdras(?)			Jerjes 485-465 Artajerjes I 464-424 Artajerjes II 404-358
300	Época helenística	Época helenística Seléucidas (312-64)	Época helenística 332 Alejandro Magno conquista Egipto Ptolomeos (323-30)	333 Alejandro Magno conquista Persia
200	Macabeos Judas 166-160 Yonatán 160-143 Simón 143-134	Antíoco IV 175-164		
100	Época romana Juan Hircano II 63-40 Herodes 37-4	64 Provincia romana	30 Provincia romana	

	JUDEA-SAMARÍA	GALILEA-PEREA	BATANEA	ROMA
0	Arquelao 4 a.C.-6 d.C.	Herodes Antipas 4 a.C.-39 d.C.	Herodes Filipo 4 a.C.-34 d.C.	Augusto 30 a.C.-14 d.C. Tiberio 14-37
25	Poncio Pilato 26-36			
50	Herodes Agripa I 41-46	Herodes Agripa I 39-44	Herodes Agripa I 37-44	Calígula 37-41 Claudio 41-54
75	Guerra judía 66-70 70 Destrucción de Jerusalén	Herodes Agripa II 53-100		Nerón 54-68 Vespasiano 69-79

CUADRO SINCRÓNICO III
Los reyes de Judá y de Israel

JUDÁ		ISRAEL		
		926 División del reino		
Roboam	926-910	Din. I	Yeroboam I	926-907
Abiyyá	910-908			
Asá	908-868		Nadab	907-906
		Din. II	Bašá	906-883
			Eliyyá	883-882
		Din. III	Zimrí	882
		Din. IV	Omrí	882 (878)-871
Yosafat	868-847		Ajab	871-852
			Ajazyá	852-851
			Yoram	851-845
Yoram	847-845			
Ajazyá	845			
Atəlyá	845-840	Din. V	Yehú	845-818
Yoás	840-801			
			Yoajaz	818-802
Amasyá	801-773		Yoás	802-787
Azaryá	787-756		Yeroboam II	787-747
Yotam	756-741		Zacarías	747
		Din. VI	Sal·lum	747
		Din. VII	Manahem	747-738
Ajaz	741-725		Peqajyá	737-736
			Péqaj	735-732
Ezequías	725-697		Oseas	731-723
				721 Conquista de
Manasés	696-642			Samaría
Amón	641-640			
Yosías	639-609			
Yoajaz	609			
Yoyaquim	608-598			
Yoyakín	598/97			
Sidkiyyá	597-587			
	586 Destrucción de Jerusalén			

ÍNDICE DE FIGURAS *

Figura	Columnas	Temas
1	21/22	Alhajas
2	53/54	Árbol de la vida
3	59/60	Asarhaddón
4	63/64	Asiria
5	65/66	Asno
6	67/68	Aštarté
7	73/74	Babilonia
8	95/96	Calendario
9	113/114	Cautividad asiriobabilónica
10	123/124	Circuncisión
11	133/134	Comercio
12	157/158	Decápolis
13	161/162	Demonios
14	194	Valle del Nilo
15	203/204	Enterramiento
16	223/224	Éxodo
17	235/236	Faraón
18	241/242	Filacterias
19	245/246	Flagelación
20	259/260	Genesaret
21	265/266	Guerra
22	277/278	Hebreo
23	301/302	Hittitas
24	323/324	Geroglíficos
25	325/326	Jerusalén
26	391/392	Marca de jarra
27	411/412	Medidas y pesos
28	433/434	Música
29	453/454	Olivo
30	455/456	Osario
31	467/468	Palestina
32	469/470	Palestina
33	475/476	Papiros
34	501/502	Pilato

* Las figuras y los mapas de las guardas están tomados de H. HAAG, *Bibellexicon*, Benziger, Einsiedeln, obra traducida y adaptada al castellano por S. DE AUSEJO, *Diccionario de la Biblia*, Herder, Barcelona ⁶1976.

Figura	Columnas	Temas
35	513/514	Puerta
36	521/522	Qumrán
37	565/566	Sello
38	593/594	Templo
39	599/600	Tiberio
40	609/610	Tumba
41	613/614	Ugarit
42	633/634	Yehú